ECONOMÍA MEXICANA PARA DESENCANTADOS

TEZONTLE

MANUEL SÁNCHEZ GONZÁLEZ

ECONOMÍA MEXICANA PARA DESENCANTADOS

Prólogo de
FRANCISCO GIL DÍAZ

FONDO DE CULTURA ECONÓMICA

Primera edición, 2006
Primera reimpresión, 2006

Sánchez González , Manuel
Economía mexicana para desencantados / Manuel Sánchez González ; pról. de Francisco Gil Díaz. — México : FCE, 2006
366 p. ; 23 × 17 cm — (Colec. Tezontle)
ISBN 968-16-8129-0 (empastada)
ISBN 968-16-8105-3 (rústica)

1. Economía — México 2. Política económica — México I. Gil Díaz, Francisco, pról. II. Ser. III. t.

LC HB123 .M4 Dewey 330.972 G 644e

Distribución mundial

Diseño de portada: Óscar Oramas

Comentarios y sugerencias: editorial@fondodeculturaeconomica.com
www.fondodeculturaeconomica.com
Tel. (55)5227-4672 Fax (55)5227-4694

Empresa certificada ISO 9001:2000

ISBN 968-16-8129-0 (empastada)
ISBN 968-16-8105-3 (rústica)

Impreso en México • *Printed in Mexico*

A la memoria de mi padre,
Manuel Sánchez González, Sr.

ÍNDICE GENERAL

PRÓLOGO

La lectura del libro de Manuel Sánchez es un verdadero deleite. La reacción natural cuando se ofrece la posibilidad de prologar un libro, en medio de una ocupación llena de presiones y expuesta a gran variedad de asuntos, como es la del Secretario de Hacienda, es valorar si al aceptar se está presupuestando adecuadamente el tiempo. Este dilema no se presentó en el caso del trabajo de Manuel Sánchez. Se trata de una obra con rendimientos enormes en relación con el tiempo invertido. Si uno quisiera encontrar un trabajo que compendiara las reformas de fondo que hacen falta o, lo que es igual, los problemas atávicos que aquejan a la economía mexicana, no hace falta ir más lejos que a la consulta de esta obra. No obstante que se trate de una colección de artículos periodísticos, el autor aborda con rigor diversas materias y, lo que es más gratificante, con sencillez: cualquier lector atento podrá asimilar las lecciones comprendidas en este compendio.

El trabajo, constituido por la colección de más de 140 artículos publicados en el periódico *Reforma,* está organizado por conceptos, aunque la consignación de la fecha de cada publicación ayuda a contextualizar su contenido. El abanico de temas es amplio. Va desde lo conceptual, pero pertinente, como el concepto de mercado y sus alternativas, hasta aspectos concretos como el estado de derecho, la globalización, las reformas de fondo que nos hacen falta, la salud, la educación, el mercado de trabajo, la regulación y la política industrial, el gasto público y los impuestos, el régimen cambiario y la paridad, la inflación y la política monetaria, el crecimiento y los ciclos económicos, la banca y los mercados financieros, la pobreza, la desigualdad y la economía regional. Finalmente da un círculo completo para cerrar como empezó, con dos capítulos de contenido más bien conceptual relacionados con la política y la economía, y la economía y los economistas.

Cada capítulo contiene varios artículos relacionados con su título. El resultado es didáctico al darle al lector la posibilidad de apreciar varios ángulos de un problema tratados con el mismo herramental analítico.

El trabajo discute cómo la conducción de diversas políticas públicas puede mejorar al apoyarse en los mercados. En los análisis, críticas, propuestas y recomendaciones sobre las políticas públicas Manuel Sánchez adopta el punto de vista del consumidor, quien, en última instancia, es el beneficiado o perjudicado por dichas políticas. Y es que al opinar sobre éstas, Manuel invariablemente señala, acertadamente, que los recursos canalizados al sector público o las regulaciones a ciertos mercados y su organización deben compararse con otras opciones e identificar el beneficio de utilizar los recursos en usos privados o las ventajas de adoptar otras formas de regulación.

Sin que sea óbice para hacerles justicia con mayor detalle a los mensajes que envía Manuel Sánchez, el valioso aspecto general de las reflexiones acumuladas en esta obra es que plantea todos los elementos de la reforma de fondo o estructural de la que tanto se habla. Lo hace con claridad y con rigor analítico. Legisladores, políticos, miembros del gabinete del Ejecutivo, empresarios, analistas económicos y políticos, todos nos beneficiaremos del estudio de las profundas reflexiones que aporta esta obra.

Paso ahora a entresacar algunas de sus lecciones, sin tratar de ser exhaustivo.

Uno de los hilos conductores del libro tiene que ver con los fracasos de nuestra política económica, que muchos atribuyen a la supuesta implantación del modelo llamado neoliberal. El autor explica con claridad que la conclusión es errónea, que la causa de nuestro pobre desempeño es, por el contrario, la falta de una verdadera implantación de un modelo liberal de mercado. Con gran cuidado analiza las fallas de política pública que aquejan a cada uno de los mercados y sectores de la economía, que van desde las atribuciones constitucionales del Ejecutivo hasta la cantidad de obstáculos de toda índole que se imponen al libre desempeño de los individuos. Estas fallas incluyen, desde luego, la falta de imperio del derecho, entendido como el respeto a los derechos de propiedad así como la agilidad y resolución de los conflictos contractuales relacionados con aquéllos.

El libro desmitifica diversas nociones comunes acerca de la causa de nuestros problemas. Por ejemplo, la idea de que nuestras insuficiencias se derivan de falta de ahorro y de inversión. El problema no es ése, sino el desperdicio en la asignación de nuestros recursos. Para aprovechar con eficacia y salir adelante con los recursos disponibles lo que hace falta es "competencia, incluyendo la eliminación de los monopolios estatales, desregulación, apertura total a la inversión privada y una buena reforma laboral; adicionalmente, seguridad jurídica y un Estado más delgado y eficiente. La realización de estas pocas pero importantes tareas es la clave para superar los obstáculos a la productividad total y el empleo, y promover así la prosperidad".

La simplificación y eliminación de reglas enfatizan implícitamente competencia, competencia y competencia, como se dice de la localización para referirse a los atributos que debe tener un inmueble. Temas en los que la política comercial hacia adentro debiera ponerse en línea con el espíritu de los tratados de libre comercio con otros países y regiones del mundo que hemos firmado...

El trabajo abunda en comparaciones internacionales interesantes e instructivas: Chile, India, Rusia, Nueva Zelanda, Hong Kong, Corea, Irlanda y otras experiencias de las que se derivan importantes lecciones. Al contrastar con los nuestros, los efectos de las políticas económicas de los países que sí se han liberalizado, pone en evidencia cómo podríamos haber generado muchísimo mayor bienestar. Lamentablemente, por fallas en nuestras políticas públicas, nos hemos estancado. Al tomar posiciones de arranque de años atrás y comparar ingresos por persona de entonces, iguales o incluso inferiores al nuestro, resulta que otros países, gracias a su voluntad reformista, han dado grandes saltos, quedándose México atrás.

Manuel Sánchez documenta en cambio cómo el TLCAN, y anteriormente la apertura al comercio exterior iniciada por Miguel de la Madrid, contribuyeron a aumentar la productividad, a mejorar los salarios de los trabajadores empleados por las empresas exportadoras, a sacarnos del callejón sin salida al que nos llevaban importaciones crecientes y exportaciones estancadas y a fomentar una mayor inversión privada.

El capítulo IV, que trata de las "reformas estructurales", aborda nuevamente la importancia de derrumbar mitos. México, sentencia impecablemente el autor, "sigue empantanado en discusiones obsoletas a la zaga de la modernización mundial". ¿Acaso se trata de algo impregnado en nuestros genes? Sólo basta recordar que las religiones precolombinas consideraban sagrado el círculo y que eso parece explicar que, para no cometer un sacrilegio, no utilizasen la rueda.

A propósito de las reformas que hacen falta y de las que se han planteado, el libro advierte que reformas a medias, o mediocres con resultados exiguos, desprestigian el cambio, justifican las críticas y dan lugar a posibles retrocesos. Dicho de otra manera, no sólo no se ha seguido un modelo netamente liberal sino que, tratándose de algunos de los cambios que se han realizado, su parcialidad, más que permitir un avance, posiblemente haya contribuido a desprestigiar el modelo.

En el inventario de dichos cambios yo incluiría una apertura al comercio exterior acompañada de salvedades que se han traducido en protección negativa para diversas industrias, privatizaciones sin cuidar la competencia o sin garantizar la idoneidad de los compradores, reglamentación excesiva y creciente, legislación y juzgados orientados a la forma y no al fondo, amén de la falta de consistencia de las sentencias, excesivos papeleos, tiempos de resolución y costos, entre otras muchas fallas institucionales que, por cierto, son objeto detallado del análisis del autor.

Entre las políticas públicas abordadas por el autor están también las relativas a la salud, la educación y el trabajo. A propósito de la educación señala, como lo ha hecho Eduardo Andere en varias de sus aportaciones, cómo la baja calidad educativa y su cobertura insuficiente no son el resultado de pocos recursos, sino de su mala utilización; de la falta de incentivos para los maestros, entre otras razones debida a la nula competencia educativa relacionada, entre otros factores, con la no divulgación de las evaluaciones escolares.

Aborda también uno de los renglones socorridos, incluso favoritos, de algunos reformadores: la política industrial. Expone claramente cómo la regulación —del transporte multimodal, por ejemplo—, en lugar de promover, asfixia al sector. Los requisitos para abrir una escuela, para registrar un estatuto de cámara en la Secretaría de Economía, las numerosas formas y trámites ante el SAT, y muchos otros ejemplos de trámites y costos que encarecen la actividad económica y que obstaculizan emprender las tareas que contribuyen al mayor bienestar general: aquéllas encaminadas a mejorar la productividad.

Problemas sobre temas macroeconómicos. Problemas de crecimiento económico relacionados con el marco institucional y jurídico de la sociedad, el estado de derecho, la protección de los derechos de propiedad, el cumplimiento de los contratos, el sistema de incentivos, la competitividad de los mercados y la intervención gubernamental en la operación de los mismos, la acumulación de capital físico y humano, el cambio tecnológico, y muchos más.

El crecimiento económico es analizado también desde la óptica de las desviaciones transitorias de la producción respecto de su tendencia de largo plazo, o ciclo económico. Se comenta que desde los años ochenta el crecimiento económico de México ha sido bajo, con elevada inestabilidad en el ritmo de la producción, debido a una política monetaria y fiscal irresponsable: se debe evitar que el crecimiento económico esté impulsado por políticas monetarias y presupuestarias expansivas, cuyos efectos inflacionarios, y posteriormente recesivos, son implacables.

Problemas de finanzas públicas en los que se analiza la pertinencia del gasto gubernamental a través de una adecuada oferta de bienes públicos, aquellos de cuyo goce o disfrute, una vez producidos, no se puede excluir a los miembros de la sociedad y que por tal naturaleza no serán producidos por el sector privado, no obstante que su valuación por parte de la sociedad supere su costo; bienes como la seguridad pública, la administración de justicia, la defensa de los derechos de propiedad, la promoción de la competencia, la infraestructura social básica, entre otros.

Se destaca la importancia de evaluar el rendimiento del gasto gubernamental, dado que los recursos utilizados tienen un costo de oportunidad o beneficio que la sociedad sacrifica al no utilizarlos en usos alternativos. Así, el financiamiento del gasto gubernamental mediante impuestos o deuda pública, que ha de pagarse con más impuestos futuros, supone destinar recursos de los que deben prescindir los particulares con la consiguiente reducción en su consumo o inversión. La no evaluación económica del gasto público, federal, estatal y municipal, su estructura derivada de transacciones políticas en todos los niveles, asegura un bajo rendimiento y una escasa o nula contribución al bienestar general.

Se analizan las ventajas de una reforma fiscal en México como forma de reducir el déficit público hasta eliminarlo o incluso generar un superávit. Señala que el déficit del sector público se traduce en una presión a la alza en las tasas de interés reales y en un menor dinamismo de la inversión y de la actividad económica, en un contexto de acceso limitado a los mercados financieros internacionales. La mayor recaudación derivada de la reforma fiscal no implica mayores tasas impositivas: una reducción de las tasas marginales del ISR con el fin de castigar menos el esfuerzo laboral y el éxito de los negocios puede aumentar la recaudación. Además se puede utilizar en mayor medida el expediente de los impuestos al consumo y menos el de los impuestos que gravan al ingreso como una forma virtuosa de reducir los incentivos adversos al trabajo, al ahorro y a la inversión que los impuestos provocan. El autor considera que la homologación de las tasas del IVA a todos los bienes y servicios es una iniciativa adecuada.

Se señala que desde mediados de los años setenta y hasta años recientes la inflación en México fue elevada y variable, combinada con abruptas devaluaciones que afectaron el crecimiento y la distribución del ingreso. Se considera que la lucha contra la inflación debiera ser más intensa, toda vez que los costos para abatirla, bien evaluados y medidos a través de alzas transitorias en las tasas de interés y el desempleo, son menores que el costo en mayores tasas de interés y desempleo, por más tiempo, que acarrean los desequilibrios monetarios-presupuestarios. Esto se puede constatar a través de múltiples experiencias, por ejemplo, las de Canadá, Nueva Zelanda, Inglaterra y Chile, que en breves periodos redujeron significativamente su inflación, sin afectar, ni aun transitoriamente, su crecimiento. Se destaca la importancia que las expectativas tienen en todo proceso de reducción de la inflación, así como el papel crucial de la credibilidad y de la consistencia de la política monetaria instrumentada por el Banco Central.

Se comenta que los periodos más recesivos se han registrado después de la ocurrencia de grandes devaluaciones, por lo que la evolución del tipo de cambio despierta gran interés, aun cuando se ha adoptado un régimen cambiario de libre flotación; dicha evolución responde a la demanda relativa por las monedas, la que se ve afectada por la inflación y el crecimiento económico esperados, por lo que en la medida en que la inflación interna converge con la de las principales economías del mundo se alcanza una mayor estabilidad cambiaria.

Se concluye que un elemento crucial para propiciar estabilidad financiera, cambiaria y de precios es mantener la disciplina fiscal y monetaria mientras que la adopción de un régimen cambiario fijo o flexible no es crucial, aunque este último permite que la economía pueda ajustarse más fácilmente a perturbaciones externas. Dicha estabilidad, sin embargo, depende también de la eficiencia del sistema bancario y financiero, la cual requiere de una adecuada regulación prudencial que evite los problemas de riesgo moral, selección adversa de los acreditados, información asimétrica y otros, a que están sujetas las operaciones fiduciarias. Deficiencias de la política financiera del país, como las registradas durante la primera parte de los años noventa, condujeron a la crisis del sistema financiero de 1995: distorsiones que generan la adopción excesiva de riesgos crediticios por parte de los bancos y dificultades legales para la recuperación de las garantías explican la ocurrencia de tal crisis así como el colapso de la banca, que implicó costos significativos para el país en términos fiscales y una aguda escasez de financiamiento. La crisis arrojó lecciones que se tradujeron en una mejoría de la regulación y del marco jurídico para la operación bancaria, así como una adecuada supervisión de los bancos.

Así, se afirma que para evitar la ocurrencia de crisis financieras es necesario contar con una regulación moderna y eficiente del sistema financiero, la disminución de la inflación, mejoras del marco legal que faciliten el cumplimiento de los contratos y la promoción de la competencia que propicie la ampliación y mejoramiento de los servicios bancarios y de intermediación financiera.

La actividad de intermediación financiera, que permite la canalización de los recursos de ahorro hacia las actividades de inversión más rentables, es fundamental para el crecimiento económico. Dicha actividad está sujeta a costos de operación de las instituciones bancarias y financieras, entre los que destacan los de cobranza y recuperación de créditos, que aumentan significativamente como consecuencia de deficiencias en el estado de derecho para ejercer las garantías de los créditos. Se lesionan de esta manera los derechos de propiedad de los acreedores e indirectamente de los ahorradores y se contrae la actividad de intermediación. Un elemento importante para el fortalecimiento del sistema bancario y financiero del país es la aprobación de la Ley de Concursos Mercantiles que sustituye a la Ley de Quiebras y Suspensión de Pagos, que dificultaba considerablemente la recuperación de las garantías de los créditos, algo, por cierto, ya superado gracias a la aprobación de la ley citada y también a la posterior "Miscelánea de Garantías".

Se destacan los efectos que la menor inflación ha tenido al propiciar la emisión de deuda de largo plazo de las empresas, la colocación de bonos privados en el exterior y el mayor crédito de bancos externos a empresas mexicanas, lo que explica parcialmente la menor participación del crédito bancario doméstico en el financiamiento integral de las empresas.

Otro asunto crucial que atiende este libro: los problemas generados por la oposición de algunos grupos de la sociedad al proceso de integración de la economía a los mercados de bienes y servicios y a los mercados financieros y de capital del exterior, o "globalización de la economía": grupos que defienden el *status quo* construyendo una historia parcial y equívoca de los efectos que la apertura económica ha traído al país.

El autor analiza y discute cuidadosamente por qué la globalización favorece a las economías, especialmente a las pequeñas, al ampliar sus mercados, atraer inversión extranjera hacia los proyectos más rentables, mejorar la eficiencia en el uso de los recursos, permitir la especialización en las actividades en las que se tiene ventaja comparativa en la producción, facilitar el cambio tecnológico y demás. En particular, discute por qué la globalización no ha aumentado la pobreza en el mundo, sino que la ha reducido; cómo la globalización aumenta el empleo, al permitir generar más producción con los mismos recursos elevando su productividad y estimulando su uso. Asimismo, y compartiendo las opiniones de otros economistas, busca "desmantelar" algunos mitos acerca de la globalización como los siguientes: que ésta es el triunfo de los mercados sobre el Estado, que se adopta por imposición externa, que existe un círculo vicioso entre pobreza y explotación de las naciones poderosas que requiere de la intervención gubernamental en la economía, entre otros.

Problemas sobre temas laborales y sectoriales:

El libro aborda también los problemas para aprovechar y desarrollar los recursos humanos. El potencial de este desarrollo se ha expandido con la generación, sistematización y difusión del conocimiento a través de la educación, los avances de la biología y de la ciencia médica que se manifiestan en una mayor facilidad para elevar la salud y la esperanza y calidad de vida de la población, así como por el desarrollo tecnológico, la división del trabajo y la acumulación de capital físico que elevan sustancialmente la productividad de la mano de obra, abaratando los bienes y elevando el ingreso y el bienestar de la población. Todo ello como resultado de la globalización. El autor considera que "México tiene oportunidades significativas para aumentar el nivel y calidad del capital humano, mejorando los servicios de salud y educación provistos en su mayoría de manera deficiente por el Estado", lo que puede lograrse permitiendo a las familias elegir al proveedor de estos servicios mediante la reorientación del gasto público destinado a proveer educación y salud a un apoyo monetario a la población, especialmente la de menores ingresos. La competencia aseguraría una mayor satisfacción de los usuarios. Se considera también la ventaja de introducir cuentas individuales de seguro médico, sujetas a un crédito fiscal. Con algunas de estas políticas el autor se adelanta con propuestas que se han convertido recientemente en políticas públicas, como es el caso del seguro popular.

Se destaca que la recomposición demográfica durante las primeras décadas del siglo XXI incrementará la proporción de la población en edad de trabajar respecto de la total, lo que requiere acelerar la acumulación de capital, elevar el cambio tecnológico y flexibilizar el mercado de trabajo, a fin de facilitar la absorción de dicha población con mayores salarios. Regulaciones como el salario mínimo, el reparto a los trabajadores del 10% de las utilidades de las empresas y las elevadas contribuciones a la seguridad social y al fondo de vivienda, afectan especialmente a los asalariados de menor ingreso, a los que paradójicamente dichas regulaciones busca proteger.

Problemas asociados al combate efectivo a la pobreza y a la identificación de sus causas, ya que con diagnósticos equivocados se llega a propuestas de grandes programas de gasto público sin asegurar su financiamiento. El autor considera que la pobreza es resultado de un bajo crecimiento económico, por lo que la forma de disminuirla es promover dicho crecimiento a través de la acumulación de capitales físico y humano y del aprovechamiento de los mercados. Refuta la percepción generalizada, basada en mediciones inapropiadas del ingreso, de que la globalización ha provocado un aumento en la pobreza y en la desigualdad del ingreso; por el contrario, y como lo demuestra la investigación de Xavier Sala-i-Martin para 125 países, entre 1970 y 1998 la pobreza y la desigualdad del ingreso en el mundo han disminuido. Analiza las diferencias de ingreso per cápita entre las entidades de nuestro país, atribuyéndolas a diferencias en educación, infraestructura, prevalencia de la ley y el estado de derecho, y grado de integración de las regiones con los diferentes mercados, especialmente con los del exterior. Se pronuncia por la inconveniencia de establecer subsidios a la producción de bienes agrícolas, así como en contra de prácticas proteccionistas que reducen su importación, porque tienen el efecto de encarecer dichos bienes, reducir su consumo y propiciar un uso ineficiente de los recursos utilizados en su producción.

Problemas de excesiva regulación de la actividad económica derivados de la concepción de que las imperfecciones de los mercados son considerables. Estas regulaciones, que toman la forma de permisos, concesiones, licencias, prohibiciones y otros obstáculos al libre intercambio, son fuentes de rentas para muchos empleados públicos que obtienen beneficios a cambio de otorgar favores e inhiben la competencia y la eficiencia productiva de las empresas. Se discute la conveniencia de mantener programas de apoyos y subsidios crediticios y fiscales a sectores de actividad económica afectados por la competencia externa, particularmente las pequeñas y medianas empresas, así como las dificultades de instrumentar una política industrial que requiera de la injerencia gubernamental para orientar la producción. Estas dificultades, en esencia, son para el autor las mismas que las generadas por la planificación central; es decir, la dificultad, si es que no la franca imposibilidad, de suplir la eficacia de las decisiones de millones de consumidores y empresas cuando asignan sus recursos guiados por las fuerzas del mercado.

Problemas derivados de que el Estado continúe involucrado en muchas actividades empresariales y mantenga monopolios en las ramas de los energéticos. México es una de las pocas naciones donde aún se discute si el sector privado puede extraer petróleo, producir gasolina o generar electricidad. Los beneficios de la privatización de empresas públicas se derivan de que éstas son menos eficientes que las privadas, al incorporar consideraciones políticas en su operación como mantenimiento del empleo y precios por debajo de los costos y porque los derechos de propiedad no están bien definidos y tiende a haber apropiaciones privadas de ingresos. Por ello no sorprende que sindicatos, proveedores y administradores se opongan a la privatización, proceso que facilitaría la operación de los mercados y la competencia, y que, junto con la apertura comercial, la inversión extranjera, las modificaciones tributarias, la desregulación y la modernización del sistema financiero, serían parte de las llamadas "reformas estructurales" que se iniciaron a mediados de los años ochenta. El deficiente desempeño económico de México es resultado de que se han limitado los cambios estructurales, en parte porque algunas malas políticas económicas son, a los ojos de muchos, "políticamente correctas".

Problemas sobre la eficacia de la democracia y el papel del economista:

Problemas asociados a lograr un adecuado funcionamiento de la democracia, como institución política fundamental de las sociedades modernas, que afectan el proceso de toma de decisiones colectivas, las cuales dependen del sistema de incentivos al que están sujetos los representantes populares. Se requiere que dichos incentivos sean congruentes con los intereses y el bienestar de las mayorías.

Se analizan diferentes problemas del ejercicio de la democracia: los de información asimétrica entre el votante, que sabe que su sufragio altera poco el resultado electoral y tiene, por tanto, pocos incentivos para allegarse información acerca de los proyectos y evaluarlos, y el representante popular que tiende a responder a grupos específicos de interés, quienes atraen su atención; también los problemas de arreglos democráticos mal estructurados que afectan el crecimiento económico, cuando el voto de las mayorías se puede usar para redistribuir recursos hacia minorías, a costa de reducir la eficiencia económica; así como los de "expectativas fallidas" que la democracia genera cuando se presume que por sí misma solucionará múltiples problemas, lo que al no ocurrir provoca "desencanto" acerca de los resultados, conduciendo a retrocesos en los derechos políticos y en las libertades civiles, al extremo de propiciar dictaduras en algunos casos.

Según el autor, entre las distintas características gubernamentales que favorecen el desarrollo económico sostenido destacan: un gobierno pequeño, una burocracia honesta, un sistema legal que proteja los derechos de propiedad y una baja carga tributaria.

Al ceder a las demandas de los grupos de interés mejor organizados, los representantes populares adoptan medidas que reducen el bienestar social, convirtiéndose el Estado en una agencia para beneficiar a algunos en perjuicio de otros; por ejemplo, mediante impuestos elevados contra las minorías perdedoras y transferencias para las mayorías ganadoras. Entre los perdedores, destacan las generaciones futuras que pagarán la deuda pública incrementada en el presente.

Problemas de la disciplina económica y de la profesión derivados de una intensa y múltiple interferencia en temas económicos por parte del público en general, lo que oscurece y dificulta el análisis de los "problemas económicos". Esto se debe a que las personas ven en los temas económicos oportunidades de influir en las decisiones gubernamentales y así alcanzar un beneficio o evitarse un daño, surgiendo una especie de "ley de Murphy de la economía", atribuible al profesor Alan Blinder: los economistas influyen menos en las medidas que mejor conocen y sobre las que están más de acuerdo, pero que son impopulares, como la eliminación de obstáculos a la inversión; e influyen más en las que conocen menos y sobre las que están más en desacuerdo, pero que son populares, como las predicciones del tipo de cambio.

Con independencia de la popularidad o impopularidad de las medidas y de las opiniones que las sustentan, los economistas tienen una gran responsabilidad en el debate público expresando opiniones que sean consistentes con la teoría económica.

Muchos de los razonamientos, explicaciones y conclusiones derivados del análisis económico suelen recibirse con escepticismo por ciertos grupos, rechazando su validez supuestamente por carecer de "realismo" o ser "demasiado académicas", posturas que reflejan su ideología o la intención de promover políticas públicas que los favorecen; por lo que la labor del economista, quien utiliza el rigor y el poder de la ciencia económica, es muy relevante: recordarle y advertirle a la sociedad acerca de los costos de las medidas gubernamentales muchas veces justificadas sólo por su viabilidad política.

Un prólogo debe ser eso, una presentación y en todo caso un aperitivo. Es imposible hacerle justicia a un trabajo tan extenso y rico en análisis y conclusiones en unos cuantos párrafos introductorios. Para terminar me limitaré a invitar al lector a empaparse de los conceptos y riqueza metodológica y riqueza de conclusiones de política pública contenidos en este estupendo compendio.

Sirva esta apretada síntesis y descripción del libro para ilustrar la riqueza de su contenido y alentar su lectura y reflexión.

FRANCISCO GIL DÍAZ

INTRODUCCIÓN

En cierta medida, este libro tiene su origen en las razones por las que en mi juventud decidí convertirme en economista. Ingresé a la carrera de economía en el Tecnológico de Monterrey porque me pareció que esta profesión me permitiría entender muchos problemas importantes. Inspirado por el romanticismo propio de la edad, pensaba que podría "aportar algo a la sociedad" entrenándome en una disciplina que combinaba lo cuantitativo con el estudio del hombre y sus interacciones. Se trataba, así, de una ciencia "sólida y humana". Después de muchos años, estoy convencido de que esta última percepción, aunque rudimentaria, era correcta.

Mi gusto por la economía aumentó con las enseñanzas de mis profesores de licenciatura y posgrado. A medida que avancé en mis estudios estuve expuesto, cada vez más, al formalismo de los modelos económicos que buscan describir y predecir el comportamiento de los individuos y los mercados. A pesar de su sofisticación, encontré que la economía proporciona una lógica muy potente para entender la realidad y proponer cursos de mejora.

La experiencia me confirmó que no es posible agotar las aplicaciones de la economía en la vida, los negocios, el quehacer gubernamental y la sociedad. Sus herramientas permiten analizar aspectos muy diversos, incluyendo los considerados "económicos", como las ventajas del comercio, las inconveniencias de los monopolios y los costos de los impuestos, y los "no económicos", como la decisión de una pareja sobre el número de hijos y, en otro ámbito, la corrupción y las fallas de la democracia.

Los temas económicos interesan ampliamente, como lo refleja la gran cantidad de opiniones y debates sobre los mismos. Pronto me di cuenta, sin embargo, que la mayoría de los economistas prefiere sus tareas profesionales a compartir sus conocimientos o involucrarse en tales discusiones con el público. Si bien se asemeja a lo observado en otras ocupaciones, esta renuncia trae como consecuencia que la mayor parte de los comentarios económicos en los medios de comunicación provenga de aficionados o se refiera a pronósticos de corto plazo que se revisan casi diariamente, sobre los cuales la economía tiene poco que decir.

Un desafío fundamental de los especialistas en cualquier asignatura es exponer con sencillez, pero sin trivializar, sus conocimientos al hombre de la calle. Por eso, cuando a finales de 1998, Samuel García, entonces editor de la sección de negocios del periódico *Reforma,* me invitó a colaborar en el diario, acepté con gusto pensando que era una magnífica oportunidad para llevar a la práctica mi "responsabilidad social" de economista.

El presente libro reúne mis escritos publicados quincenalmente de 1998 a 2004 en *Reforma,* en una columna que titulé "Razones y proporciones", un juego de palabras alusivo a los argumentos y a la medición de la economía. La obra agrupa los ensayos referidos en catorce capítulos que examinan tópicos tan diversos como las condiciones del desarrollo económico, el estado de derecho, la corrupción y la delincuencia, la globalización, la privatización y las reformas estructurales, el capital humano, la salud y la educación, la planificación central, el gasto gubernamental y los impuestos, las devaluaciones y el régimen cambiario, la inflación, los ciclos económicos, la banca y el sistema financiero, la pobreza y las desigualdades, la política y el papel de los economistas.

Los tópicos discutidos trascienden, por lo general, la coyuntura de cuando fueron escritos. La mayoría estudia las vicisitudes y las oportunidades de la economía mexicana, aunque algunos examinan otras experiencias para derivar lecciones útiles para el país. Si bien algunos aspectos de la realidad de México han cambiado, en particular con el descenso de la inflación y el fortalecimiento del sistema bancario, los problemas planteados siguen vigentes, incluyendo aquellos que se considerarían superados ya que la autocomplacencia podría permitir su resurgimiento.

Por estas razones, opté por mantener los escritos con los motivos y datos originales, realizando sólo las modificaciones pertinentes para ser leídos como partes de una misma obra, pudiendo el lector consultar el año de su publicación en el índice general.

El hilo conductor del libro son las ideas básicas de la economía, es decir, que los individuos son racionales, responden a incentivos y sus recursos son escasos. Como resultado, las personas buscan mejorar su situación, compitiendo por un mejor empleo, un mayor ingreso o más prestigio. Los mercados y los precios se encargan de conciliar estas aspiraciones, las cuales pueden dificultarse con la intervención gubernamental en la forma de impuestos, subsidios o prohibiciones.

La presente obra refleja también que, contrario a lo comúnmente establecido, la economía tiene más poder para derivar predicciones de mediano plazo que previsiones de corto, si bien los requerimientos del público suelen ir en el sentido inverso.

Asimismo, gran parte de la labor de los economistas consiste en escoger la pregunta adecuada y hacer visible lo que parece invisible, parafraseando en esto último al célebre escritor del siglo XIX, Frédéric Bastiat. Las conclusiones por este método pueden generar sorpresas y hasta escepticismo al no coincidir siempre con lo que se considera "sentido común". Así, por ejemplo, el lector encontrará la aclaración de que un país no es como una empresa y, por tanto, no es más próspero si busca reducir importaciones o aumentar su balanza comercial externa; que la evaluación del gasto gubernamental no debe depender sólo de los beneficios postulados sino de las consecuencias de extraer recursos de los particulares para su financiamiento; que los subsidios externos a los productos agrícolas son malos excepto para el país que los importa; que la migración fortifica el desarrollo económico; etcétera.

Un comentario final sobre el título de este libro. El desempeño insatisfactorio de la economía mexicana desde los años ochenta ha sido el resultado de graves errores de política gubernamental así como del mantenimiento de obstáculos al ejercicio de la libertad económica y el funcionamiento de los mercados. El progreso económico insuficiente conduce con facilidad al desencanto. Esta reacción, si bien justificada, es el terreno fértil para el renacimiento de mitos, panaceas, magia y falacias pregonadas como vías de desarrollo.

El presente libro busca ofrecer una respuesta alternativa a estas salidas fáciles, aprovechando la lógica de la economía y la experiencia internacional. El tono crítico de los ensayos no es incompatible con el optimismo. Los elementos de la prosperidad son conocidos. Ojalá pronto México decida adoptarlos con profundidad.

Para concluir, quisiera señalar que las ideas de este libro son producto de mi formación académica, en la que tengo una gran deuda con mis maestros de la Universidad de Chicago, en especial Gary Becker, Robert Lucas, James Heckman y Robert Fogel, galardonados en diferentes años con el premio Nobel, Arnold Harberger y el fallecido Sherwin Rosen.

Mi gratitud incluye, además, varias instituciones y personas que hicieron posible la elaboración de estos trabajos. Agradezco a *Reforma* y a su editor de negocios, Enrique Quintana, la posibilidad de colaborar en el diario e incluir mis contribuciones en este libro, así como a BBVA Bancomer, que me proporcionó un entorno favorable para mi aventura periodística en el lapso en que fui su economista principal.

Dejándolos libres de cualquier responsabilidad sobre errores y limitaciones de estos escritos, debo reconocer el apoyo y los comentarios de mis colegas de BBVA Bancomer, particularmente Carlos Herrera, David Aylett, Eduardo Estrada, Eduardo Millán, Fernando González, Javier Amador, Javier Morales, Jorge Chirino, José López y Nathaniel Karp.

Mis amigos Everardo Elizondo, Isaac Katz, Jorge Contreras, Ricardo Medina y Roberto Salinas hicieron, en diferentes momentos, valiosas recomendaciones. De forma muy destacada, debo un reconocimiento para mi editor y extraordinario economista Francisco Javier Núñez, quien con su agudeza siempre tuvo el tino de encontrar fallos y motivos de mejoría en mis borradores. Finalmente, mi amor y agradecimiento para mi esposa Rosina y mis hijos Manuel, Eduardo y Pablo, quienes siempre comprendieron mis reclusiones durante los fines de semana en los que invariablemente preparé estos ensayos.

I. MERCADO Y CONCEPCIONES ALTERNATIVAS

A PESAR de las reformas de mercado introducidas desde mediados de los años ochenta, el desempeño de la economía mexicana ha sido insatisfactorio en términos de las oportunidades de progreso generadas para gran parte de la población.

En particular, el bajo crecimiento económico ha conducido a muchos a cuestionar la estrategia seguida en el país. De forma muy notable, han surgido voces planteando un cambio de rumbo a favor de las políticas de intervención gubernamental que ya se intentaron en el pasado. Esas iniciativas deben tomarse con cautela, ya que no constituyen una mejor opción y contradicen las lecciones aprendidas por México y el mundo.

Las economías basadas en el funcionamiento de los mercados han mostrado un desempeño muy superior a aquellas que se han sustentado en la planificación central y en la interferencia del gobierno. Así lo atestiguan el fracaso de los experimentos comunistas del siglo XX y el elevado dinamismo de las naciones que han suprimido los obstáculos al comercio y a la inversión, dejando a los particulares la tarea del crecimiento.

La operación adecuada de los mercados supone dos elementos: la libertad económica para aprovechar las oportunidades de negocio en cualquier área, y la provisión de ciertas funciones básicas por parte del Estado para que los individuos tengan un acceso equitativo a las posibilidades de intercambio y cuenten con la seguridad de que podrán aprovechar el fruto de sus esfuerzos.

México dista mucho de ser el prototipo de una economía de mercado ya que ha padecido continuas violaciones a estos dos principios. La ausencia de tales condiciones ofrece una explicación coherente del rezago económico. Más mercado y no más intervención gubernamental en las decisiones económicas es lo que haría más próspero a nuestro país.

¿Por qué México no es un país rico?

A pesar de que se conocen las claves del desarrollo económico, México se encuentra muy alejado del bienestar de las naciones ricas. Por ejemplo, en 2002 el ingreso por habitante de nuestro país fue 17, 23 y 27% del observado en Estados Unidos, Reino Unido y Canadá, respectivamente. Estas diferencias ponen de manifiesto el gran potencial de mejora en el nivel de vida, especialmente porque un mayor progreso reduciría la pobreza que aflige a millones de mexicanos.

¿Cuál es la explicación del rezago económico de México? La respuesta técnica a esta pregunta es la menor disponibilidad del capital físico y humano, así como la productividad inferior en el uso de estos insumos. Sin embargo, aunque correcta, esta aclaración es insuficiente ya que no descubre las causas más profundas del desfavorable desempeño de los factores mencionados.

Una explicación de fondo, basada en la evidencia internacional, es que la expansión económica necesita un ambiente propicio para los negocios, dentro del cual destaca la protección de los derechos de propiedad de los particulares. Esto último supone leyes y medidas de aplicación universal que permitan a los individuos usar libremente sus posesiones, sin dañar los derechos de los demás, y los protejan contra cualquier usurpación, incluyendo la ejercida por el gobierno.

Se trata de una función esencial del Estado porque los particulares enfrentan costos elevados para salvaguardar sus derechos. Para ser efectiva, la protección debe ser incondicional y apoyar el cumplimiento de los contratos, lo que requiere, entre otros elementos, un sistema judicial independiente y la igualdad del gobierno y los ciudadanos frente a la ley.

Bien realizada, la protección jurídica se convierte en un sistema de incentivos adecuados para el progreso, al hacer a las personas responsables de sus acciones. A su vez, esto permite el funcionamiento eficiente de la economía, ya que sólo con la certeza de recibir los beneficios del esfuerzo productivo y la adopción de riesgos, los particulares ahorran, invierten, abren empresas y crean empleos.

Así, no es casualidad que Gran Bretaña haya sido el primer país en despegar con la Revolución industrial. Su sistema de derecho común y respeto a la propiedad privada fue el terreno fértil para la innovación y el cambio tecnológico que caracterizó el crecimiento espectacular de esa economía en el siglo XIX. Posteriormente, otras naciones con instituciones jurídicas semejantes siguieron este ejemplo, en algunos casos rebasando al líder.

México está subdesarrollado, en gran medida, porque adolece de un sistema que resguarde la propiedad privada. Si bien son innumerables los ejemplos de violación de estos derechos, vale la pena destacar algunos. En nuestro país, la Constitución autoriza al gobierno a expropiar por "causa de utilidad pública", lo que en la práctica puede servir a cualquier propósito, desde combatir supuestamente la fuga de capitales en la expropiación bancaria de 1982, hasta cobrar deudas y proteger a los cañeros en la confiscación de algunos ingenios azucareros de 2001.

Distintas autoridades pueden imponer controles de precios en cualquier industria, subir los impuestos a cualquier nivel y decretar como ilegal una actividad productiva privada que antes era legal, por ejemplo, la generación de electricidad en las modalidades permitidas por la legislación en la materia.

Sin embargo, los mayores problemas suelen presentarse en la falta de aplicación de la ley. Con frecuencia, individuos o grupos pueden invadir predios privados, vender bienes ajenos como propios, robar en la vía pública y dañar establecimientos comerciales, sin tener una persecución efectiva. Las dificultades de acceso a un sistema judicial transparente y la ausencia de rendición de cuentas de las autoridades propician la impunidad.

En especial, la protección de la propiedad se debilita ante los grupos de presión, como las asociaciones de deudores o los invasores profesionales, los cuales obtienen beneficios de los agredidos e incluso del gobierno, como muestra de "negociación". Los problemas se agravan porque a menudo las autoridades quebrantan las leyes, como en los bloqueos de carreteras en los que han participado incluso algunos legisladores y el desacato de las sentencias judiciales por parte de algunos gobiernos estatales.

Los ejemplos anteriores constituyen un ambiente de incertidumbre que premia la irresponsabilidad y castiga la inversión, impulsando su traslado a otros países. La seriedad del problema se refleja en la mínima calificación del sistema jurídico y la protección de los derechos de propiedad en México emitida por diversas instituciones internacionales; por ejemplo, la evaluación por parte del Instituto Fraser es 3.6, respecto al máximo de 10, situando a nuestro país en el lugar 101 de 123 naciones.

La buena noticia es que hay muchos aspectos de la protección de la propiedad privada en los que México puede mejorar con beneficios significativos. Gran parte de estas tareas no requiere acuerdos en el Congreso, por lo que es posible abordarlas de inmediato. Después de todo, ¿por qué no aspirar al nivel de vida de las naciones ricas?

Las condiciones del crecimiento

La prosperidad requiere un entorno propicio para la inversión que mayormente es responsabilidad del gobierno. El Banco Mundial (BM) dedica su Informe sobre el Desarrollo Mundial 2005 a los factores que impulsan el avance económico. La idea central es que las empresas privadas, piezas esenciales de una economía de mercado, contribuyen al crecimiento si cuentan con oportunidades e incentivos adecuados para invertir productivamente, crear empleos y expandirse.

El informe señala que, con una población en aumento, la expansión económica es el único medio para acrecentar el bienestar. Tal proceso depende de la educación, la inversión y la productividad, siendo muy importante la aportación de este tercer elemento. Un entorno amigable a la inversión impulsa no sólo a ésta sino a la productividad, al propiciar que las empresas desarrollen y adopten mejores métodos y tecnologías.

El mayor crecimiento es, a su vez, el camino para abatir la pobreza. Las mejoras en el clima para la formación de capital en China, India y Uganda, que en años recientes condujeron, en promedio, a casi doblar la inversión privada como proporción del PIB, permiten explicar su elevado dinamismo económico y la reducción de su marginación.

A diferencia de los factores en los que no puede influir, como la ubicación geográfica del país, el gobierno determina, en gran medida, el ambiente de los negocios. De hecho, su papel más importante es suprimir las condiciones adversas que comúnmente revelan fallas gubernamentales. Una de ellas son los costos por las dificultades para obligar el cumplimiento de los contratos, la infraestructura deficiente, la delincuencia, la corrupción y la excesiva regulación. La carga de estas trabas puede ser tan elevada que, según el BM, en algunos países equivale a más de 25% de las ventas, o más de tres veces lo que las empresas pagan en impuestos. El costo puede reflejarse, además, en términos de tiempo, por ejemplo, para realizar trámites o esperar los servicios de un monopolista.

Un escollo adicional son los riesgos de predecir las acciones del gobierno, manifestados en la incertidumbre de las políticas públicas, la inestabilidad macroeconómica, la regulación arbitraria y muchos otros.

Una tercera falla surge de las barreras a la competencia. En cualquier latitud, las empresas en operación prefieren menos competidores. Sin embargo, la protección empresarial daña la economía al inhibir la actividad productiva, la eficiencia y la innovación. Además de los costos y riesgos mencionados, los requisitos para la entrada y la salida de las empresas y la falta de sanciones a las conductas anticompetitivas limitan la competencia y fomentan, además, la economía informal y la corrupción.

Según el BM, la búsqueda de un ambiente positivo para la inversión suele enfrentar la resistencia de los grupos de interés que defienden sus privilegios. Por ello el gobierno tiene el desafío de resistir la "búsqueda de rentas" de esos sectores, que suele tomar la forma de intercambio de favores con el gobierno mediante la reducción tanto de la intervención gubernamental en la economía como de las oportunidades de discrecionalidad.

Además, las autoridades deben ganarse la confianza de las empresas con políticas públicas predecibles que favorezcan los objetivos de largo plazo. El Informe advierte que la construcción de este ambiente involucra una gran lista de funciones, difíciles de concluir, por lo que se trata de un proceso continuo. Dentro de éste, conviene enfocarse en los aspectos básicos que aportan las mayores contribuciones a la inversión.

Así, una tarea esencial es la protección de los derechos de propiedad, los cuales permiten asociar el esfuerzo productivo con sus rendimientos y, por tanto, incentivan la apertura de los negocios, el trabajo y la inversión. Además de un clima político y macroeconómico estable, esta mejoría requiere asegurar los derechos a las diferentes formas de propiedad, facilitar el cumplimiento de los contratos y combatir los delitos.

Los deberes del Estado incluyen, también, reducir la regulación y mejorar la estructura tributaria para no entorpecer la iniciativa de los particulares; eliminar los obstáculos al financiamiento, fortaleciendo los derechos de los acreedores; impulsar la infraestructura mediante la competencia y la participación del sector privado; y flexibilizar los mercados laborales para aumentar el empleo así como la productividad y la capacitación de los trabajadores.

¿Qué mensaje puede desprenderse de este estudio para México? Aunque el Informe se refiere a cualquier economía, la información presentada sobre nuestro país puede ser de interés. Una de las debilidades del ambiente de inversión consiste en la delincuencia, en la forma de robo, fraude y otros ilícitos contra la propiedad y las personas, cuyo costo estimado supera 12% del PIB y es ligeramente mayor al registrado en Venezuela.

Otro impedimento son las restricciones a la inversión extranjera en áreas como la electricidad, las telecomunicaciones y los transportes. Adicionalmente, el BM asigna a México la mínima calificación en su índice de derechos de los acreedores, para describir la situación que ha contribuido al retraso crediticio. El informe menciona, además, el poder de los sindicatos para obstaculizar la creación de puestos de trabajo calificado. Por otra parte, argumenta que la economía informal alcanza 30% del PIB, lo que refleja las múltiples trabas a los negocios.

El anexo del documento ofrece cifras reveladoras en comparación con otras economías. Por ejemplo, se requieren 58 días para abrir un negocio en México y dos en Australia; la apertura involucra ocho trámites en nuestro país y en Australia dos. De forma semejante, hacer valer una obligación contractual de pago en los tribunales toma 421 días en México y 48 en Holanda; el número de procedimientos en este litigio es 37 en nuestro país y 22 en el otro. Asimismo, el registro de una propiedad absorbe 74 días en México y uno en Noruega; el número de procedimientos involucrados es cinco en nuestro país y uno en el otro. Finalmente, la resolución judicial sobre la insolvencia de una empresa toma 1.8 años en México y 0.4 en Irlanda.

Sin excepción, estos indicadores descubren costos empresariales muy superiores a los prevalecientes en economías avanzadas. Del Informe del BM se concluye que la disminución de estos impedimentos en México impulsaría notablemente la inversión y la productividad y, con ello, el desarrollo económico y el bienestar.

HACIENDO BUEN GOBIERNO

Si un gobierno desea impulsar el crecimiento económico, debe enfocarse en ciertos aspectos básicos para el desarrollo de la empresa privada y la competencia. Destacan, entre éstos, la protección universal de los derechos de propiedad individual, la aplicación de la ley, el mantenimiento del orden público, la estabilidad del poder adquisitivo de la moneda y la eliminación de los obstáculos al funcionamiento de los mercados. Estas tareas constituyen la oferta de "bienes públicos" esenciales para la economía y son intransferibles del gobierno, ya que el sector privado no tiene los incentivos adecuados para realizarlas.

La evidencia empírica revela que existe una asociación positiva entre las economías con elevado ingreso por habitante y el desempeño del gobierno en estas funciones. Tales responsabilidades deben realizarse de manera cierta y sin excepciones, por lo que se requieren instituciones estables para su ejecución. Entre mayor es la incertidumbre institucional, mayores son los costos de transacción del esfuerzo laboral, el ahorro y la inversión, lo que frena el crecimiento económico.

Si es tan evidente la necesidad de estas medidas, ¿por qué los candidatos a la presidencia de la República en 2000 insisten en presentar programas tan amplios, sin una clara relación con las funciones básicas? De entrada, pueden aventurarse dos posibles explicaciones.

La primera es que a los candidatos no sólo les interesa la prosperidad agregada del país, sino una mejor distribución de sus beneficios. Se habla, así, de la necesidad de atender a los más pobres. Se piensa que el crecimiento económico, por lo menos en una primera fase, beneficia principalmente a los más ricos, ganando los más pobres sólo en etapas posteriores. Sin embargo, este supuesto, conocido por los economistas como la hipótesis de Kuznets (por el economista premio Nobel que primero la señaló) no cuenta con evidencia concluyente.

Por una parte, entre más alto es el ingreso de un país menor tiende a ser la proporción de pobres, independientemente de la definición de pobreza que se seleccione. Por ejemplo, considerando la línea de pobreza establecida por el Banco Mundial como dos dólares de consumo diario por persona, 77% de la población de Guatemala es pobre y 40% en México, porque el ingreso por habitante del primero es sólo 43% del segundo. La relación entre países no es lineal pero va en esa dirección.

Por otra parte, los economistas David Dollar y Aart Kraay han confirmado que no existe conflicto entre el crecimiento económico y la mejoría para los pobres. Con rigor estadístico en un estudio de 80 países para un periodo de cuatro décadas, han descubierto que cuando aumenta el ingreso de un país, tanto los pobres como los ricos tienden a beneficiarse, simultáneamente y en igual proporción. Algo semejante en el prejuicio ocurre con las disminuciones del ingreso.

Contrario a la creencia popular, los autores demuestran que la apertura comercial, la seguridad de los derechos de propiedad, la mayor democracia y la educación benefician por igual a los pobres y a los ricos. Señalan que sólo la reducción de la inflación y, sorpresivamente, un menor gasto público favorecen más a los pobres que a los ricos, ya que la inflación es un impuesto severamente regresivo y la mayor parte del gasto público no está dirigida a los pobres.

La conclusión central del estudio es que el crecimiento económico es bueno para los pobres. Se infiere que la mejor contribución de un gobierno preocupado por la justicia social es cumplir con las tareas básicas que propician la actividad económica.

Una segunda y más atinada explicación de la amplia lista de propósitos electorales tiene que ver con la relación entre la política y la economía. Los contendientes a un puesto de elección popular buscan ganarse los votos de los ciudadanos, a cambio de prometer ciertas retribuciones futuras. Por ello, en la práctica, las decisiones políticas no se determinan por el mérito de las ideas, sino por un balance pragmático del poder de los más importantes grupos de electores que compiten entre sí. La característica común de este proceso es que los grupos de interés buscan convencer al resto de la población que beneficiarse ellos mismos es bueno para todos. De esta manera los candidatos han prometido poner en libertad a los presos universitarios, aumentar por decreto el ingreso de los maestros de educación básica hasta por lo menos seis salarios mínimos, establecer "apoyos" a la pequeña y mediana empresa, al campo y al turismo, exentar de impuestos a ciertas regiones del país y subsidiar la adquisición de vivienda, entre otros.

Desafortunadamente la satisfacción de estas demandas no es neutral, sino perjudicial para el crecimiento económico, ya que mantiene la inseguridad y desperdicia recursos en la búsqueda de privilegios, en corrupción y en usos que ignoran el costo de oportunidad para la sociedad. El reto de la próxima administración será enfrentar estas presiones, ejerciendo, sin excepción, las tareas básicas que favorecen el desarrollo económico. La mejor forma de hacerlo es creando instituciones para su cumplimiento.

Prosperar o retroceder

¿Cuáles son las condiciones que permitirían mejorar permanentemente el desempeño económico de México? El entendimiento de estos requisitos es esencial porque el nivel del bienestar alcanzado por el país es insatisfactorio. Por ejemplo, el ingreso por habitante en 2001 fue sólo 6% superior al de 1981, lo que equivale a una expansión promedio anual de sólo 0.3%. En términos simples el progreso económico durante los últimos 20 años ha sido muy limitado.

La respuesta a la pregunta puede encontrarse en la conferencia "Prosperidad y depresiones", presentada en la reunión anual de la Asociación

Americana de Economía de 2002, por el profesor Edward C. Prescott. Al examinar por qué algunas economías se estancan o retroceden por largos periodos, el conferencista parte de una observación poco convencional: en contra de la costumbre de identificar las "grandes depresiones" con el pasado —por ejemplo, Estados Unidos durante los años treinta—, señala que estos fenómenos han ocurrido en varios países recientemente y su costo sobre el bienestar ha sido dramático.

Obviamente, al no estar superado el problema, es importante comprender sus raíces. La buena noticia es que su ocurrencia refleja malas políticas económicas, por lo que es evitable.

Definiendo como "grandes depresiones" las caídas sustanciales, por lo menos de 20%, en el PIB por habitante respecto de la tendencia que debería prevalecer por el avance del conocimiento productivo disponible mundialmente (calculado en 2%), en 2001 Argentina, Brasil, México, Nueva Zelanda y Suiza se encontraron en depresión.

En los años ochenta Chile y México sufrieron declives mayores a 30% en su producto por habitante respecto de la tendencia; sin embargo, Chile rápidamente corrigió el rumbo, mientras que en 1995 el ingreso de nuestro país se encontró 30% por debajo del alcanzado en 1980.

Prescott explica las "grandes depresiones" por el deficiente desempeño de una o más de las tres fuentes básicas del desarrollo: *1)* la acumulación de capital, es decir, la inversión; *2)* el aumento en el trabajo; y *3)* los incrementos en la eficiencia con la que se utilizan los factores productivos, o sea, el crecimiento de la productividad total. Para diferentes episodios y países, estima la contribución de estos componentes a las grandes depresiones y concluye que el más frecuente ha sido la disminución de la productividad total, seguido por el aumento deficiente del empleo.

Al analizar la situación actual de Japón y las depresiones remotas europeas, señala que el problema principal de aquél es la falta de productividad total y el de Europa una baja utilización de la mano de obra. Sin embargo, la causa de estos fenómenos no puede imputarse a una supuesta torpeza de los japoneses o a una pereza de los europeos.

La razón de fondo de estas deficiencias se encuentra en las políticas económicas que generan incentivos contrarios a las fuentes del desarrollo. Si bien la realidad de cada país es diferente, algunas medidas nocivas tienden a repetirse. En materia de productividad total, el declive prolongado de la producción refleja el proteccionismo, los subsidios y la regulación que inhiben la competencia y, por ende, el uso de tecnologías más productivas hacen sobrevivir artificialmente a las empresas ineficientes e impiden el desarrollo de proyectos más rentables.

En opinión de Prescott, la superioridad de Chile respecto de México en los últimos veinte años obedece a la adopción de reformas profundas desde los años ochenta por parte del primero, en áreas como el sistema bancario y la ley de quiebras, y la posposición de estos cambios en el segundo. Por otra parte, las restricciones legales que incrementan artificialmente los costos de contratación y despido contribuyen a explicar la utilización deficiente de la mano de obra. En contraste, la falta de ahorro o inversión parece determinar poco las grandes depresiones. Así, Prescott señala que el problema de México en las dos últimas décadas no fue la falta de recursos o de inversión, sino la asignación ineficiente del ahorro dictada, en gran medida, por las decisiones gubernamentales.

En conclusión, el avance o retroceso no son un producto de la suerte, sino de las buenas y malas políticas económicas. Promover medidas que contribuyen escasamente o, incluso, que limitan las fuentes del desarrollo tiene, en el mejor de los casos, dividendos políticos de corto plazo.

Si el análisis de Prescott es correcto, la agenda económica de México es clara y no debería improvisarse: competencia, incluyendo la eliminación de monopolios estatales; desregulación, apertura total a la inversión privada y una buena reforma laboral; adicionalmente, seguridad jurídica y un Estado más delgado y eficiente. La realización de estas pocas pero importantes tareas es la clave para superar los obstáculos a la productividad total y el empleo, y promover así la prosperidad.

¿MERCADO O "TERCERA VÍA"?

Las críticas al denominado modelo "neoliberal" de México se han convertido en el tema común de las propuestas de algunos precandidatos a la presidencia de la República en 1999. Aunque los discursos no incluyen mayores precisiones, puede inferirse que los ataques se refieren a la política económica seguida por México a partir de 1985, caracterizada por la apertura al comercio exterior, la desregulación, la privatización y la redefinición del papel del Estado en la economía. En síntesis, las diversas posiciones señalan que el modelo económico ha perjudicado a la mayoría de la población.

Entre los males atribuidos al neoliberalismo mexicano se enumeran la marginación, la pobreza, el desempleo, el bajo ingreso por habitante y la concentración del ingreso. Se afirma que se llegó a esto porque la política económica fue "neoliberal", esto es, se basó en el mercado. Una implicación de este diagnóstico, de ser objetivo, es que las reformas de mercado implantadas en el pasado difícilmente podrían marcar el rumbo del futuro. Afortunadamente éste no es el caso.

Hay que reconocer que el desempeño económico de México de mediados de los años ochenta a finales de los noventa ha sido insatisfactorio, porque se encuentra por abajo del potencial de generación de riqueza y bienestar del país. Durante ese periodo, el ingreso por habitante ha crecido en promedio anual sólo 0.6% y, aunque no es claro el deterioro en la distribución del ingreso, aproximadamente 40% de mexicanos se clasifica como pobre, con un consumo menor a dos dólares diarios.

Ante estas estadísticas, cabe plantearse dos posibles diagnósticos: o el mercado es el culpable por ser injusto o limitado y se requiere, por tanto, una alternativa, o el rumbo actual es el correcto y el principal problema ha sido la insuficiente aplicación de las condiciones de mercado, por lo que se necesitan reformas adicionales para obtener mejores resultados. Si bien, como los propios precandidatos han señalado, todo modelo económico es revisable, es indispensable no partir de preconcepciones para descartar una de las dos posibilidades.

Los precandidatos presidenciales han reconocido algunos beneficios de las medidas recientes de política económica, pero al señalar que han sido escasos, postulan invariablemente una "tercera vía", que busca evitar simultáneamente los excesos del populismo y los "extremos del mercado". Sin sustento, están atribuyendo al mercado las causas de los problemas.

A decir verdad, es sumamente positivo que, en general, el debate excluya las posturas populistas, entendidas como irresponsabilidad fiscal, por sus probados resultados negativos. Desafortunadamente esta "tercera vía" podría tener sólo atractivos políticos al diferenciarse del pasado prometiendo la superación de las limitaciones actuales sin especificar exactamente cómo. El promedio entre dos supuestos males es una solución demasiado fácil para ser cierta. En diferentes tonalidades, estas alternativas recurren al Estado para contrarrestar la supuesta insuficiencia del mercado. Obviamente, hay múltiples formas de interpretar esta tarea.

La mejor forma de llegar al diagnóstico correcto en el dilema arriba mencionado es recurrir a la experiencia internacional. No existe un modelo de mercado único. Sin embargo, la comparación internacional revela que los países con un sistema económico más sustentado en los mercados son aquellos que han registrado las tasas de crecimiento del ingreso por habitante más elevadas de forma sostenida y muestran los menores índices de pobreza.

Los ejemplos abundan. Los casos extremos se refieren al desempeño superior de los países occidentales respecto de los países centralmente planificados bajo el régimen comunista. El abandono de los sistemas de planificación central en favor del mercado es elocuente. Dentro de los países anteriormente comunistas contrasta también la aplicación de las reformas de mercado cuyo mayor vigor respalda el desempeño superior de Polonia, la República Checa y Georgia sobre otros, como Rumania, Uzbekistán y Azerbaiyán, que han optado por mantener controles y proceder lentamente en los cambios. Además, el desempeño extraordinario de las economías del sudeste asiático, basado en la apertura comercial y en la participación del sector privado, ilustra la superioridad de la opción de los mercados.

Las reformas de mercado en México, cuando se han implantado adecuadamente, han brindado beneficios enormes a la economía y a la población. El caso más destacado es la apertura al exterior, culminada en el Tratado de Libre Comercio de América del Norte, que ha representado un motor de crecimiento económico y creación de empleos. Estas medidas han redundado en mayores opciones para todos los consumidores, mejor calidad de los productos y menores precios.

Sin embargo, ha habido importantes deficiencias en la aplicación de las reformas de mercado cuya superación representa la mayor oportunidad para el país. México no ha logrado la estabilidad de los precios y su inflación promedio anual se ha ubicado muy por encima de la observada en los países desarrollados. Además, los errores en algunas privatizaciones han resultado en un regreso a la situación de virtual estatización.

Aún existen obstáculos significativos a la inversión privada en áreas consideradas "estratégicas". Mientras tanto, el Estado no posee los recursos ni está en posibilidad de canalizar todos sus esfuerzos a las tareas que no puede delegar al sector privado, como son la seguridad física y jurídica, la eficiente administración de la justicia y la canalización de recursos para mejorar el acceso de los pobres a la economía de mercado.

México debe evitar opciones de "tercera vía" si éstas significan retrasar los cambios necesarios y alentar una intervención gubernamental que obstaculice el funcionamiento de los mercados. Una mejor opción es profundizar en las medidas de las economías exitosas. El país aún requiere recorrer distancias considerables para considerarse el prototipo de una economía de mercado, y estas oportunidades no aprovechadas explican, en buena medida, los resultados insatisfactorios obtenidos hasta la fecha.

En materia social lo más importante para el país no es que todos los ciudadanos tengan la misma riqueza sino que no haya pobres y, además, que todos los individuos tengan posibilidades de aumentar su bienestar. Lejos de buscar un igualitarismo en el ingreso, que puede llevar al Estado a distribuir pobreza más que riqueza, lo importante es que el país mantenga un crecimiento de oportunidades para todos. El sistema de mercado ofrece las mayores probabilidades para lograrlo.

Las causas de la pobreza consisten, en última instancia, en obstáculos al crecimiento económico, entre los que destacan la inestabilidad monetaria, las distorsiones en los mercados y la inseguridad jurídica, así como las opciones limitadas para los pobres, en especial, por el bajo nivel de capital humano. La mayor educación y el apoyo a los pobres puede hacerse en el contexto del mercado; y para esto tampoco se requiere una "tercera vía".

Mercado en lugar de planificación

Los principales candidatos a la presidencia de la República para el primer sexenio del siglo XXI han delineado sus propuestas económicas caracterizadas, en gran medida, como compromisos de alcanzar tasas específicas de crecimiento económico y creación de empleos, y aplicar acciones de redistribución del ingreso. Si bien no han aclarado completamente cómo buscarán tales metas, sus pronunciamientos parecen reflejar el espíritu de planificación central que distinguió a muchos gobiernos en su búsqueda de dirigir la actividad económica y la asignación de los beneficios. La experiencia internacional demuestra que éste no es el mejor camino para aumentar el crecimiento de las economías, con independencia de que se aplique "sólo selectivamente".

El tono planificador de las diferentes ofertas incorpora metas de crecimiento económico promedio que van desde 4.5 a 7% y de creación neta de más de un millón de empleos al año. Se promete, además, promover los segmentos productivos que, de acuerdo con los candidatos, merecen un impulso especial, como la pequeña y la mediana empresas y los sectores intensivos en mano de obra.

Por ejemplo, el representante del PAN, que en teoría debería estar en favor de dejar estos resultados al sector privado y los mercados, se ha comprometido con las cifras más ambiciosas: afirma que, de ser elegido, la economía crecerá 7% en promedio anual, se creará un millón 250 mil empleos por año y se encargará de "estructurar las cadenas productivas".

Del lado de la redistribución del ingreso, los candidatos proponen modificar los impuestos y el gasto público, para gravar en mayor grado a los individuos y grupos de mayores ingresos y premiar a los de menores percepciones, por ejemplo mediante la construcción de viviendas con "créditos accesibles", que según el candidato del PRD deberían representar hasta 1% del PIB. En esta presentación de promesas, no son claras las fuentes de financiamiento ni mucho menos su costo en términos de distorsiones al esfuerzo laboral, la inversión y el ahorro, decisiones típicamente afectadas con medidas de esta naturaleza.

El énfasis en metas programadas no parece aprovechar las lecciones de los países que desde 1917 se marginaron de la economía de mercado para emprender la aventura de la planificación central. El caso más extremo es la experiencia de la ex Unión Soviética, que sufrió una dramática reducción en el crecimiento y el nivel del consumo por habitante por lo menos desde 1970. Este pobre desempeño y el evidente bienestar de las economías capitalistas condujeron al colapso del sistema y a la demanda de un regreso a la economía de mercado.

La planificación central en la ex Unión Soviética fracasó porque asignó los recursos económicos de acuerdo con criterios políticos a inversiones de baja o nula rentabilidad. La falta de incentivos adecuados condujo a la obsolescencia tecnológica y a la disminución prolongada de la productividad. Como resultado, en 1991 la productividad de la Unión Soviética fue sólo 19% de la de Estados Unidos y el ingreso por habitante menos de la cuarta parte del correspondiente a esta nación. Los países de Europa del Este así como China, Vietnam y Cuba sufrieron experiencias en la misma dirección.

Posibles explicaciones

Con este expediente internacional, ¿por qué el tono de planificación central en las propuestas de los candidatos en México? Pueden considerarse dos explicaciones. La primera es que los aspirantes a la presidencia simplemente se preparan a acatar la Constitución: el artículo 25 establece que "mediante el fomento del crecimiento económico y el empleo y una más justa distribución del ingreso y la riqueza, el Estado planeará, conducirá, coordinará y orientará la actividad económica nacional, y llevará al cabo la regulación y fomento de las actividades que demande el interés nacional". Por su parte, el artículo 26 traduce esta "rectoría" a la obligación de preparar un Plan Nacional de Desarrollo (PND).

La letra de la Constitución deja clara la importancia del gobierno en la asignación de recursos y la distribución de bienes y servicios, y prefiere los procesos políticos a los mecanismos de mercado. La preocupación por la distribución "justa" es una reminiscencia de las tendencias socialistas del pasado y desconoce la necesidad de la eficiencia como condición para aumentar el bienestar de la población de forma sostenida.

Una segunda explicación es que las intenciones planificadoras son más un asunto de forma que de fondo, ya que México se encuentra en una economía "mixta" y, en mayor o menor grado, confía el destino de los medios de producción al sector privado y al mercado. De esta manera el PND y los más de cien programas emanados de éste, que por mandato constitucional el gobierno tiene que presentar a la sociedad, son más bien marcos de referencia y no compromisos estrictamente exigibles.

Lo más probable es que ambas explicaciones sean válidas. Sin embargo, el enfoque de planificación central presenta costos. La ambigüedad expresada en el término "economía mixta" necesariamente conduce a resultados mixtos, y desaprovecha el ejemplo de las economías que han registrado un mayor grado de prosperidad. Por ejemplo, de 1820 a 1992 los nuevos países occidentales, Australia, Canadá, Nueva Zelanda y Estados Unidos, caracterizados por economías de mercado, multiplicaron 17 veces su ingreso por habitante, mientras que la Unión Soviética sólo lo hizo seis veces.

A México le convendría adoptar una posición pragmática y enfocarse a asegurar las condiciones para fortalecer la economía de mercado, que es la mejor forma de incrementar la riqueza para todos, incluyendo a los más pobres. Los elementos básicos son la defensa de los derechos de propiedad, aplicando con imparcialidad las leyes, vigilando el cumplimiento de los contratos y garantizando la seguridad pública; preservar el poder adquisitivo de la moneda; promover la competencia; y proveer los medios básicos para incorporar a los más pobres al mercado.

Mi viaje a Chile

En el año 2000 tuve la oportunidad de visitar Chile para asistir a la reunión mundial de una prestigiada sociedad de economistas. Me quedé gratamente impresionado con el desarrollo alcanzado por ese país, evidente en su urbanización, infraestructura, expansión de negocios y bienestar de su población. Aun en los barrios pobres de Santiago, era difícil ver miseria. Se percibía prosperidad no sólo en la capital del país sino en otras poblaciones que visité.

Estas imágenes contrastan con la realidad de esa nación antes de 1970, caracterizada, entre otros factores, por una sociedad rígidamente estratificada, un bajo nivel salarial promedio y una escasa oferta de bienes de consumo. El cambio ocurrido no fue producto de la casualidad sino de una estrategia económica de modernización, iniciada a mediados de los años setenta, basada en la liberación de obstáculos al funcionamiento de los mercados y la responsabilidad individual.

El programa fue la reacción al fallido experimento socialista de Salvador Allende entre 1971 y 1973, que se sustentó en la expropiación de la propiedad privada, la imposición de controles y la intervención generalizada del gobierno en la economía. En 1973 el déficit fiscal fue casi 25% del PIB, el producto cayó 5.6%, el desabasto y la pobreza se agudizaron y el país estuvo al borde de la hiperinflación. Ese experimento culminaba, de forma trágica, las tendencias estatistas y de economía cerrada que habían prevalecido en las décadas anteriores.

Tres aspectos del programa de modernización chileno me llaman la atención. En primer lugar, fue un esfuerzo precursor ante el fracaso socialista que, en cierta medida, predijo el desenlace de los países comunistas dos décadas después. Se dio en un contexto de gran aislamiento internacional por haber sido realizado, inicialmente, por un régimen militar. Sin embargo, la ausencia de ayuda externa, lejos de perjudicar, puso de manifiesto los cambios que el país requería para alcanzar un mayor nivel de bienestar.

En segundo lugar, se trata de un programa en evolución, con descalabros y correcciones. Las primeras y más profundas reformas ocurrieron entre 1975 y 1981, incluyendo el ordenamiento de la política monetaria y cambiaria, el saneamiento de las finanzas públicas, el regreso de las empresas expropiadas a sus dueños y la privatización de otras, la disminución de aranceles, la liberación de trabas a los capitales extranjeros, y avances en la desregulación económica y la flexibilización laboral.

Las transformaciones en materia de pensiones y educación han servido de modelo a otros países. La reforma de pensiones se basó en la responsabilidad y el esfuerzo de ahorro de las personas, transformando el antiguo sistema de reparto a uno basado en aportaciones y cuentas individuales. Por otra parte, se avanzó en la descentralización y democratización de la educación, promoviendo la competencia entre las escuelas mediante la canalización de subsidios a las instituciones en función del número de alumnos atraídos.

La crisis de la deuda externa de 1982 representó una severa prueba al impulso modernizador, al revelar algunas debilidades en la aplicación de las reformas anteriores. De hecho, el temor llevó a revertir transitoriamente algunos de los avances, como la apertura externa mediante un incremento en los aranceles. No obstante, la visión compartida del grupo profesional que estuvo a cargo del programa económico hizo posible la corrección y fortalecimiento de los cambios entre 1985 y 1989.

En tercer lugar, la reforma ha sido exitosa al generar resultados muy favorables. La mejor prueba de ello es que los gobiernos democráticos de la década de los noventa, con orientaciones políticas diferentes, decidieron mantener en general el rumbo anterior. Si bien estas administraciones han avanzado poco en los cambios estructurales (y en ocasiones han retrocedido), han otorgado una mayor prioridad a la estabilidad de precios, logrando reducir la inflación a 2.3% en 1999.

El éxito del enfoque es claro: de 1983 a 1999, el ingreso por habitante de Chile creció 4.9% en promedio anual, más del doble que el de América Latina y más que cualquier otro país de la región. El progreso se extiende a los indicadores sociales: por ejemplo, en menos de 30 años, la tasa de mortalidad infantil pasó de 68 a 10 al millar, la cobertura de enseñanza media subió de 50 a más de 80%, y el porcentaje de la población debajo de la línea de pobreza se redujo a menos de la mitad.

La prosperidad económica y social de Chile es resultado del avance en las reformas estructurales, la menor inflación y, recientemente, la libertad política. Indudablemente Chile tiene aún grandes desafíos, incluyendo asegurar lo alcanzado (que implica contener las tendencias estatistas), así como realizar los cambios estructurales pendientes que le permitan seguir avanzando en la senda del crecimiento. Mientras tanto, la estrategia económica de Chile y su tenacidad son un excelente ejemplo para México.

La historia de dos países

En la transición para convertirse en economías de mercado, China ha tenido un desempeño muy superior al de Rusia. La clave del éxito ha sido el mayor crecimiento del sector privado. Estos dos países comparten, con otros ex socialistas, el fracaso de la planificación central y la necesidad de adoptar un modelo basado en los mercados. Las limitaciones del viejo orden se manifestaron dramáticamente: por ejemplo, en China, entre 1959 y 1962, con la más grande hambruna de la humanidad, en la que perecieron cerca de 40 millones de campesinos, y en la Unión Soviética con la caída del consumo por habitante por varias décadas. No obstante estas similitudes, las respuestas han sido diferentes.

La transformación de China se ha basado principalmente en la iniciativa de los particulares, facilitada por Deng Xiaoping desde finales de los setenta. El proceso nació en una comuna con la decisión de los campesinos de dividir la tierra entre las familias, comprometiéndose cada uno a enviar al Estado la cuota obligatoria de granos, a cambio de mantener el resto para el comercio, lo que los convirtió en empresarios. El experimento fue imitado rápidamente por otras comunas.

Los mejores incentivos aumentaron notablemente la productividad agrícola, lo cual motivó a las autoridades a legalizar el nuevo sistema mediante contratos de arrendamiento de largo plazo de la tierra, implicando una privatización de hecho. Además, el gobierno abrió de forma creciente la costa de China a la inversión extranjera, flexibilizó los precios de los productos de las empresas gubernamentales y redujo los impuestos. El principal efecto fue el florecimiento de las empresas no estatales y de la economía basada en la propiedad privada.

Desde 1994, el nuevo líder político Jiang Zemin continuó las reformas creando reglas para el mejor funcionamiento económico —por ejemplo, la unificación de los tipos de cambio y la independencia del Banco Central— e iniciando la privatización y el cierre de las empresas públicas. Por supuesto faltan muchas tareas para completar esta transformación, destacando el saneamiento y la competencia del sistema bancario, la disciplina financiera del gobierno y la mayor apertura comercial y de capitales.

Las perspectivas de China son halagüeñas si se consideran los resultados obtenidos. Desde 1978 el crecimiento promedio anual del producto ha sido casi 10% y el PIB por habitante, ajustado por poder de compra a precios de 1995, pasó de 700 dólares en 1960 a 4 700 dólares en 2002. La inflación se ha mantenido bajo control, se ha reducido la pobreza y han mejorado los indicadores de bienestar. Estos beneficios han legitimado los cambios en la sociedad. En contraste, Rusia ha basado su transición principalmente en la libertad política, consolidando la democracia, más que en la libertad económica. En esta materia, la evolución ha estado dirigida por las autoridades, las cuales desafortunadamente han incurrido en repetidos errores. Las principales medidas fueron la flexibilización de precios y controles y la privatización, pero su aplicación fue deficiente.

En 1992 la liberación abrupta de precios, combinada con la indisciplina monetaria y fiscal, generó una hiperinflación que fue muy difícil controlar. Requirió varios programas de ajuste, bajo la tutela del FMI, basándose la estabilización en un régimen de tipo de cambio atado al dólar. En 1998 la crisis asiática y la caída de los precios del petróleo hicieron evidente la incongruencia del régimen cambiario con el elevado endeudamiento público externo, que desembocó en una moratoria.

Además se han privatizado las empresas de forma opaca y sin asegurar las condiciones para la competencia. Las entidades se han vendido a los grupos involucrados en su gestión y, lejos de reestructurarse, continuaron recibiendo subsidios gubernamentales. La mayor parte de la tierra agrícola sigue trabajándose de forma colectiva y, en todas las actividades productivas, proliferan las trabas de las autoridades a la iniciativa de las personas.

Estas medidas son responsables de los resultados económicos desfavorables. Desde 1992 el crecimiento promedio anual del PIB ha sido negativo, con una profunda recesión durante los primeros siete años de la transición. Las tareas pendientes son enormes, especialmente ante el desprestigio de las reformas, que se expresa sintomáticamente en las continuas salidas de capital del país.

Son oportunos dos apuntes finales sobre esta comparación. La evolución superior de China confirma, una vez más, que la democracia no es indispensable para el desarrollo económico. Aunque la relación entre la política y la economía es complicada y existen muchas dictaduras que han obstaculizado a la segunda, la democracia puede retardar los cambios económicos necesarios, como en Rusia, al prevalecer los intereses distributivos. Afortunadamente la evidencia en el mundo sugiere que el desarrollo económico alienta la democracia.

Además, la prosperidad es mayor cuando se permite que ocurra como un proceso espontáneo de los particulares. En China primeramente se desarrollaron los mercados mediante la concurrencia de los individuos y luego los gobernantes establecieron leyes para proteger los derechos de propiedad. En Rusia estos pasos cruciales aún no han ocurrido.

INDIA: UN NUEVO TIGRE ECONÓMICO

Desde los años ochenta, India ha experimentado un elevado crecimiento económico que contrasta con su prolongado aletargamiento anterior. Esta expansión ha ido en ascenso. En los diez años a partir de 1992, el PIB por habitante aumentó en promedio anual 4.1%, medio punto porcentual por arriba de lo observado en los ochenta y más de tres puntos respecto de los setenta. Como consecuencia, por dos décadas India ha sido la séptima economía más dinámica del mundo, superada sólo por China, Corea del Sur, Tailandia, Singapur, Irlanda y Malasia.

El mayor vigor refleja un nuevo giro de la política económica. Desde su independencia de Gran Bretaña en 1947, los gobiernos habían aplicado una estrategia basada en la planificación central, la autosuficiencia y una excesiva regulación, lo que incluía obstáculos al intercambio internacional de bienes y servicios, permisos de producción, controles de precios, impuestos altos y subsidios a ciertas actividades. Detrás de esto se encontraba la pretensión oficial de distribuir "mejor" la riqueza. No obstante, como suele ocurrir con las medidas intervencionistas, se desalentó el desarrollo del sector privado y, en su lugar, se propició un sistema productivo ineficiente, plagado de privilegios y corrupción. Aunque no aniquilaron el crecimiento económico, estas acciones mantuvieron a India a la zaga de las economías asiáticas líderes, sin un aumento en la equidad social.

La mediocridad de los resultados forzó al gobierno, a mediados de los ochenta, a iniciar una transición hacia un ambiente de mercados competitivos. El primer ministro Rajiv Gandhi aplicó un programa moderado de desregulación industrial, racionalización tributaria y apertura al exterior que impulsaba, especialmente, la importación de bienes de capital.

La incipiente eliminación de obstáculos a la actividad económica y la expansión fiscal estimularon el crecimiento económico. Sin embargo, el mayor endeudamiento externo y un régimen de tipo de cambio predeterminado desembocaron en una crisis de balanza de pagos en 1991.

Ante estas vicisitudes, el gobierno, encabezado a partir de ese año por el primer ministro Narasimha Rao, implantó un agresivo plan de estabilización y cambio estructural que renovó, con bases más sanas, la fuerza de la economía. En poco tiempo se unificó y liberó el tipo de cambio, se desmantelaron las restricciones cuantitativas al comercio exterior, se redujeron más los aranceles, se facilitó la inversión extranjera y se abolieron muchas regulaciones. El gobierno siguiente ha ampliado estos cambios.

Los beneficios de las reformas se han reflejado en los indicadores de bienestar incluyendo, por primera vez en la historia, el descenso del número de analfabetos. El progreso de este país y de China, al representar ambas naciones 38% de la población global, ha disminuido la proporción de pobres y mejorado la distribución del ingreso en el mundo.

A pesar de ello, los avances de India son aún insuficientes. El estándar de vida es muy inferior a la media mundial, muchos habitantes padecen desnutrición, la mortalidad infantil es significativa y es escaso el acceso a la educación. No obstante, la convergencia a los niveles de las naciones desarrolladas puede ser acelerada. El ritmo de aumento del ingreso por habitante en la década reciente implica que ese país duplique su nivel de vida cada 17 años, y alcance el actual de Estados Unidos en aproximadamente 60 años. Este horizonte de tiempo no es tan largo si se considera el atraso sufrido por este país durante la mayor parte del siglo XX.

El logro de estos o mayores avances requiere profundizar en las reformas de mercado, condición indispensable para mantener elevado el crecimiento potencial de la economía. Afortunadamente son tantos los obstáculos subsistentes al desarrollo en ese país que su remoción, aun gradual, puede continuar impulsando de forma sustancial la expansión del ingreso.

Por ejemplo, la incorporación de India en el comercio internacional es aún baja, entre otras razones, porque sus aranceles desiguales implican una elevada protección "efectiva" de los bienes nacionales respecto del exterior; además, subsisten muchos controles a la producción, en el mercado laboral y a la inversión extranjera, y son muy deficientes los servicios públicos, como la infraestructura y la electricidad.

Las posibles bondades de una mayor desregulación se ilustran con el notable dinamismo de los servicios, principal motor del crecimiento en los años recientes. El liderazgo de India como proveedor mundial de servicios tan variados como software, respaldo administrativo y atención telefónica, que aprovecha el gran contingente de profesionales de primer nivel en ingeniería y ciencias exactas, y el amplio uso del inglés como principal idioma, ha sido posible porque los servicios han estado más libres de regulaciones que la industria.

La experiencia de India confirma que la liberación económica genera cuantiosos dividendos, restringidos sólo por el gobierno. Los beneficios alcanzados permiten prever que este país continuará eliminando las barreras al progreso, manteniendo su posición de tigre económico en las próximas décadas. Los cambios apenas han empezado y el futuro luce promisorio.

LULA: ¿DERROTA DEL LIBERALISMO ECONÓMICO?

La victoria de Lula en las elecciones presidenciales de Brasil ha sido interpretada por muchos como un rechazo a las medidas a favor de la libertad de los mercados. No obstante, los hechos revelan lo contrario.

La impresión sobre una supuesta derrota del liberalismo es lógica considerando las antiguas opiniones del presidente electo, que incluían la renegociación unilateral de la deuda pública y la anulación de las privatizaciones. Sin embargo, al haberle impedido su postura radical ganar en las tres elecciones anteriores, en esta ocasión Lula decidió (inteligentemente) moverse hacia "el centro", abrazando la ortodoxia económica, que tanto rechazaba, para conseguir el voto de la mayoría.

Su victoria implicó un compromiso con el control de la inflación y la estabilidad económica, prometiendo un gasto público responsable, una reforma tributaria con disminuciones de impuestos a las exportaciones y no dar marcha atrás a las reformas de los años noventa. Aun cuando no se entusiasma con las privatizaciones, ha anunciado que los servicios de agua podrían ser manejados por empresas privadas. Para disipar las sospechas, ha prometido impulsar, cuanto antes, una ley para la autonomía "operativa" del Banco Central y ha descartado cualquier "sorpresa".

La conversión a favor de los mercados es una estrategia de comprobado éxito en Brasil. El presidente Cardoso, quien se considera un hombre de izquierda, como Secretario de Hacienda y más tarde como presidente, aplicó medidas ortodoxas. Los resultados positivos le permitieron triunfar en las dos elecciones presidenciales anteriores y contar con una amplia popularidad.

Especialmente notable fue el control de la inflación crónica, la cual rebasó 11 000% anualizada, mediante la aplicación del Plan Real en julio de 1994 que redujo el crecimiento anual de los precios a un dígito en sólo un año y medio. Como en otros países, los principales beneficiarios de la estabilidad de los precios fueron los pobres: de 1993 a 1995, la proporción de pobres extremos en ese país cayó de 20 a 15%. Otros avances se registraron en educación y salud, y en servicios básicos como telecomunicaciones mediante la privatización de empresas públicas.

A pesar de esto, ¿por qué ganó Lula? Principalmente porque la población aspiró a un cambio para superar los problemas serios no resueltos. Desde 1998 el crecimiento promedio anual del ingreso por habitante ha sido negativo y el desempleo pasó de 6 a 8%; además aumentó de nueva cuenta la pobreza y fue magro el avance contra la delincuencia y la corrupción. Lula representa la promesa de un cambio sin dañar lo alcanzado previamente.

En contraste con la euforia electoral, los mercados financieros han mostrado escepticismo sobre el futuro de Brasil bajo la conducción de Lula. La preocupación de los inversionistas no se refiere tanto a la sinceridad de las intenciones cuanto a la capacidad de llevarlas a cabo en las difíciles condiciones que, a su vez, responden a severas debilidades estructurales no superadas por Cardoso. Sin duda, la más importante es la expansión y la estructura de la deuda pública. Descontando las reservas internacionales y otros activos financieros del gobierno, la deuda pública neta, como proporción del producto, pasó de menos de 30% en 1995 a más de 60% en 2002.

El componente de mayor descontrol han sido los pasivos internos, que representan más de cuatro veces el valor de la deuda pública externa. Este abultamiento ha resultado de la indisciplina fiscal hasta 1998, la absorción de adeudos de los estados y municipios y el reconocimiento de pasivos anteriormente "fuera de libros". Sin embargo, la principal vulnerabilidad proviene de la asociación de la deuda interna con la tasa de interés y el tipo de cambio: aproximadamente 80% de la deuda aumenta de inmediato con estas dos variables, que suelen incrementarse ante la incertidumbre.

El principal temor es que las presiones sobre el real y las tasas de interés conduzcan a la "monetización" de la deuda interna, causando una burbuja de inflación, lo que avivaría las salidas de capital, obligando eventualmente al gobierno a imponer controles de cambio y proponer al Congreso la suspensión de pagos de la deuda externa. En la adversidad, el principal reto de Lula es infundir, cuanto antes, confianza a los inversionistas, conformando un equipo económico competente y anunciando un programa que impulse la recuperación económica sostenida. Sólo con una economía en crecimiento Brasil podrá resolver el problema de la deuda pública.

Lo anterior requerirá eliminar los obstáculos que impiden a la economía ser más competitiva y abierta. Hasta ahora, la disciplina fiscal se ha basado en incrementos de impuestos que han ahogado la estructura productiva, sin modificar en mucho la excesiva carga del gasto público. Por otra parte, Brasil sigue siendo una economía relativamente cerrada que aprovecha poco las ventajas del comercio internacional. El adelgazamiento del gasto público, incluyendo una reforma de pensiones, menores y más eficientes impuestos y la mayor apertura al resto del mundo parecen ser las medidas más prometedoras. Sin embargo, las dudas persisten sobre la capacidad de Lula para aplicarlas.

El encanto fugaz del populismo

Una de las tendencias más arraigadas en los países subdesarrollados es la inclinación de sus gobiernos al populismo. Esta estrategia, que presumiblemente busca mejorar la distribución del ingreso, consiste en la intervención del Estado en la economía, mediante el aumento del gasto público, las confiscaciones y las regulaciones, especialmente contra la competencia y la inversión extranjera. Aunque suelen invocarse loables objetivos, estas medidas concluyen siempre mal.

La razón de su fracaso es que el populismo ignora las restricciones económicas. La secuencia fatal es conocida: al principio, las erogaciones gubernamentales generan cierta bonanza al impulsar la demanda interna; sin embargo, pronto el déficit fiscal se torna insostenible porque se agotan las fuentes de financiamiento. Para posponer los costos, se suele recurrir al tipo de cambio fijo, la congelación de los precios y los controles de capital. No obstante, tarde o temprano se desencadena la inflación, la moneda se devalúa y, muchas veces, se suspenden los pagos de la deuda externa. Además, la incertidumbre jurídica inhibe la inversión privada. El resultado es una severa contracción de la actividad económica, del empleo y de los salarios reales, afectando especialmente a los más pobres.

Desafortunadamente la historia de los países subdesarrollados está plagada de estos episodios. Por la gravedad de sus secuelas, con caos generalizado e hiperinflación, sobresalen en América Latina los regímenes presidenciales de Juan Domingo Perón en Argentina, Getulio Vargas, Joao Goulart y José Sarney en Brasil, Carlos Ibáñez y Salvador Allende en Chile, y Fernando Belaúnde, Juan Velasco y Alán García en Perú. Otros desafortunados experimentos correspondieron a Carlos A. Pérez en Venezuela, Luis Batlle en Uruguay y los dos presidentes mexicanos entre 1970 y 1982.

A pesar de ser un engaño, el populismo se niega a morir. Si bien desde los años noventa la globalización lo ha limitado mediante el rechazo de los inversionistas, este enfoque sigue inspirando a muchos políticos. En algunos casos ha habido correcciones, como sucedió en 2002 con Luis Ignacio "Lula" da Silva, quien transformó su discurso de populista a disciplinado a fin de ganar las elecciones presidenciales en Brasil después de tres intentos fallidos. De paso, esta "conversión", que le ha merecido la confianza internacional, no ha significado renunciar a la baja apertura comercial y las distorsiones de la economía brasileña. Otros ejemplos populistas, restringidos por la escasez del financiamiento externo, han sido los presidentes Duhalde y Kirchner de Argentina, que desde 2002 han propiciado el colapso del estado de derecho en ese país.

Con todo, la reencarnación del populismo tradicional ha sido Hugo Chávez en Venezuela, que con la bandera del combate a la corrupción, ha recurrido a expropiaciones, déficits fiscales crecientes —a pesar de los elevados ingresos petroleros—, controles generalizados y amenazas de intervenir el Banco Central si no le permite gastar parte de las reservas internacionales. Durante su presidencia, el PIB venezolano ha caído, en promedio, casi 4% por año.

Con tan malos resultados, ¿por qué ha sido tan socorrido el populismo especialmente en los países subdesarrollados? Pueden existir varias explicaciones. Una de ellas es que la pobreza y la desigualdad del ingreso son tan graves que es imposible no orientar la política económica a la redistribución. Aunque no se puede descartar completamente, la validez de esta hipótesis enfrenta dos dificultades empíricas.

La primera es que no existe correlación clara entre el populismo y la mala distribución del ingreso, como lo ilustra la elevada frecuencia de esa orientación en sociedades relativamente igualitarias como Argentina y Uruguay. La segunda, más importante, es que los grupos protegidos típicamente han sido los empresarios nacionales y los sindicatos urbanos, los cuales no figuran en los estratos más humildes de la población. Por el contrario, frecuentemente se ha perjudicado a los campesinos pobres mediante el control de los precios agrícolas.

Otra hipótesis, probablemente más acertada, ubica el origen del populismo en la polarización de la sociedad, que conduce a cambios drásticos en los programas gubernamentales para atender a grupos antagónicos de electores. Además, la precariedad de las democracias ha radicalizado estos planes para asegurar beneficios inmediatos que retribuyan en legitimidad.

Por tanto, una forma de restringir esta corriente es fortaleciendo las instituciones que limitan la discrecionalidad de los gobiernos. Los tratados internacionales de apertura y la independencia del Banco Central son excelentes ejemplos de este tipo de fundamentos.

Finalmente, lejos de consistir en apoyos dirigidos a los más pobres, lo cual podría justificarse como medio de integración social, el populismo fomenta la fragmentación de la sociedad con privilegios para algunos y violaciones de derechos para otros. Por ello se perpetúa a sí mismo y es un riesgo latente en busca de nuevas formas de expresión. Sin embargo, sólo con condiciones de igualdad frente a la ley se alienta el desarrollo económico, condición indispensable para la superación permanente de la pobreza.

Opinión pública y libertad económica

¿Por qué la opinión pública en México prefiere la interferencia del gobierno al libre funcionamiento de los mercados? Es amplia la desconfianza respecto de las consecuencias de la libertad individual, a pesar de que las transacciones económicas sólo se realizan si generan beneficios.

Se opina que los mercados conducen a resultados inferiores a los "socialmente deseados", supuestamente porque están sujetos a frecuentes fallas y perpetúan el rezago de los más pobres. Esta percepción no está sustentada en la realidad y limita las oportunidades de crecimiento económico del país.

En cualquier nación, la opinión pública es importante porque influye en la selección del modelo de desarrollo y en las medidas económicas. El escepticismo en México sobre la libertad económica, reflejado en el desprestigio de los términos "capitalismo", "beneficio personal" y "libre mercado", tiene su origen histórico en el pensamiento socialista reinante en el mundo occidental a principios del siglo XX. Éste se manifestó en la Revolución mexicana, que buscaba corregir la falta de libertad política de los años previos y tomó la forma de una medicina inapropiada en la Constitución Política de 1917: restringir la libertad económica de los individuos para dar cabida a un papel predominante del Estado.

En detrimento de la inventiva de las personas y las empresas surgieron la prohibición de participar en ciertas áreas económicas consideradas "estratégicas", la posibilidad de expropiar por causa de "utilidad pública", y la determinación de precios máximos y modos de distribución de productos que se consideren "necesarios", entre otros. Con una mayor intensidad, estas disposiciones compartieron la sabiduría convencional del momento, que justificaba la mayor intervención gubernamental en función de referencias ideales, no probadas, superiores a los resultados obtenidos hasta entonces. En la mayoría de las economías, se inició así una tendencia de crecimiento en el tamaño del gobierno, significativo a partir del nacimiento del "Estado benefactor" en los años treinta.

Con el tiempo, se demostró que este enfoque tenía severas deficiencias. Las buenas intenciones no fueron suficientes y la interferencia estatal en los diferentes países generó, en mayor o menor medida, paternalismo, competencia de los grupos de poder por los fondos públicos, corrupción, inflación y un menor crecimiento económico. Una de las razones de estos resultados fue el supuesto infundado de que el gobierno puede poseer información superior a la que tienen los millones de participantes en los mercados. Otro factor explicativo fue subestimar las aspiraciones individuales y el espíritu solidario de las personas.

La superioridad de la interferencia gubernamental carece de bases empíricas, como lo demuestra el extraordinario desempeño económico de Gran Bretaña y Estados Unidos durante el siglo XIX, sustentado en la Ley Común, que postula la igualdad de todos los individuos, el libre comercio, la migración irrestricta de la mano de obra y un tamaño del Estado significativamente inferior al del siglo XX.

Por otra parte, en las economías capitalistas con mayor libertad económica se observa una menor proporción de pobres, así como una preferencia hacia los valores no materiales, como la filantropía y la educación, más marcada que en las economías donde el gobierno dirige estas funciones. Cuando la autoridad adopta estas tareas, sustituye a los individuos con el riesgo de desperdiciar recursos en el camino.

Afortunadamente en los años ochenta comenzó un cambio en la opinión pública internacional a favor de los mercados, como mejor opción para asignar los recursos productivos, y obtener mayores niveles de bienestar para todos. No han desaparecido las voces que claman a favor de la injerencia gubernamental, especialmente por parte de los grupos que prefieren la certidumbre de los resultados a la variabilidad propia de la creatividad y a la adopción de riesgos de personas responsables de sus actos. Sin embargo, con variantes en el discurso y en la práctica, se reconoce cada vez más que el verdadero motor del desarrollo es la libertad económica y la aplicación del talento humano a las oportunidades.

Desafortunadamente, a pesar del cambio en la opinión internacional, México continúa obstinado en mantener múltiples obstáculos a la libertad de los particulares, como se ilustra en la oposición a la apertura del sector eléctrico y en el apoyo a las sanciones por violar los precios oficiales. Adicionalmente se demanda que el gobierno redistribuya el ingreso de los individuos, ignorando que el mecanismo eficaz de movilidad vertical y progreso para todos, incluyendo a los más pobres, es la participación en el mercado.

A México le convendría abrir los ojos a la realidad y modificar su modelo de desarrollo de acuerdo con la experiencia internacional que sustenta la prosperidad económica en la responsabilidad de los individuos y la libertad económica. Para ello, es necesario abandonar la quimera de que los individuos son irresponsables y no muestran solidaridad con sus semejantes. Sólo así podemos superar el problema de la pobreza y alcanzar niveles crecientes de bienestar para toda la población.

MERCADOS Y RESPONSABILIDAD

Algunos observadores suelen evaluar con pesimismo el papel social de la empresa y de los mercados. Se afirma que estas instituciones nacen del individualismo y, por tanto, difícilmente conducen al bien común. Aunque esta última noción es ambigua, con frecuencia se refiere a una distribución igualitaria del ingreso. Preocupados más por las diferencias de riqueza que por su generación, los críticos cuestionan a la empresa por no garantizar, de acuerdo con sus criterios, los derechos de los trabajadores, como empleos "dignos", salarios "justos", trabajo estable y muchos otros.

Se apunta también que el mercado es "salvaje" porque tiende a desplazar a los más débiles. La conclusión automática es que debe renovarse la mentalidad de los empresarios y asegurar, mediante la intervención del Estado, la coincidencia del interés empresarial con el bien de la sociedad y no de unos pocos. Estas aseveraciones ignoran el funcionamiento y los resultados de la empresa y de los mercados. Muchos estudios han demostrado que la prosperidad económica se sustenta en dos pilares: la libertad para emprender y realizar intercambios económicos y el enfoque del gobierno a la provisión de ciertos bienes "públicos", definidos como aquellos que difícilmente pueden ser producidos por los particulares, pero que son esenciales para el funcionamiento de la economía.

La lista de estos últimos no es larga y, en lo esencial, incluye la estabilidad de los precios, la seguridad jurídica y el respeto a los derechos de propiedad, el impulso a la competencia y la infraestructura básica.

En contra de lo que comúnmente se afirma, el progreso produce oportunidades para todos y no sólo para unos pocos. La evidencia internacional revela que al aumentar el nivel y el dinamismo del ingreso por habitante, se amplían más que proporcionalmente estas mismas variables para la población más pobre. Además, sólo con el crecimiento económico se erradica la pobreza extrema. Los dos pilares mencionados permiten explicar por qué algunos países avanzan y otros se rezagan. En particular, las economías menos dinámicas son aquellas en las que el gobierno impone más barreras a la libertad económica en la forma de controles de precios, impuestos, permisos, límites a la producción y trabas semejantes, y en las que la calidad de los bienes públicos es deficiente.

En este contexto las empresas y los mercados realizan una función social irremplazable. Lo hacen, desde luego, sin necesidad de establecer metas colectivas. El objetivo de las empresas es ganar dinero ya que los dueños ponen en juego su capital.

No obstante, esta meta rebasa la noción popular de "individualismo", comúnmente caracterizada como imperfección humana, porque genera excelentes resultados sociales. Gracias a esa orientación, los negocios producen bienes y servicios que quieren millones de consumidores y utilizan con eficiencia los recursos escasos de la sociedad. La generación de utilidades les permite expandirse creando más empleos. Por cierto, las relaciones laborales, cuando se dejan libres, necesariamente benefician a las partes y no sólo al empleador, como repetidamente se asegura, por lo que son una fuente de cohesión social.

Más aún, la búsqueda de la rentabilidad es el mejor antídoto contra la discriminación laboral basada en aspectos diferentes a la productividad, ya que su aplicación representa un costo neto para las empresas. De manera semejante, éstas procuran un buen ambiente laboral porque puede reflejarse en la calidad de lo que venden y, en última instancia, en el éxito con los clientes.

A pesar de lo anterior, algunos críticos insisten en que las corporaciones prefieren "explotar" a sus trabajadores, por lo que el Estado debe imponer leyes para asegurar ciertos beneficios, como el salario mínimo, las prestaciones forzosas, las compensaciones obligatorias por despido, entre otros.

Por desgracia, estas leyes, por más justificaciones que se aleguen, operan como un gravamen a la mano de obra que frena la creación de puestos de trabajo, y son inicuas ya que protegen a los empleados en perjuicio de los desempleados. En particular, el salario mínimo castiga a los menos calificados que suelen coincidir con la población más pobre, por ser insuficiente su productividad.

Al parecer, los preocupados sociales prefieren ver a la gente sin trabajo a permitir su empleo con un salario menor al considerado "digno". ¿No sería mejor dejar a los afectados que juzguen por sí mismos lo que les conviene? La prohibición a la libre asociación laboral desprecia la importancia de las personas al imponerles las decisiones de los grupos de poder, como los sindicatos y los partidos políticos. Esta intromisión debilita la responsabilidad personal y propicia una cultura basada en la expectativa de recibir en lugar de producir.

Finalmente, las empresas benefician a la sociedad entre más se involucran en mercados competitivos. Ello es así porque la competencia genera los incentivos adecuados para ampliar la oferta, invertir en nueva tecnología, reducir los costos e innovar. Los mercados competitivos obligan a la rendición de cuentas por los bienes y servicios entregados, lo que genera una confianza básica en los mismos. Se trata de una creación humana excepcional que une a la sociedad. Estas instituciones funcionan como si sus participantes conocieran y cuidaran a cada una de sus contrapartes, aunque puedan ser innumerables. Por ejemplo, el dueño de un restaurante asegura el buen estado de los alimentos y el fabricante de medicinas la mejora de la salud como requisito mínimo para competir.

Además, la competencia implica que los negocios pueden perder dinero y hasta quebrar, si no satisfacen a sus clientes o no se adecuan a las condiciones cambiantes por el surgimiento de nuevas necesidades u otros productos y servicios. Ciertamente este entorno es incompatible con el ideal de certeza y quietud empresariales que algunos estipulan como un derecho. Sin embargo, sólo con los desafíos de la eficiencia, la superación y la creatividad, característicos de una economía vigorosa, aumenta el bienestar de la sociedad.

En conclusión, la empresa y los mercados ejercen un papel social fundamental porque posibilitan el progreso económico y las mayores oportunidades para todos. El subdesarrollo no es un problema de distribución sino de generación de riqueza y sólo se supera con la responsabilidad individual propiciada por estas instituciones.

II. ESTADO DE DERECHO, DELINCUENCIA Y CORRUPCIÓN

UNA DE las funciones básicas del Estado es proteger los derechos de los individuos contra los abusos de cualquier índole, incluyendo aquellos que podrían ser ejercidos por el gobierno. Esta obligación requiere un marco legal con reglas básicas que proporcionen certidumbre y se apliquen a todos sin excepción.

La defensa de los derechos individuales, incluyendo la propiedad privada, es indispensable para la convivencia y el desarrollo económico. México se ha caracterizado por un deficiente estado de derecho, que refleja defectos en el diseño de las leyes e incentivos inadecuados para los responsables de obligar su cumplimiento.

Las debilidades del estado de derecho tienen múltiples manifestaciones, entre las que destacan dos. La primera es la delincuencia que prevalece en muchas regiones y ciudades del país, independientemente de su nivel de desarrollo. La criminalidad confirma la insuficiencia y la baja severidad de la persecución y de las penas impuestas por los delitos, lo que hace atractiva esta actividad respecto de otras ocupaciones.

La segunda es la corrupción que involucra a los diferentes niveles y poderes del Estado y opera como un impuesto a las actividades productivas. Esta enfermedad obedece, principalmente, a la amplia injerencia gubernamental en la economía y el ejercicio discrecional del poder.

El carácter cotidiano y, con frecuencia, colectivamente aceptado de las violaciones a los derechos de propiedad no hace a éstas menos corrosivas ni menos urgente su combate. Si bien la mejoría no depende de una medida aislada, los pasos firmes en esta dirección pueden generar grandes beneficios.

ESTADO DE DERECHO

¿Qué significa que en México muchas leyes y contratos no se cumplan? El respeto a las leyes y los contratos, componente esencial del "estado de derecho", es indispensable para el funcionamiento adecuado de la sociedad y la economía. Su violación, además de vulnerar la justicia, inhibe la inversión y el crecimiento económico. Por ello es urgente que se corrijan estas anomalías, atacando sus causas, si se desea reducir el retraso en los niveles de bienestar económico de México.

El estado de derecho se asienta en las reglas que el gobierno se ha obligado a cumplir y a hacer cumplir, y emana de las garantías individuales de la Constitución, que establecen un régimen de igualdad y libertad para el ser y la actividad de las personas, cuyo único límite son los derechos de los demás. De esta manera se protege a los individuos de acciones arbitrarias del Estado o de otras personas y grupos, otorgando certidumbre a las interacciones sociales.

Existen derechos, como el de la vida, la libertad y la propiedad privada, cuya trasgresión en la forma de asesinato, daño físico, secuestro y robo se reconoce como delito claro. La inseguridad en México es un problema severo, en ocasiones promovido por los cuerpos policiacos, y la necesidad de su combate no está sujeta a controversia.

En contraste, otros derechos se vulneran con facilidad, dañando gravemente las condiciones de certidumbre, sin que exista una conciencia de sus efectos negativos. Se trata de "desviaciones" del estado de derecho toleradas comúnmente por la autoridad, ya sea porque cede ante la presión de grupos poderosos de interés, o porque carece de los incentivos adecuados.

El espectro es muy amplio, como se ilustra en las marchas y el comercio ambulante que dañan a vecinos y transeúntes, la invasión de la UNAM que ha interrumpido la educación de miles de estudiantes, la venta clandestina de artículos que viola los derechos de autor, la dificultad para el arrendador de desalojar de su inmueble a un arrendatario incumplido, y los problemas para el acreedor de adjudicar las garantías de un contrato de crédito en caso de falta de pago.

Desafortunadamente las trasgresiones de estos derechos ejercen un efecto perverso sobre el bienestar económico. Existe una correlación negativa entre la inseguridad jurídica y el crecimiento económico. Esto es así porque las normas deben proteger los derechos de propiedad, punto de partida para el funcionamiento de los mercados, y los contratos son acuerdos voluntarios para realizar intercambios benéficos para las partes involucradas y son la base de los negocios. Al ser incierta la aplicación de estas disposiciones, se eleva el costo de las transacciones y un menor número de proyectos y operaciones es rentable. La ausencia de derechos de propiedad explica el retraso extremo de los países más subdesarrollados de África y puede mermar el potencial de desarrollo económico de cualquier nación.

Podemos identificar dos grandes causas de la cotidiana violación de las leyes y los contratos en México. En primer lugar, existen serias deficiencias en el contenido de las leyes que invitan a una interpretación arbitraria de las mismas o al incumplimiento de sus mandatos. Por ejemplo, el artículo 27 constitucional prevé la posibilidad de expropiación por "utilidad pública", lo que en principio puede aplicarse a cualquier actividad o propiedad que, a juicio de la autoridad, cumpla con ese supuesto. Adicionalmente, la Constitución define las calles, parques y jardines como "servicio público", pero no contiene una prohibición de su apropiación privada; y la UNAM es una entidad paraestatal "autónoma" cuyos activos no tienen una clara pertenencia.

En ciertos casos, las disposiciones han sido elaboradas ignorando la falta de una infraestructura básica para su cumplimiento, como sucede con los señalamientos viales de prohibición de estacionarse o dar vuelta en avenidas en las que para hacerlo legalmente es necesario recorrer distancias considerables.

De forma más dramática, algunas leyes ofrecen salidas legales para prolongar indefinidamente el incumplimiento de los contratos, como es el caso de la Ley de Quiebras y Suspensión de Pagos, que ha explicado, en una parte significativa, el elevado costo del crédito y la escasez del mismo.

Una segunda causa de la violación de leyes y contratos es la inexistencia de medios adecuados para que las personas protejan sus derechos. Así, es difícil el acceso de los particulares al poder judicial para defenderse ante una arbitrariedad o un abuso, y no hay procedimientos suficientemente efectivos de rendición de cuentas de los poderes federales y de los estados respecto de sus obligaciones. Esto último se complica con el elevado grado de corrupción en los órganos encargados de aplicar la ley.

Nuestro país debe corregir estas anomalías desde sus causas, si desea impulsar la justicia y el crecimiento económico. Ello implica revisar las leyes para evitar ambigüedades en su interpretación y asegurar una asignación inequívoca de responsabilidades para su aplicación. Se requiere, además, crear procedimientos para defender los derechos privados con equidad. En las sociedades modernas, esta custodia se ha logrado fortaleciendo la democracia, la separación de poderes y el acceso amplio a los tribunales.

Delincuencia: asunto de incentivos

La inseguridad pública es tal vez el problema que más preocupa a los mexicanos. Al igual que el de la justicia social, es, además, un tema que durante muchos años se ha convertido en fuente fácil de promesas de los candidatos a puestos públicos. No obstante la preocupación manifiesta y los compromisos de las campañas políticas, la inseguridad ha aumentado en los últimos años, en gran medida, porque las acciones dirigidas para su combate han sido escasas y no han atacado el fondo del problema.

Según el INEGI, de 1980 a 1997 el número de presuntos delincuentes creció en México 127% mientras que la población lo hizo sólo 42%. En ese último año, casi 38% de los presuntos delincuentes de fuero común (competencia estatal) eran menores de 25 años y las faltas se concentraban en robo y lesiones, daño a cosas y homicidio.

De acuerdo con la Asociación Mexicana de Instituciones de Seguros (AMIS), entre 1991 y 1997 el número de autos robados se multiplicó por cuatro. Particularmente crítico ha sido el crecimiento de la delincuencia en el Distrito Federal y en otras ciudades del país.

El agravamiento de la delincuencia requiere una explicación de sus causas para identificar posibles caminos de solución. La baja efectividad de su combate contrasta con el principal papel del gobierno, que es mantener la ley y el orden, y defender los derechos de propiedad.

Diversas teorías

A lo largo del tiempo se han propuesto diversas explicaciones de la existencia del delito. Una primera teoría establece que la delincuencia es un asunto hereditario, una especie de predisposición genética involuntaria. Otra teoría sostiene que la delincuencia resulta del debilitamiento de la familia, la degradación de los valores y la baja moralidad de la sociedad. Una teoría adicional mantiene que la delincuencia es producto de la pobreza.

Aun cuando estas interpretaciones pueden contribuir a entender algunos casos específicos, es difícil aceptarlas como una explicación general. Por una parte, no hay evidencia empírica sobre la supuesta transmisión biológica de la delincuencia. Por otra, existen casos notables, como Estados Unidos desde 1980, en los que los índices delictivos han disminuido drásticamente al tiempo que se ha ampliado la desigualdad del ingreso, un número mayor de familias se ha desintegrado y no es obvia la mejora en la moralidad.

La supuesta asociación entre delincuencia y pobreza se desvanece al utilizar las comparaciones internacionales. Por ejemplo, mientras que Perú, el Salvador y Honduras registran una pobreza más severa que la de México, el nivel de delincuencia de sus respectivas capitales es menor que el del Distrito Federal. Además, la explicación basada en la pobreza es inconveniente al propiciar una exoneración de la responsabilidad del individuo: "como la sociedad es causante de los pobres, hay derecho de que ésos actúen contra aquella a través de tomar la propiedad de otros, lo que puede incluir la vida de los demás".

Enfoque económico

Una explicación más útil de la delincuencia, que puede incorporar las hipótesis anteriores como casos especiales y comprobarse empíricamente, fue propuesta por el premio Nobel de economía Gary Becker de la Universidad de Chicago en 1968, con base en el análisis económico. Según este enfoque, los delincuentes no son diferentes en sus motivaciones a los no delincuentes y responden de forma semejante a los incentivos.

La elección de una persona a favor del delito ocurre cuando el beneficio neto esperado de delinquir rebasa el que podría obtener en cualquier actividad alternativa. El beneficio neto es el ingreso o la satisfacción derivados del delito menos el costo de ser aprehendido, expresado en términos de una multa o de la reclusión en una cárcel.

En el enfoque económico, el número de delitos aumenta entre menor es la probabilidad de que el delincuente sea capturado, entre menor sea la pena si se le captura y entre menor sea el ingreso en cualquier actividad legal respecto de la ilegal.

Esta interpretación concluye que el problema de fondo de la delincuencia es su atractivo económico relativo, y confirma que los países exitosos en su combate han sido aquellos que han implantado acciones para hacerla menos rentable, mediante el aumento de la certeza de la captura y el castigo del delincuente.

En nuestro país la rentabilidad de la delincuencia es elevada. En primer lugar, la probabilidad de arresto es baja, entre otras razones, por el bajo presupuesto asignado a la seguridad y la justicia. Los siguientes datos sugieren la prioridad secundaria otorgada a esta responsabilidad. De 1988 a 1997 el número de policías en el Distrito Federal creció únicamente 13%; reduciéndose drásticamente la proporción de policías a delincuentes; el ingreso promedio de un policía es dos salarios mínimos; y el gasto en seguridad pública, como porcentaje de los egresos totales de las entidades federativas, pasó de 0.5 en 1992 a 0.2% en 1995; si se incluye, además, el gasto de justicia, las proporciones pasaron de 1.5 a 1 por ciento.

En segundo lugar, el castigo esperado por un delito en México es bajo, entre otras razones, porque las leyes penales son benignas, los procesos judiciales son ineficientes y existe una amplia discrecionalidad de los juzgados para interpretar la ley. El carácter benigno de las leyes penales puede ilustrarse de la siguiente forma. Muchos delitos no implican un encarcelamiento precautorio mientras se dicta sentencia, por no ser tipificados como "graves"; las penas máximas son bajas especialmente en los casos de los dos primeros arrestos; según el Código Penal del Distrito Federal, es posible que un robo de un monto considerable, por ejemplo cinco millones de pesos, derive en una pena de cuatro años de prisión y una multa de 180 salarios mínimos; según el mismo código, un homicidio en riña podría castigarse con sólo cuatro años de prisión y un secuestro con seis años. Adicionalmente los internos pueden obtener su liberación adelantada si se considera que ha sido buena su conducta en la prisión.

El juicio ordinario penal es un proceso largo que pude prolongarse indefinidamente. Ha aumentado el número de requisitos para una orden de aprehensión, son complicadas las condiciones que conforman el "cuerpo del delito", y no se otorga protección a los denunciantes. Además, los jueces pueden aplicar discrecionalmente la ley, imponiendo sanciones más o menos severas. Lo anterior desincentiva las denuncias. Diferentes fuentes estiman que el porcentaje de delitos no denunciados oscila entre 65 y 80 por ciento.

El enfoque económico de Becker implica que la delincuencia no se combate con retórica ni buenos deseos, sino con medidas que reduzcan el atractivo económico de los ilícitos. Sólo haciendo más cierta la captura de los delincuentes y más severo su castigo, se frenará la inseguridad.

Ello implicará leyes más estrictas que concedan menos discreción a los jueces. Pero, además, será necesario gastar más en los cuerpos policiacos, los juzgados y las cárceles. Considerando la restricción presupuestal del gobierno, se impone una reasignación de las erogaciones públicas en favor de las funciones básicas del Estado, como es la seguridad.

TERRORISMO, BIENESTAR Y PROGRESO

Los atentados terroristas perpetrados el 11 de septiembre de 2001 en Estados Unidos son condenables por la violación del derecho a la vida de miles de personas y la inseguridad generada sobre el resto de nosotros, lo que representa un costo gigantesco.

Una de las obligaciones básicas de cualquier gobierno es mantener la ley y el orden público, defendiendo a los ciudadanos de la agresión de otras personas. Por ello es necesario que las autoridades adopten medidas más estrictas de seguridad en lugares públicos, para prevenir desastres como los mencionados. Aun cuando estas medidas restringen la libertad individual, se desalienta la comisión de los delitos. Más importante aún es que los gobiernos persigan a los responsables y, al capturarlos, les impongan un castigo severo. El combate a la delincuencia, incluyendo el terrorismo, requiere estas medidas.

Una implicación de las acciones anteriores es que, ante el cobijo de los sospechosos por parte de ciertos gobiernos nacionales, la procuración de la justicia puede fácilmente convertirse en un conflicto internacional. Los ataques terroristas son provocaciones indistinguibles de las que suelen manifestarse en una guerra e igualmente reprobables. Sin embargo, para evitar daños humanos adicionales, es esencial que su combate se apoye en el uso de la fuerza limitado a la persecución de los criminales.

Aunque de menor trascendencia frente a los costos humanos, no es posible ignorar el impacto económico de estos acontecimientos. La consecuencia más clara parece ser la mayor probabilidad de que Estados Unidos entre en una recesión, definida ésta como dos o más trimestres consecutivos con caídas de la producción.

Esto no significa que los atentados, aisladamente, puedan causar una recesión, sino que ésta podría precipitarse porque los ataques terroristas y sus secuelas se registran en un ambiente de desaceleración económica, significativa desde el cuarto trimestre de 2000. Además, la inseguridad ha vulnerado la confianza de los consumidores y, con ello, posiblemente el consumo privado, cuyo dinamismo había permitido que, durante el primer semestre de 2001, la economía de ese país mantuviera tasas de crecimiento positivo.

A este respecto, son oportunos dos comentarios. En primer lugar, aunque penosas, las contracciones económicas son un fenómeno transitorio. Si la historia de la posguerra en Estados Unidos sirve de guía, el número promedio de trimestres consecutivos con crecimiento negativo ha sido inferior a tres y, si se suman todos los de crecimiento negativo, aunque discontinuos, menor a cuatro; es decir, eventualmente hay una recuperación y la economía vuelve a su estado normal de crecimiento.

En segundo lugar, una guerra de respuesta al terrorismo no debe interpretarse como una salida segura de la recesión. El efecto expansivo de las guerras ha ocurrido cuando los conflictos han sido severos, lo que ha generado elevadas inflaciones y ulteriores recesiones.

Una razón de mayor fondo es que el siglo XIX fue el periodo más pacífico en la historia mundial moderna y coincidió con el de mayor prosperidad económica. En gran medida, el auge se debió a la libertad de movimiento, sin precedente, para la gente, los bienes y el capital, que permitió la convivencia pacífica y el aprovechamiento de las ventajas comparativas de las naciones. La paz fue un dividendo del progreso y éste de la libertad.

Finalmente, la evidencia anterior pone en entredicho los argumentos contra la "globalización", revividos de forma acomodaticia a partir de los lamentables sucesos terroristas. Por ejemplo, según el semanario *Business Week*, un connotado economista de Estados Unidos ha asociado la apertura de bienes y servicios con el libre flujo de "aspectos menos positivos", como el terrorismo.

Otros razonamientos más feroces han señalado al terrorismo como prueba del "quiebre del modelo exportador neoliberal". Nada hay más absurdo. Condenar la globalización por el terrorismo equivaldría a proscribir las calles por los crímenes en ellas cometidos.

La globalización es un fenómeno antiguo y sus ventajas han sido reconocidas por mucho tiempo como generadoras de prosperidad económica y social. Dentro de la filosofía política, en 1748 Montesquieu proclamó que "el comercio es una cura para los prejuicios más destructivos", y en 1835 Alexis de Tocqueville advirtió que "el comercio es el enemigo natural de todas las pasiones violentas".

Ignorar la historia es una grave deficiencia, pero construir argumentos en su contra puede tener aún peores consecuencias, incluso aunque tales argumentos falaces se escuden en el noble propósito de la paz.

CORRUPCIÓN: ORÍGENES, EFECTOS Y SOLUCIONES

La corrupción, entendida como el abuso del poder público para el beneficio privado, es uno de los males que más preocupa a los mexicanos. Aunque ocurre también en el sector privado, la corrupción del sector público es especialmente dañina por involucrar a la autoridad que representa la ley.

Su origen radica en la dimensión del poder público y la forma de ejercerlo. Por su naturaleza, afecta de manera desfavorable el crecimiento económico, beneficia principalmente a los más ricos y vulnera la seguridad de los individuos. Afortunadamente no es un mal irremediable y las soluciones están en manos del Estado.

Los casos de corrupción tienen en común la concesión de un privilegio a los individuos o las empresas a cambio de una compensación económica a la autoridad que otorga el favor, excepto cuando es la propia autoridad la privilegiada. Generalmente se trata de la eliminación o la reducción de una sanción por un ilícito cometido o atribuido, desde faltas a diversos reglamentos hasta crímenes mayores, así como la concesión de beneficios como licencias fuera de reglamento y contratos exclusivos.

La corrupción se agrava con otro fenómeno desafortunadamente común: la delincuencia de algunos funcionarios gubernamentales, expresada en fraudes, secuestros y asesinatos, que obedece a los incentivos propios de cualquier delincuente.

Magnitud del problema

Aunque no es posible medir el nivel de corrupción del país por tratarse de una actividad "subterránea", existen formas indirectas de hacerlo, cuyo conjunto proporciona una visión aproximada de la realidad. Una fuente son los informes de casos de corrupción publicados con frecuencia en los medios de comunicación, como las prácticas de cohecho en las empresas paraestatales, el desvío de fondos por parte de los funcionarios públicos, y los sobornos a las autoridades encargadas del combate al narcotráfico. Otra forma de cuantificar el problema son los índices de percepción calculados por diversas agencias internacionales, surgidos a partir de encuestas.

Éstos y otros indicadores confirman una conclusión que difícilmente sorprende: México registra niveles de corrupción elevados para estándares internacionales. Por ejemplo, el índice de la agencia Transparency International, que evalúa la percepción de mayor a menor corrupción en una escala de 0 a 10, calificó en 1998 a Argentina con 3, México con 3.3, Brasil con 4 y Chile con 6.8. Dinamarca, Finlandia, Suecia y Nueva Zelanda obtuvieron posiciones cercanas a 10. Nuestro país ha mejorado moderadamente respecto de su nivel promedio de 1.9 registrado entre 1980 y 1985, pero aún refleja una considerable desventaja.

La corrupción es tremendamente injusta ya que genera beneficios principalmente para los grupos poderosos, aumentando la desigualdad del ingreso. Sin embargo, tal vez el efecto más adverso de la corrupción es la distorsión de los mercados y la asignación de los recursos productivos a través de varios canales. Por una parte, induce a los individuos a dedicar tiempo y dinero a actividades no productivas, conocidas como "búsqueda de rentas", para obtener privilegios. Por otra, el costo de los negocios aumenta al carecer éstos de garantías para operar y porque la posibilidad de ser sorprendido equivale a un impuesto arbitrario e incierto. Adicionalmente, la corrupción debilita el papel del Estado como protector de los derechos de propiedad.

Las comparaciones internacionales revelan que existe una relación negativa entre los índices de percepción de la corrupción y el crecimiento económico. Se observa, además, que la corrupción conduce a una menor inversión privada e incentiva proyectos de inversión pública poco rentables.

A partir de una muestra amplia de países, el economista Shang-Jin Wei, de la Universidad de Harvard, ha calculado el efecto del nivel y de la incertidumbre de la corrupción, concluyendo que pasar del nivel de corrupción de Singapur, menor, al de México, mayor, equivale a un incremento de 20 puntos porcentuales en el ISR a las empresas.

Causas y soluciones

La corrupción tiene su origen en el poder monopólico y la discrecional del Estado, a través de diversas actividades: *1)* las regulaciones y autorizaciones que no obedecen a reglas automáticas; *2)* los impuestos que admiten exenciones negociables; *3)* el gasto público ejercido sin transparencia ni rendición de cuentas; *4)* la provisión de bienes y servicios a precios subsidiados, y *5)* otras decisiones discrecionales incluyendo la venta de activos públicos.

En México han ocurrido casos frecuentes de corrupción en las licitaciones de los contratos de las paraestatales, las auditorías en materia laboral, fiscal y de medio ambiente, los trámites de las aduanas y la operación de actividades ilegales. Según la Secretaría de la Contraloría (Secodam), en el gobierno del Distrito Federal la mayor intensidad de la corrupción se ubica en el trámite de las licencias de manejar, los inspectores de giros mercantiles, la solicitud de licencias de uso de suelo y de construcción, así como otros "trámites no vigentes", como engaños sobre supuestas verificaciones de cumplimiento al reglamento de protección civil.

La corrupción surge, adicionalmente, porque los funcionarios públicos no perciben salarios competitivos ni promociones basadas en méritos, y los sistemas de castigo a la corrupción no son efectivos. En México los salarios de los servidores públicos de mandos medios e inferiores son bajos comparados con los vigentes en el mercado privado para ocupaciones similares; la razón es una política de mantenimiento de empleos a ultranza seguida por el gobierno. Por otra parte, el proceso de detección y castigo de ilícitos es aún limitado. Por ejemplo, mientras que de 1989 a 1997 las solicitudes ciudadanas recibidas en la Secodam aumentaron más de 3 000%, las sanciones administrativas impuestas sólo lo hicieron 13 por ciento.

Ante este diagnóstico, las medidas para combatir la corrupción en México deben basarse en la reducción de la injerencia del gobierno en la economía, simplificando la regulación y el control, y eliminando la discrecionalidad.

Además es esencial que los servidores públicos perciban salarios atractivos que eleven el costo de ser removidos por actos de corrupción. Por ejemplo, desde principios del siglo XX, Suecia ha pagado a los funcionarios públicos de 12 a 15 veces el salario del trabajador promedio en el sector industrial, y los países con bajos índices de corrupción aplican políticas semejantes. Dada la restricción presupuestal del gobierno, la condición anterior se traduce en menos servidores públicos pero mejor remunerados.

México puede reducir significativamente la corrupción mediante una profunda reforma del Estado, que limite el poder discrecional de las autoridades y desincentive a los funcionarios públicos a ejercer ilícitos. Con salarios altos, los servidores públicos corruptos tendrán un mayor castigo al perder el empleo. Por otra parte, las mayores penas y la persecución a la delincuencia aumentarán el costo a los delincuentes infiltrados en el gobierno. Una menor corrupción y una mejor seguridad pública contribuirán a formar un ambiente propicio para un mayor crecimiento económico.

Para combatir la corrupción

Por muchos años ha sido una preocupación generalizada la persistencia de la corrupción en México. Este fenómeno, que se presenta también en el sector privado, es particularmente dañino cuando involucra al gobierno por sus repercusiones sobre el desarrollo económico. En este caso, la corrupción consiste en la venta de un bien o servicio gubernamental para favorecer a particulares o grupos de interés a cambio de una compensación económica, directa o indirecta, para las autoridades.

Si bien, en mayor o menor medida, ocurre en todos los países, México padece este mal de forma aguda. Las posibilidades abundan al incluirse cualquier rama y nivel del gobierno y poderse negociar prácticamente todo dentro de las funciones oficiales: permisos de construcción, autorizaciones de empresas, servicios públicos, inspecciones, contratos de obra pública, prestaciones para los sindicatos estatales, adquisiciones, cierre de calles para el comercio ambulante, apoyos, etcétera.

Aunque, por su naturaleza ilícita, no se cuenta con mediciones exactas, la gravedad relativa de la corrupción gubernamental se refleja en la percepción de los agentes económicos. Por ejemplo, la Guía Internacional de Riesgo País, elaborada por el Grupo PRS de Syracuse, N. Y., de acuerdo con encuestas a empresarios, califica a las diferentes naciones en una escala de cero (más corrupto) a seis (menos corrupto.) De acuerdo con esta fuente, en 2003 México mereció una evaluación de dos, igual a la de Filipinas, lo que representó un retroceso de un punto respecto de la de veinte años antes.

Esta percepción es preocupante porque la corrupción gubernamental implica costos significativos, especialmente al frenar el dinamismo de la economía. Los sobornos equivalen a un impuesto a la producción que inhibe la inversión y la creación de empresas. Generan distorsiones adicionales a las de un gravamen legal porque muchos individuos desperdician recursos y tiempo en detrimento de las actividades productivas, al competir por favores gubernamentales y buscar evitar su detección y castigo. Por otra parte, la incertidumbre por la arbitrariedad deteriora la confianza de los inversionistas.

La evidencia internacional confirma que existe una correlación inversa entre la corrupción gubernamental y el crecimiento económico y entre aquélla y la inversión como proporción del PIB, relaciones que se mantienen si se incluyen otros factores del desarrollo como la educación y el nivel inicial de ingreso. Además, aun cuando, como resultado, los países más corruptos tienden a ser los más subdesarrollados y los menos corruptos son los más avanzados, la pobreza no causa la corrupción. Varios estudios demuestran que la causalidad es al revés: la corrupción precede a los problemas económicos, por lo que su erradicación no puede depender de ser más ricos.

Llama la atención que la terquedad de la corrupción oficial en México ocurra a pesar de los redoblados esfuerzos del gobierno para aminorarla. Durante más de dos décadas se han intensificado los programas preventivos basados en una mejor selección y formación del personal y en normas más estrictas de conducta, al tiempo que ha aumentado la vigilancia y la severidad de las sanciones.

Si bien algunas iniciativas podrían requerir más tiempo para producir resultados, como es el caso de la creciente transparencia de la información gubernamental, la efectividad de la estrategia es limitada. La razón no es el número de esfuerzos sino su enfoque. En su mayoría, las medidas adoptadas buscan mejorar la conducta humana sin modificar el origen de los problemas, que en cualquier parte del mundo es el mismo: el poder monopólico y discrecional de las autoridades para prohibir o permitir actividades y otorgar o retirar beneficios.

Estas posibilidades, propiciadas con la creación continua de leyes y reglamentos para intervenir en la actividad económica, no se sustentan en supuestas "fallas del mercado". Éstas se refieren a casos muy contados y son independientes de la corrupción: los bienes que difícilmente puede proveer el sector privado (como la defensa nacional), la falta de competencia y las "externalidades" (por ejemplo, la contaminación).

En la generación de leyes y reglamentos dominan, más bien, los objetivos políticos de aumentar el control y el poder en manos gubernamentales, lo cual es siempre negociable para el beneficio de algunos en perjuicio de la mayoría. De hecho, muchas regulaciones buscan restringir la competencia económica y política mediante los monopolios privados y públicos y la creación de autoridades con facultades exclusivas en materia de trabas y aprobaciones. La proliferación de instancias de poder y casos a decidir complica la persecución de ilícitos al requerir cada vez más supervisores, los cuales, a su vez, no están exentos de involucrarse en la corrupción.

De ahí que la mejor manera de abatir la corrupción sea ir a sus orígenes y desaparecer las oportunidades para la misma, lo cual se logra con la reducción del tamaño del Estado y, sobre todo, de la intervención gubernamental en la economía. Sólo con una desregulación profunda y el freno a nuevas disposiciones legales que permiten el uso discrecional del poder puede asegurarse un avance notable en contra de este mal que vulnera a la sociedad.

Fraudes, decepciones y autorregulación del mercado

Los escándalos financieros de grandes empresas internacionales han generado una fuerte ola de desconfianza y de propuestas regulatorias. Sin embargo, aunque deben mejorarse algunas reglas, el más potente correctivo de estos abusos es el mercado.

Las revelaciones sobre las operaciones ficticias y las prácticas contables opuestas a los "principios generalmente aceptados" en importantes conglomerados, como Enron y WorldCom, para inflar sus utilidades, han causado una amplia indignación entre los inversionistas. Se han señalado las deficiencias de los consejos de administración, los auditores y los analistas que recomendaron la compra de las acciones y, en algunas instancias, se han fincado responsabilidades. El daño infligido no puede minimizarse, ya que se refiere a la confiabilidad de la información, pieza clave en la toma de decisiones. Junto a estos descubrimientos han abundado las iniciativas de "reforma" para evitar la ocurrencia de percances de fraude en el futuro. Sin menospreciar los propósitos y las razones de preocupación, debe reconocerse que no todas las ideas son afortunadas y existe una tendencia a la sobrerreacción. Dos acotaciones son pertinentes.

En primer lugar, no todas las dificultades financieras de las grandes empresas, ampliamente difundidas en los medios de comunicación, son resultantes de un fraude; de hecho, una gran mayoría refleja la revisión menos optimista de los supuestos de crecimiento, en especial de aquellas empresas que durante el auge bursátil utilizaron la bandera de la "nueva economía" para prometer beneficios extraordinarios. La corrección del escenario no refleja una deficiencia de los mercados, sino la aceptación de la realidad.

Por ejemplo, si el auge bursátil trajo consigo fusiones apalancadas para aprovechar la nueva tecnología de la información, las escisiones posteriores podrían constituir la única forma de supervivencia de las empresas. En este proceso, el valor de las acciones se reduce, lo que no es una buena noticia para los tenedores de las mismas. De ahí que deban distinguirse los actos ilícitos de la decepción por la caída bursátil, la cual podría explicar, en gran medida, por qué algunas "anomalías", siendo un fenómeno más o menos continuo, se han convertido en escándalo sólo cuando la bolsa ha ido hacia abajo.

En segundo lugar, no toda discrepancia de opinión contable representa un fraude, ya que la contabilidad no es una ciencia exacta, y la interpretación y el sentido común son indispensables. Por ello deben separarse, además, las limitaciones contables de los delitos flagrantes, como son el uso de la información privilegiada, la evasión fiscal y la falsedad de la información, cuya respuesta es el castigo sancionado por las leyes.

El problema surge cuando las propuestas de mayor regulación buscan sustituir a los mercados, brindando una especie de seguro contra las pérdidas patrimoniales, al eximir al inversionista de responsabilidades, o regulando los más mínimos detalles de la contabilidad. Estas propuestas son muy costosas y pueden ser contraproducentes.

Lo anterior no quiere decir que el gobierno no tenga un papel esencial en la economía. El buen funcionamiento de los mercados requiere que la información se difunda ampliamente, se protejan los derechos de propiedad y se vigile el cumplimiento de contratos. Las autoridades hacen bien en impulsar reformas para el buen "gobierno corporativo", promoviendo la verdadera independencia de los consejos de administración respecto de los directivos y el respeto de los derechos de las minorías.

Sin embargo, hay formas buenas y malas de buscar tales metas. En principio, es saludable suponer que la regulación no debe sustituir al mercado, al ser éste el medio de corrección más ágil y severo, como ha quedado claro en la drástica reducción del valor de las acciones de aquellas empresas que, con razón o sin ella, han sobrestimado sus utilidades.

En particular, deberían evitarse las respuestas burocráticas y las salidas falsas. Por ejemplo, la diseminación de la información difícilmente se logra aumentando el número de supervisores gubernamentales y vigilando los últimos detalles de la contabilidad. La reducción de la función de los contadores a meros ejecutores de registros podría generar corrupción al reducirse la responsabilidad de los mismos.

Una forma más efectiva de disciplina sería la liberación de los obstáculos legales para que cualquier accionista pueda adquirir, de inmediato, el control de una empresa ("take-over"), lo que operaría como una amenaza contra los administradores irresponsables a favor de los accionistas.

En resumen, los fraudes deben distinguirse de las diferencias de opinión y de la decepción por las caídas de la bolsa. Confundir estos hechos podría conducir a políticas costosas y contraproducentes. Como se ha demostrado una y otra vez, el mercado es el más potente correctivo de los excesos, y el gobierno puede contribuir a su mejor funcionamiento eliminando los obstáculos para la mayor autorregulación. Mientras tanto, el mejor consejo para los inversionistas sigue siendo un sano escepticismo sobre los resultados de las empresas y la diversificación de los riesgos, los cuales son inherentes a cualquier inversión de capital.

III. GLOBALIZACIÓN Y COMERCIO INTERNACIONAL

La apertura al comercio y a la inversión ha sido un potente motor del progreso económico de los países. Sin la integración con la economía mundial y el impulso derivado de las exportaciones, no se entendería el espectacular desarrollo alcanzado por los "tigres asiáticos" desde los años sesenta ni el elevado dinamismo posterior de Chile, China e India.

Tampoco se comprenderían la modernización de la planta productiva ni la ampliación de las posibilidades de consumo registradas desde 1985 en México, sólo frenadas por el menor avance y, en ocasiones, el retroceso en otras áreas de la política económica.

El intercambio internacional de bienes y servicios es favorable porque se basa en transacciones voluntarias. Es decir, no se trata de "un juego de suma cero" que genera ganadores y perdedores, ya que los beneficios de unos no significan pérdidas para los otros. Los únicos perdedores en este proceso son aquellos que se aíslan de las oportunidades ofrecidas por la globalización.

A pesar de ello, hay grupos de poder que prefieren defender el *status quo* por encima del esfuerzo para el aprovechamiento de estos beneficios. Para lograr su propósito, optan por relatar una historia parcial, por ejemplo, insistiendo en la posible desaparición de ciertos oficios o empleos por la mayor competencia, sin contabilizar la creación de otros que superan en número y calidad a los primeros.

Principalmente las voces del proteccionismo menosprecian a los millones de consumidores, a quienes limita y cancela a veces sus oportunidades de bienestar.

La globalización favorece a México

Los episodios de inestabilidad financiera internacional han levantado críticas a la globalización que carecen de fundamento. Estas opiniones, reproducidas con frecuencia en México, insisten en que el proceso de apertura a los mercados genera irremediablemente ganadores y perdedores, profundizando las desigualdades del ingreso entre y dentro de los países. Se afirma, además, que los mercados se equivocan y tienen "excesos" que requieren de la corrección gubernamental.

Afortunadamente estos señalamientos van a contrapelo de las tendencias mundiales de apertura creciente y de la evidencia encontrada en numerosos países. A partir de la disminución de las barreras al intercambio de bienes y servicios, la apertura se ha extendido a los flujos de capital y, en la Unión Europea, al movimiento de la mano de obra. La liberación de barreras refleja el reconocimiento de las ventajas comparativas de los países y la búsqueda de las mejores oportunidades económicas que no tienen por qué coincidir con las fronteras geográficas.

El continuo aprovechamiento de las oportunidades de negocios ha provocado un extraordinario dinamismo del comercio mundial, que desde los años cincuenta anualmente ha crecido en promedio 10%, más que duplicando el avance de la producción mundial. Además, los flujos internacionales de capital también han registrado un incremento significativo.

La globalización tiene grandes ventajas para todos los países y no genera ganadores y perdedores, ya que se basa en transacciones mutuamente benéficas. Más aún, la apertura favorece especialmente a las economías pequeñas y en vías de desarrollo porque amplía los mercados, superando la pequeñez económica y política de esas naciones, y atrae capital para aprovechar los proyectos más rentables, que suelen abundar. Por ello los flujos de capital se han incrementado hacia estos países, lo que contribuyó a que durante los años noventa el crecimiento de estas economías promediase casi 5% anual, más del doble del observado en las desarrolladas.

La apertura, la orientación al exterior y el libre funcionamiento de los mercados han sido factores decisivos en el sorprendente avance de los países sin recursos naturales como Taiwán, Singapur y Hong Kong. Durante más de tres décadas, estas economías han registrado un crecimiento en el ingreso por habitante superior a 6% anual y su distribución del ingreso se encuentra entre las más equitativas del mundo. Vale recordar que en 1950 Taiwán y Cuba eran dos islas semejantes, con economías agrícolas orientadas a la exportación e ingresos por habitante comparables. Cincuenta años después, el nivel de bienestar de Taiwán es de los más altos del mundo mientras que Cuba, al haber escogido una estrategia de obstrucción de los mercados, padece los más graves índices de pobreza.

La globalización impulsa el crecimiento porque generaliza las ventajas del intercambio económico, entre las que destaca proporcionar oportunidades a los que menos tienen. Al ser voluntarias las transacciones, los individuos y las empresas involucradas son responsables de las consecuencias de sus decisiones. La libertad permite los aciertos de los particulares y no descarta los errores, los cuales son respectivamente premiados y castigados por los mercados. En este ambiente, el gobierno debe velar por el cumplimiento de los contratos y asegurar los derechos de propiedad. Es una tarea suficientemente grande y crucial, que no requiere de más atribuciones que sólo interferirían con los mercados.

Es inadecuado y miope buscar limitar la globalización por los vaivenes financieros internacionales. Los países adversamente afectados han sido aquellos con fragilidades internas derivadas de la intervención indebida del gobierno. Los factores negativos más comunes han sido los déficits fiscales que han puesto en entredicho la estabilidad monetaria y la existencia de garantías gubernamentales en la adopción de riesgos privados.

Cerrarse a los flujos del exterior u optar por una "tercera vía", como se ha denominado a la imposición de controles y a la dependencia del mercado interno, no constituye una alternativa superior a la globalización, por más que los controles se prescriban como moderados, transitorios o selectivos. Tales adjetivos no convierten los obstáculos en caminos de progreso. Además los controles han probado no ser efectivos y suelen dañar la confianza en que se basan las transacciones voluntarias de una economía.

México ha atraído crecientes flujos de inversión extranjera directa, lo que ha impulsado su comercio exterior. Esta integración permitió al país sortear, con relativa ventaja respecto de otras economías emergentes, las vicisitudes originadas en la crisis asiática y rusa en 1998. Sin embargo, tiene frente a sí los ejemplos de otras naciones que han facilitado más ampliamente el funcionamiento de los mercados.

México puede elevar significativamente sus niveles de bienestar si profundiza en la apertura mediante la eliminación de los obstáculos a la inversión de los particulares en cualquier área productiva y garantizar la estabilidad de los precios y la aplicación eficiente de la justicia.

La globalización no aumenta la pobreza

Está de moda atribuir muchos males a la globalización. Sin embargo, aun cuando no carece de retos, la integración a la economía mundial genera, como resultado neto, un mayor bienestar para la sociedad.

Una de las críticas planteadas con mayor insistencia se refiere a que la globalización ha generado pobreza, porque muchas naciones permanecen en la miseria o no se han beneficiado de la misma. Se argumenta, además, que la apertura ha aumentado la desigualdad económica entre los países. La supuesta secuela de la apertura suele describirse con preocupación y rechazo. Por ejemplo, un articulista se refirió a este escenario como "una realidad insoportable y llena de contrastes".

Sin duda, los juicios anteriores se han difundido y ocupan un lugar privilegiado en la opinión pública. No obstante, su amplia divulgación no es sinónimo de veracidad. Estos veredictos están influidos por la repetición de dogmas por parte de ciertos grupos opuestos a la apertura, que usan la reiteración como su forma preferida de persuasión. Lejos de representar "hechos consumados", estas críticas no se sustentan en los datos ni en la lógica.

Una gran cantidad de estudios ha demostrado que la apertura económica favorece el crecimiento de la productividad y el dinamismo del ingreso por habitante. A su vez, el aumento del ingreso medio implica menores índices de pobreza, descartando, como efecto, un deterioro de la distribución del ingreso de las familias. Por ejemplo, en el trabajo *Globalization, Growth and Poverty: Building an Inclusive World Economy,* el Banco Mundial ha examinado las tendencias internacionales de mayor globalización a partir de los años ochenta. A continuación extraigo algunos datos.

1) Mientras que en 1820, 85% de la población vivía con el equivalente a un dólar diario, en 1980 el número absoluto de pobres, usando el mismo criterio, alcanzó su máximo, que representó 30% de una población más grande; en las dos décadas recientes, el número absoluto de pobres disminuyó al tiempo que la proporción de éstos cayó a 20%. *2)* Desde 1980 la desigualdad entre los países, ponderados por su población, se ha reducido. *3)* No hay una tendencia general de aumento de la desigualdad entre los países en desarrollo. *4)* Muchas naciones en desarrollo han optado por incrementar su comercio exterior, lo que ha conducido a su industrialización y a una expansión ascendente de su ingreso por habitante. *5)* Muchos otros países no se han abierto ni se han desarrollado.

Estos hechos revelan la falsedad de las críticas a la apertura, en términos de la pobreza y la desigualdad del ingreso. Sin negar los problemas actuales, el mensaje es alentador. Ha habido progreso y éste ha estado apoyado por la apertura. La pobreza no es resultado de la globalización sino de otros factores, incluyendo las barreras al comercio de los propios países así como otras malas políticas públicas.

Bondades de la apertura

Los ataques a la apertura carecen de lógica. Por más de dos siglos, la ciencia económica ha demostrado las ventajas del libre comercio. La apertura aumenta la producción, con lo que el ingreso de los países abiertos es superior al que alcanzarían si estuvieran cerrados. En el mundo real hay barreras al comercio, pero los principales afectados son los países que las imponen, no los que las enfrentan, ya que los beneficios del comercio se alcanzan mediante las importaciones, de acuerdo con las denominadas ventajas absolutas y relativas.

Con las ventajas absolutas un país decide comprar en el exterior lo que le sale más barato que producirlo internamente. Por ejemplo, por razones climatológicas y de suelo es más económico producir manzanas en el estado de Washington que en cualquier parte de México, lo que conduce a adquirirlas de esa región.

Las ventajas relativas surgen porque a los países no les conviene dedicarse a producir todo, aun en el remoto caso de que tuvieran ventajas absolutas en todo. Con el comercio tienden a especializarse en sus principales superioridades, conocidas como sus ventajas relativas.

Esto se ilustra con una analogía individual. Si, para ayudarse, un estudiante trabaja en una cafetería y llega a ser el mejor mesero y, después de graduarse, el mejor médico, tiene ventaja absoluta en ambas ocupaciones; sin embargo, se dedicará a médico y no a mesero porque ganará más de esa forma.

Lo mismo ocurre con los países, ya que siempre tienen ventajas relativas en algunos bienes y servicios, incluso en la circunstancia de carecer de cualquier ventaja absoluta. Pueden beneficiarse del comercio exportando aquello en lo que tienen ventaja relativa para importar lo demás en lo que no la tienen. El intercambio amplía las posibilidades de consumo y bienestar.

Además, el comercio internacional genera competencia, lo que motiva a los productores a buscar formas de reducir costos para ofrecer el mismo bien a un menor precio, liberando recursos para la producción de otros bienes. También el intercambio internacional permite las "economías de escala", lo que facilita la eficiencia e invita a la innovación.

Finalmente, la globalización propicia la transferencia de conocimientos, lo que aumenta las posibilidades de producción, en especial de las naciones más pobres. En suma, la integración a la economía mundial no crea pobreza ni desigualdad del ingreso, sino bienestar para los países que se abren.

La globalización no reduce los empleos

Otra de las objeciones comunes a la globalización es que, supuestamente, reduce los empleos y destruye las actividades "esenciales" de la economía. Este señalamiento y otros semejantes ignoran lo que constituye el progreso económico.

Con frecuencia se argumenta que los países en desarrollo no se encuentran en condiciones "de igualdad" para competir con los avanzados, lo que los deja en desventaja. Se afirma que los más afectados son los pobres, al perderse los empleos en los sectores con mayor absorción de mano de obra, generando desintegración social y más pobreza. Se imagina la integración mundial como una lucha de clases en la que sólo se benefician unos cuantos y se perjudican los demás.

Sin sustentar con datos su postura, los escépticos exigen la intervención del gobierno como alternativa al caos. Postulan así la necesidad de barreras al comercio y una apertura gradual y condicionada a las concesiones de otros países. La invocación a la sabiduría de una autoridad central se presenta con dramatismo, como lo ilustra la afirmación de un connotado novelista mexicano: "¿Podemos crear una dimensión política supranacional para gobernar la globalización? [...] Sin gobernanza se puede desembocar en la anarquía, la miseria y la violencia".

Sin desconocer las buenas intenciones de estos intelectuales, el diagnóstico y el razonamiento anteriores están equivocados. Forman parte del temor a la incertidumbre propia de los mercados. Sin embargo, no se justifican ya que la globalización rinde beneficios en la forma de una mayor disponibilidad de bienes y servicios, mayor calidad de los mismos y menores precios. Se trata de un intercambio entre empresas e individuos libres, no de una pugna entre adversarios.

Una de las maravillas del comercio es precisamente que las ganancias de unos no significan pérdidas para los otros. Todos los involucrados ganan, de lo contrario no habría comercio.

Al generar más producción, el comercio internacional promueve una demanda superior y crea empleos. En el proceso, algunas actividades tienden a desaparecer pero surgen otras en las que se aprovechan mejor los recursos liberados. En consecuencia, se cierran algunos puestos de trabajo pero se abren otros y predomina la creación neta de los empleos. Las economías en desarrollo con un mayor crecimiento son las que se han integrado al mundo, las cuales, además, registran las más bajas tasas de desempleo.

Adicionalmente la globalización transmite el cambio tecnológico, que implica la desaparición de algunos sectores y el nacimiento de otros. Ésta es la base del progreso, como lo atestigua la historia económica mundial: por ejemplo, los productores de velas fueron sustituidos (casi totalmente) por los de electricidad, y los de carros tirados por bueyes por los de autos con motores de combustión interna. En este progreso no hay actividades "esenciales" y "no esenciales", sólo más eficientes y menos eficientes. Sin estos avances, nuestro bienestar sería menor. Afortunadamente la superación de ciertos productos no genera desempleo, sino que suele suceder lo contrario.

La conexión anterior explica por qué la resistencia a la globalización no difiere mucho de la suscitada, desde hace tiempo, ante el cambio tecnológico. En su fascinante libro *The Elusive Quest for Growth*, el economista William Easterly nos ha recordado el error de los trabajadores de medias y encaje en Nottingham, Inglaterra, en 1811, conocido como la "falacia de los Ludditas" (sus protestas circularon con el seudónimo de "Rey Ludd"), consistente en creer que el cambio tecnológico, ahorrador de mano de obra, era malo porque, supuestamente, reducía los empleos totales de la economía.

Como reacción, estos trabajadores optaron por destruir las nuevas máquinas de tejido hasta que la autoridad detuvo el vandalismo. El error fue ignorar que la nueva tecnología permitía producir más bienes con el mismo número de trabajadores, lo que equivale a aumentar la producción por trabajador. El dinamismo del producto superior al del empleo, detrás del resultado anterior, es la única forma de aumentar el ingreso por habitante y, por ende, el bienestar de los más pobres.

Obviamente la falacia de los Ludditas era congruente con su interés de conservar su forma específica de trabajo, pero no con el bienestar general y, en definitiva, de ellos mismos. De haberles hecho caso Inglaterra, las prendas de vestir habrían sido más caras y la generación de empleos menor.

La miopía anterior descubre la inconveniencia de la regulación gubernamental. Las barreras al comercio generan menos y más caros productos, haciéndolos menos accesibles a los más pobres. Además, son injustas porque se protege a unos a costa de los otros, y su discrecionalidad invita a la corrupción.

Una mejor alternativa es la eliminación uniforme de los obstáculos a la globalización, lo que facilita la movilización de los recursos de actividades que deben reducirse a otras con mayor ventaja comparativa. En el movimiento entre un empleo y otro, los trabajadores tienen las mejores oportunidades si las reglas de la apertura son permanentes y se garantiza el acceso igual a la educación, elemento indispensable para aprovechar al máximo las bondades de la integración económica al mundo.

Los populares mitos sobre la globalización

En el debate público la globalización suele representarse como un fenómeno inevitable del triunfo de los mercados sobre el gobierno. Esta interpretación, aunque ampliamente difundida, está alejada de la realidad.

En su libro *Against the Dead Hand,* Brink Lindsey desmantela éste y otros mitos sobre la globalización utilizando la evidencia histórica y, en menor dosis, el análisis económico. Se trata de una obra extraordinariamente bien escrita y persuasiva, con un estilo ágil, poco común entre los profesionales de la economía. El autor rompe con las percepciones populares, aunque antagónicas, de que la globalización ha causado muchos males o alcanzado amplias victorias. A continuación, resumo algunos puntos centrales.

1. La globalización es la respuesta de los países ante el fracaso generalizado de la planificación central y el control gubernamental. Es falso que la adopción de las políticas de mercado sea producto de una fuerza externa impuesta a los gobiernos. La interpretación de los críticos y los entusiastas ha invertido la causalidad de los hechos.

2. La globalización tiene sus raíces en la libertad que permitió la Revolución industrial y caracterizó la vida económica durante la mayor parte del siglo XIX. Los avances tecnológicos facilitaron una integración mundial, en algunos aspectos, superior a la actual. Por desgracia, la creación de riqueza resultante de esta transformación fue interpretada posteriormente de forma incorrecta como demostración de la superioridad del control central sobre los mercados. Las teorías de administración en boga ayudaron a esta confusión: la gente creyó que la organización de las grandes empresas industriales podría trasladarse a la economía, utilizando la "ingeniería social".

3. El movimiento al control gubernamental que dominó el siglo XX se basó en la promesa de un paraíso al alcance del Estado. Las formas políticas fueron diversas, pero la oferta común fue la simplicidad, la certeza y la solidaridad como antídotos a las inclemencias del mercado. En los países subdesarrollados se planteó como solución a los supuestos de un "círculo vicioso" de la pobreza y la explotación de las naciones poderosas. Fue un movimiento de "contrarrevolución industrial" que se cobijó con el progreso de la Revolución industrial.
4. Sin embargo, los experimentos colectivistas fueron fracasando como resultado de las limitaciones del control gubernamental. Los críticos ignoraron que la creación de la riqueza consiste, a decir del economista F. A. Hayek, en encontrar y aprovechar información "útil", la cual se halla dispersa y el sistema de precios procesa de forma eficiente; la planificación central es un sustituto muy inferior. La utopía murió en Estados Unidos y en Europa occidental con la "estanflación" de los años setenta; en China con el movimiento privatizador de Deng Xiaoping en igual década; en América Latina con la crisis de la deuda externa de los ochenta; y en Asia oriental con las crisis financieras de los noventa.
5. Las implicaciones sociales del liberalismo y el colectivismo fueron opuestas. El primero apoyó la paz entre las naciones y benefició a los pobres permitiendo adquirir bienes a un menor precio mediante el comercio internacional. El colectivismo, por su parte, propició una tendencia a favor de la colusión entre los empresarios y una visión de conflicto entre los países "para sobrevivir", la cual se tradujo en nacionalismo y barreras al intercambio internacional. El proteccionismo exacerbó las dificultades que eventualmente condujeron a las dos guerras mundiales.
6. El debate sobre la globalización frecuentemente carece de bases. Los favorecedores han exagerado la supuesta disciplina de la globalización sobre la política, entusiasmados con los avances en las telecomunicaciones y la tecnología de la información. Los críticos, por su parte, han contrarrestado esta euforia argumentando, con razón, que si todo está regido por los mercados, éstos deben responder por la miseria y las deficiencias del mundo. Lo que el debate ignora es que los gobiernos continúan ejerciendo una amplia presencia en la vida económica y las reformas se hacen a medias, en gran medida porque se realizan sin convencimiento de las bondades de la libertad, y

porque los errores de política económica abundan. Éstas han sido las causas de las grandes inestabilidades y deficiencias.

7. Es falso que la globalización implique la anulación del gobierno. Sin embargo, en la actualidad, la autoridad está simultáneamente haciendo mucho y poco. Continúa en exceso regulando la economía y falla, entre otros aspectos, en su papel de promover las instituciones necesarias para el pleno desarrollo de los mercados, como un marco legal que proteja los derechos de propiedad, y en crear redes de asistencia social equitativas y financieramente sanas.

Lindsey concluye que el actual movimiento hacia políticas más liberales no es limpio. Ha ocurrido en medio de las ruinas del viejo orden, avanzando en condiciones precarias y persiste la influencia de las viejas instituciones, visiones e intereses creados.

Por ello el triunfo de los mercados dista mucho de ser cierto y la continuación de la globalización no está garantizada. No obstante, el autor termina con una nota de optimismo: atendiendo a las ventajas de largo plazo, lo más probable es que la globalización continúe aunque con tropiezos.

Los beneficios del TLCAN

El balance del Tratado de Libre Comercio de América del Norte (TLCAN) ha sido muy positivo por sus efectos sobre el bienestar del consumidor así como sobre la producción, los salarios y el empleo.

Aplicado a partir de enero de 1994, el TLCAN ha eliminado gradualmente las barreras al comercio de bienes y servicios y a la inversión con Estados Unidos y Canadá. Se trata de un acuerdo de comercio preferente por lo que no es totalmente "libre". Sin embargo, se buscan los beneficios del aumento del comercio y la inversión. Para la mayoría de los bienes, los aranceles se eliminaron de inmediato o en etapas anuales uniformes de cinco o diez años, y sólo un mínimo porcentaje se extendió a quince años.

El TLCAN profundiza el modelo de "desarrollo hacia afuera" iniciado en 1985, que buscó cambiar el enfoque de "sustitución de importaciones", cuyas limitaciones se hicieron evidentes en las estructuras industriales no competitivas y el sesgo hacia la producción con baja utilización de mano de obra. De 1977 a 1983 decrecieron las exportaciones no petroleras y los productos nacionales mostraron escasa diversidad y calidad deficiente.

En 1985 México redujo drásticamente el número de permisos para la importación, el año siguiente suscribió el GATT, y en 1988 disminuyó la estructura y el nivel máximo de aranceles. Posteriormente un nuevo reglamento y una nueva ley para la inversión extranjera suprimieron requisitos, permitieron la autorización automática y ampliaron las condiciones de participación del capital foráneo.

Los beneficios de la apertura al comercio y la inversión se encuentran ampliamente documentados en la bibliografía económica. El padre de la economía moderna, Adam Smith, aclaró hace más de 200 años que el comercio es uno de los mejores medios para promover la eficiencia ya que facilita la división del trabajo. Afirmó que "mientras un país tenga ventajas y el otro las desee, siempre será provechoso para el segundo comprar el bien al primero más que producirlo".

La competencia genera una mayor diversidad de bienes con calidad superior y menores precios. El flujo de inversión impulsa el empleo e incrementa los salarios al hacer más productiva la mano de obra. Así, los beneficios de la apertura ocurren independientemente de si el resto de los países hacen lo mismo. La nación que promueve el comercio se beneficia, entre otras razones, porque la mayor competencia desplaza a las empresas ineficientes y a las actividades sin ventaja comparativa.

Por lo anterior, no se justifican las críticas al TLCAN basadas en supuestas deficiencias de la negociación, expresadas comúnmente en términos de una apertura "demasiado acelerada" o "insuficiente reciprocidad", incluyendo en lo segundo la ausencia de apoyos financieros, tecnológicos o migratorios para "hacer menos costosa la transición de algunos sectores". Si bien la libertad de movimiento de mano de obra sería una adición provechosa para la especialización y los apoyos no son una mala idea, tales condiciones no son indispensables para beneficiarse de la apertura.

Las ganancias del TLCAN no deben sorprender si se analiza otro acuerdo de comercio preferente con arancel cero, establecido entre México y Estados Unidos en 1966: la industria maquiladora. De 1980 a 1998 el crecimiento promedio anual de las exportaciones de ese sector fue de 18.5%, 7.5 puntos porcentuales por encima de las ventas externas totales, y en ese mismo periodo el dinamismo del empleo superó en 7.1 puntos al del empleo de la economía en su conjunto.

El TLCAN ha implicado beneficios para el consumidor al hacer accesibles múltiples productos nacionales y extranjeros a menores precios. Existen tres beneficios adicionales a los que ha contribuido el Tratado.

En primer lugar, el comercio bilateral entre México y Estados Unidos se ha duplicado, registrando un crecimiento promedio anual de 17%. Algunas estimaciones atribuyen al TLCAN hasta 16 puntos porcentuales de ese aumento, aislando el efecto de la depreciación cambiaria y del ingreso de los países. Por otra parte, la economista Anne Krueger ha concluido que, como resultado del TLCAN, no existe evidencia de desviación sino de creación neta de comercio.

Como proporción del PIB, las exportaciones de bienes y servicios al mundo pasaron de 15 en 1993 a 29% en 1998. En igual lapso, las exportaciones manufactureras no maquiladoras como proporción del total aumentaron de 38.2 a 43.4%. Un crecimiento semejante se observa en las importaciones, jugando un papel esencial las de bienes intermedias, incluso aquellas no relacionadas con esa industria.

En segundo lugar, desde 1994 la inversión extranjera directa total ha alcanzado un promedio anual de 10.6 mil millones de dólares que contrasta favorablemente con los 3.3 entre 1985 y 1993, y aún más con los 2.2 entre 1980 y 1984. Según estimaciones de la SECOFI (hoy Secretaría de Economía), entre 1994 y 1998 las empresas con inversión extranjera generaron 31.7% de los nuevos empleos, y los salarios fueron 48% superiores a los vigentes en las empresas sin inversión extranjera.

En tercer lugar, diversos estudios concluyen que la productividad total de los factores creció de manera significativa a partir de la apertura comercial, y existe una relación positiva entre la productividad y la inversión extranjera. Por razones semejantes, el TLCAN ha impulsado el crecimiento económico. Sin la demanda externa, la contracción económica de 1995 hubiera sido 8.8 en lugar de 6.2% y por lo menos entre 1 y 1.5 puntos de esta diferencia fue resultado del TLCAN. Adicionalmente, excluyendo 1995, el ingreso por habitante ha crecido en promedio anual 2.8%, 2.2 puntos por encima del observado entre 1985 y 1993.

Es conveniente que nuestro país continúe ampliando la apertura al comercio y la inversión con otros países. Las negociaciones hacia la firma de un Tratado de Libre Comercio con la Unión Europea son un buen paso. Pero es en el mejor interés de México eliminar cualquier barrera remanente con otros países. Los beneficios serían aún mayores que los obtenidos hasta el momento.

Más comercio es mejor que menos

El Tratado de Libre Comercio entre México y la Unión Europea (TLCUE), firmado en marzo de 2000, representa un paso adicional en el proceso de apertura comercial de nuestro país y aumenta las posibilidades de comercio, con beneficios en la eficiencia productiva, el consumo y el crecimiento económico.

El Tratado está organizado en ocho títulos sobre el comercio de bienes. Prohíbe las barreras no arancelarias desde el inicio, plantea una disminución gradual de aranceles en un periodo no mayor a 10 años, al cabo del cual se contará con una zona de libre comercio, e incluye la apertura en las compras al sector público y la cooperación entre las autoridades encargadas de la competencia económica. En productos industriales, la UE elimina por completo los aranceles en 2003 y México los eliminará en 2007; en productos agrícolas y pesqueros, ambas partes reducen aranceles hasta cero a más tardar en 2010. Sin embargo, los países se comprometen a acelerar estas secuencias "si su situación económica lo permite".

¿Cuáles son las bondades de este tipo de acuerdos? Los tratados de libre comercio se han convertido en la forma práctica de ampliar los mercados para el comercio internacional. Aun cuando sería preferible la eliminación de los impedimentos de todos los países simultáneamente, las prolongadas negociaciones del GATT, ahora OMC, demuestran la conveniencia de liberar el comercio por zonas al involucrar un menor número de intereses haciendo el proceso menos complejo y más probable su conclusión.

Las ventajas del comercio se dan en el corto y largo plazos. De inmediato, más comercio es mejor que menos porque las oportunidades resultantes permiten producir más de ciertos bienes sin sacrificar otros, así como aumentar el consumo por lo menos de algunos sin perjudicar a otros. Con el tiempo, los países con una mayor proporción de comercio exterior en su actividad económica, registran las más elevadas tasas de crecimiento en su ingreso por habitante, ya que el intercambio promueve la inversión física y de capital humano, y la especialización de acuerdo con las ventajas comparativas. Así lo confirma el desarrollo espectacular registrado por Corea del Sur, Hong Kong y Singapur desde los años sesenta.

Los beneficiados en México serán los millones de consumidores que tendrán a su alcance una mayor oferta de productos a menores precios. Como ha sido la experiencia de nuestro país desde la apertura comercial de

1985, se ganará en eficiencia tanto al liberar las importaciones propias como las de la UE y aumentarán las oportunidades de empleo especialmente al fluir la inversión extranjera. Así lo atestigua la elevada generación de empleos a partir del TLCAN.

El TLCUE "corregirá" el obstáculo al comercio con la UE, en comparación con otros países que tienen con ésta un acuerdo comercial. Si bien, dada la proximidad geográfica, difícilmente Estados Unidos y Canadá perderán liderazgo dentro de nuestro comercio exterior, el nuevo Tratado incrementará el dinamismo del comercio con la UE. La reducción de la participación relativa de ese grupo de países en el comercio total de México, de 11.4% en 1990 a 7% en 1999, y el componente petrolero de 22.5% de nuestras exportaciones totales a la UE en 1998, indican algunas oportunidades abiertas.

El TLCUE contribuye a la certidumbre sobre la permanencia de la orientación de México hacia el exterior. Las partes se obligaron a no aumentar arancel alguno ni imponer uno nuevo en esta área, y establecieron que no existe obstáculo para que cualquiera de las partes firme acuerdos adicionales con otros países. La mayor apertura es un excelente camino para la prosperidad, lo que explica por qué un número creciente de países ha reducido los obstáculos a las transacciones internacionales.

No obstante lo anterior, persisten opositores al comercio que, en lugar de ver el bienestar general, defienden la forma actual de hacer las cosas y los privilegios de ciertos grupos de interés, siempre bajo el conveniente rubro de "industrias indispensables". Tal es el caso de las objeciones sobre la pérdida de soberanía, la dependencia del exterior, la mala negociación, el déficit en la balanza comercial, la ausencia de subsidios homologados, entre otras.

En el fondo, estos argumentos reflejan una gran resistencia al cambio, la confusión entre los efectos de las crisis macroeconómicas y los de la apertura, y una severa falta de información sobre la justificación del comercio sin adjetivos, entendida con claridad por los economistas hace más de dos siglos.

La obsesión sobre China

La creciente participación de China en el comercio mundial suele interpretarse como una amenaza para México. Este temor revela una concepción equivocada del comercio internacional. Es cierto que ese país ha registrado un avance económico considerable, como resultado de su gradual transformación hacia una economía de mercado iniciada a finales de los años setenta. Los cambios han incluido la privatización de la agricultura, la remoción de las barreras a la inversión en muchos sectores, la apertura al capital extranjero en áreas previamente consideradas estratégicas, la incipiente consolidación de las empresas estatales y la menor injerencia gubernamental en la economía.

Además se ha mejorado la protección de los derechos de propiedad y creado un ambiente de competencia, que han impulsado la inversión en capital físico y humano y la eficiencia. Como consecuencia, durante las décadas de los ochenta y noventa, aun corrigiendo las posibles sobrestimaciones de las cifras oficiales, el ingreso por habitante creció aproximadamente 6% al año, lo que contrasta con el estancamiento de los 25 años previos. De forma significativa aumentó la esperanza de vida y se redujo la pobreza.

Al mismo tiempo, China ha incrementado sus exportaciones y se ha convertido en el mercado emergente con más inversión extranjera. Su mayor presencia global y su adhesión a la Organización Mundial de Comercio han conducido a muchos comentaristas a considerar a China como un peligro para México.

Esta interpretación es errónea porque caracteriza el comercio internacional como una competencia por los mercados, como si los países fueran corporaciones. Esta confusión popular, denominada por el economista Paul Krugman "Internacionalismo Pop" —en un excelente libro de igual título—, supone equivocadamente que el avance de una nación se logra sólo en detrimento de las otras.

Los países no son como las empresas. El intercambio internacional ocurre por el aprovechamiento voluntario de las ventajas comparativas de millones de productores en muchos lugares que es impulsado por la elección de millones de consumidores. Los beneficios se materializan en una nación mediante las importaciones, no las exportaciones, al contar los consumidores con más opciones para elegir, respecto de la situación de una economía cerrada.

Este proceso obliga, como en la competencia interna, a la eficiencia y a la especialización de los productores, por lo que involucra cierres y aperturas de empresas. Este ajuste, aunque doloroso para algunas personas, es la condición *sine qua non* para que la sociedad se beneficie del comercio. Los productores, afuera y adentro del país, compiten, no las naciones.

Por ello la aplicación común a los países del concepto "competitividad", propio de las empresas, es motivo adicional de confusión. Una compañía puede no ser competitiva si, por ejemplo, es incapaz de sostener su participación de mercado a menos que mejore su desempeño. Una mayor participación de mercado se obtiene sólo a expensas de los competidores. Además, las utilidades son el requisito para la permanencia de las empresas.

Como lo apunta correctamente Krugman, los países no son como las empresas, entre otras razones, porque ni desaparecen ni tienen utilidades. El aumento de bienestar de un país provocado por el comercio no guarda relación con alguna "participación de mercado" de las exportaciones de esa nación. A diferencia de las rivalidades entre las compañías, los países pueden prosperar con los demás, por ejemplo, al ampliarse la gama de elección de los consumidores mediante el comercio.

En última instancia, el bienestar de un país depende de la productividad por persona, ya que se traduce en el ingreso y, por ende, las posibilidades de consumo de sus habitantes. El comercio internacional es un buen estímulo para la productividad. Pero este factor en sí mismo, no comparado con otras naciones, es la causa del bienestar. Por supuesto siempre pueden hacerse cotejos internacionales útiles, por ejemplo, para identificar los obstáculos a esta variable determinante.

El problema con la obsesión sobre la competitividad es que fácilmente conduce a minimizar los obstáculos internos al progreso, y demandar, como soluciones, ciertas medidas "defensivas", como subsidios e inversiones públicas no necesariamente justificadas desde el punto de vista social, porque tal o cual país las aplica. El enfoque de lucha entre las naciones suele utilizarse, además, para proteger de la competencia a ciertos grupos de empresas o sectores, por motivos políticos, en menoscabo de la sociedad.

Finalmente, deben evitarse los falsos consuelos que distraen de las tareas de fondo de la política económica. Una de ellas es el señalamiento de que China podría enfrentar en el futuro serios obstáculos para aumentar su presencia en los mercados internacionales. Es cierto que, como cualquier país, China tiene ante sí serios retos: por ejemplo, superar la insolvencia de su sistema financiero, atenuar los inmensos pasivos laborales de las empresas estatales y aumentar las libertades políticas. Sin embargo, el estancamiento económico de esta nación, además de ser poco probable, no aumentaría el bienestar de los mexicanos.

El favorable déficit comercial

Es común calificar el déficit comercial con el exterior como una debilidad y el superávit como una fortaleza. Esta interpretación, ampliamente difundida, es engañosa porque ignora la forma en que las naciones se benefician del comercio internacional y las causas por las que surgen los déficits. En general, éstos son un signo favorable y tienden a existir en economías con mayor dinamismo.

De entrada, hay que aclarar que las importaciones son el medio por el que cualquier país se beneficia del comercio internacional. Al adquirir en el exterior las mercancías en las que no tiene una ventaja comparativa, paga un menor precio, liberando recursos de capital y trabajo para producir una mayor cantidad de otros bienes en los que tiene superioridad. Las importaciones son el vehículo que permite producir una mayor cantidad y consumir más que en el aislamiento.

En el libre comercio todas las importaciones efectuadas son "deseables", por lo que es inadecuado descalificar cierta clase de artículos, digamos bienes de consumo, para justificar otras como los intermedios o de capital. Esta desautorización es equivocada: por ejemplo, si México tiene ventaja comparativa en armar automóviles y Estados Unidos en cultivar granos, convendrá a nuestro país importar los segundos, aunque sean de consumo, y al otro los primeros.

Además, no hay nada negativo en la "dependencia" respecto de las importaciones; por el contrario, los beneficios del comercio se dan sólo por estas relaciones. En este campo (como en muchos otros) la autosuficiencia no tiene sentido económico, ya que conduce a un menor nivel de bienestar para los ciudadanos. ¿O alguien en su sano juicio puede oponerse a tener acceso a una mayor variedad de bienes a más bajo precio? Recuérdese, por ejemplo, que hace unos años era imposible adquirir (legalmente) aparatos eléctricos tan básicos como las grabadoras, porque no se producían en México y estaba prohibida su importación.

Por otra parte, nuestras exportaciones son la forma en que se benefician otros países y es el sacrificio que pagamos para importar bienes. Así, las exportaciones no se entienden sino como un precio que se paga para importar más. Obviamente, entre más baja sea la cantidad de bienes a sacrificar, mejor; por lo que no tiene sentido calificar un superávit comercial como algo "favorable", ya que equivaldría a complacernos en enviar cada vez más bienes al exterior por las mismas mercancías que recibimos. Esto sería tan absurdo como pensar que una ama de casa se alegraría gastando más para adquirir el mismo mueble de sala o igual despensa para la semana.

Si las importaciones benefician y las exportaciones son un sacrificio, ¿por qué comúnmente se sospecha de las primeras y se elogia a las segundas? La respuesta probablemente tiene que ver con la idea de que es deseable ser autosuficientes y evitar que las importaciones reduzcan los empleos. Ya vimos que lo primero no tiene sentido si atendemos a las ganancias del comercio. Lo segundo no necesariamente ocurre, ya que se trata de una reasignación de recursos productivos hacia actividades con mayor ventaja comparativa. Lo importante no es mantener a toda costa cualquier empleo, sino conservar y crear aquellos más productivos, en los que seamos mejores.

Identidad contable

Ahora bien, con un tipo de cambio flexible, un déficit comercial ocurre porque el país simultáneamente cuenta con un superávit en la cuenta de capitales de la balanza de pagos: es decir, existen ahorradores, atraídos por la rentabilidad de las inversiones nacionales, que canalizan dinero del exterior a instrumentos de deuda o capital mexicanos. El país se beneficia de este tipo de transacción, ya que recibe bienes reales por encima de los que exporta, a cambio de entregar "pedazos de papel" en la forma de títulos de propiedad de empresas y de deuda.

Lo importante es que este superávit de capitales y, por ende, el déficit comercial ocurren porque la economía mexicana es atractiva a los ojos de los inversionistas. Esta entrada neta de capital es característica de las economías con elevado potencial como las denominadas "emergentes", o que ofrecen gran seguridad económica como Estados Unidos. En contraste, los países exportadores de capital, con un superávit comercial, tienden a coincidir con economías maduras, que muestran menores tasas de crecimiento.

Finalmente, gran parte de la oposición al déficit comercial surge porque se considera que podría no ser "sostenible", argumento asociado con frecuencia a una evolución temida del tipo de cambio. Sin embargo, con el régimen flexible actual, la paridad actúa como una válvula de ajuste instantánea: se mantiene baja cuando existe un déficit comercial, como reflejo de la preferencia de los ahorradores por activos financieros denominados en pesos respecto de los activos en dólares, y tiende a subir cuando la situación económica se torna adversa, haciendo más caras las importaciones y propiciando la disminución del déficit comercial.

Lo paradójico es que entre más negativa es la situación y, por tanto, menor el crecimiento económico, luce "mejor" la balanza comercial y menos suspicacias despierta el tipo de cambio. Sin embargo, México necesita de buenos tiempos, y esto implica, sin duda, un déficit comercial.

El criticado déficit comercial de Estados Unidos

Tal vez no existe otro indicador de la economía de Estados Unidos interpretado negativamente con mayor persistencia que el déficit comercial externo. No obstante su popularidad, las críticas suelen carecer de fundamento.

Los déficits de comercio han estado presentes en la mayor parte de la vida independiente de los Estados Unidos. En particular, cada año, desde 1976, el valor de las importaciones de bienes y servicios ha excedido al de las exportaciones. Lógicamente los lamentos no son nuevos. Los crecientes saldos deficitarios desde 1999 han generado condenas semejantes a las de la primera mitad de los ochenta. Sin embargo, las descalificaciones sobre los supuestos daños se basan en mucha gramática y poco análisis. Sesudos comentaristas han calificado el déficit comercial como el "hoyo negro" y el "talón de Aquiles" de esa economía. Tal posición no es acertada por muchas razones. La primera es que la balanza de pagos "siempre cuadra", es decir, está en equilibrio. Por una identidad contable, la balanza total de transacciones de un país con el resto del mundo siempre es cero. Ninguna nación tiene déficit o superávit totales. Más exactamente, un déficit en la cuenta corriente de la balanza de pagos —en la terminología de Estados Unidos, déficit comercial más transferencias al exterior— no es sino la otra cara de un superávit en la cuenta de capitales. En términos llanos, si las importaciones de bienes y servicios de un país son mayores a sus exportaciones, es porque vende al resto del mundo más activos (bonos, acciones, edificios, etc.) que los que compra.

¿Tiene algo de malo? Por supuesto que no y, por sus resultados, puede considerarse una fortaleza. El déficit comercial permite a este país impulsar una mayor inversión de la que podría obtener con sus propios recursos. De hecho, por otra identidad contable, el déficit de bienes y servicios es también la diferencia entre la inversión y el ahorro. Cuando la inversión es mayor, el déficit aumenta.

A pesar de estas realidades, las críticas abundan en errores o intereses escondidos. Entre los primeros, el más obvio es el de la tiranía de las palabras. La nomenclatura contable es engañosa ya que al incluir términos como déficit y superávit, conduce a interpretar el primero como carencia o algo malo y el segundo como abundancia o algo bueno.

Además, aunque parezca sorprendente, las clasificaciones dependen, a su vez, de otros convencionalismos arbitrarios: la venta de un automóvil al exterior se llama exportación y la de un título accionario inversión; el segundo no entra en el déficit comercial. Pero si pudiéramos incluir todas las exportaciones ¡el déficit se convertiría en cero! Recuérdese que, en el total, el país no tiene déficit. Por palabras, no debería haber angustia.

Regreso al pasado

Un error más grave es el regreso de muchos comentaristas a una obsoleta corriente del pensamiento económico llamada "mercantilismo", según la cual los países se empobrecen cuando importan más bienes de lo que exportan. Originalmente el rechazo se fincaba en el temor de perder oro para financiar el déficit. En 1776 el padre de la economía moderna, Adam Smith, se encargó de demostrar que la riqueza de las naciones no consiste en los metales preciosos, sino en la capacidad de producir bienes y servicios. Ésta aumenta con el comercio internacional.

Un país exporta al resto del mundo sólo como un medio para poder importar y, de esa manera, aumentar el bienestar de sus ciudadanos. Por ello es un disparate afirmar que un país es más rico si entrega bienes al resto del mundo. Según la primera identidad, esto es imposible para todos los países simultáneamente, a no ser que se regalen los bienes. Si, por otra parte, Estados Unidos tiene un déficit comercial es porque los dólares que deja en el exterior a cambio de sus importaciones netas deben tener un destino y éste ordinariamente no es el atesoramiento. Los dólares regresan como inversiones a esta economía, que durante mucho tiempo ha registrado el crecimiento más elevado de la productividad.

Temor a la catástrofe

Otro error común es reprobar el déficit comercial porque no es "sostenible". Por supuesto, un déficit comercial no puede crecer al infinito. ¿Hasta cuánto? No lo sabemos. Depende de la voluntad de los inversionistas extranjeros, pero ciertamente no de los límites predicados por algunos analistas. El récord de pronósticos en ésta y otras materias ha sido pobre. Pero esto no es una objeción al déficit sino, en todo caso, un reproche a nuestra pobre capacidad de predicción.

En este contexto, con frecuencia se plantean escenarios de catástrofe semejantes a los experimentados por países en vías de desarrollo con malas políticas monetaria y fiscal. Sin embargo, a diferencia de esos episodios, el financiamiento no proviene de una agencia multilateral para compensar las malas perspectivas económicas o se destina a aumentar la deuda pública en moneda extranjera. Los recursos siguen a la rentabilidad, los activos tienen mucha liquidez y la deuda gubernamental es en moneda propia.

Lo anterior no descarta que, como en el pasado, pueda haber ajustes en el déficit comercial. No obstante, aquí el rechazo parecería no dirigirse al déficit sino a la incertidumbre sobre el valor futuro de los activos incluyendo el tipo de cambio. Mala suerte. Estas son las reglas del juego. El mercado es potente precisamente porque no todo está escrito y los incentivos actúan correctamente: los aciertos se premian y los errores se castigan.

IV. REFORMAS ESTRUCTURALES Y PRIVATIZACIÓN

EL AVANCE económico requiere un ambiente propicio para el desarrollo de los negocios, lo que incluye la eliminación de cualquier impedimento a la iniciativa individual y la competencia de los mercados. Estas condiciones deberían constituir la esencia de las reformas estructurales.

A pesar de que las privatizaciones en el país han sido positivas, en términos de bienes y servicios de mayor calidad y menor precio, este proceso se ha detenido por las presiones orquestadas por ciertos grupos de interés. Así, el Estado continúa involucrado en muchas actividades empresariales y mantiene monopolios en casi todas las ramas del sector energético, en las que se prohíbe la inversión de los particulares, afectando severamente el bienestar de los consumidores.

México es una de las pocas naciones donde aún se discute si el sector privado puede extraer petróleo, producir gasolina o generar electricidad. En este añejo debate, las tesis de la soberanía y el nacionalismo han prevalecido, restringiendo las posibilidades de producción y mejora de servicio.

La experiencia internacional confirma los riesgos de ignorar las leyes económicas, de impedir el funcionamiento de los mercados y de usar los errores de política económica como excusa para la inmovilidad. Las limitaciones a la libertad de invertir y el exceso de regulaciones han propiciado el estancamiento. México sigue empantanado en discusiones obsoletas a la zaga de la modernización mundial.

POR QUÉ DEBEN CONTINUAR LAS PRIVATIZACIONES

México ha realizado uno de los programas más extensos de privatización en América Latina. A pesar de las limitaciones de algunos casos, los beneficios sociales han sido significativos en materia de eficiencia productiva, mayor producción y bienestar para los consumidores. Es necesario tener en mente estas ganancias y superar las deficiencias del pasado para continuar avanzando en la privatización.

De 1982 a 1999 se desincorporaron 908 empresas públicas, que pertenecían a 63 de 73 ramas de la actividad económica. Esta estrategia contribuyó a reducir el desequilibrio de las finanzas públicas causado, en gran medida, por la amplia intervención gubernamental en la economía.

La privatización es una tendencia a la que se ha sumado un número creciente de países. En la década de los setenta, Chile y Gran Bretaña emprendieron programas amplios de privatización, como respuesta al desempeño insatisfactorio de las empresas estatales respecto de los objetivos para los que habían sido creadas. Desde esa década, China permitió la agricultura no estatal e inició la privatización de sus sectores de servicios y manufacturas. Como consecuencia, la producción alimenticia de ese país registró un crecimiento anual de 21% entre 1978 y 1985 y a principios de los noventa, que contrastó con el estancamiento de la producción en la Unión Soviética.

Durante los ochenta, los gobiernos socialistas de España y Francia se incorporaron al movimiento privatizador, y en la siguiente década lo hicieron los países ex comunistas y un sinnúmero de otras naciones entre las que destacó Argentina.

Beneficios de la privatización

¿Por qué tantos países privatizan? La razón es que las empresas públicas son menos eficientes que las privadas, al mezclarse las decisiones económicas con consideraciones políticas, tales como el mantenimiento del empleo y el atractivo político de fijar los precios por abajo de los costos. Adicionalmente, los derechos de propiedad no están bien definidos, lo que se presta a la apropiación privada de los recursos públicos (corrupción). Por ello no debe sorprender que los principales opositores a las privatizaciones sean los sindicatos, los administradores y los proveedores protegidos, cuya bandera tiende a ser la supuesta pérdida de soberanía o propiedad nacional.

No obstante estas posiciones, la evidencia internacional demuestra que las privatizaciones pueden beneficiar a la sociedad por lo menos mediante tres conductos:

1. Un aumento de eficiencia productiva al reducirse la interferencia política, al ejercer vigilancia los accionistas sobre los administradores, y al inducirse una disciplina financiera por la desaparición del respaldo gubernamental ante quiebras o dificultades financieras. La eficiencia permite ofrecer menores precios y mejor calidad de los productos.

2. Un aumento de la producción si se promueve la competencia o, en caso de sectores poco competidos, si se establece una regulación eficiente para alcanzar ese objetivo.
3. Una ganancia fiscal al eliminarse subsidios y aumentar la recaudación de impuestos, que puede destinarse a usos de mayor rentabilidad social. Adicionalmente, el aumento de eficiencia puede generar ingresos por privatización superiores al valor de la empresa si no se privatiza.

Los economistas Rafael La Porta y Florencio López de Silanes estudiaron el desempeño previo y posterior a la privatización de 218 empresas no financieras privatizadas en México durante 1983-1991. Los autores confirman las conclusiones de diversos estudios sobre otros países. En promedio, la privatización propició un aumento en la rentabilidad de las empresas privatizadas, una mayor eficiencia operativa y un incremento de sus ventas. El desempeño fue superior incluso respecto del de la industria a la que pertenecen las entidades analizadas.

Excluyendo el sector de alimentos, afectado por precios previamente controlados, la privatización provocó descensos reales en el precio de los productos, particularmente en las empresas pertenecientes a sectores con poca competencia. Esta observación es sorprendente y contradice las críticas de que los beneficios de la privatización dependen del aprovechamiento del poder monopólico de los negocios en detrimento de los consumidores. Además, en 101 de las empresas privatizadas aumentaron los salarios reales. Finalmente, la desregulación condujo a un desempeño superior dentro de la muestra examinada.

Los beneficios son tangibles. En telecomunicaciones, en ocho años el número de líneas telefónicas por habitante aumentó 60% y el tiempo promedio de espera para obtener una línea telefónica pasó de dos años en 1990 a 27 días en 1998. La competencia de nuevas empresas condujo a un descenso de 30% en términos reales en las tarifas de larga distancia. Si bien existe una tarea pendiente en términos de regulación, especialmente en relación con las tarifas de interconexión a la red de Telmex, son incuestionables los avances registrados.

Otro ejemplo es la mejoría en el servicio de las aerolíneas privatizadas. La privatización de Aeroméxico implicó que la puntualidad de las llegadas pasara de 75% en 1988 a 95% en 1991, lo que aumentó la participación de mercado de esa empresa de 35% en 1989 a 45% en 1993. Los problemas financieros posteriores obedecieron al elevado apalancamiento adoptado por la empresa privatizada y no a la privatización.

Las deficiencias en algunos procesos han generado dudas sobre las bondades de la privatización en México. Sin embargo, los problemas han obedecido a factores diferentes de la transferencia de la propiedad, como la presencia de garantías ilimitadas del gobierno, una Ley de Quiebras que permitía a las empresas recurrir unilateralmente a la suspensión indefinida de los pagos y a un deficiente sistema judicial.

Es importante que se resuelvan estos problemas y continúen las privatizaciones para que el gobierno se enfoque a las funciones que no pueden realizar los particulares. El gasto del sector paraestatal representa 12% del PIB, financiado en 20% con subsidios y transferencias. En contraste, las funciones básicas de justicia y seguridad y combate a la pobreza extrema apenas superan un punto del producto. El énfasis en un Estado empresario que goza de poder monopólico en varios sectores y descuida sus actividades básicas ha limitado las posibilidades de crecimiento.

¿Qué son las reformas estructurales?

Se ha convertido en un lugar común la necesidad de reformas estructurales en México para impulsar el desarrollo económico. Sin embargo, la amplitud de este señalamiento ha permitido justificar casi cualquier iniciativa.

Desde mediados de los años ochenta, el país reorientó su estrategia para facilitar la operación de los mercados y la competencia, destacando la apertura comercial y la inversión extranjera, las modificaciones tributarias, la venta de empresas públicas, la desregulación y la modernización del sistema financiero. El nuevo enfoque respondió a los desequilibrios fiscales y de balanza de pagos derivados del modelo de desarrollo anterior, sustentado en una economía cerrada y una amplia intervención gubernamental.

Estas acciones transformaron profundamente la economía. Entre otros resultados, el comercio exterior aumentó espectacularmente, la importancia del petróleo en las exportaciones se redujo en favor de las manufacturas y la competencia sustituyó a la protección, ampliándose la oferta de bienes y servicios con mejor calidad y menores precios.

En contraste con estos logros, el avance de los indicadores de bienestar económico fue escaso. De 1985 a 2002 el crecimiento promedio anual del producto por habitante alcanzó sólo 0.9% y la proporción de la población en condiciones de pobreza se mantuvo alta. Este progreso es decepcionante porque es inferior al registrado por muchos países e, incluso, por México en décadas anteriores.

Ante la justificada insatisfacción, se han generado muchas propuestas de "reformas estructurales" para superar, presumiblemente, las limitaciones actuales. Con frecuencia, las iniciativas son opuestas entre sí y enfatizan el desarrollo de algún área económica juzgada clave. Por ejemplo, la atención reciente se ha concentrado en el sector eléctrico, para el que los proyectos de cambio en poder del Congreso de la Unión contemplan, como alternativas opuestas, la prohibición del capital privado o la creación de mercados competitivos en la generación y la distribución de la electricidad. En éste y en otros temas, la discusión ha sido tan prolongada que, en ocasiones, se ha invocado la exigencia de llegar a acuerdos políticos, aun a expensas del contenido. Con el argumento de que la política es el "arte de lo posible" se suelen justificar iniciativas sin potencial económico, en aras del pragmatismo.

Por desgracia, el desarrollo de las economías no es el resultado de lo políticamente viable, noción relacionada con la madurez democrática, sino de las buenas medidas económicas. La experiencia internacional confirma que la prosperidad es un fenómeno en el cual se conjugan varios factores favorables. En términos generales, el dinamismo sostenido del ingreso por habitante aumenta si el gobierno se dedica a proveer eficientemente ciertos bienes públicos —como la estabilidad de los precios, la seguridad jurídica y la creación de la infraestructura básica— y los mercados funcionan en un ambiente de competencia.

Lo anterior contribuye a explicar por qué la economía mexicana no se ha expandido más, a pesar de las transformaciones estructurales en la dirección correcta. La evidencia empírica nos recuerda que en el desarrollo económico no existen panaceas. La situación puede ser tal que un impedimento anule el efecto favorable de varios cambios.

En este sentido, destaca el daño causado por la inestabilidad del nivel general de los precios que aumentó en los años recientes; la inflación promedio anual de 1985 a 2002 fue 33%, casi 24 puntos porcentuales por arriba del promedio de las décadas de los sesenta y setenta. La inestabilidad de los precios fue resultado de graves errores en la política monetaria y fiscal, incluyendo un desordenado endeudamiento público externo.

Una segunda implicación de la experiencia internacional es que el crecimiento potencial de la economía depende de la profundidad y la efectividad de las reformas, no sólo de su ocurrencia. La ausencia de avances en materia de estado de derecho, el alcance limitado de la desregulación, los obstáculos a la competencia y a la flexibilidad de muchos mercados, incluyendo el laboral y el de telecomunicaciones, y las múltiples trabas a la actividad económica y a la inversión privada han frenado el dinamismo de la productividad del país.

Una tercera implicación empírica es evidente. Las malas políticas económicas no pueden convertirse en buenos proyectos de reforma sólo porque gocen de popularidad o sean "políticamente correctas". Por ejemplo, mantener en manos del gobierno la producción de bienes privados por considerarlos "estratégicos", como es el caso del sector energético, tiene un elevado costo social en términos de desperdicio de recursos y mala calidad.

En conclusión, el deficiente desempeño económico de México es resultado de los errores y las omisiones de la política económica que han limitado el potencial de los cambios estructurales. La agenda de reformas es amplia pero, aunque éstas sean urgentes, es prioritario cuidar su contenido. Los cambios mediocres generan, en el mejor de los casos, sólo resultados pobres, desprestigiando los esfuerzos de avance y ofreciendo excusas para el retroceso.

Bienvenido el cambio estructural

Grandes beneficios puede generar la propuesta gubernamental de cambio estructural en la industria eléctrica. La modernización planteada, si se aprueba y aplica conforme a la iniciativa, contribuirá a propiciar el crecimiento económico del país.

Es un buen diseño, por lo que es importante que se aprueben sus elementos básicos. En el debate político es siempre tentador modificar las propuestas para favorecer a ciertos grupos de interés, como los sindicatos, limitando con ello el potencial original de las reformas.

La propuesta incorpora al sector eléctrico elementos que explican por qué algunas economías crecen sostenidamente más rápido que otras, como son la mayor participación de la empresa privada y la competencia. La iniciativa propone establecer un mercado entre múltiples generadores de electricidad y los demandantes: distribuidores, comercializadores y usuarios "calificados". En ambos lados permitiría la participación de empresas privadas y empresas públicas. En este mercado, operado por el gobierno, los generadores deberán competir entre sí para ofrecer la electricidad de más bajo costo y mayor calidad.

Se prevé además la concesión de la red de transmisión nacional que vincula a los generadores con la demanda, así como las concesiones de las redes de distribución en las diferentes zonas. Al beneficiarse estas redes en economías de escala, se propone un solo concesionario por red. Sin embargo, el gobierno regularía las tarifas para aproximar el precio al que hubiera surgido en una situación de competencia. En la fase final se anticipa la privatización de las empresas públicas participantes en la industria.

La eliminación de los obstáculos a la inversión privada permite el crecimiento del sector, cuyo potencial se encuentra limitado porque todas las fases del proceso eléctrico se integran verticalmente en el monopolio estatal. Con la reforma la industria eléctrica no depende de la disponibilidad de recursos del sector público, los cuales son escasos. En promedio, durante los últimos cuatro años, la inversión pública real en el sector eléctrico cayó 67% respecto de los cuatro años previos porque los recursos han sido insuficientes para las actividades actuales del gobierno.

La apertura a la inversión privada es indispensable también porque genera competencia, requisito para que las empresas se vean forzadas a producir con menores costos y elevar la calidad de sus productos y servicios, mediante la eficiencia y la innovación. Son bien conocidas la irregularidad y falta de calidad en la generación y distribución de la energía eléctrica en nuestro país. Obviamente un monopolio estatal no tiene los incentivos de reducir los costos ni de garantizar la calidad, toda vez que intervienen otro tipo de objetivos políticos o ajenos a la rentabilidad económica. La eventual privatización de las empresas públicas es consecuencia lógica de esta realidad, así como la condición para establecer una competencia entre iguales.

Aunque no esenciales a los argumentos en favor del cambio estructural, vale señalar, además, los beneficios que la propuesta generaría para el mejor desempeño del gobierno, al permitir la orientación de sus recursos y esfuerzos a las actividades que exclusivamente le competen, como la protección de los derechos de propiedad, la seguridad pública, la procuración de justicia y la provisión de recursos para que la población de menores ingresos tenga acceso a la educación y la salud.

Esta orientación es viable si se reducen los costos públicos de contrarrestar las pérdidas del monopolio estatal, lo que se lograría a través de la eliminación de subsidios, la competencia y la privatización. Debe darse una ganancia fiscal permanente, no transitoria, de la privatización, ya que el precio de venta, incorporando el aumento de eficiencia, debe ser superior al valor económico actual de las empresas si se mantuvieran en manos del gobierno. Esta ganancia fiscal permitirá realizar mayores gastos en las áreas esenciales del Estado.

Es importante que la reforma no se detenga por las objeciones políticas comúnmente escuchadas, como la supuesta pérdida de empleo, los problemas de algunas privatizaciones y el descuido de las poblaciones más pobres. Estos argumentos carecen de validez y son más bien excusas para impedir el cambio. Una reforma a medias o mal hecha que mantiene trabas innecesarias es una oportunidad perdida y tiene el riesgo de desacreditar el propósito de la reforma misma. La apertura a la inversión en 1992 restringida al autoabasto, cogeneración y producción independiente de electricidad, ya probó ser insuficiente porque se mantuvo la dependencia y dominio del monopolio estatal.

Finalmente, el cambio estructural propuesto ha enviado una señal muy favorable a los mercados, al proporcionar confianza en la orientación de la política económica en el futuro. Requerimos muchas reformas como éstas para que nuestro país deje de ser asociado con economías débiles en episodios de turbulencia internacional y para que pueda mantener una trayectoria firme de desarrollo económico.

Resistencia al cambio

La propuesta de cambio estructural en el sector eléctrico ha enfrentado múltiples objeciones que carecen de sustento económico porque ignoran los problemas de la industria y los beneficios potenciales de la reforma. Parafraseadas libremente, destacan seis objeciones que a continuación comento.

1. "No es necesaria la reforma, ya que el sector no está en crisis ni en bancarrota." El propósito de la iniciativa de reforma no es resolver una crisis financiera, sino preparar un mejor futuro para la industria y la economía. El servicio eléctrico carece de calidad porque la inversión pública ha sido insuficiente y la operación ineficiente y costosa. A pesar de que la demanda por electricidad crece 6% anualmente, la capacidad instalada en 1998 fue sólo 9% superior a la de 1994.

2. "Si acaso, lo que se requeriría es dar autonomía de gestión a las empresas públicas y adecuar las tarifas." La propuesta permite inversiones privadas para generar un ambiente de competencia que determine el menor precio para el usuario, lo cual no se logra con el monopolio estatal. Las empresas públicas en éste y otros sectores enfrentan incentivos inadecuados por la interferencia de objetivos políticos, pérdidas absorbidas por el gobierno, tendencia a otorgar beneficios laborales generosos y dificultad para despedir a empleados redundantes, lo que se traduce en ineficiencia. Por ejemplo, la productividad por empleado del monopolio estatal en México es menos de la mitad de la registrada en empresas privadas en otros países.
3. "El Estado debe mantener el control de la producción para asegurar el abasto en este insumo básico, por lo que debe limitarse la participación de la inversión privada." El Estado no tiene por qué realizar actividades que son atractivas para el sector privado. La escasez de recursos que enfrenta el gobierno atenta contra el abasto futuro de la industria, y puede superarse al eliminar las restricciones a la inversión privada, así sea extranjera. La regulación actual restringe la inversión privada a esquemas en que no existe competencia entre productores ni distribuidores, el gobierno es el único comprador y garantiza el precio en los contratos de largo plazo. La reforma crearía un mercado sin estas limitaciones, en el que se beneficiarían millones de usuarios, no sólo los inversionistas.
4. "Si se permite la inversión privada subirán las tarifas, lo que perjudicará a los sectores más necesitados." La consecuencia de la competencia es lo contrario, ya que conduce a menores costos. Las tarifas actuales incluyen un subsidio generalizado que para el servicio residencial y el sector agropecuario supera 50%, crean distorsiones al incentivar un consumo excesivo que resulta de esconder el verdadero costo del servicio e implican una carga a los contribuyentes. Además son una pésima forma de redistribuir el ingreso ya que no se beneficia a una población objetivo clara. Si la preocupación es la población en pobreza extrema, sería preferible utilizar transferencias gubernamentales directas a este segmento y dejar libre la determinación de los precios. La reforma prevé esto último, permitiendo que las tarifas reflejen el costo marginal de la producción y disminuyan como resultado de la competencia.

5. "La reforma implicará una pérdida de empleos." Son explicables los temores sindicales a la apertura, ya que la competencia implica presión a la reducción de costos y con ello la eliminación de plazas redundantes y de beneficios exorbitantes. La reforma debería liberar al sector de compromisos con los sindicatos para lograr la calidad al menor costo en beneficio de los millones de usuarios del servicio. La oposición de los poderosos grupos de interés no reconoce que su meta es beneficiarse a sí mismos a costa de los demás. Por otra parte, promover el crecimiento de la industria debería impulsar el empleo si se sustenta en empresas eficientes.
6. "La reforma conduce a la privatización, que ha tenido problemas en México." Conviene que la reforma incluya la eventual venta de las empresas públicas para instaurar una competencia pareja. Si bien algunos sectores privatizados han registrado problemas, como es el caso de la banca y las carreteras, éstos han surgido no de la privatización sino de garantías gubernamentales (seguro ilimitado de depósitos con una regulación deficiente y garantías de aforo, respectivamente) que motivaron la adopción de riesgos excesivos.

La presente reforma busca eliminar los incentivos perversos y capitalizar las experiencias positivas de la privatización. Aun cuando hay aspectos mejorables, la competencia en telefonía de larga distancia, y local por medios alternativos como la telefonía celular, ha provocado una disminución del precio de instalación y un servicio de buena calidad.

En conclusión, las objeciones anteriores buscan limitar los beneficios potenciales de la reforma y reflejan más bien una resistencia al cambio. Si bien la iniciativa de reforma no es una panacea para el desarrollo económico, es crucial aprovechar su oportunidad con una adecuada implantación que evite los errores del pasado. Si se promueve la competencia y se elimina la protección gubernamental, la reforma será un éxito.

Una reforma eléctrica en favor de los usuarios

Como suele ocurrir en los debates políticos, la discusión sobre una posible reforma eléctrica se ha basado en posiciones ideológicas y pocos datos. Una realidad comúnmente ignorada es la insatisfacción del público en relación con el servicio que ofrece el monopolio estatal de electricidad.

Esta omisión es lamentable, ya que cualquier reforma en la materia debería orientarse a satisfacer a los usuarios de este servicio. Las estadísticas confirman que la energía eléctrica en nuestro país es de pobre calidad. Las variaciones de voltaje son muy grandes y las interrupciones son frecuentes y prolongadas. Según información oficial, durante 1999 los minutos perdidos por interrupción eléctrica en México ascendieron a 230 por usuario, más de cuatro veces el estándar del Reino Unido y Holanda, y casi 1.5 veces el de un país de desarrollo medio como España.

El precio de este servicio rebasa el de empresas en otras naciones cuya calidad de suministro es superior. Las tarifas en México son las más altas de América del Norte. La irregularidad y el elevado costo relativo del fluido perjudican a los individuos y las familias, mediante la interrupción imprevista de sus actividades, los daños en sus aparatos, por lo general sin resarcimiento por parte del proveedor eléctrico, y un mayor sacrificio en el consumo de otros bienes. Adicionalmente, el defectuoso servicio limita la operación de los negocios. Como las empresas grandes optan frecuentemente por instalar sus plantas "de emergencia" para contrarrestar las anomalías, las pequeñas son las más afectadas al no poder realizar esas inversiones. En cualquier caso, las deficiencias provocan un mayor costo operativo y una menor rentabilidad del capital, lo que desalienta la inversión.

La explicación del inadecuado servicio eléctrico en México se encuentra en la existencia de un monopolio estatal. Mientras que en la mayoría de los países, con mayor o menor competencia, los proveedores privados ofrecen gran parte de la electricidad a precios decrecientes, en nuestro país el "servicio público" de energía, es decir, excluyendo el autoabastecimiento, es función exclusiva del Estado. Las empresas gubernamentales no tienen los incentivos adecuados para servir convenientemente al público. La principal razón es que, al no estar sujetas a la competencia, carecen de la disciplina para ofrecer un mejor servicio y un menor precio.

Además, la ausencia de una amenaza de quiebra y el compromiso del gobierno de cubrir las pérdidas conducen a estas empresas al desperdicio. Más aún, la inadecuada definición de los derechos de propiedad impide a la sociedad vigilar, como dueña, la gestión de estas entidades. Por ello los administradores pueden perseguir objetivos políticos, diferentes de la salud financiera de las empresas, como enriquecerse, beneficiar al sindicato y subsidiar a ciertos grupos y actividades productivas.

Lo anterior explica las persistentes pérdidas del monopolio eléctrico, cubiertas con transferencias fiscales que son financiadas por el sector privado, en detrimento de la producción en otras áreas. La productividad y la eficiencia de las empresas eléctricas en México son muy bajas. Por ejemplo, la generación bruta por empleado en la CFE es 2 537 MWH al año, aproximadamente un tercio de la estadounidense Southern Company y la coreana Kepco. La abultada nómina y las prestaciones laborales explican más de 90% del gasto operativo de LyFC, a costa de una deficiente inversión en infraestructura. Además, el gobierno ha buscado fijar las tarifas eléctricas en relación directa con la rentabilidad de los clientes (por ejemplo, los usuarios grandes pagan más aunque sean los más rentables y viceversa), a pesar de la abrumadora evidencia de que las tarifas son una pésima herramienta de redistribución del ingreso.

La mejoría del servicio de electricidad requiere una reforma de fondo y no meras adecuaciones para mantener el *status quo*, como la "autonomía de gestión" de las empresas públicas, los "compromisos" presupuestales o las reorganizaciones, que se han utilizado repetidamente con escasa efectividad. Si los incentivos no cambian, difícilmente lo harán los resultados.

Una reforma para beneficiar a los millones de usuarios implicaría devolverles la libertad de elegir entre diferentes proveedores del servicio, en un ambiente de competencia. La amenaza de los competidores es la única manera de disciplinar a las empresas y beneficiar al público con calidad y menores precios, al inducir la eficiencia y la lucha por los clientes, como lo confirma la experiencia de las regiones desreguladas de Estados Unidos, así como de Reino Unido, Alemania, Holanda y Chile, entre otros.

Una reforma como la expuesta beneficiaría a todos los usuarios, no sólo a los grupos de poder privilegiados. El mantenimiento del monopolio estatal impide una mayor inversión y retarda el crecimiento económico. La función y la ventaja comparativa del gobierno no radican en la selección de las tecnologías para generar o distribuir un bien privado como es la electricidad, sino en la provisión de "bienes públicos", por largo tiempo descuidados, como la aplicación de la ley y el combate a la delincuencia.

La impostergable apertura eléctrica

Durante muchos años se ha discutido en México si el gobierno o los particulares deben liderar la modernización del sector eléctrico. Este dilema se resuelve considerando dos hechos.

El primero es que el monopolio estatal de esta industria ha limitado el desarrollo económico. Su servicio es de baja calidad, con variaciones en el voltaje y frecuentes interrupciones, y es elevado su precio. En comparación con Estados Unidos, en 2002 la tarifa promedio comercial e industrial fue 83% y 29% superior; y sólo una subvención permitió que el cargo residencial fuera ligeramente menor, de lo contrario habría sido 89% más alto.

Esta oferta reduce el bienestar de las familias al dificultar las labores cotidianas, el esparcimiento y hasta la educación y la salud. Además, los costos de las empresas aumentan no sólo por el precio del insumo, sino por las interrupciones de los procesos y la necesidad de construir plantas eléctricas propias, lo que vulnera la productividad y la capacidad de competir en los mercados internacionales.

Con mucho, las limitaciones anteriores reflejan la falta de competencia. Cualquier monopolista, al tener su mercado "cautivo" —que en este caso abarca todos los segmentos de la industria eléctrica—, carece de incentivos para producir más a un menor precio. Además, al tratarse de un monopolio estatal y, por tanto, no estar bien definidos los derechos de propiedad que recaen de forma teórica en todos los mexicanos, los objetivos de los administradores difieren de la maximización de utilidades.

Así, no se persigue la eficiencia, se fijan las tarifas con criterios distributivos y son generosas las remuneraciones laborales. A pesar de la baja productividad, en las dos empresas estatales del ramo ha aumentado casi de forma continua el personal administrativo. Los apuros financieros se han cubierto mediante subsidios, que han sido extraordinarios en la empresa LyFC al pasar la razón de erogaciones a ingreso propio de 0.7 en 1994 a 4.3 en 2002.

Además se ha retrasado la renovación tecnológica. Por ejemplo, 20% de las plantas tiene una antigüedad mayor a 50 años y 80% rebasa los 20 años. Casi un tercio de la capacidad generadora se basa en tecnologías de carbón o hidroeléctricas, con baja eficiencia y sujetas a fluctuaciones climáticas. La red de transmisión y distribución no ha recibido un mantenimiento adecuado, lo que explica que de 1990 a 2000 las pérdidas en estas actividades pasaron de 12% a 14% de la producción.

La segunda realidad es el costo de oportunidad de los recursos públicos. El gobierno tiene el monopolio de todo el sector energético incluyendo el petróleo y el gas. El Banco Mundial ha estimado que para mantener la capacidad productiva de este sector en México y hacer frente a la demanda futura de electricidad, los requerimientos de inversión para 2004-2010 ascienden a cerca de 100 mil millones de dólares. Ello implica un gasto de capital anual mayor en 9 mil millones de dólares al de 2002, el cual más que duplica el gasto de los programas de alivio de la pobreza en ese mismo año. Destinar recursos públicos crecientes al sector energético significa sacrificar las tareas de elevada rentabilidad social.

El dilema se resuelve otorgando papeles esenciales al gobierno y a los individuos. La experiencia internacional revela que las reformas más eficientes se sustentan en dos pilares. Por una parte, la libre elección de los usuarios entre diferentes alternativas, lo que supone eliminar los obstáculos a la inversión privada y promover mercados competitivos en todas las actividades de la industria eléctrica, excepto tal vez en la transmisión y la distribución caracterizadas por grandes costos fijos.

Por otra, el gobierno debe establecer las reglas para la operación del sistema central y el acceso equitativo a las redes de transporte del fluido, y garantizar la libre entrada y salida de cualquier competidor. La disciplina impuesta por los consumidores conduce a menores precios, mayor productividad del capital y del trabajo y el florecimiento de nuevos servicios.

Dos casos líderes son ilustrativos. En Chile, que inició su apertura en 1982, ha aumentado significativamente la capacidad de generación y, durante los noventa, las tarifas nominales bajaron 30%. En 1990 Reino Unido abrió el sector y durante los primeros siete años los precios se contrajeron 15%, con mejoras notables en el servicio. Por ello de 1990 a 2001 el número de países que siguió estos ejemplos pasó de 4 a 54, incluyendo a muchas naciones ex comunistas.

Finalmente, es importante aplicar las lecciones mundiales con cuidado. Los aciertos y los errores son ampliamente conocidos y las buenas metodologías pueden importarse. En términos generales, éstas implican la libre determinación de los precios y el aseguramiento de un buen nivel de competencia.

En México la participación privada en la electricidad se encuentra muy restringida. En 2002 la SCJN declaró que la liberación de los límites de venta de la producción excedente para las figuras autorizadas en la ley secundaria, realizada el año previo, es inconstitucional. Por ello es inevitable que la reforma eléctrica requiera modificar la Constitución. Afortunadamente, los posibles perjuicios sobre los grupos protegidos (sindicatos) se compensarían con los beneficios para toda la población.

Aprendiendo de California

Para que fructifique una reforma eléctrica basada en el mercado es necesario dejar funcionar al mercado. La violación de este principio, por demás obvio, ha conducido a un gran desastre en California.

En la discusión de propuestas para la industria eléctrica en México conviene recordar los perjuicios de una mayor intervención gubernamental. La experiencia de California es elocuente por tratarse de una supuesta liberalización que, en realidad, consistió en más regulaciones, inhibiendo la competencia y distorsionado los incentivos económicos a un costo muy elevado.

Durante casi un siglo, el sector eléctrico californiano operó con tres monopolios privados, encargados de todas las fases de la industria en su territorio (incluyendo compras fuera del estado) y regulados por el gobierno. Los resultados de estas concesiones fueron crecientemente insatisfactorios; por ejemplo, a mediados de los noventa, las tarifas eléctricas en California superaban 35% al promedio de Estados Unidos.

Estas limitaciones hicieron que el público demandara un cambio, concretado en la reforma de 1996. Con la inspiración de los avances en Reino Unido, la nueva legislación buscó eliminar los obstáculos a la entrada de generadores y distribuidores, establecer un mercado mayorista entre éstos y propiciar la competencia al menudeo permitiendo a los usuarios finales elegir al proveedor del servicio.

Si bien los lineamientos generales eran adecuados, su aplicación tuvo gravísimas incongruencias. Sin duda, la más perniciosa fue la congelación de las tarifas al menudeo, incluyendo una rebaja de 10% para uso residencial y pequeños comercios, con el fin de "proteger" a los consumidores. Se hizo a cambio de un subsidio "por la transición a la competencia" otorgado a las compañías eléctricas originales, las cuales fueron obligadas a vender sus plantas generadoras para dedicarse sólo a la distribución.

Como ocurre frecuentemente al intentar suprimir las leyes económicas, los daños no fueron evidentes al principio. A pesar de la escasa entrada de nuevos distribuidores por no poder competir al carecer del subsidio, la industria eléctrica parecía evolucionar bien con las nuevas reglas: los precios de la electricidad eran moderados y las compañías del sector obtenían utilidades.

No obstante, varios choques climáticos regresaron el experimento a la realidad. En el año 2000 un invierno crudo y un verano extraordinariamente cálido propiciaron un aumento considerable de la demanda y de los precios del gas natural, lo que presionó al alza los precios mayoristas de la electricidad. La insuficiencia de la oferta energética se agravó en agosto de ese año con la explosión de un importante gasoducto. Además, una sequía de tres años disminuyó los niveles de las presas y, con ello, la capacidad de generación hidroeléctrica.

Estas perturbaciones naturales no habrían causado una crisis de no haber sido por la regulación. En cualquier mercado el aumento de precios propicia la reducción de la cantidad demandada equilibrando la situación. Sin embargo, en California el control de los precios minoristas impidió la reducción del consumo eléctrico. Los distribuidores estaban obligados por ley a atender toda la demanda del fluido y, al comprar caro y vender barato, incurrieron en cuantiosas pérdidas hasta llegar a la insolvencia.

En lugar de liberar los precios de menudeo, el gobierno estableció límites al incremento de los precios mayoristas de electricidad. Esta medida hizo que los generadores de California prefirieran canalizar sus ventas hacia otros estados y los externos disminuyeran su oferta. Además, al ser clara la insolvencia, los generadores suspendieron sus ventas de crédito a los distribuidores. Lo anterior condujo a interrupciones generalizadas de electricidad en ese estado.

En tales circunstancias, el gobernador se limitó a exhortar a la ciudadanía a economizar la electricidad y subsidió la compra de aparatos eficientes en energía que, en lugar de atenuar, aumentaron el consumo de electricidad. Ante las dificultades financieras privadas, en 2001 la autoridad decidió convertirse en el único comprador mayorista del fluido, firmando contratos de largo plazo a precios que reflejaban la crisis del momento. Así, el estado heredó una deuda descomunal y los precios regulados de la electricidad al menudeo fueron 40% superiores a los prevalecientes antes de la reforma (a pesar de que los precios mayoristas spot se habían desplomado).

El caso de California confirma que la interferencia gubernamental en los mercados es una mala idea. Como en cualquier actividad económica los controles de precios sólo aseguraron mayor escasez. Su persistencia convirtió un fenómeno natural transitorio en una crisis financiera de largo alcance.

Afortunadamente la mayoría de las experiencias de apertura eléctrica en otros lugares ha sido favorable. Las desregulaciones que han permitido la competencia y el libre funcionamiento de los mercados han producido grandes beneficios, incluyendo menores precios y una mejor calidad del servicio. Así lo confirman las liberalizaciones de Australia, Nueva Zelanda y muchos otros países, así como de otras regiones de Estados Unidos. México debería aprender tanto de las malas como de las buenas lecciones.

La crisis argentina del gas

La escasez de gas natural en Argentina es otro ejemplo de lo que sucede cuando el gobierno implanta medidas que buscan ignorar las leyes del mercado. Durante 2004 esa nación ha experimentado una insuficiencia de gas natural que ha afectado a diversos usuarios, destacando las limitaciones en el suministro para la generación de energía eléctrica. La crisis se ha manifestado en interrupciones del servicio de electricidad a algunas fábricas y en la disminución del voltaje en la red de transmisión eléctrica.

El gobierno ha decretado la reducción de las exportaciones de gas natural a Chile, el cual depende significativamente de las compras a su vecino para el parque eléctrico. Además de los problemas diplomáticos con este país y los posibles daños a esa economía, Argentina enfrenta retos en este sector. Casi la mitad de su electricidad es generada en plantas térmicas dependientes del gas natural.

¿A qué se debe esta crisis? El gobierno ha culpado a las empresas productoras y transportistas por no haber realizado suficientes inversiones. Otros observadores han criticado la supuesta debilidad de la regulación, así como la apertura misma al capital privado.

Estas explicaciones ignoran los hechos. Como en el caso de cualquier bien o servicio, la insuficiencia refleja obstáculos gubernamentales a la operación de los mercados. La interferencia se remonta a los inicios de 2002, coincidiendo con el estallido de la crisis macroeconómica de ese país y el abandono del régimen de convertibilidad al uno por uno del peso argentino con el dólar estadounidense.

Junto con otras medidas de corte político que vulneraron la confianza de los agentes económicos —como la moratoria de la deuda pública y la congelación de los depósitos bancarios—, el gobierno "pesificó" los contratos de suministro de gas natural y electricidad de forma asimétrica. Inicialmente determinadas y actualizadas en dólares, las tarifas fueron convertidas a pesos a la paridad original y se mantuvieron constantes.

Con una devaluación de más de doscientos por ciento, el valor de los combustibles importados se ajustó al nuevo tipo de cambio, pero el gas natural y la electricidad siguieron costando lo mismo. Las empresas de estos servicios no pudieron cumplir sus obligaciones financieras mayormente contratadas en dólares y rápidamente quebraron.

Por otra parte, la caída del precio real del gas natural a un tercio propició un aumento sin precedente de su demanda interna, como lo refleja el elevado número de automóviles cuyo ciclo motriz fue convertido de diesel a gas natural.

El exceso de demanda explica el desabasto, el cual nada tiene que ver con el carácter privado de los participantes en los mercados de estos insumos. De hecho, la apertura y desregulación del gas natural y de la electricidad en 1992 fue sumamente exitosa, al resolver los graves problemas de servicio que caracterizaron la etapa previa de los monopolios estatales.

En el caso del gas natural, la reforma impulsó la competencia en todos los segmentos de la industria, siendo totalmente libre en el mercado mayorista, formado por productores, grandes usuarios e intermediarios. En el transporte y la distribución, las tarifas eran reguladas de acuerdo con fórmulas de costos que incluían incentivos a la inversión y la eficiencia, para aproximar los precios que prevalecerían en una situación de competencia, al operar los concesionarios como monopolistas geográficos.

De 1993 a 2001 la industria funcionó adecuadamente. Por ejemplo, los pozos de gas natural en operación y la producción de este insumo crecieron continuamente. Los precios mayoristas aumentaron a ritmo decreciente, lo que se explica por la eliminación de controles y la rentabilidad que hizo posible el retorno al crecimiento de las reservas probadas de gas natural.

Además, hasta 2001 no hubo síntomas de insuficiencias. Por el contrario, desde 1997 Argentina fue exportador neto de gas natural, especialmente a Chile, y a partir del siguiente año remplazó con producción interna el gas importado de Bolivia. Por otra parte, la disponibilidad de transporte y la expansión de las redes de distribución crecieron a ritmos elevados durante los nueve años en que se dejó operar al mercado.

En este mismo lapso, la demanda interna de ese insumo creció, en promedio anual, 4.5%, la cual se atendió de forma adecuada. Sin embargo, a partir de 2002, a pesar de que el PIB cayó 11%, el dinamismo de esa variable se aceleró, y se prevé que, en ausencia de medidas de racionamiento o ajuste de precios, podría alcanzar 20% anual en el invierno de 2004. Estimaciones estadísticas revelan que gran parte del auge de la demanda responde a la caída decretada en el precio real de este insumo.

Ante esta crisis, el gobierno argentino ha logrado un acuerdo temporal de suministro de gas natural por parte de Bolivia, lo que ayudará a paliar las insuficiencias con un precio superior al doble del controlado internamente.

De manera importante, después de más de dos años de congelación de tarifas para el gas natural y la electricidad, al fin el gobierno ha anunciado el aumento de las mismas a usuarios industriales y un programa de ajuste para consumidores de cierto tamaño, ofreciendo reducciones condicionadas a la disminución del consumo respecto de 2003 e incrementos en el caso contrario. Aunque la "normalización" completa de los precios tomará algún tiempo, con estas decisiones se ha iniciado el proceso de solución de la crisis del gas natural.

La lección básica de la experiencia argentina es la necesidad de un buen diagnóstico para encontrar la solución de los problemas. Las posiciones políticas son inviables cuando ignoran las leyes económicas y obstaculizan el funcionamiento del sistema de precios.

De ahí que sea un error utilizar en México la crisis del gas natural de Argentina como una excusa adicional para posponer la apertura del sector energético al capital privado. En éste como en otros casos, no ha sido la falta de regulación sino el exceso de la misma lo que ha interrumpido los beneficios de la apertura.

Estancamiento de reformas: las lecciones de Uruguay

En México existe una fuerte oposición política a las reformas que impulsen el crecimiento económico. Los peligros de esta actitud se ilustran con las dificultades de Uruguay.

Durante los años noventa esa nación introdujo cambios para modernizar su economía, siendo el más importante el programa de estabilización que redujo la inflación de 130% en 1990 a 5% en 1999. Este progreso se apoyó en el manejo prudente de la política monetaria, la disminución del déficit fiscal y la liberación del comercio en el seno del Mercosur. Se privatizó parcialmente el sistema de pensiones y la nueva ley de inversión extranjera otorgó un trato más equitativo al capital foráneo. La estabilidad de los precios y la apertura convirtieron al sistema financiero en refugio seguro para el ahorro externo, llegándose a considerar a Uruguay como la "Suiza de América Latina".

Los resultados fueron favorables. De 1991 a 1998, el crecimiento promedio anual del PIB alcanzó 4.5%, cuatro puntos porcentuales por encima de la década anterior. Abundó la inversión extranjera, cubriendo hasta 70% del déficit de la cuenta corriente de la balanza de pagos. El moderado desequilibrio fiscal y el dinamismo económico permitieron la reducción de la deuda pública como proporción del producto y, por ende, un menor "riesgo país". Estos avances y las perspectivas de reformas adicionales justificaron, en 1997, el otorgamiento del "grado de inversión" a la deuda soberana uruguaya en moneda extranjera por parte de las agencias calificadoras.

Desafortunadamente esta bonanza fue pasajera al estar fincada sobre bases endebles. Desde 1999, los problemas de Brasil y Argentina implicaron una recesión prolongada en Uruguay, debilitando las finazas públicas. Los menores ingresos no se pudieron compensar con recortes semejantes de gasto, ampliándose la brecha fiscal. Las dudas sobre la solvencia gubernamental generaron salidas masivas de capitales, en búsqueda de refugios "más seguros", y la depreciación de la moneda.

En 2002, como proporción del producto, el déficit fiscal se incrementó sustancialmente y la deuda pública fue más del doble del porcentaje observado cinco años antes. Con ello, casi se triplicó el "riesgo país", las tasas de interés reales se dispararon por encima de 70% y las mismas agencias, que habían elogiado la solvencia fiscal de Uruguay, han rechazado su papel de deuda pública que ya no es más una inversión atractiva.

En el fondo, la razón de la debacle ha sido la debilidad crónica de la economía uruguaya, que no pudo hacer frente a los choques externos. Se trata de una de las economías más centralmente planificadas del continente, con una extensa injerencia gubernamental. El gasto público representa un tercio del PIB, uno de cada seis empleados trabaja en el gobierno, el Estado mantiene monopolios en las áreas de "seguridad nacional", como energía, telecomunicaciones y transportes, y el gasto público es extremadamente inflexible: 90% de los ingresos se encuentra "comprometido" a los sueldos y pensiones del sector público.

Por otra parte, el sector privado enfrenta excesivas regulaciones; por ejemplo, una reciente ley condiciona la apertura de supermercados y centros comerciales a la "demostración de su necesidad" por parte de los empresarios. Los elevados costos de contratación y despido en el mercado laboral han resultado en un significativo desempleo crónico. El Mercosur ha limitado la eficiencia y diversificación de la planta productiva al reducir la competencia mediante elevados aranceles contra los países no miembros.

Estas flaquezas no se corrigieron durante la época de auge, por lo que en la actualidad la solución luce difícil. La oposición política a las reformas se ha traducido en un autoengaño, al interpretar los problemas como coyunturales y, por lo tanto, manejables con paliativos, como nuevos impuestos discriminatorios y de baja recaudación.

Las deficiencias de Uruguay ofrecen interesantes lecciones a México, que ha gozado de una favorable reputación en los mercados internacionales. Como en el caso del país del sur, México adolece de debilidades cuya superación es indispensable para descartar un grave revés. Dos áreas ilustran la vulnerabilidad. El "verdadero" déficit fiscal se aproxima a 4% del PIB, y la estructura de ingresos y gastos no difiere mucho de la descrita sobre Uruguay. En nuestro país es muy elevado el porcentaje del gasto "comprometido", los servicios personales y las pensiones alcanzan 65% del gasto programable, y los ajustes de las erogaciones suelen recaer en la inversión. Además, la apertura de los sectores reservados al Estado se encuentra estancada, lo que representa un grave obstáculo al desarrollo económico al tratarse de insumos esenciales como la energía eléctrica.

La experiencia de Uruguay nos recuerda que la buena suerte es necesariamente fugaz y los cambios a medias no son suficientes. La mejor manera de preparase para las posibles adversidades externas es evitando que el sector público se constituya en elemento de riesgo y generando un ambiente de apertura y seguridad jurídica para la inversión privada. Sólo así pueden prolongarse las épocas buenas e impulsarse el crecimiento económico potencial de México.

V. SALUD, EDUCACIÓN Y TRABAJO

El examen de los problemas cotidianos hace olvidar, con frecuencia, los impresionantes avances en bienestar obtenidos por la humanidad en el último siglo. En cualquier parte del mundo, la gente no solamente vive mejor, disfrutando bienes inexistentes cien años antes incluso para los más ricos, sino que vive más tiempo. Los frutos han sido más que proporcionales para las regiones pobres del planeta.

Tal progreso pone de manifiesto el potencial del ser humano, su capacidad de aumentar los conocimientos y la bondad de diseminarlos, lo que constituye una poderosa forma de globalización. Confirma, además, por qué las personas y no los recursos naturales son el principal factor de la producción y su desarrollo la base de una sociedad próspera.

Sin ignorar tales logros, México tiene áreas de oportunidad significativas para aumentar el nivel y la calidad del capital humano, mediante la mejoría de los servicios de salud y educación, los cuales, de forma deficiente, son provistos en su mayoría por el Estado.

El cambio se realizaría permitiendo a las familias elegir al proveedor de estas actividades y orientando el apoyo monetario del gobierno a la población con menores ingresos. La competencia entre los proveedores aseguraría una mayor satisfacción de los usuarios, objetivo último para cualquier intento de reforma.

Por otra parte, la disminución de la tasa de natalidad en el país ha traído aparejada una recomposición demográfica, con la que aumentará, en las primeras décadas del siglo XXI, la proporción de personas en edad de trabajar. Para que estos jóvenes encuentren mejores oportunidades laborales es necesaria la flexibilización del mercado laboral, haciendo menos onerosa la contratación de la mano de obra.

El aumento de la esperanza de vida

Durante los cien años recientes la humanidad experimentó una mejoría sin precedente en el bienestar, siendo el principal indicador de ello la ampliación de la esperanza de vida. El beneficio ha sido extraordinario en México.

El siglo pasado presenció los mayores avances económicos de la historia, que acrecentaron significativamente la satisfacción de las personas. No sólo el producto mundial por habitante se multiplicó por cinco, sino que apareció y estuvo disponible de manera amplia un sinnúmero de bienes y servicios de consumo así como continuas mejoras a los mismos, cuya aportación al bienestar se subestima en el PIB. La lista de nuevos artículos, en la actualidad considerados indispensables, incluye el teléfono, la radio, el cine, la televisión, el automóvil, los antibióticos, la insulina, etcétera.

El desarrollo ha implicado que, aun en los países pobres, la mayoría viva mejor que sus antepasados. Algunas comparaciones cercanas son elocuentes. México no sólo tiene ahora cinco veces la productividad por trabajador promedio de Estados Unidos en 1900, sino que su población puede disfrutar, sin ignorar las subsistentes diferencias de ingreso, muchos bienes y servicios entonces inexistentes aun para las clases ricas del país vecino.

Indudablemente el principal logro ha sido la ampliación de la esperanza de vida, que superó lo alcanzado en los 200 mil años previos. Este indicador, medido al nacimiento y como promedio mundial, pasó de menos de 40 años a fines del siglo XIX a cerca de 67 a principios del siglo XXI. Detrás de esto se encuentran, como determinantes esenciales, la tasa de mortalidad de los menores de un año que, en igual lapso, pasó de 25 a 6%, y la de mortalidad de las mujeres en parto que descendió de más de 10 a menos de uno por ciento.

Este mejoramiento refleja el control de las enfermedades transmisibles que hasta la primera mitad del siglo XX acababan con la vida de muchos niños y jóvenes, como la tuberculosis, la fiebre tifoidea y los males gastrointestinales. Además, en décadas recientes ha habido grandes avances en el tratamiento de los padecimientos cardiacos y del cáncer que han aumentado la vida promedio de los adultos.

El gran portento es que estos resultados han favorecido proporcionalmente más a los pobres que a los ricos. Según el premio Nobel de economía Robert W. Fogel, la diferencia en la duración promedio de la vida de la élite y de la población total en Gran Bretaña disminuyó de 17 años en 1875 a dos a finales del siglo XX, es decir, una reducción de 88% en la desigualdad social. Este acercamiento fue posible porque las personas con menores ingresos aumentaron su esperanza de vida de 41 a 75 años.

Además, en contraste con las comparaciones internacionales del ingreso, en la esperanza de vida se ha registrado una acelerada convergencia de los países pobres a los ricos, disminuyendo la desigualdad global. Si bien las diferencias internacionales aún son considerables y en algunos países prevalecen graves problemas de nutrición, el aumento de la esperanza de vida y la contracción de la mortalidad han sido mayores en las regiones pobres.

México ha sido un país con grandes logros ya que, en un siglo, la esperanza de vida pasó de 29.5 a 76 años, alcanzando prácticamente el nivel de las naciones desarrolladas. De forma semejante, las defunciones por cada mil habitantes pasaron de 32.7 a sólo 4.2 en ese periodo, y los infantes muertos por cada mil nacidos vivos bajaron de 131.6 en 1930 a 16 setenta años después. Las tasas de morbilidad por polio, sarampión, difteria, tétanos neonatal, rabia y cólera son virtualmente nulas y otras, como paludismo, se han abatido sustancialmente.

Este progreso es bienvenido porque la gente aprecia enormemente la mayor duración de la vida, como lo reflejan algunas mediciones de los economistas. Por ejemplo, William D. Nordhaus ha calculado que el valor que la población atribuye a las reducciones de la mortalidad en Estados Unidos es comparable a todo el gasto de consumo (excluyendo salud) en esa economía. Añadiendo este valor al crecimiento promedio anual del ingreso de ese país resulta 2% por arriba de lo establecido en las cifras oficiales.

La mayor esperanza de vida ha sido el resultado de las mejoras en la dieta y la salubridad pública (drenaje, agua potable, control de plagas, etc.), la aplicación de nuevas tecnologías médicas (vacunas, antibióticos, diagnóstico, etc.) y la inversión en infraestructura clínica y hospitalaria, que han contribuido a prevenir y controlar los padecimientos. La razón del avance espectacular de todos los países, independientemente de su ingreso, parece obedecer, en gran medida, al bajo costo de difundir los descubrimientos sobre las enfermedades.

Los adelantos han tenido su origen en Europa y posteriormente en Estados Unidos. Por ello, una vez más, saltan a la vista las ventajas de la globalización y la apertura como medio de transferencia de los conocimientos. El futuro luce promisorio al expandirse la investigación médica, especialmente sobre las enfermedades que más frecuentemente aquejan a la sociedad. Como en el pasado, el conocimiento resultante será un "bien público" que beneficiará a la humanidad sin distinción de los niveles de ingreso.

La ventana de oportunidad demográfica

Las tendencias demográficas sugieren que en las primeras dos décadas del siglo XXI las personas en edad de trabajar, respecto de la población total, representarán la proporción máxima de la historia moderna del país. El aprovechamiento de esta situación requiere reformas que impulsen la productividad de la economía.

La nueva estructura de edades es resultado de un prolongado cambio de una población en su mayoría joven hacia una envejecida, conocido como "transición demográfica", que han experimentado durante el último siglo todos los países. El proceso típico tiene tres etapas. En la primera, la tasa de mortalidad desciende como resultado de las mejoras en la nutrición, la higiene y la atención médica, lo que genera un mayor crecimiento poblacional y una elevada proporción de niños. En la segunda, las tasas de natalidad y de crecimiento de la población disminuyen; con un rezago, la proporción infantil se reduce y, con un mayor retraso, aumenta la de adultos mayores. En la tercera, las tasas de fecundidad y mortalidad son bajas y la población se contrae. México estuvo en la primera fase durante 1930-1960 y se encuentra avanzado en la segunda, con lo que la edad promedio de la población ha pasado de 22.9 años en 1960 a 26.7 en 2000.

En los años siguientes, el crecimiento absoluto de las personas en edad de trabajar (de 15 a 65 años) probablemente superará al de la población, lo que ha sido caracterizado, de forma correcta, como una "ventana de oportunidad". La combinación de una máxima participación laboral y menores proporciones de niños y adultos mayores puede conducir al aumento de las tasas de ahorro e inversión y, por ende, del crecimiento del ingreso por habitante. En rigor, este beneficio no debe ser nuevo. Se deriva, principalmente, de la caída de la tasa de natalidad, ocurrida gradualmente desde los años sesenta, que ha permitido a la población dedicar más recursos a la producción y menos al cuidado de los niños, como lo atestigua la ascendente participación de la mujer en el mercado laboral.

Algunas personas piensan que la baja en la tasa de fecundidad ha sido resultado de la política gubernamental para "controlar" la población. Si bien la facilitación de anticonceptivos por parte del gobierno pudo haber contribuido, el descenso del ritmo de la fecundidad empezó a ocurrir más de una década antes de los primeros programas gubernamentales. Como en otros países, una mejor explicación del punto de inflexión de la tasa de natalidad es el mayor desarrollo económico y la educación. Al aumentar el ingreso posible de las personas en el mercado laboral, se incrementó el "costo de oportunidad" de la paternidad y los individuos empezaron a tener menos hijos, procurando una mejor educación y nutrición para los mismos. En una sociedad rural el mayor número de hijos se explica porque, desde niños, éstos son enviados a trabajar, generando un ingreso que supera al salario potencial de las madres.

La previsible estructura de edades en las siguientes dos décadas es favorable por dos razones. Por una parte, es probable que, por las mismas causas del pasado, la tasa de fecundidad siga cayendo, liberando recursos para las actividades productivas. Por otra, el porcentaje de adultos mayores respecto de la población total aumentará sólo levemente, por lo que las presiones financieras de los actuales sistemas de pensión lucen moderadas.

No obstante, esta situación ofrece también desafíos, siendo el principal la necesidad de contar con un ambiente propicio para la generación de los mejores empleos. La migración hacia otros países representa una opción atractiva para muchos jóvenes. Por ejemplo, en muchas ocupaciones básicas y para capacidades semejantes, la diferencia de los salarios por hora entre Estados Unidos y México alcanza 10 a 1. Sin embargo, como existen barreras legales al libre movimiento internacional de la gente, una solución más accesible son las reformas internas que impulsen la productividad de la economía, lo cual se requiere para el crecimiento sostenido de las remuneraciones.

El incremento de la productividad implica, principalmente, remover las condiciones que impiden la incorporación del conocimiento tecnológico más moderno a los procesos productivos. Lo anterior incluye todas las barreras a la inversión privada nacional y extranjera, en especial en los campos reservados al Estado, así como a la competencia en bienes y mano de obra. Respecto de esto último, es indispensable abolir las rigideces en el mercado laboral, que privilegian a los empleados actuales pero hacen muy caras las nuevas contrataciones, inhibiendo la movilidad entre los puestos de trabajo y la eficiencia de la economía.

Finalmente, la ventana de oportunidad demográfica es una situación transitoria, lo que tiene dos implicaciones. De manera eventual la "carga" de los adultos mayores será significativa, por lo que debe completarse la reforma de pensiones para contar sólo con sistemas de plena capitalización individual administrados en competencia. Además, los cambios estructurales para la productividad y el retiro deberían realizarse cuanto antes, ya que su posposición los haría cada vez más difíciles.

Provisión privada de salud pública

En diciembre de 1999 la Cámara de Diputados aprobó una reforma a la Ley del IMSS para limitar la prestación indirecta de servicios en los ramos de enfermedades y maternidad y riesgos de trabajo. Se pretende que los contratos de subrogación se realicen "solamente en casos de excepción [...] no deberán comprometer la estabilidad financiera, la naturaleza solidaria y el carácter integral [de estos ramos] y tendrán siempre un carácter transitorio", aplicando tales condiciones también a la reversión de cuotas. Estas modificaciones inhiben la expansión de la infraestructura de los servicios médicos, públicos y privados, y perjudican a los trabajadores.

Garantizar un nivel aceptable de salud para toda la población es una responsabilidad básica del gobierno. Se justifica, por lo menos, por dos razones: la salud genera "externalidades" positivas porque se beneficia no sólo el individuo receptor, sino también quienes lo rodean. Al ser un componente del capital humano, requisito para la educación y el entrenamiento, es una condición indispensable para el funcionamiento de cualquier sociedad y del mercado. Adicionalmente es una forma en que el gobierno complementa la solidaridad privada.

Sin embargo, esta responsabilidad no significa que el gobierno deba producir en forma exclusiva los servicios de salud. Una forma alternativa es la subrogación establecida desde el inicio de la Ley del IMSS en 1943, que se aplicó, a cambio de la reversión de una parte de las cuotas, a las empresas que antes de la ley ya proporcionaban estos servicios. Por ejemplo, en 1918 la Cervecería Cuauhtémoc ofrecía clínica médica, además de educación para los obreros y sus hijos. Otro caso antiguo es el de la Vidriera Monterrey. Posteriormente otras empresas firmaron convenios semejantes.

La nueva Ley del IMSS, promulgada en diciembre de 1995, estableció mecanismos para que con transparencia y sin discrecionalidad, las empresas pudieran tener acceso a esta alternativa, previéndose la creación de un reglamento. No obstante, la oposición política impidió el cumplimiento de esta disposición y explica por qué esta modalidad no ha crecido.

Los beneficios de la subrogación de servicios abarcan tanto a los trabajadores como al IMSS. Los empleados bajo esta modalidad reciben servicios de calidad ya que las empresas invierten considerables recursos además del monto revertido de las cuotas, y tienen incentivos para exigir eficiencia y niveles mínimos de satisfacción. Por otra parte, el IMSS obtiene la parte de las cuotas no revertida, sin obligación de atender a estos empleados y sus dependientes, que en promedio se calculan cuatro por cotizante. Además, la expansión de la infraestructura médica privada releva, en parte, al sector público de la carga de la inversión y, por tanto, de mayores presiones presupuestales.

La iniciativa de reforma, aprobada en diciembre de 1999 por los diputados y turnada a la Cámara de Senadores, reduciría los beneficios descritos. Las condiciones de "excepción, solvencia y transitoriedad", impuestas a los convenios de subrogación regresarían a un estado de inseguridad jurídica mayor al que prevalecía hasta 1995. Ello inhibiría la inversión en infraestructura de salud no sólo en contratos nuevos sino en los actuales, ya que no es clara la permanencia de estos últimos. En cualquier caso, el incremento en el costo para las empresas se traduciría en una menor calidad en los servicios para los trabajadores bajo este régimen.

Razones equivocadas

La propuesta de modificaciones se basa en razones equivocadas. En primer lugar, se pretende cuidar la "equidad" para todos los individuos garantizando la misma calidad en el servicio de salud. Sin embargo, al aumentar la población objetivo, la reforma limita la capacidad del sector público para llegar al segmento que actualmente no recibe servicios de salud y al que los recibe sin aseguramiento, proporciones estimadas en 9.3 y 9.4% de la población en 1995, respectivamente.

En segundo lugar, se objeta la falta de solidaridad en los contratos de subrogación. Sin embargo, la reversión parcial de cuotas implica exactamente lo contrario: las empresas entregan al IMSS una fuente "gratuita" de financiamiento sin ninguna obligación en contrapartida. En tercer lugar, se teme a una privatización de los servicios de salud, argumentándose el caso "indeseable" de las Afores. Este temor no tiene fundamento, especialmente si se considera el ejemplo referido, ya que las cuentas individuales de ahorro para el retiro, administradas de forma competitiva por las Afores, representan un patrimonio seguro para las personas y un sistema previsional financieramente superior al anterior.

La mejor manera de probar la superioridad del sistema de subrogación es preguntando a los trabajadores si están dispuestos a renunciar a tales beneficios, los cuales no tienen costo neto para el IMSS. La forma de mejorar los servicios para toda la población no es limitando la mejoría en el servicio para algún segmento, sino facilitando el avance de todos. El sector público tiene una gran tarea por realizar en los segmentos actualmente no cubiertos.

De hecho, la reversión de cuotas a las empresas podría ser remplazada por una alternativa aún mejor, semejante al sistema de las cuentas individuales de pensiones: la libertad de cada individuo de afiliarse a una compañía de seguros que compita por los recursos recaudados por el IMSS. Desde principios de los años ochenta, Chile ofrece un sistema opcional semejante: compañías privadas de seguros, ISAPRES, para cobrar las contribuciones de los trabajadores y proveer planes de salud. Esta forma no implica la renuncia del deber del gobierno por promover un nivel aceptable de salud, sino que facilita su realización con calidad y eficiencia.

Reformando el sistema de salud pública

La superación de las limitaciones del sistema de salud pública en México requiere que las familias elijan al proveedor de los servicios médicos y el Estado se enfoque a apoyar financieramente sólo a los más pobres.

Las principales limitaciones del actual sistema de salud son su inequidad en contra de la población de menores ingresos y su calidad deficiente. El gobierno distingue entre la población "asegurada", que posee un empleo formal y es atendida por el IMSS o el ISSSTE, y la población "abierta", sin relación formal de trabajo y que suele coincidir con la más pobre, servida por las "instituciones asistenciales". Mientras que la primera tiene derecho a una cobertura amplia de servicios —cinco seguros que van desde enfermedad y maternidad hasta guarderías, conocida como "régimen obligatorio"—, la segunda puede obtener sólo servicios básicos, en algunos poblados mediante campañas esporádicas de salud.

Aunque es posible afiliarse voluntariamente al "régimen obligatorio", tal eventualidad se supedita a la disponibilidad de las instalaciones, dándose prioridad a los empleados formales. La alternativa más realista es el "régimen voluntario" consistente en el seguro de salud y otros servicios parciales, si bien la espera para la aceptación puede ser larga. Esta desigualdad se acentúa con la menor disponibilidad de infraestructura y personal médicos en las entidades federativas más pobres.

Por otra parte, la baja calidad de los servicios se manifiesta en los largos tiempos de espera para las consultas, las asignaciones a un especialista y los tratamientos quirúrgicos o terapéuticos, la falta de medicinas, el ausentismo de los médicos, el deterioro de las instalaciones y la mala organización, entre otros. Estos indicadores contribuyen a explicar la creciente utilización de los servicios privados por parte de los asegurados. Además se estima que la población de escasos recursos acude a los servicios privados por lo menos en una tercera parte de su demanda médica.

Este desplazamiento del sector público se ha dado sin un aumento en el aseguramiento ya que, por lo general, las familias pagan la atención privada con sus propios desembolsos. Como proporción del gasto en salud, los expertos han calculado que, durante los noventa, los pagos de bolsillo de los particulares pasaron de 40 a 52% mientras que el gasto público cayó de 58 a 46%, manteniéndose el prepago privado (seguros y otros planes) en 2%. Esta situación es injusta ya que, para muchos implica un doble o triple pago por los servicios médicos, al cubrir cuotas obligatorias al IMSS, pagos por servicios privados e impuestos para mantener el sistema de salud pública.

¿Qué origina estas limitaciones? Principalmente, el enfoque gubernamental hacia las clases medias urbanas y la prohibición de elegir libremente al proveedor del servicio. El deficiente desempeño refleja los incentivos típicos de las empresas estatales: la falta de competencia, los ingresos garantizados independientemente de la satisfacción de los pacientes, el tamaño de la plantilla y las remuneraciones de acuerdo con criterios políticos, etcétera. Como en otros casos, se suele aducir que los problemas se deben a la restricción presupuestal, señalando, por ejemplo, que durante los años recientes la inversión se ha estancado en términos reales y la población ha aumentado. Sin embargo, este argumento ignora que las erogaciones totales han crecido por el mayor gasto corriente, entre otras razones, porque existe personal excedente y las prestaciones laborales son generosas. Además, según la Organización Mundial de Salud, la evaluación del desempeño global del sistema mexicano es inferior al de otros países con gasto en salud por habitante similar al de México, como Polonia, Costa Rica, Arabia Saudita y Omán.

De ahí que la superación de los problemas de la salud pública en nuestro país requiera eliminar los obstáculos a la elección de los proveedores por parte de las familias, lo que impulsaría la competencia y, con ello, la calidad y la contención de los costos. Este cambio podría realizarse mediante la apertura de cuentas individuales de ahorro médico, semejantes a las de la reforma de pensiones, obligatorias para toda la población. Tal instrumento recibiría las actuales cuotas forzosas y, además, aportaciones voluntarias manejables en un fondo público de alto rendimiento, que permitirían a los individuos contratar un seguro de gastos médicos mayores y dejar un remanente para su atención básica.

El resultado sería una variedad de planes de salud a elección de las familias superior al sistema actual. El sentido de propiedad de los recursos aseguraría la racionalidad del gasto. En este proceso, la labor del Estado sería fundamental, aunque en sentido inverso al presente: utilizar recursos fiscales sólo para aportar a las cuentas de ahorro médico de los más pobres y coordinar el fondo público. Desde luego, sería necesario que abandonara las funciones productivas que el sector privado puede desempeñar, liberando recursos para la población de menores ingresos. Esta propuesta no es una idea original ya que variantes de la misma funcionan hace tiempo en otros países, como Chile, Estados Unidos, Alemania y Holanda.

Cuentas de ahorro médico

La creación de cuentas individuales de ahorro médico sería una forma adecuada de mejorar el sistema de salud en México, permitiendo generar más beneficios para toda la población. Los avances de salud en nuestro país han sido significativos. Por ejemplo, durante la segunda mitad del siglo XX, las enfermedades por contagio pasaron de casi 50 a 14% del total, el índice de mortalidad se redujo a una cuarta parte y la esperanza de vida aumentó de menos de 50 a más de 75 años. A estos logros contribuyeron, sin duda, los esfuerzos de las instituciones de salud pública, especialmente las extensas campañas de vacunación. Sin embargo, a pesar de este progreso, el sistema de salud pública enfrenta limitaciones respecto del objetivo de asegurar un paquete básico de atención para toda la gente. Tales dificultades han sido documentadas por Mariana Barraza-Lloréns, Stefano Bertozzi, Eduardo González-Pier y Juan Pablo Gutiérrez en el trabajo *Addressing Inequity In Health And Health Care In Mexico*, del que extraigo, en desorden, algunos puntos.

1. El principal problema de la salud pública es la inequidad en el acceso a los servicios. Por cada 100 mil habitantes, el número de médicos y de camas de hospital para el decil más pobre de la población es 1/4 y 1/15, respectivamente, respecto del número de médicos y de camas correspondientes al decil más rico de la población. La inequidad de acceso se refleja en la grave desigualdad de las condiciones de salud; por ejemplo, la tasa de mortalidad infantil en los municipios más pobres es 11 veces la de los más prósperos. Adicionalmente 53% del gasto total en salud es de bolsillo, es decir: no está cubierto por seguro alguno.

2. El gobierno mantiene sistemas de atención paralelos que crean incentivos para aumentar la inequidad. La población más pobre es atendida mediante servicios asistenciales con equipos deficientes y personal escaso. La población con relación laboral formal puede acudir a las instituciones de seguridad social, las cuales compiten por el apoyo gubernamental. Los recursos se han concentrado donde es más fuerte el poder político y económico, típicamente a favor de la población asegurada. El resultado es el desperdicio de fondos que podrían utilizarse para aumentar la cobertura y reducir la inequidad.

3. El proveedor de los servicios es predeterminado por el tipo de empleador. Las limitaciones a la elección por parte de los asegurados eliminan los incentivos para la contención de los costos y la búsqueda de una mayor calidad, mientras que los no asegurados carecen de voz en el sistema. La gente parece preferir el servicio del sector privado, ya que 54% del gasto total en salud es financiado directamente por las familias y atendido por los particulares. Aunque desde 1983 la protección de la salud es un derecho constitucional, más de la mitad de los mexicanos carece de seguro.

Este diagnóstico plantea la necesidad de transformar el sistema de salud pública a uno que propicie la igualdad de acceso y la mejoría, principalmente de los más pobres. Para ello sería necesario cambiar los incentivos de los participantes, definiendo con claridad el papel del Estado como complemento y no duplicador de la iniciativa de los particulares y distinguiendo la función de financiamiento de la de provisión de los servicios.

Existen varias formas para lograrlo, pero la más adecuada sería remplazar el sistema actual con la creación de cuentas individuales de ahorro médico para toda la población adulta y sus dependientes, sin distinciones de ninguna clase. Con estas cuentas cada individuo podría comprar un seguro de gastos médicos mayores y canalizar cierto ahorro para gastos de salud complementarios. Lo anterior podría impulsarse con un "crédito fiscal universal", es decir, un monto fijo de deducción de impuestos para los individuos, y haciendo que los intereses del ahorro no fueran gravados sino hasta el retiro de los fondos. El sector público se enfocaría a aportar recursos a las cuentas de los más pobres y, tal vez, de los individuos con grandes enfermedades preexistentes, cuyo costo de aseguramiento sería muy alto.

El sistema generaría muchas ventajas, semejantes a las de las cuentas de ahorro para el retiro, entre las que destaco dos. Cada quien, incluyendo los pobres, podría elegir al proveedor del servicio médico, con lo que se lograría una mayor equidad y se impulsaría la calidad de los servicios. Además, al percibir los fondos como propios, el individuo buscaría hacer un uso racional de los mismos, evitándose la explosión de los gastos de salud observada en los países con sistemas subvencionados sin límite.

Obviamente se requeriría un régimen de transición entre los sistemas. El costo del nuevo método para el gobierno no tendría que ser muy superior al presente, ya que el monto del crédito fiscal podría equivaler al promedio de las contribuciones a los institutos de seguridad social (que dejarían de existir), y el apoyo a los más pobres podría no rebasar mucho los actuales subsidios para la provisión directa de los servicios. De cualquier manera el nuevo sistema sería superior al actual, ya que permitiría un acceso más equitativo y eficiente a la atención médica.

Las pensiones del IMSS

Las modificaciones a la Ley del Seguro Social aprobadas en 2004 son un paso importante para resolver los problemas del IMSS derivados del Régimen de Jubilaciones y Pensiones (RJP) de sus empleados.

Este sistema, que aplica a casi todos los trabajadores del instituto, presenta dos complicaciones. La primera es su insolvencia financiera, que pone en entredicho la posibilidad de responder a sus obligaciones futuras. Desde hace años, los gastos por el RJP, asociados principalmente con el pago de pensiones y, en menor medida, la constitución de reservas, han mostrado una expansión que ha rebasado ampliamente las aportaciones de los empleados para el retiro.

El faltante ha sido financiado, cada vez más, por el IMSS en su carácter de patrón, utilizando las cuotas de los afiliados, las empresas y el gobierno federal. En 2004 esta proporción alcanza 77%, mientras que las contribuciones de los trabajadores del instituto representan sólo 6%. El resto proviene de los recursos que el organismo público destina por ley a los seguros de sus empleados.

La insuficiencia de fondos propios del RJP ha resultado en la quiebra técnica del instituto. El pasivo laboral, correspondiente a los servicios ya prestados por los trabajadores, ha aumentado un monto promedio anual cercano a 1% del PIB. Sin embargo, menos de 7% de estos débitos está fondeado, por lo que a finales de 2003 su reconocimiento se tradujo en un patrimonio negativo del IMSS por casi cien mil millones de pesos.

Surge así un segundo problema, no menos preocupante. El creciente financiamiento del RJP por parte del instituto ha reducido la disponibilidad de recursos para la infraestructura médica por derechohabiente. Además, el gasto en RJP superará el correspondiente a medicamentos y material de curación, lo que junto con el rezago de la inversión continuará limitando la cantidad y calidad de los servicios médicos.

Origen de los problemas

En gran medida, el desequilibrio financiero y sus efectos adversos son resultado del retiro de un ascendente número de empleados, en condiciones cada vez más favorables, y de su sustitución automática, en el caso de los puestos sindicalizados, de acuerdo con el contrato colectivo de trabajo (CCT).

Entre los beneficios laborales destacan la ausencia de edad mínima de jubilación, pudiéndose retirar las mujeres y los hombres, respectivamente, con 27 y 28 años de servicio; la cuantía de los beneficios, superior en algunos casos hasta en 36% al último salario disfrutado; y la indización de este monto de acuerdo con los aumentos salariales de los trabajadores en activo, los cuales suelen superar a la inflación.

Sin embargo, la raíz de los problemas descritos es la fragilidad inherente a todo sistema de pensiones de "beneficios definidos", el cual se pacta al inicio de la vida laboral como un conjunto de derechos a disfrutar después de cierto tiempo de trabajo, bajo el supuesto de que habrá suficientes recursos para su financiamiento, provenientes de las aportaciones de los trabajadores.

Típicamente estos sistemas registran superávit durante sus primeros años de operación, caracterizados por un bajo número de jubilados. Sin embargo, a medida que aumentan los retiros, y con ello la proporción de retirados en relación con los empleados activos, la situación financiera del sistema se deteriora.

El déficit crece con la ampliación de la esperanza de vida que permite a los jubilados y pensionados recibir ingresos por más tiempo, y la disminución del crecimiento demográfico que se traduce en una menor entrada de jóvenes al mercado laboral.

En el caso del RJP, en promedio de 1975 a 2000, el número de años en que se disfruta la pensión se multiplicó por ocho, mientras que la razón de trabajadores en activo a pensionados se redujo a una cuarta parte. La debilidad estructural es tan grande que su corrección requeriría aumentos descomunales en las aportaciones de los trabajadores o reducciones sustanciales de sus beneficios.

Reforma y cambios pendientes

Sin alterar la naturaleza del sistema, las modificaciones legislativas de 2004 buscaron frenar el crecimiento de los pasivos laborales provenientes de las nuevas contrataciones, al condicionar éstas al pleno fondeo de sus costos futuros asociados con el RJP.

En contraste con el pasado, los recursos para las pensiones de los nuevos empleados del IMSS no podrán provenir de las cuotas de los patrones y afiliados, ni del gobierno federal, ni de las reservas legales del instituto ni sus productos financieros. Al no cambiar las contribuciones de los actuales trabajadores del instituto se infiere que el financiamiento estará a cargo de los nuevos empleados, lo que podría implicar un tratamiento menos favorable para este grupo en el contrato colectivo de trabajo.

Estos cambios atenúan el crecimiento de los compromisos del IMSS y, por ende, las posibles presiones sobre las finanzas públicas, al ser el gobierno federal el garante último de la operación del instituto.

En el corto plazo, las aportaciones de los nuevos empleados permitirán al instituto destinar más recursos a sus funciones propias, como la inversión en camas y consultorios para la atención médica. A más largo plazo, el costo del RJP respecto de los ingresos del IMSS se desacelerará y eventualmente disminuirá, con lo cual podrá acrecentarse el servicio por derechohabiente.

No obstante este progreso, la reforma no elimina los problemas financieros de este organismo, al preservarse las prerrogativas de los trabajadores en activo, los cuales se jubilarán a ritmos crecientes, entre otras razones por los elevados incrementos netos de plazas de finales de los años setenta y principios de los ochenta. De ahí que sea recomendable considerar medidas adicionales para fortalecer la situación financiera del IMSS. Una opción sería transformar el RJP en un sistema de "contribuciones definidas", que permita a los trabajadores jubilarse de acuerdo con su ahorro acumulado, dándoles certidumbre sobre los beneficios futuros y posibilitando la transferencia de los recursos a otros sistemas de retiro.

Una manera de hacerlo sería extender la reforma de pensiones del sector privado, vigente desde 1997, a los empleados del IMSS, para depositar en cuentas individuales, manejadas por la Afore de su elección, las aportaciones totales de los seguros de retiro. Este cambio no afectaría a los ya jubilados sino aplicaría plenamente a los nuevos empleados, requiriéndose un esquema de transición para los contratados con el sistema anterior con el fin de reconocerles sus derechos adquiridos.

Invertir en educación

Una consecuencia de la inestabilidad financiera padecida en México durante el último cuarto de siglo es la visión de corto plazo predominante en el análisis de los problemas fundamentales. La preocupación por la evolución de las variables financieras, como el tipo de cambio, las tasas de interés y la inflación, ha oscurecido la importancia de los factores que posibilitan un crecimiento económico sostenido.

En la discusión económica, los aspectos de fondo suelen relegarse por no considerarse "urgentes". Si bien la reducción de la incertidumbre financiera es un prerrequisito para el crecimiento, no es suficiente para garantizar la expansión del bienestar.

El crecimiento destacado de algunas economías respecto de otras se explica, entre otros factores, por el nivel de capital humano, además del funcionamiento libre de los mercados, la ausencia de obstáculos al comercio y la inversión, y la protección de los derechos de propiedad. El capital humano, entendido como la salud de la población y su acervo educativo en términos de conocimientos, habilidades y "valores" de responsabilidad y trabajo, constituye el principal factor de la producción.

La importancia del capital humano es sustancial porque la economía se organiza cada vez más en torno al conocimiento, y el crecimiento económico se impulsa con la incorporación de formas nuevas, mejores y más económicas de hacer las cosas. La historia económica ha revelado que, lejos de existir rendimientos decrecientes de los factores productivos, el conocimiento hace posible rendimientos crecientes en la producción, como ha sido el caso en el cambio tecnológico de los procesos industriales y la agricultura, haciendo secundarios los aparentes límites impuestos por la naturaleza como la extensión de la tierra y los recursos no renovables.

No es posible el desarrollo económico sostenido si gran parte de la población no posee un mínimo de educación. El extraordinario progreso de países como Hong Kong, Singapur y Taiwán se deriva, en gran medida, del énfasis, desde el inicio de su desarrollo, en eliminar el analfabetismo y aumentar la escolaridad de sus habitantes. Estos países han concedido una atención importante a la educación, al entrenamiento, a los hábitos de trabajo y a la acumulación de habilidades laborales. Como resultado, Hong Kong y Singapur han registrado crecimientos del ingreso por habitante de 6% anual durante más de tres décadas, con lo que esta variable ha pasado de una cuarta parte a más de tres cuartas partes del nivel que tiene Estados Unidos.

A pesar de los esfuerzos considerables y algunos avances, México aún cuenta con niveles deficientes de educación y acumulación de capital humano, lo que limita severamente su potencial de crecimiento económico. La insuficiencia escolar se manifiesta en que 11% de la población económicamente activa carece de instrucción y otro 13% tiene menos de cuatro años de escolaridad; el promedio de escolaridad de la población mayor a 15 años es 7.2 años; la tasa de deserción es 38% en primaria y 15% en secundaria; y sólo 40% de los que inician la primaria termina la secundaria y 18% concluye el bachillerato o la educación profesional media.

Los indicadores de calidad son escasos, pero igualmente sugestivos: los exámenes administrados por el Centro Nacional de Evaluación para la Educación Superior (CENEVAL) revelan que el promedio nacional no alcanza la "media teórica", interpretable como de aprobación, y la calificación es menor aún en el caso de aspirantes a educación superior, siendo particularmente baja la evaluación de matemáticas y español.

La situación es dramática porque sin crecimiento no es posible erradicar los niveles extendidos de pobreza. En nuestro país aproximadamente 40% de la población vive con un ingreso inferior a dos dólares diarios por persona, monto referido por el Banco Mundial como "línea de la pobreza". El bajo nivel educativo explica la diferencia de ingreso entre las entidades federativas, como se ilustra en los casos de Chiapas, Oaxaca y Guerrero que registran los niveles más bajos tanto de escolaridad como de ingreso por habitante.

Los factores decisivos de la producción para mejorar el bienestar de los pobres no son los recursos naturales, la tierra o los insumos agrícolas, sino la mejora en la educación y la salud, así como los avances en el conocimiento que hacen más productivo el capital físico y el resto de factores. Con mayor educación, además, son posibles niveles superiores de salud e higiene, y los padres empiezan a sustituir el tamaño de la familia por una mayor calidad de vida para sus hijos.

La educación insatisfactoria de la población no parece derivarse totalmente de un gasto insuficiente, ya que en términos reales éste ha crecido y su monto en 1995 ascendió a 5.6% del PIB, proporción cercana a la media de los países de la OCDE, y semejante a la de economías desarrolladas como Austria, Irlanda y Holanda. Si bien se requiere un mayor gasto por la estructura poblacional, proporcionalmente más joven que los países de referencia, la principal limitación parece radicar en la eficiencia del mismo.

En nuestro país el sector público ejerce el 95% del gasto educativo total mayoritariamente a través de administrar los servicios educativos. La asignación del presupuesto público se hace independiente de indicadores de desempeño y las remuneraciones de los maestros no obedecen a méritos, sino principalmente a antigüedad, siendo demasiado uniformes, de manera que se premia a los maestros incumplidos y se castiga a los eficientes. Adicionalmente, el gasto de administración y servicios de apoyo, como porcentaje del total, pasó de 5% en 1977 a 19% en 1997.

La participación del gobierno en la educación básica se justifica porque tener un mínimo nivel de educación en la forma de conocimientos básicos y valores para hacer capaces a los individuos de actuar en una economía de mercado genera beneficios para la sociedad, superiores a los beneficios de los individuos. Estos beneficios, conocidos como "externalidades", pueden justificar que el gobierno asegure esta educación para toda la población. Sin embargo, la participación del gobierno no tiene que incluir la administración de las escuelas, terreno en el que no existen los incentivos de calidad y la competencia es limitada. Una alternativa preferible es que el gobierno financie la educación de la población más pobre, dejando al sector privado la oferta de la educación.

En suma, México necesita favorecer la visión de largo plazo sobre las preocupaciones inmediatas. El rezago educativo limita con severidad el potencial de desarrollo económico e impide aspirar a mayores niveles de bienestar particularmente de los más pobres. Es indispensable identificar alternativas para promover la acumulación de capital humano de forma eficiente, elevando el nivel y la calidad de la educación.

Mercado para la educación

Hace casi un siglo, el economista inglés Alfred Marshall señaló que "el conocimiento es el motor más poderoso de la producción". Ello es así porque el capital humano, al diseñar los procesos productivos y las innovaciones, hace rentable el resto de los factores. No obstante esta realidad, México se encuentra severamente rezagado en materia educativa como lo reflejan algunas estadísticas: el nivel promedio de escolaridad en México es de siete años, y los exámenes de admisión a los niveles intermedio y superior arrojan calificaciones medias reprobatorias.

Este retraso limita severamente el potencial de crecimiento económico del país. Su principal causa no parece radicar en la insuficiencia del gasto educativo sino en la eficiencia del mismo. El 95% de las erogaciones por este concepto corresponde al gobierno, casi exclusivamente en escuelas públicas, lo que incide en una elevada centralización y burocracia. Durante la década de los noventa el gobierno más que duplicó en términos reales el gasto por alumno, pero el porcentaje de gasto administrativo alcanzó casi 19%. Aunque redujo entre 10 y 15% el número de alumnos por maestro, la efectividad terminal casi no se ha alterado. Los criterios políticos determinan en gran medida la asignación del gasto y los sindicatos, no los alumnos, ejercen una influencia determinante.

El predominio gubernamental en la educación se basa en el artículo 3° de la Constitución, según el cual el Estado impartirá gratuitamente cualquier tipo de educación y los particulares podrán también ofrecer estos servicios, aclarando que en primaria, secundaria y normal, deberán apegarse a los planes y programas establecidos por el gobierno. La Constitución excluye a los alumnos y a sus padres de la evaluación de la educación, limita la diversidad en la enseñanza y erige a la burocracia como sustituto de la competencia en el mercado.

No obstante el predominio de las escuelas públicas y la dificultad de operar cuando un bien como la educación se distribuye "gratuitamente", la educación impartida por las escuelas privadas es generalmente superior y más eficiente. Por ejemplo, de 1988 a 1998 el sector privado redujo la proporción del gasto en el total nacional de 8.9 a 4.7% y aumentó la de matrícula de 9.4 a 10.6%. Respecto al sector público, el gasto por alumno en el sector privado es menos de la mitad, el número de supervisores y administradores es sustancialmente menor y las calificaciones de admisión a educación media son casi 7% superiores en promedio. A pesar de las cuantiosas inversiones, las escuelas públicas generan resultados inferiores en general, confirmando que la calidad no es una función directa de los recursos disponibles en las instituciones.

El hecho de que la educación pública sea "gratuita", esconde el mayor costo que la sociedad paga respecto de las privadas. Adicionalmente, el doble pago para enviar a los hijos a las escuelas privadas, por los impuestos para sostener las escuelas públicas y la colegiatura a las privadas, inhibe la creación de nuevas escuelas y una mayor inversión en educación. Una alternativa superior es aprender de la experiencia de otros países que han optado por promover la educación mediante el mercado.

Para ello es esencial cambiar el enfoque: dirigir los subsidios educativos que la sociedad decida otorgar a los alumnos, preferentemente los de bajos ingresos, en lugar de destinarlos a las instituciones, y dejar que aquéllos o sus padres escojan la escuela de su preferencia. Los países desarrollados han buscado este objetivo de diversas formas, pero la más eficiente fue propuesta por Milton Friedman en 1955, conocida como programa de "bonos educativos". En este sistema el gobierno es relevado del gasto de la escuela pública a cambio de otorgar un bono al alumno o a los padres del alumno para que pueda ser gastado exclusivamente en educación en alguna de las escuelas previamente aprobadas, no eximiendo a los contribuyentes de pagar impuestos.

La libre elección se extiende tanto a las escuelas públicas como a las privadas y la competencia genera varios beneficios: menor costo promedio de proveer el mismo servicio, con lo que puede aumentarse la cobertura de alumnos con el mismo gasto público; mayor oferta y variedad de la educación; y aumento de la calidad promedio educativa y de la satisfacción de los usuarios. Además se reduciría la estratificación social que ha promovido el presente sistema basado en mejores escuelas públicas para la población urbana y de clase media, en detrimento de las zonas rurales y de los más pobres. El nuevo programa aumentaría principalmente la calidad de la escolaridad de los más pobres que no tienen acceso a escuelas de mejor calidad.

Algunas experiencias

Este tipo de programa se ha implantado en diferentes épocas y países como Gran Bretaña, Francia y Chile. En Estados Unidos se aplicó para los excombatientes de la segunda Guerra Mundial y el gobierno del estado de Wisconsin lleva a cabo un programa en Milwaukee para niños de bajos ingresos que pueden seleccionar la escuela prácticamente sin restricciones. El programa es incipiente pero los indicadores disponibles son positivos.

En ese país han surgido, además, programas de becas para la elección libre de la escuela con fondos gubernamentales, como los de Cleveland, Ohio, Pennsylvania, Maine y Vermont, cuya asignación es generalmente por lotería pero su efecto es semejante al de los bonos educativos. Los resultados han sido alentadores tanto por la calidad educativa como por la satisfacción de los alumnos y los padres de familia. También han florecido programas de becas a partir de fondos privados, como el Children's Scholarship Fund (CSF), orientados a niños de bajos ingresos y el CEO Horizon, programa semejante para niños hispanos en San Antonio.

Otro programa de mercado se refiere a las deducciones o créditos fiscales por concepto de gasto educativo en la escuela elegida por los padres, que aplican los estados de Arizona, Minnesota y Iowa. La desventaja de este mecanismo es que favorece únicamente a los individuos con saldo impositivo en contra en su declaración anual, condición poco frecuente en individuos de bajos ingresos.

El rezago en la calidad de la educación básica y secundaria en Estados Unidos ha impulsado dos reformas adicionales de mercado, orientadas a las escuelas, no a los alumnos, pero con una mayor cobertura geográfica: *a)* la concesión privada del servicio público de educación en 34 estados, "escuelas charter", que con una mínima regulación reciben fondos públicos y privados a condición de producir buenos resultados; y *b)* la competencia entre escuelas públicas dentro de los estados o distritos y entre distritos, eliminando la asignación del alumno a la escuela de la zona geográfica.

La tendencia hacia la creación del mercado en educación es un mensaje fundamental para México, que requiere urgentemente promover la inversión en capital humano y, de esta manera, incrementar su potencial de crecimiento económico. Solamente con incentivos de mercado, preferentemente dirigiendo los subsidios hacia las personas de menores recursos y no hacia las instituciones, nuestro país podrá contar con el capital humano necesario para aspirar a mayores niveles de bienestar.

La necesaria revolución educativa

El presidente electo de la República, Vicente Fox, ha convocado a la sociedad a realizar "una revolución educativa". Esta descripción es acertada, ya que el acceso de todos los mexicanos a una educación de calidad requiere lo que el diccionario define como revolución: "mudanza o nueva forma en el estado o gobierno de las cosas".

La importancia de la educación es indiscutible. El nivel de "capital humano", principalmente en la forma de escolaridad y entrenamiento, permite al individuo conseguir un buen empleo y prosperar en términos económicos. El principal determinante de la desigualdad del ingreso en un país, y entre diversas regiones y países, es el capital humano. El mayor progreso económico tiende a estar asociado a una mayor cantidad y, principalmente, calidad de la educación.

En una amplia muestra de países para el periodo 1960-1995, el profesor Robert J. Barro ha estimado que el aumento, en términos comparables estadísticamente, en el número de años de escolaridad y en la calidad de la educación, medida esta última en las calificaciones en ciencias, incrementa el crecimiento de largo plazo del ingreso por habitante en 0.2 y 1%, respectivamente. Más capital humano facilita la adopción de tecnologías avanzadas e incrementa la productividad del capital físico.

El rezago educativo de México es en cantidad y calidad, como lo ilustran los siguientes datos que merecen repetirse: la escolaridad promedio de la población adulta es sólo poco más de siete años; el porcentaje de esa población sin escolaridad básica completa se ha estancado en aproximadamente 60% durante los ochenta y los noventa; la proporción de alumnos de nuevo ingreso que termina la primaria seis años después es sólo 85%; y la deserción en secundaria alcanza casi 9 por ciento.

Las estadísticas son más dramáticas en los estados pobres como Chiapas y Guerrero, donde la escolaridad promedio es sólo 5.7 y 6.2 años, respectivamente, y la eficiencia terminal en la primaria es 65%. La calificación promedio nacional para exámenes de ingreso a preparatoria y universidad aplicados por el Centro Nacional de Evaluación para la Educación Superior (CENEVAL) es reprobatoria.

Sin embargo, a pesar de ser el diagnóstico más socorrido, la principal causa de este retraso no se encuentra en un insuficiente gasto público. En 1997, el gasto total, público y privado, en educación representó 5.6% del PIB, proporción igual al promedio de los países miembros de la OCDE. El gasto público educativo alcanzó 4.6% del PIB, semejante a la media correspondiente de ese grupo de países. Más aún, el gasto público educativo respecto del gasto público total representó 23%, el porcentaje más elevado dentro de la misma muestra. El gasto educativo total por estudiante respecto del ingreso por habitante es similar al promedio de la OCDE, encontrándose por abajo para la educación básica y secundaria y muy por arriba en la educación media y superior.

La verdadera causa de las deficiencias educativas no es la insuficiencia del gasto público, sino su predominio sin competencia y su asignación de acuerdo con criterios políticos, ajenos a la equidad y la eficiencia. Por ejemplo, el sector privado representa sólo 11.5% del gasto educativo total y atiende 12.4% de la matrícula. Por otra parte, el subsidio por estudiante en la UNAM es 3.5 veces el recibido por la Universidad de Guadalajara, reflejo, en parte, del poder derivado del mayor tamaño: la primera inscribe 1.7 veces el número de estudiantes de la segunda.

Una revolución educativa implica un cambio profundo en las reglas del juego, en tres aspectos:

1. Limitar la gratuidad a la educación primaria y secundaria. Estos niveles educativos generan beneficios no sólo a los individuos sino a la sociedad, al facilitar la convivencia y el funcionamiento del mercado, por lo que el gobierno debe asegurar su realización.
2. Dirigir los subsidios para la educación primaria y secundaria a las familias, preferentemente las más pobres, y no a las escuelas. Ello permitiría que las familias puedan escoger el centro educativo de su preferencia y generaría competencia entre las escuelas, con una clara ganancia en eficiencia y calidad. Los principales beneficiarios serían los más pobres al tener acceso a escuelas de calidad.
3. En el nivel superior el individuo se apropia de todo el beneficio de la educación, por lo que no se justifica un subsidio. Ante la imperfección de los mercados financieros, el Estado podría ofrecer planes de crédito a la educación superior, que serían más atractivos para las

personas de menores recursos, típicamente con menos garantías para respaldar el financiamiento.

Las deficiencias educativas no se resuelven con mayor gasto público, sino con una revolución fincada en la competencia. Las propuestas anteriores son una posibilidad inspirada en las experiencias exitosas de otros países. Sin duda, habría oposición de grandes grupos de interés, pero México podría aspirar con tales propuestas a un mayor desarrollo económico y una mejor distribución del ingreso.

Una reforma educativa alcanzable

Una buena reforma educativa debería sustentarse en tres principios básicos: limitar la gratuidad a la educación primaria y secundaria; dirigir los subsidios a las familias, preferentemente las más pobres, para que escojan las escuelas; y ofrecer planes de crédito para la educación media y superior.

Estas decisiones permitirían alcanzar un mayor nivel y más eficiencia en la educación, impulsando la equidad y el desarrollo económico. Más específicamente destacan las siguientes ventajas:

1. La limitación de la gratuidad orienta los recursos públicos a asegurar que toda la población cuente con un nivel mínimo educativo, cuyos beneficios no son sólo para el individuo sino para la sociedad, al favorecer la convivencia y la participación de todos en la economía. Se requiere que el subsidio para las familias pobres incluya no sólo el gasto educativo sino además el ingreso sacrificado por no enviar a los niños a trabajar, ya que en estos niveles socioeconómicos los niños frecuentemente son generadores de ingreso.
2. Permite al individuo tomar una mayor responsabilidad en la tarea educativa, mediante el ejercicio de la libertad de elegir la escuela. Para confirmar el objetivo, puede condicionarse el desembolso del subsidio a la asistencia y permanencia del alumno en la escuela. Promueve también el gasto privado en los niveles medio y superior, en que el beneficio total es captado por las personas y no existe un beneficio social diferente a éste.
3. Genera la competencia por fondos públicos entre las escuelas, con beneficios en calidad y eficiencia, ya que para sobrevivir y crecer, las

escuelas se ven forzadas a atraer y retener a los alumnos durante los años educativos. Como en cualquier otro mercado competitivo, las escuelas malas tenderían a cerrar y las buenas a prosperar. Al final, no se obtiene una uniformidad en los servicios educativos, sino una diversidad dictada por la demanda por parte de la población. Además, las escuelas buscarán servir a los alumnos dedicando sus recursos de la mejor manera, evitando desperdicios, reduciendo su estructura administrativa y pagando mejor a sus maestros.

Esta reforma beneficiaría a los contribuyentes, que podrían enviar a sus hijos a la escuela de su preferencia sin necesidad de pagar doble: impuestos y colegiatura (por lo menos parcialmente cubierta por el subsidio). Sin embargo, las más favorecidas serían las familias pobres, actualmente sujetas a la asignación obligatoria de una determinada escuela pública, sin posibilidades económicas de acceso a otros centros educativos de calidad. Si bien la propuesta busca beneficiar a los alumnos y no a los sindicatos de maestros, la competencia genera un mayor número de oportunidades para los maestros y mejores sueldos para los mejores educadores.

Casos exitosos

La propuesta es alcanzable, ya que sus principales elementos se inspiran en las experiencias exitosas de Corea del Sur y Chile. Estos dos países han logrado niveles de escolaridad, cobertura y calidad de la educación superiores a los de México, con un gasto educativo como porcentaje del PIB semejante al de nuestro país, dividido aproximadamente en partes iguales entre gasto privado y público.

El caso de Corea del Sur es el más destacado por sus resultados. Regido por una Ley de Educación cuyos objetivos incluyen "enseñar cómo vivir independientemente, amar la libertad y observar el sentido de responsabilidad", el sistema incorpora instituciones públicas y privadas, pero la gratuidad se limita a la primaria y la secundaria sólo para la gente en áreas rurales en desventaja. Ambos niveles son obligatorios, la cobertura de educación secundaria es 100% y la calificación promedio en exámenes de matemáticas es la más alta internacionalmente.

Un elemento esencial del éxito es la competencia entre alumnos, especialmente a nivel universitario, cuyo acceso no está garantizado. Las instituciones de educación superior son principalmente privadas y los alumnos compiten por entrar en las escuelas, las cuales imponen elevados estándares de admisión. El atractivo es de mercado y social: los diplomas son el criterio más importante para el empleo y el reconocimiento personal. Las exigencias al nivel universitario han generado una elevada demanda de educación extraescolar provista privadamente, que equivale a casi 50% del total gastado para educación privada en los niveles preuniversitarios.

El caso de Chile integra elementos del de Corea, más un sistema de subsidios a las familias por los que compiten las escuelas. Se trata también de un sistema mixto en el que el nivel básico (ocho años) es obligatorio y gratuito. Compiten tres tipos de instituciones en este nivel: municipales, privadas subvencionadas por el Estado y particulares pagadas por los individuos. El sistema de subsidios opera igual para las escuelas municipales y privadas subvencionadas: se les otorga en montos por alumno matriculado, delegando a las familias la decisión de elegir la escuela.

La creciente competencia entre las escuelas ha implicado una reducción de la matrícula en las municipales y un aumento de las particulares, ya que estas últimas han ofrecido una mayor calidad educativa. El diferente desempeño refleja los incentivos enfrentados por las escuelas, entre otros la mayor libertad en las privadas respecto de las municipales para contratar profesores, negociar sueldos y admitir alumnos.

Los casos de Corea del Sur y Chile demuestran la bondad de contar con un sistema educativo basado en la competencia entre alumnos y entre escuelas, y una participación significativa del sector privado en el gasto educativo. Los sistemas superiores de estos países contribuyen a explicar por qué, durante los últimos 40 años, el crecimiento promedio anual del ingreso por habitante de Corea del Sur y Chile ha sido, respectivamente, tres y dos veces el alcanzado por nuestro país.

La evaluación de las escuelas

Se ha debatido en diversos foros si la evaluación de las escuelas, medida por el desempeño de los alumnos, debiera darse a conocer. Esta pregunta ignora el papel de los padres de familia en la educación.

La querella partió de la oposición de algunas autoridades del Instituto Nacional de Evaluación Educativa (INEE) a revelar los promedios por escuela de las calificaciones en los exámenes que aplicará a los alumnos de educación básica y media del país. Los funcionarios argumentaron que difundir estos resultados sería nocivo porque generaría una competencia entre las instituciones escolares y desalentaría a aquellas en desventaja, impidiendo el objetivo de mejorar todos los planteles.

La renuncia a la apertura no es nueva. Paradójicamente, el INEE nació en 2002, entre otras razones, como respuesta a la inconformidad pública, al conocerse el ocultamiento gubernamental de los resultados del país en el Tercer Estudio Internacional de Matemáticas y Ciencias (TIMSS), coordinado por la Asociación Internacional para la Evaluación del Logro Educativo (IEA) en 1995. Entre cuarenta naciones esta investigación ubicó a México en el último y penúltimo lugares, respectivamente, para cuatro y dos de los seis criterios considerados.

La oposición del INEE tampoco difiere de la presentada en programas semejantes, como el del Centro Nacional de Evaluación para la Educación Superior (CENEVAL), cuyas valoraciones por institución se mantienen confidenciales. El INEE, al ser un organismo creado por y para la burocracia, ve con temor la publicación de la información que pudiera descubrir las deficiencias del sistema y del magisterio.

Este recelo es consecuencia del predominio de las escuelas oficiales, en las cuales se premia la antigüedad más que los resultados avalados por el público. Los padres de familia, quienes tienen la responsabilidad última de la educación de sus hijos, carecen de voto; en cambio, los sindicatos de maestros representan los intereses más poderosos en las decisiones de política pública, aun a costa de la calidad educativa.

Desafortunadamente las comparaciones internacionales más recientes confirman el deplorable estado de la educación en México. Por ejemplo, en el Programa para la Evaluación Internacional de los Estudiantes (PISA) coordinado en 2000 por la OCDE y aplicado a jóvenes de 15 años de 32 países, México obtuvo el penúltimo lugar en las tres categorías examinadas: lectura, matemáticas y ciencia, sólo superando a Brasil. Los estudiantes en México tienen una mínima comprensión de la lectura y son escasas sus habilidades para resolver problemas mediante las matemáticas.

La evidencia internacional revela, una y otra vez, que la buena educación y otras formas de capital humano son esenciales para la prosperidad económica. La escolaridad básica combate la pobreza y tiende a reducir la desigualdad del ingreso, y la secundaria y superior impulsan el desarrollo económico. La situación deficiente del sistema educativo contribuye a explicar el bajo desarrollo económico del país.

Es indispensable un cambio de fondo en el entramado escolar para asegurar el mejor aprovechamiento de los alumnos. La preservación de los intereses internos, ejemplificada en la oposición del INEE a revelar información, constituye el camino equivocado. Se requiere transformar los incentivos que rigen la actuación de los maestros y la organización de las escuelas, definiendo los premios de acuerdo con los resultados de aprendizaje de los alumnos. En este cambio los padres de familia deberían jugar un papel crucial al ser los más interesados en la educación de sus hijos. Un avance básico en esta dirección sería la difusión de las calificaciones promedio de los estudiantes por escuela en pruebas estándares. Tal apertura proporcionaría una información valiosa para la sociedad, adicional a la disponible en las comparaciones internacionales.

La valoración de las escuelas debería ser razonablemente factible, por lo menos de forma anual, mediante la aplicación de exámenes uniformes a los alumnos del último grado de primaria y secundaria en todos los planteles. Los avances de la tecnología de la información permitirían el acceso electrónico a estos datos en cualquier poblado, como ocurre en los países avanzados.

La medida anterior debería complementarse con la libertad de los padres para seleccionar la escuela de sus hijos, lo que requeriría concentrar el gasto gubernamental educativo en las familias pobres. Este apoyo podría concretarse, por ejemplo, mediante bonos educativos, consistentes en ciertas sumas de dinero, a ser canjeados en la escuela elegida; o la canalización de los recursos públicos a las instituciones en proporción al número de alumnos voluntariamente inscritos.

La libertad de elegir impulsaría a las escuelas a atraer estudiantes ofreciendo las mejores perspectivas para el aprovechamiento escolar. La información de los resultados por escuela sería una herramienta útil en la decisión de los particulares. Por ello, lejos de ser perjudicial, el esfuerzo de las instituciones escolares frente a la competencia mejoraría el desempeño educativo y, por ende, las condiciones económicas de México.

UNA EDUCACIÓN DE CALIDAD

El país tiene una baja escolaridad y un deficiente aprovechamiento educativo. Las desventajas en la cantidad y la calidad educativas de México difícilmente se abatirán con las iniciativas legislativas aprobadas.

En diciembre de 2001 el Congreso modificó la Constitución para hacer obligatoria la educación preescolar, convirtiéndose en responsabilidad del Estado su provisión gratuita. Adicionalmente, a finales de 2002, los legisladores reformaron la Ley General de Educación para asegurar que el gasto público en educación alcance, por lo menos, 8% del PIB en 2006.

La experiencia indica que ninguna de estas iniciativas conducirá, por sí sola, a la solución de los problemas. La Constitución previó años atrás la obligatoriedad de la educación secundaria y, sin embargo, la escolaridad oficial, que incluye preescolar, se encuentra muy distante de esa meta. Por otra parte, a pesar de que el gasto público en educación pasó de 3.7% del PIB en 1990 a 5.5% en 2002, el número de años promedio educativo se mantuvo constante.

La asistencia a la escuela no depende de decretos sino de factores como el ingreso de las familias y el costo de oportunidad de los estudiantes en el mercado laboral. Estos determinantes son muy restrictivos para la población de menores recursos. Por su parte, la calidad casi nunca es un asunto principalmente de recursos, sino de incentivos enfrentados por los administradores escolares y los maestros.

Los países con mejores resultados en pruebas educativas no son aquellos en los que el gobierno gasta más. El objetivo propuesto de 8% del PIB para las erogaciones gubernamentales, además de plantear problemas potenciales de finanzas públicas, es, por lo menos, arbitrario. El actual gasto educativo, privado y público, es equivalente a 6.8% del PIB y supera el de Japón, Alemania, Reino Unido y otros países avanzados.

El problema de México radica en el predominio de las escuelas oficiales, en las cuales las remuneraciones magisteriales y la asignación de presupuestos son independientes del desempeño de los alumnos y de la eficiencia en el uso de los recursos. Como está asegurada su existencia, las escuelas públicas tienen una calidad muy inferior a la de las privadas. Por desgracia, las familias de menores recursos sólo tienen acceso a las peores escuelas públicas, lo que constituye una distribución injusta de los fondos gubernamentales.

Por ello, más que aumentar las erogaciones del gobierno, es indispensable transformar los incentivos de los maestros y administradores escolares. La forma más efectiva de lograrlo es propiciando una amplia competencia entre las escuelas por los recursos públicos, lo que impulsaría la productividad, medida como mejores calificaciones en las pruebas de conocimiento por peso invertido.

La economista Caroline M. Hoxby ha medido este efecto para el caso de Estados Unidos. Ha estimado que la posibilidad de elegir entre diferentes escuelas públicas mediante el lugar de residencia, que afecta el presupuesto de aquéllas, y la competencia con las escuelas privadas incrementan la productividad de las escuelas públicas 28 por ciento.

Además, los programas de bonos educativos a canjearse en las escuelas privadas, y la provisión privada de la educación pública, elevan notablemente la productividad de las escuelas públicas sin modificar el gasto gubernamental. Hoxby concluye que si todo ese país estuviera sujeto a la competencia de los programas de bonos educativos, la productividad escolar nacional aumentaría más de 60% en menos de una década.

La experiencia externa es muy alentadora para México. Los beneficios de la competencia entre las escuelas serían enormes, sobre todo para los más pobres si se les apoya económicamente y se les permite elegir, como a todos, la escuela de su preferencia. Entonces el desarrollo económico no sólo sería superior sino más equitativo.

La necesidad de una reforma laboral

Con el afán de combatir la desaceleración económica, muchas personas han solicitado el relajamiento de la política monetaria sin considerar las consecuencias de un posible incremento de la inflación. Afortunadamente hay otras formas de impulsar la producción y el empleo, sin incurrir en tales riesgos. Una de ellas es la desregulación laboral.

En contra de lo que pudiera pensarse, la legislación mexicana en la materia desalienta la creación de empleos al imponer severas restricciones a la contratación, la movilidad y el despido de los trabajadores. Diseñadas para proteger a los empleados, estas disposiciones generan un costo social superior a su beneficio.

El artículo 123 constitucional introduce distorsiones a las remuneraciones laborales mediante el establecimiento de un salario mínimo, la igualdad salarial para tareas presuntamente iguales y las contribuciones al fondo de vivienda y a la seguridad social. La evidencia empírica revela que el salario mínimo obstaculiza el empleo de los trabajadores jóvenes y de los poco capacitados, cuya productividad marginal es inferior a tal referencia, lo que deteriora la distribución del ingreso; la igualdad de salarios por funciones iguales y no por su desempeño castiga a los trabajadores productivos y desalienta la contratación de mujeres, la cual es más costosa por las prestaciones de maternidad; y las contribuciones obligatorias encarecen la mano de obra, con una contrapartida de servicios públicos de baja calidad, poniendo en desventaja la apertura de empresas en México.

La Constitución establece la participación de los trabajadores en las utilidades, con lo que se añade un impuesto a la renta de las empresas, en lugar de incentivos asociados a la productividad libremente acordados. Además admite la posibilidad de establecer "contratos ley" en 22 ramas de la actividad económica, con los que las empresas del mismo giro, independientemente de su situación financiera y de mercado, deben aplicar las mismas prestaciones. Al fortalecerse los sindicatos, los beneficios tienden a ser generosos, lo que impide la viabilidad de algunas empresas.

Los onerosos contratos ley prevalecientes en la industria hulera explican el cierre en 2001 de dos empresas transnacionales productoras de llantas. Los eventos atrajeron una amplia atención pública y la crítica de algunos observadores ante la supuesta irresponsabilidad de las autoridades por no haber impedido los cierres. Como es frecuente en fenómenos económicos, el análisis se centró en el síntoma y no en la enfermedad, ya que la solución requería no la persuasión del gobierno sino la eliminación de los obstáculos regulatorios a la competitividad.

La Ley Federal del Trabajo (LFT) añade varias restricciones, como la posibilidad de la "cláusula de exclusión" en los contratos colectivos, según la cual las empresas sólo pueden emplear a los miembros de un solo sindicato; la obligación, como regla general, de contratar trabajadores por duración indefinida, excluyéndose los acuerdos por horas y temporales; y las vacaciones obligatorias y los días de fiesta fijos. Estas disposiciones elevan aún más el costo de la mano de obra, desalentando la contratación de los menos capacitados.

Además, la LFT complica la terminación de los contratos laborales estableciendo las causas "admisibles" para ello y los costos elevados por indemnización en caso de despido. El estallido de una huelga no exime a la empresa de seguir cumpliendo con las obligaciones laborales y cubrir los "salarios caídos", independientemente de la resolución del conflicto. Por desgracia la tradición sindical en México ha sido una de grandes abusos que han conducido a la corrupción en las negociaciones sindicales y a la inseguridad jurídica y económica de las empresas.

Finalmente se establece la posibilidad de incluir en los contratos colectivos cláusulas que detallen las tareas de cada tipo de trabajador, y la antigüedad como el criterio de ascenso. Cuando una nueva tecnología requiera el despido del personal deberá obtenerse la autorización de las autoridades. Estas rigideces desalientan el esfuerzo laboral y la innovación tecnológica.

Varios indicadores miden las desventajas de estas regulaciones. Los beneficios obligatorios y otras prestaciones representan en México entre 33 y 45% del costo total medio de la mano de obra, mientras que en Estados Unidos éstas no rebasan 25%. Por otra parte, para una muestra de 36 países industrializados y de América Latina, los economistas James Heckman y Carmen Pagés-Serra han calculado que la rigidez del mercado laboral mexicano sólo es superada por 10 países; y sus estimaciones implican que las restricciones al despido en México han reducido la tasa de empleo en aproximadamente 5.5 puntos porcentuales.

En lugar de arriesgar el combate a la inflación, enfermedad que ha frenado el desarrollo económico y la lucha contra la pobreza, debería insistirse en una pronta flexibilización del mercado laboral como medida para promover el empleo de forma sostenida. Ello redundaría en productividad y salarios mayores, incorporando al mercado formal de trabajo a los que actualmente son excluidos del mismo.

EMPLEO, EQUIDAD Y DESREGULACIÓN LABORAL

La elevada regulación del mercado laboral en México ha impedido el mejor aprovechamiento de la capacidad productiva de las personas, frenando la creación de empleos y propiciando una amplia economía informal. Los beneficios de la regulación para los empleados se han obtenido a costa de la equidad social y del crecimiento económico.

Las restricciones al funcionamiento del mercado laboral son abundantes y afectan la contratación, el empleo y el despido de los trabajadores, mediante aspectos como las contribuciones a la seguridad social y las prestaciones obligatorias, los plazos indefinidos de los contratos, las tareas detalladas por empleado y el monto por liquidación según la antigüedad. Estos ordenamientos constituyen un costo no salarial a la utilización de la mano de obra que opera como un impuesto, al crear una diferencia entre el costo pagado por las empresas y el salario recibido por los trabajadores. La consecuencia de esta distorsión es un menor crecimiento del empleo total en la economía.

La menor expansión de los puestos laborales puede traducirse en un mayor desempleo como proporción de la Población Económicamente Activa (PEA), que es la suma de los empleados más los desempleados en búsqueda de trabajo. Este resultado tiende a ocurrir, sobre todo, en países con "seguro contra el desempleo" provisto por el Estado. Por otra parte, aunque el costo de despido puede atenuar el desempleo, al hacer que las empresas retengan algunos trabajadores no requeridos, lo agrava porque desalienta la creación de empleos y prolonga la duración de la desocupación.

Los perjuicios anteriores tienden a concentrarse en personas con baja educación y entrenamiento, que suelen ser las más pobres, por lo que las regulaciones tradicionalmente percibidas como "conquistas laborales" promueven la desigualdad. Así, las mayores restricciones laborales en Europa respecto de las prevalecientes en Estados Unidos contribuyen a explicar las menores tasas de empleo total y de participación laboral de las personas menos capacitadas. Sólo el impuesto sobre la renta personal más las contribuciones a la seguridad social han llegado a representar, en promedio en esos países, más de 50% del costo laboral bruto, mientras que en Estados Unidos es aproximadamente 25 por ciento.

Además, de 1960 a 1994, la tasa promedio de desempleo para la Unión Europea pasó de 2 a más de 10%, como resultado de los aumentos en las regulaciones laborales. En ese grupo los países con las mayores tasas de desempleo han registrado tasas muy superiores para jóvenes y mujeres, y el desempleo mayor a 12 meses ha representado hasta 60% de la desocupación total.

Si bien las restricciones laborales en México son más severas que en la mayoría de los países industrializados, su tasa de desempleo es considerablemente inferior. El fenómeno anterior se explica por la migración hacia al vecino país del norte, la inexistencia de beneficios estatales para los desempleados y, principalmente, la existencia de una amplia economía informal que no cumple con las regulaciones laborales. Este sector se compone de establecimientos generalmente pequeños, con escasa inversión en capital y deficiente productividad de la mano de obra, que operan en la ilegalidad, por lo menos desde el punto de vista fiscal. Si bien genera 25% o más del empleo total de la economía, y funge como "colchón" en los años de crisis mientras que el resto de la economía reduce los puestos de trabajo, su contribución al PIB es pequeña.

Al ser proporcionalmente más importante en las regiones rurales del país, la economía informal refleja la deficiencia de oportunidades de empleo "formal" para los pobres, porque los costos de regulación superan la productividad de esas personas. Por otra parte, dentro de la OCDE, México no sólo tiene una tasa de ocupación total menor al promedio, sino que la correspondiente a las mujeres es la segunda más baja (después de Turquía), entre otras razones, porque la escolaridad promedio de las mujeres es inferior a la de los hombres y sus prestaciones son superiores.

Las experiencias de disminución de restricciones laborales en Nueva Zelanda, Reino Unido, Irlanda y Chile, entre otras naciones, confirman la generación de amplios beneficios para el empleo y los salarios. El caso de la desregulación laboral chilena en los años ochenta es particularmente ilustrativo. A grandes rasgos, incluyó una profunda reforma de la seguridad social que resultó en menores contribuciones, el establecimiento de límites al costo por despido y la flexibilización de las negociaciones contractuales. A pesar de algunas restricciones impuestas en los noventa, la liberación del mercado laboral permitió reducir las tasas de desocupación de 17.3% entre 1983 y 1985 a 5.8% entre 1993 y 1995, con un crecimiento anual promedio de 5% en los salarios reales.

México necesita aprender de estas lecciones y reducir las limitaciones al funcionamiento del mercado laboral, ya que ello permitiría un acceso más equitativo a mayores oportunidades de empleo, promovería el estado de derecho y la productividad de la mano de obra e impulsaría un ritmo más elevado de crecimiento económico.

La flexibilización del mercado laboral

Es indispensable la flexibilización del mercado de trabajo para impulsar el empleo productivo y el crecimiento económico en México. Ello implica una reforma legal de fondo.

La legislación mexicana establece un sinnúmero de requisitos para la contratación y despido de la mano de obra, que inhiben la ocupación y la eficiencia laboral. En contra de su objetivo original, estas disposiciones han afectado principalmente a la población que se deseaba proteger. Lo anterior es lamentable pues México es un país abundante en mano de obra y con serias desigualdades.

En la contratación deben destacarse, por lo menos, tres impedimentos. El primero es el salario mínimo, que genera desempleo principalmente entre las personas con menor escolaridad, al ser su productividad menor al pago estipulado. El segundo es la obligación de repartir 10% de las utilidades empresariales a los trabajadores, lo que equivale a un impuesto adicional sobre la renta de las empresas. Esta práctica, inusitada en otros países, no se justifica, ya que la contribución del trabajador a los ingresos netos de las empresas es la productividad marginal, pagada mediante el salario. El gravamen a las utilidades frena la creación de empresas y de puestos de trabajo.

El tercer obstáculo son las elevadas contribuciones empresariales a la seguridad social y al fondo de vivienda de los trabajadores. El total de aportaciones por estos conceptos puede ubicarse entre 22 y 36% sobre el salario base de cotización, dependiendo de varios factores. Tales pagos se comparan muy desfavorablemente con los de muchos países; por ejemplo, en Estados Unidos y Canadá, las colaboraciones análogas son menores a 8%. Además, muchas entidades federativas en México aplican un impuesto a la nómina, generalmente de 2%. Estas cargas son un incentivo a la sustitución de mano de obra por capital.

Adicionalmente existen disposiciones que buscan proteger a los que tienen trabajo, sin considerar a los que carecen de él. Sobresalen dos grupos de normas, refiriéndose el primer grupo a los contratos laborales. Aunque bajo ciertas condiciones se permiten los acuerdos por obra y tiempo determinado, por lo general los contratos deben ser de duración indefinida.

Como la mayor parte de la fuerza laboral está sindicalizada, las empresas firman acuerdos colectivos para incorporar beneficios adicionales, que suelen ser irrevocables. La fuerza sindical se robustece con la posibilidad de establecer una "cláusula de exclusión", para prohibir la contratación de gente no afiliada al sindicato. El caso más preocupante ocurre con los "contratos ley" que rigen a todas las empresas de una misma rama económica, independientemente de sus características; en 2003 existían diez contratos de este tipo en México. Estas avenidas legales imponen altos costos para la contratación de la mano de obra.

El segundo grupo se refiere a las condiciones de despido, que son muy complicadas y onerosas. Excepto cuando hay acuerdo entre las partes, el peso de la prueba de las causas de la separación recae sobre la empresa, admitiéndose como "justificada" únicamente la violación flagrante de la relación laboral. En general, la empresa está obligada a pedir autorización a las autoridades, sobre todo tratándose de la eliminación de varias plazas. La resolución judicial puede tardar varios años, periodo en el que los patrones mantienen sus obligaciones con los trabajadores. El negocio debe pagar una indemnización elevada por el despido, que aumenta con la antigüedad de la relación de trabajo.

Estos requisitos son más estrictos que en muchas naciones; una vez más, contrastan con Estados Unidos y Canadá donde sólo se requiere una notificación anticipada para el despido. En forma más general, los economistas Álvaro Forteza y Martín Rama han calculado un índice de rigidez total en los mercados laborales para 93 países considerando beneficios obligatorios y medios de protección del empleo. En el ordenamiento de países con menor rigidez, México ocupa el lugar 56, mientras que Hong Kong, China y Corea del Sur son los lugares 1, 3 y 13, respectivamente.

La evidencia internacional revela que entre mayor es la rigidez laboral más profundas son las recesiones y menos vigorosas las expansiones económicas, porque las empresas enfrentan costos para ajustar su plantilla ante las cambiantes condiciones y prefieren mantener personal improductivo. Además, las normas protegen a unos trabajadores a expensas de otros, al reducir la creación de puestos de trabajo, hacer más prolongado el desempleo y concentrar éste en los menos educados, los jóvenes y las mujeres.

Finalmente, la rigidez laboral en nuestro país ha tenido como "válvula de escape" la economía informal. Obviamente esta salida no constituye una solución, ya que propicia la generación de empresas de pequeña escala con baja inversión de capital, haciendo poco productiva la mano de obra. Además, el deterioro del estado de derecho cobra su propia factura al desarrollo económico.

La verdadera oportunidad de avance se encuentra en la eliminación de obstáculos legales al libre funcionamiento del mercado laboral. Ello contribuiría a aumentar la productividad y el crecimiento económico, creando empleos, en especial, para aquellos actualmente excluidos del sector formal.

Aprovechando las lecciones de la migración

La propuesta del presidente Bush para flexibilizar los obstáculos a la migración a Estados Unidos ha sido celebrada como una buena noticia para los mexicanos. Sin duda, la iniciativa es importante para esa nación. Se estima que en el 2000, el 11% de sus habitantes eran extranjeros, de los cuales casi una cuarta parte, siete millones de personas, correspondió a inmigrantes no autorizados. Detrás de esto, hubo un aumento promedio anual de 350 mil ilegales durante la década de los noventa.

Es también relevante para México, al constituir el principal origen de los flujos migratorios a Estados Unidos; en particular, su participación en la inmigración no autorizada en ese país alcanzó aproximadamente 70%, diez puntos más que en 1990.

El presidente Bush ha invitado al Congreso estadounidense a aprobar nuevas leyes que permitan la entrada temporal de trabajadores extranjeros, mediante permisos renovables, pero con término fijo para propiciar el regreso de los inmigrantes a sus países. La autorización se condicionaría a contar con una oferta laboral, o un trabajo en el caso de los indocumentados, siempre y cuando el empleador demuestre al gobierno de Estados Unidos la imposibilidad de cubrir el puesto con un ciudadano de esa nación.

Si bien es complicada de administrar y no necesariamente asegura la consecución de los objetivos —por ejemplo, la eliminación de la migración ilegal o el incentivo a regresar al lugar de origen—, la iniciativa es preferible a la situación actual. El nuevo enfoque busca adaptar las leyes a la realidad y no viceversa, como es la costumbre. El endurecimiento de restricciones impuestas desde 1986, mediante una mayor vigilancia fronteriza y sanciones a los empleadores de mano de obra ilegal, demostró ser un fracaso como medio de control migratorio.

Tampoco se otorgaría una amnistía automática a los indocumentados, porque en el pasado ello sólo perpetuó los flujos no autorizados ante la expectativa de su posterior legalización. En su lugar, se crearía un canal legal de entrada adicional, aparentemente sin límite en cuanto al número de posibles admitidos.

Aunque podría pasar mucho tiempo antes de convertirse en ley, el nuevo planteamiento es encomiable, en especial, porque busca facilitar la migración, que es un motor básico del desarrollo económico. Específicamente, el movimiento de la mano de obra ayuda a los posibles inmigrantes y al país receptor, permitiendo el aprovechamiento de oportunidades mutuamente benéficas.

La decisión de migrar es racional. Como en otras latitudes, los mexicanos emigran a Estados Unidos porque sus ingresos y bienestar esperados en ese país superan con creces los que se pueden obtener en México, aun considerando los costos de transporte, los trámites legales o los graves inconvenientes y riesgos de cruzar ilegalmente la frontera.

Desde luego esta decisión incorpora, por lo común, a la familia, la cual con frecuencia financia el costo del traslado y es la receptora de las remesas. Además, las cadenas de emigrados facilitan la decisión, al proveer apoyo e información sobre las posibilidades de empleo en el extranjero. Con la migración, millones de mexicanos mejoran su nivel de vida.

Por su parte, los beneficios para la economía de Estados Unidos son igualmente evidentes. Al recibir mano de obra más barata, ese país aumenta su eficiencia productiva, generando bienes y servicios a menores costos y liberando recursos para otras actividades. En el corto plazo, la migración puede generar efectos distributivos adversos en los sectores de destino, en la forma de menores salarios o desplazamiento de trabajadores más caros.

Sin embargo, como en los casos del cambio tecnológico y el comercio internacional, el surgimiento de nuevos negocios por la mayor eficiencia absorbe la mano de obra desplazada y el resultado final es un mayor dinamismo del ingreso por habitante.

En contraste, las ganancias para la economía mexicana son menos notables. El éxodo de trabajadores responsables y con grandes ambiciones es una pérdida de producción potencial. En contrapartida, las remesas operan como una excelente ayuda externa; no obstante, al destinarse en gran medida a la manutención de dependientes económicos, escasamente mejoran la productividad de la economía.

Considerando las amplias diferencias de salarios, es probable que, aun sin la aprobación de la iniciativa presidencial, continúe en los próximos años la migración de mexicanos. No obstante, esta salida no debería servir para la autocomplacencia, distrayendo la atención de la necesidad de aplicar reformas internas para inducir un mayor crecimiento económico y, por tanto, la ampliación de las oportunidades de bienestar de los que permanecen en México.

Para ello no es necesario inventar rutas originales de desarrollo, sino aprovechar lo aprendido de la migración. Estados Unidos es un país sumamente atractivo para prosperar porque cuenta con instituciones que premian el esfuerzo productivo y la inversión, entre las que destacan la infraestructura básica, la libertad económica y el respeto a la propiedad privada. ¿No convendría seguir simplemente este ejemplo y esperar menos la fortuna del exterior?

VI. REGULACIÓN Y POLÍTICA INDUSTRIAL

Hay ideas que se niegan a morir y una de ellas es la que plantea la necesidad de que el Estado supervise la economía y defina su dirección. Las razones aducidas son variadas, pero las más socorridas se refieren a las supuestas imperfecciones de los mercados, a la necesidad de proteger a los consumidores, a la competencia "desleal" y a la autosuficiencia nacional.

Por lo general, la intervención gubernamental toma la forma de más regulación, mediante permisos, concesiones, licencias, prohibiciones, etcétera, y más gasto público para los subsidios y su administración, lo que aumenta la burocracia y las ocasiones de corrupción.

Estas acciones son promovidas, principalmente, por políticos y empleados gubernamentales que amplían su poder y obtienen beneficios a cambio de otorgar favores, así como por los grupos que pueden organizarse para presionar al Estado y limitar la amenaza de los competidores. Esta injerencia daña a la sociedad porque distribuye recursos públicos en función del poder y propicia el desperdicio favoreciendo el cabildeo por encima de la producción.

Por eso la mejor política industrial es una mayor competencia, que impulsa la eficiencia, la productividad y, por tanto, el bienestar de la población. El Estado no posee un conocimiento superior al de los participantes en los mercados para seleccionar las actividades "ganadoras" y descartar las "perdedoras". De hecho, sus nociones suelen ser muy deficientes, como lo atestiguan los repetidos fracasos de la programación sectorial en México y en otras partes del mundo.

La mejor política industrial

Una vez más está cobrando fuerza la idea de que se necesita una política industrial para el desarrollo de ciertos sectores considerados "clave" según diversos criterios, entre los que destaca la generación de empleos. Se postula la necesidad de programas gubernamentales, incluyendo estímulos crediticios y fiscales, a favor de segmentos afectados por la mayor competencia del exterior, siendo el caso más socorrido el de la pequeña y mediana empresas. Sin embargo, la intervención gubernamental para orientar la producción no es la forma más eficiente de promover el bienestar económico.

Sin duda, la competencia implica un mayor crecimiento de los sectores y empresas que mejor responden a los deseos del consumidor, en atributos como calidad, disponibilidad y precio. En este proceso, algunas empresas cierran y otras abren. Cabe notar que la desventaja y los cierres de ciertas compañías no siempre reflejan una mayor competencia extranjera, sino el avance de empresas nacionales como lo atestigua la consolidación registrada en algunos sectores, como textiles, cemento y alimentos. El beneficio lo obtienen los millones de consumidores del país, de los que casi nunca se habla porque no existen asociaciones de consumidores.

Afortunadamente la competencia no tiene por qué implicar una reducción del empleo sino, al contrario, brindar los incentivos más seguros para el desarrollo de las empresas y los proyectos. Por ello, contrario a lo que comúnmente se afirma, las aperturas han superado los cierres de los negocios. Por ejemplo, de acuerdo con la información del IMSS, que excluye al sector "informal", de 1986 a 1998 el número de establecimientos industriales clasificados como "microempresas" creció 33.5% y las empresas "pequeñas y medianas" lo hicieron 30.8%. Tampoco la competencia ha extinguido a los pequeños. Los Censos Económicos de 1994 revelan que 90% de los establecimientos manufactureros son microempresas. Si se ha reducido en algunos años el empleo, no ha sido por la competencia sino por las crisis resultantes de los desequilibrios macroeconómicos.

Ahora bien, los problemas de la política industrial, entendida como injerencia gubernamental para orientar la producción, son los mismos de la planificación central. En primer lugar, es difícil que el gobierno sepa más que los millones de consumidores que premian en el mercado a los empresarios exitosos según sus preferencias. Por ejemplo, la generación de empleo depende de la respuesta en el consumo de múltiples productos a variables como el ingreso y los precios, que difícilmente puede determinarse mediante algún estudio. Menos aún es posible influir administrativamente sobre estas respuestas. Por ello no sorprenden los escasos resultados obtenidos en los ejercicios de "programación industrial" intentados en México, como los incentivos fiscales por zona del país a finales de los años setenta y la planeación de puertos industriales y centros motrices para el desarrollo industrial de principios de los ochenta.

En segundo lugar, la política industrial ignora el concepto de costo de oportunidad, ya que supone que al canalizar recursos fiscales a ciertos sectores, no se sacrifican inversiones más productivas y generadoras de mayor ingreso. De hecho, el mercado realiza la tarea de asignar eficientemente los recursos a los proyectos más rentables, y la mejor situación a la que puede aspirar el gobierno es reproducir estos resultados, sólo que con información más limitada.

En tercer lugar, todo intento de planificación central invita a grupos y empresas a competir en la arena política por los recursos de los contribuyentes. Esta guerra sustituye la competencia en el mercado, y otorga la victoria a los grupos con mayor fuerza política, que no necesariamente son los que generan el mayor bienestar a la sociedad. ¿A qué sector debe favorecerse? Cualquier decisión es discutible y pueden construirse absurdos.

Por ejemplo, podría argumentarse la conveniencia de promover a la empresa grande y no a la chica, ya que según los mismos Censos Económicos, cada una genera en promedio el mismo número de plazas de trabajo que 194 microempresas juntas, y los ingresos por empleado en la empresa grande son 7.8 veces los de las segundas. Obviamente la discusión política obedece a otros criterios, por lo que debería dejarse la decisión a la autoridad autónoma de los mercados. Ello evita favoritismos, así como la creación de burocracias para la planeación, distribución y supervisión de los estímulos.

La mejor política industrial es la competencia, en la que cada uno arriesga su dinero y no el de los contribuyentes, ya que se obtienen los mejores resultados para los consumidores y trabajadores del país. Ello no significa la retracción del gobierno de sus obligaciones básicas. Es esencial que garantice el funcionamiento de la competencia y el acceso equitativo al mercado, lo que incluye: eliminar subsidios y las barreras de entrada a cualquier competidor, no sólo a aquellos que se juzgue "convenientes", abolir los obstáculos a la actividad productiva como son la regulación excesiva y la prohibición de la inversión privada en algunos sectores; y aplicar un marco legal y una práctica judicial que protejan los derechos de propiedad.

Regulación contra la actividad económica

La actividad económica en México se encuentra sumamente regulada por restricciones de entrada y requisitos variables para seguir operando que imponen una severa carga a las empresas y a la economía. Hay que reconocer que a principios de los noventa se liberaron actividades productivas diversas, como el autotransporte de carga, el envasado y la cinematografía, que han permitido una participación más amplia de los particulares en esos sectores. Sin embargo, la desregulación general ha sido insuficiente y no siempre ha eliminado contradicciones legales que generan incertidumbre. Son aún excesivos los obstáculos legales y regulatorios a la inversión privada.

En primer lugar, aún existe la prohibición constitucional para que los particulares participen en las áreas "estratégicas", como el petróleo y otros hidrocarburos, la petroquímica básica, la electricidad, y cualquier otro "que señalen las leyes del Congreso". Además se restringe la participación privada a un tope del capital social, como en los complejos de petroquímica secundaria existentes (49%), o a modalidades específicas, como en el autoabastecimiento, la cogeneración y la producción independiente de electricidad.

Para la inversión extranjera la exclusión es mayor: total en el transporte terrestre de pasajeros y carga, el comercio al pormenor de gasolina y distribución de gas licuado, y los servicios de radiodifusión, radio y televisión, entre otros; y con un tope en el capital social, en el transporte aéreo nacional, aerotaxi y aéreo especializado (25%) y en ferrocarriles, puertos, telecomunicaciones y sistemas satelitales (49%).

Las restricciones anteriores son perjudiciales porque restringen la expansión potencial de sectores económicos importantes, protegiendo los intereses de ciertos grupos de poder. El rechazo del Congreso a la propuesta de apertura del sector eléctrico en 1999 fue una mala decisión. México necesita una reforma semejante si desea contar con la calidad y la cantidad de electricidad que demandará su crecimiento demográfico y económico en los próximos años.

En segundo lugar, la actividad económica se dificulta también con los innumerables requerimientos para abrir y operar "legalmente" un negocio. Sólo en el Registro Federal de la materia se consignan 1 685 trámites y servicios establecidos por 12 secretarías de Estado y 17 organismos. Las secretarías con mayor número de trámites son la que tienen que ver más directamente con la actividad económica, si bien destacan otras más especializadas como la SEP.

Aun cuando la mayoría de los trámites en la SHCP se deriva de la regulación de intermediarios financieros y de la recaudación de impuestos, funciones esenciales del Estado, existe una evidente oportunidad de simplificación dentro de éstas: sólo el SAT publica 274 diferentes trámites, lo que refleja la gran complejidad en el cumplimiento de las obligaciones tributarias.

Menos clara aún es la justificación de los trámites en la SCT, ya que éstos obedecen principalmente al propósito de controlar la economía. Considérense, por ejemplo, la autorización para operar y explotar el transporte multimodal, la aprobación de los contratos tipo que celebre el operador de este transporte, la autorización de tarifas de los servicios de arrastre, salvamento y depósito de vehículos accidentados, el registro de tarifas, la modificación de tarjetas de circulación para el servicio de autotransporte federal, el permiso o alta de vehículos para la operación del servicio de autotransporte, etcétera.

También es complicada la justificación económica de muchos trámites en otras secretarías: por ejemplo, en la Secretaría de Economía (SE), el registro de estatutos de cámaras empresariales y sus confederaciones, la expedición de certificados de ferias mexicanas de exportación, etcétera; y en la SEP, los requerimientos para abrir y operar un jardín de niños o una escuela primaria, que incluyen especificaciones sobre el número de profesores de educación física por alumno, la existencia de espacios para intendencia, habitación para el conserje, etcétera. En un país en desarrollo como el nuestro, es dramático que se erijan tantas trabas a la formación de entidades tan indispensables como las escuelas.

Para complicar la situación se han multiplicado los procedimientos empresariales en estados y municipios. Por ejemplo, según la SE, las guías de trámites para iniciar y operar un negocio, incluyendo los requisitos federales, según actividad y localidad ascienden a 81 257 para 163 ciudades. En la tramitología, no es lo mismo abrir un negocio de papelería que uno de mensajería ni uno del mismo giro en dos localidades diferentes.

Además, según el CCE, en 1999 la peor calidad regulatoria se encontró en el Distrito Federal y el Estado de México; el plazo promedio de apertura de un negocio en este estado fue 142 días; los obstáculos más significativos en el país fueron el número de requisitos y documentos, la discrecionalidad de las autoridades y los plazos de respuesta; y los trámites más onerosos se relacionaron con el medio ambiente, la construcción, el uso de suelo, el agua y la declaración de apertura.

La situación de México contrasta desfavorablemente con países modernos como Canadá, donde la apertura de un negocio requiere 280 dólares en cuotas y dos procedimientos que se completan en dos días. En México la regulación excesiva impide inversiones o las retrasa por el costo asociado al tiempo dedicado a los trámites, la incertidumbre administrativa y la corrupción. Se reduce, así, el crecimiento de las empresas, se limita la competencia y aumentan el gasto burocrático, el incumplimiento de las disposiciones, y la evasión y la elusión fiscales.

Nuestro país requiere una reducción drástica de los obstáculos a la actividad económica para aprovechar las oportunidades de los negocios y para que se distribuyan mejor las ganancias del crecimiento. Es paradójico que gran parte de estas regulaciones, creadas supuestamente para el beneficio de los más pobres, representan uno de los costos más elevados para las pequeñas empresas.

Regulaciones para poder producir: ¿por qué?

El ejercicio de cualquier actividad económica en México está condicionado a un sinnúmero de requerimientos para obtener el visto bueno del gobierno, en ausencia del cual se opera en la ilegalidad y pueden enfrentarse sanciones severas. Así, las autoridades otorgan permisos, licencias, autorizaciones y hasta "concesiones" dependiendo del giro económico del que se trate.

La complejidad de los procedimientos y la frecuente discrecionalidad de las aprobaciones representan obstáculos significativos a la iniciativa de los particulares y a la expansión de los negocios. Ante su carácter gravoso, es oportuno preguntarse por qué se imponen tales regulaciones; en concreto, por qué depende de las autoridades si un individuo puede dedicarse a taxista, abrir un restaurante, o crear una empresa de mensajería, telefonía o una escuela. Pueden intentarse varias explicaciones, pero dos son las más socorridas por los entendidos en la materia. Según una interpretación "económica", el gobierno regula la entrada a los negocios porque los mercados no funcionan, es decir, la competencia no asegura los resultados "socialmente deseados". Se espera que las regulaciones para manejar un negocio aseguren una mejor calidad de productos privados y públicos, por ejemplo, mayores estándares de calidad, menos congestiones estomacales por alimentos, menos contaminación, más seguridad pública, etcétera, en suma, más bienestar social.

De acuerdo con una segunda interpretación "política", las regulaciones son el resultado del esfuerzo de los empresarios en determinadas industrias para protegerse de la competencia y aumentar sus ganancias; o reflejan la inclinación de los políticos por favorecerse a sí mismos y a ciertos grupos de interés. Desde este punto de vista, la mayor regulación implica beneficios sólo para los políticos y sus protegidos, corrupción mediante el soborno a las autoridades y economía informal para evitar las regulaciones.

Los economistas Simeon Djankov, Rafael La Porta, Florencio López-de-Silanes y Andrei Shleifer confrontaron la validez de estos dos enfoques para explicar por qué los reguladores regulan, utilizando datos sobre el número, tiempo y costo oficiales de los procedimientos para abrir un negocio y la calidad de los productos en 75 países. La evidencia empírica confirma la interpretación política y rechaza la económica: las naciones con una regulación más estricta exhiben un mayor grado de corrupción y economías informales más amplias, pero no una mejor calidad de bienes públicos y privados, respecto de países con menos regulaciones. Concluyen que la entrada a los negocios se regula porque ello beneficia a los reguladores.

Estos resultados confirman que las regulaciones tienden a limitar la oferta de bienes impulsando la salida del mercado de los productores de mayor calidad, la cual se sacrifica al representar aquéllas un elevado costo de operación. Algunas investigaciones en diversos países han demostrado que las regulaciones generan efectos perversos, contrarios a los supuestamente buscados. Por ejemplo, los requerimientos de espacio por alumno en las escuelas provocan grupos más grandes por profesor y menos instituciones, es decir, menos competencia y menor calidad educativa; del mismo modo, el número de accidentes por electrocución aumenta a medida que se reduce el número de licencias de electricistas. Por otra parte, al expandirse la economía informal, disminuye la capacidad gubernamental de cobrar impuestos y proveer bienes públicos como la aplicación de la ley y el orden público.

Dos ejemplos

La interpretación política ayuda a entender gran parte de las regulaciones en México, como lo ilustran los siguientes dos casos de servicios. El primero es la concesión para conducir un taxi en el Distrito Federal, que según su reglamento se otorga "previa declaratoria de necesidad [...] dependiendo de un estudio técnico", es decir, el número de taxis en circulación y sus concesionarios son escogidos por la autoridad frecuentemente por criterios de afinidad partidista. Se protege así a los concesionarios contra una mayor competencia, aumenta el precio de reventa de una "placa" de taxi y la tarifa del servicio "oficial" es mayor que en una situación de libre competencia.

Desafortunadamente el límite de las concesiones no reduce la delincuencia o la contaminación, objetivos con frecuencia aducidos y han proliferado los taxis "piratas" en los que se cometen delitos graves. La razón es que la seguridad pública y la limpieza ambiental no se obtienen limitando la entrada de taxis, sino con otras medidas de aplicación general: aumentando la probabilidad de ser aprehendido y el castigo por los delitos, e imponiendo un impuesto a cualquier auto contaminante. Para la persecución de delitos en taxis debiera ser suficiente el registro vehicular.

Otro ejemplo son las "patentes" de notario público conferidas por los gobiernos estatales, a condición de que "exista la necesidad" y se cumpla con una larga lista de requerimientos. Los honorarios por los servicios notariales son determinados por el Colegio de Notarios con aprobación del gobierno estatal (sin consultar siquiera a los usuarios), y éste se obliga a utilizar los servicios sólo de los notarios de su entidad. El resultado es la creación de un cartel que ofrece, a un costo muy elevado, servicios de fe pública, burocráticamente complejos, de pobre calidad y sólo parcialmente confiables. En Estados Unidos, en contraste, cualquier persona mayor de 18 años sin antecedentes penales que pague una inscripción de 21 dólares puede ejercer el oficio en el estado de Texas. El costo es extremadamente bajo y el servicio ágil y confiable.

Las limitaciones para iniciar y operar los negocios, basadas en el supuesto de que la burocracia sabe más que los individuos, reducen las opciones disponibles y aumentan los precios de los productos y los servicios. La mejor forma de beneficiar a la población es eliminar las restricciones a la competencia, ya que esto genera los incentivos para que los productores busquen agradar a los consumidores aumentando la oferta y la calidad y reduciendo los precios. Aunque perjudicaría a los productores ineficientes, esta medida beneficiaría notablemente a la sociedad.

VII. GASTO PÚBLICO E IMPUESTOS

TAL VEZ la principal aportación de los economistas en el análisis de los problemas cotidianos es la identificación de los aspectos generalmente ignorados por los políticos. Uno de ellos es el "costo de oportunidad" de cualquier acción, referido a los beneficios que se sacrifican por no haber tomado la mejor decisión alternativa.

Esta omisión es muy común en la defensa del gasto gubernamental, basada en la enumeración de los beneficios y la nula mención de los costos. Las erogaciones públicas no ocurren en el vacío, sino que requieren financiamiento, el cual, sin remedio, implica extraer recursos de los particulares. El sacrificio de consumo e inversión por esta transferencia debe incorporarse en esta evaluación.

Además, no sólo el tamaño sino la composición del gasto es relevante: no es lo mismo facilitar la actividad de los individuos ejerciendo las funciones propias del Estado que desplazarla con los monopolios gubernamentales. Por desgracia, no hay evidencia de que le gobierno use los recursos extraídos de una manera más productiva que el sector privado. De hecho, la ineficiencia y el desperdicio suelen ser la regla, entre otras razones, porque los medios utilizados no son propios.

Una omisión semejante ocurre con las propuestas de reforma fiscal que buscan como objetivo una mayor recaudación, ignorando que, en la práctica, todos los tributos dañan a la economía. México ha realizado avances considerables en materia de balance fiscal y deuda pública, que deben consolidarse reduciendo el gasto gubernamental y minimizando los efectos negativos de los impuestos.

BASTIAT Y LA PROPENSIÓN AL GASTO PÚBLICO

¿Por qué siempre los gobernantes buscan gastar más? La respuesta a este interrogante fue proporcionada por el economista francés Frédéric Bastiat, nacido en 1801. El bicentenario de su nacimiento hace muy oportuna la referencia a este ensayista, cuyas armas fueron la agudeza de sus escritos, su método argumentativo de reducción al absurdo y la claridad para desenmascarar las falacias económicas.

Bastiat arranca con la pregunta ¿qué es el gobierno? Con un estilo satírico, ofrece un premio al que le ayude a responder, pero advierte que se trata de un personaje misterioso al que la gente le pide toda suerte de favores, incluyendo la organización de los mercados y la creación de los empleos.

El gobierno promete realizar estas tareas tan pronto obtenga los recursos, pero el público exclama que eso no tiene mérito. Existe una tensión en el hombre: busca evitar el sufrimiento pero necesita trabajar para poseer. La gente, entonces, idea la solución: hacer trabajar a los demás y guardarse para sí mismos los beneficios. La forma de lograrlo es inventando el gobierno como un ser diferente.

Por eso Bastiat propone la siguiente definición: "El gobierno es esa gran ficción mediante la cual cada quien busca vivir a expensas de los demás". Por supuesto nadie se atreve a reconocer tal naturaleza, pero el gobierno percibe sus ventajas: es el encargado de conceder a la gente lo que pide, y ésta tiene el derecho de exigirle todos los favores.

Para realizar sus labores la autoridad tiene dos manos, una dura para recibir y otra suave para dar. La segunda necesariamente se subordina a la primera. Surge entonces el dilema del gobierno: si no atiende las peticiones se le acusa de debilidad o incapacidad; pero buscar satisfacerlas implica allegarse más ingresos. Para evitar la decisión, el gobierno hace dos promesas: muchos beneficios y nada de impuestos. Pero éstas son contradictorias, evitables transitoriamente por medio de la deuda, cuyo pago, de manera eventual, requerirá más impuestos.

El mantenimiento de esta contradicción en la mente popular se hace posible por un segundo componente: las falacias económicas. La diferencia entre un mal economista y uno bueno, dice Bastiat, es que el primero sólo habla de "lo que se ve" y el segundo incorpora también "lo que no se ve". Para analizar correctamente las acciones del gobierno es preciso considerar no sólo los efectos visibles e inmediatos, sino los que dejan de ocurrir y los posteriores. Impulsar el gasto público ignorando lo segundo es vivir en la quimera y conduce al empobrecimiento de la sociedad.

El gasto del gobierno se presenta como una bendición porque se habla sólo de los beneficios (lo que se ve), y se ignora el gasto que los contribuyentes dejan de realizar al pagar más impuestos para su financiamiento (lo que no se ve). No existe objeción si el proyecto gubernamental es muy útil para la sociedad, ya que valdría la pena el sacrificio.

El problema surge cuando su racionalización se plantea, como generalmente se hace, en función de otros objetivos, como la creación de los empleos o el fomento de las actividades "prioritarias". Entonces el bien común se convierte en secundario y los proyectos públicos se multiplican sin limitación para beneficiar a ciertos grupos a expensas de los otros. La justificación provista es un sofisma ya que el menor ingreso de los contribuyentes, por los mayores impuestos, contrae la demanda de otros bienes y, por ende, la actividad y el empleo en esas áreas. En el caso más común el resultado es una pérdida neta para la sociedad.

La recomendación de Bastiat es contundente: debemos escoger entre dos caminos: o el gobierno hace mucho quitando mucho a la sociedad o hace menos para quitarle menos. No es posible un tercer sistema "milagroso", en el que la autoridad proporcione mucho extrayendo nada. Para aceptar un mayor gasto público es necesario demostrar su beneficio social por encima del sacrificio.

Ello ocurre cuando el Estado provee bienes y servicios cuya utilidad colectiva supera la suma de los beneficios individuales sacrificados por los contribuyentes al pagar impuestos. Esta condición se cumple cabalmente en el caso de los bienes "públicos", como la defensa de la vida y la propiedad privada y la provisión de la infraestructura física necesaria. El resto, nos guste o no, conduce a un menor crecimiento económico, a pesar del beneficio de unos en perjuicio de los otros.

Visión presupuestal

En el debate sobre el Presupuesto de Egresos de la Federación los diputados suelen solicitar más recursos para beneficiar a sus representados sin aumentar impuestos locales, e insisten en asegurar la independencia del gasto respecto de "intereses partidistas" como pueden ser las elecciones. Tales preocupaciones son lógicas en una democracia incipiente, pero carecen de una visión de largo plazo sobre lo que beneficia a la economía. En materia de gasto público es necesario asegurar por lo menos tres atributos: pertinencia, permanencia y calidad.

En primer lugar, para contribuir al desarrollo económico, el gasto gubernamental debe enfocarse a la provisión de aquellos bienes y servicios en los que el beneficio social supera al privado y, por ende, su atención no puede dejarse exclusivamente al interés individual. Ejemplos notables son la seguridad pública, la administración de la justicia y la construcción de las carreteras. No obstante, aun en estos casos la función del gobierno es asegurar su oferta, no encargarse de su producción.

La selección del área de acción gubernamental es esencial porque afecta las decisiones de los particulares. Por una parte, el gasto público puede sustituir el gasto privado y, en el caso de los bienes públicos, tal sustitución debe ser benéfica. Por ejemplo, la educación pública debe remplazar con creces los intentos de educación privada en las zonas marginadas, a través de proporcionar los incentivos adecuados, como la compensación del costo de oportunidad de los niños pobres en edad de trabajar y el premio al buen desempeño.

Por otra parte, el gasto público puede incrementar la productividad del trabajo y la inversión privados, por ejemplo ofreciendo la infraestructura carretera en el país y vigilando el cumplimiento de las leyes. Sin embargo, no es evidente que el gasto público observado cumpla con esta tarea y produzca el "efecto multiplicador" que se le atribuye comúnmente. La evidencia empírica internacional no es concluyente, pero algunos estudios revelan un impacto negativo de cierto gasto público sobre la economía.

En segundo lugar, el debate del presupuesto debe situarse en un horizonte multianual. Como en otros países, en México el gasto público tiende a aumentar en años de ingresos gubernamentales altos y disminuir cuando éstos se contraen. Como la bonanza de los ingresos suele coincidir con periodos de expansión económica y sucede lo contrario con las recesiones, esta estrategia conduce a la ampliación de los ciclos económicos, lo que en México ha ocurrido típicamente con las caídas abruptas en el precio del petróleo y con las expansiones del gasto en el último año de gobierno. Por ejemplo, en 1994 el crecimiento real en el gasto programable superó en más de nueve puntos porcentuales el dinamismo promedio de los cinco primeros años del sexenio.

Una mejor alternativa es que el gasto público crezca a una tasa estable, compatible con las fuentes permanentes de financiamiento y las obligaciones de la deuda de mediano plazo. No se trata de convertir el gasto gubernamental en "contracíclico", sino en "acíclico". Un dinamismo estable del gasto público envía una señal de certidumbre a los participantes en el mercado y propicia la inversión pública, rubro en que se encuentra la mejor contribución gubernamental.

El crecimiento estable del gasto permite el equilibrio de las finanzas públicas a lo largo del tiempo, condición indispensable para evitar presiones sobre la estabilidad de los precios. En el pasado la tasa de inflación guardaba una relación directa con los déficits gubernamentales. Para asegurar la responsabilidad fiscal, el gobierno debería ahorrar en años de prosperidad, obteniendo un superávit, y desahorrar en años de dificultad, admitiendo un déficit, idea semejante a la de los "fondos de estabilización" de Chile y Noruega, diseñados para enfrentar fluctuaciones en los precios de las materias primas. Esta estrategia no persigue un balance fiscal anual, sino el equilibrio en el promedio de varios años.

Finalmente, para que el gasto público cumpla sus funciones es necesario asegurar su calidad. Esto significa que el gobierno promueva la competencia en la provisión de los bienes públicos, logrando con ello dos objetivos: el mejor uso de los recursos utilizados y la reducción de la corrupción, elemento característico de los programas con un gran contenido administrativo y burocrático.

El potencial de la competencia es amplio y abarca desde becas para que los estudiantes elijan la escuela de su preferencia hasta el federalismo fiscal, que obliga a las autoridades locales a competir entre sí en la atracción de empresas y mano de obra calificada mediante la calidad de los servicios públicos prestados por cada peso de recaudación.

Responsabilidad presupuestal

Es ya una costumbre que la discusión del presupuesto del gobierno federal se concentre en las demandas de los legisladores por incrementar el gasto para atender las necesidades "impostergables". Los requerimientos son variados, pero el debate tiene en común el supuesto de que los recursos son ilimitados o que el resto de los usos puede sacrificarse. Esta posición conduce a decisiones equivocadas desde el punto de vista social.

Si bien la lista es, por lo regular, interminable, las solicitudes de más erogaciones son dignas de atención: mayores pensiones a los jubilados, aportaciones a los estados y municipios, subsidios a los campesinos, fondos para las universidades públicas, etcétera. Desafortunadamente sus defensores suelen omitir la fuente de financiamiento y, cuando lo hacen, se refieren a una situación ficticia o no consideran sus implicaciones; por ejemplo, aumentar el supuesto del precio del petróleo, aunque éste eventualmente vaya a bajar y sea difícil recortar el gasto, o incrementar los impuestos, aunque ello reduzca la producción; en el extremo, se recurre a un mayor déficit fiscal, aunque éste aumente la carga de los impuestos sobre las generaciones venideras.

El problema del debate sobre las erogaciones públicas es que se queda en los objetivos, inobjetables desde el punto de vista ético, pero ignora el costo de los recursos para la sociedad. Para gastar, el gobierno tiene que tomar dinero de los particulares. Aun con un presupuesto equilibrado, un mayor gasto implica mayores impuestos a los individuos, los que, a su vez, tendrán menos dinero para gastar, ahorrar o invertir. De no aplicarse al mejor uso social, esta reasignación empobrece al país sin resolver los problemas de origen. Por tanto, la pregunta central a discusión sobre el gasto debe ser si el gobierno es el indicado para ejercerlo. En muchos casos la respuesta es afirmativa, como cuando el sector privado no tiene los incentivos adecuados para realizarlo: por ejemplo, el ejercicio de la justicia, la seguridad pública, la creación de las leyes, la defensa de los derechos de propiedad, la promoción de la competencia y la construcción de la infraestructura básica para el aprovechamiento común. El gobierno impulsa el desarrollo económico si destina sus erogaciones a estas tareas y favorece la inversión en lugar del gasto corriente en los subsidios y el sostenimiento de la burocracia.

La mejor forma de conducir la discusión presupuestal es solicitar a una agencia independiente la evaluación del rendimiento social de los diferentes proyectos, y autorizar el gasto de acuerdo con esta jerarquía. Decidir es escoger y presupuestar no es la excepción, lo que significa realizar algunas cosas y dejar de hacer otras. El problema del enfoque mexicano actual es que ni siquiera permite valorar la superioridad de un gasto respecto de otro, al plantearse el debate en el vacío, sin compararlo con las tareas sacrificadas.

Ventajas de la eficiencia

La lógica económica exige obtener los mejores resultados de los recursos de los contribuyentes, beneficiando a la sociedad con soluciones eficientes que utilicen, lo más posible, las ventajas de la competencia y los mercados. Por desgracia, cualquier sistema político opera con otra lógica, no necesariamente para maximizar el bienestar de la sociedad sino para proteger los intereses de ciertos grupos de poder. La lógica preferida de los políticos no es la generación de la riqueza sino la distribución de beneficios, lo que comúnmente genera desperdicio, con la ilusión de la equidad. Su justificación se basa en la nobleza de los ideales y no en los beneficios sociales comprobados.

El desafío de la política es reconocer la legitimidad del combate a la pobreza, evitando manipular, con la retórica, la decisión sobre el destino de los recursos públicos. La eficiencia económica beneficia principalmente a los más pobres, al abrirles oportunidades de desarrollo y ascenso social. Por ello, lejos de estar peleada con la preocupación social, es la forma adecuada de servirla. De hecho, el falso dilema entre eficiencia y equidad suele utilizarse como pretexto para postergar reformas de fondo, que son menos populares por eliminar privilegios de ciertos grupos de interés. Por ejemplo, es real que las pensiones de los jubilados son bajas, pero la solución no consiste en preservar la situación actual gastando más sin tocar las instituciones, sino en completar la reforma de seguridad social: extenderla a los empleados del Estado y permitir que la totalidad de las aportaciones en esta materia se destinen a cuentas individuales y las administradoras de fondos compitan por las mismas. Una reforma semejante beneficiaría a todos los trabajadores mexicanos incrementando el nivel de bienestar.

Harían bien los políticos en usar el razonamiento económico para asignar los recursos públicos con igual economía como si fueran propios. Entonces el debate pasaría del plano de los ideales al de la responsabilidad, analizando aspectos de fondo, como los resultados que ha tenido el gasto social sobre las condiciones y perspectivas de los pobres, la contribución neta del gasto público en la producción y el empleo, el verdadero tamaño de la deuda pública, las formas de reducir el peso de esta deuda sobre futuras generaciones, los ahorros en costos y las formas más "neutrales" de recaudar impuestos.

Cuando éstas sean las preocupaciones del Congreso, los mexicanos podremos estar seguros de que nuestros representantes tienen una visión de largo plazo y buscan la prosperidad de la nación. Si ello no ocurre, la sociedad perderá y los legisladores desaprovecharán una magnífica oportunidad de trascender.

Los límites del gasto público

En la discusión política se suele identificar la existencia de carencias económicas y sociales con la necesidad de un mayor gasto gubernamental. Detrás de este razonamiento se supone que un Estado más grande es la solución de la mayoría de los problemas.

No obstante la insistencia, el gasto público difícilmente puede ser la respuesta de muchos problemas. Sin duda, la autoridad debe desempeñar funciones clave para la convivencia pacífica y el funcionamiento de los mercados, que se refieren a la protección de las personas y su propiedad y la provisión de bienes y servicios cuya organización privada es complicada, como un régimen monetario estable y la infraestructura pública. Estas actividades definen la misión del gobierno y, realizadas con eficiencia, impulsan el bienestar de la sociedad.

Sin embargo, más allá de estas tareas, el gasto público tiende a frenar el desarrollo económico. Las limitaciones surgen, por lo menos, por tres razones: los impuestos o el endeudamiento requeridos desplazan el gasto privado y generan incentivos adversos al trabajo, el ahorro y la inversión; al involucrarse en actividades en las cuales no tiene ventaja comparativa, al manejar recursos que no son propios y al no enfrentar la competencia, el gobierno es proclive al desperdicio; y, eventualmente, las mayores erogaciones tienden a redistribuir el ingreso de personas productivas hacia grupos que buscan favores del gobierno más que la producción, propiciando la corrupción y una menor actividad económica.

La evidencia empírica revela que existe una relación inversa entre el dinamismo económico y el tamaño del gobierno. Por ejemplo, considerando 23 países de la OCDE en el periodo 1960-1996, las economías con un gasto público inferior a 25% del PIB registraron un crecimiento económico promedio de 6.6% anual, mientras el crecimiento de aquellas economías con un gasto público superior a 60% del producto fue de sólo 1.6% anual en promedio. Diversas investigaciones concluyen que un mayor gasto público corriente a PIB reduce el crecimiento del ingreso por habitante. Esta asociación negativa surge porque el gasto público corriente tiende a ser muy improductivo y las inversiones exhiben un rendimiento igual o inferior a las inversiones del sector privado.

El gasto gubernamental enfrenta dos problemas graves en México. Por una parte, el principal esfuerzo de las autoridades no parece estar en las áreas que definen su misión, ya que éstas han representado menos de 13% del gasto total, y si se añade la educación no rebasan el 35% del gasto total. Indudablemente existen oportunidades para aumentar la eficiencia, como es el caso de la educación pública, cuya ausencia de incentivos de mercado y competencia para las escuelas y los maestros ha resultado en un sistema de mínima calidad para los alumnos. Sin embargo, la baja ponderación asignada a las funciones fundamentales podría explicar por qué nuestro país padece uno de los sistemas de seguridad y de estado de derecho más deficientes en el mundo, así como la falta de una infraestructura física moderna, lo que constituye un grave costo para las personas y los negocios. Desafortunadamente la atención inadecuada de estas actividades implica una limitación severa al desarrollo económico y el bienestar social.

Un segundo problema, íntimamente relacionado con el anterior, es la tendencia de los grupos de presión por aumentar el gasto en áreas que no son las esenciales. El tamaño del Estado —incluyendo la banca de desarrollo y los estados y municipios— no es pequeño, ya que alcanza, por lo menos, 27% del PIB. Sin embargo, el sector público dedica la mayor parte de sus erogaciones a actividades empresariales y transferencias, manejando negocios de petróleo, electricidad, bancos, agencias de noticias, estaciones de radio, televisión, hospitales, etcétera, promoviendo el turismo y subsidiando diversos grupos "de interés público", tales como los productores de granos y los pequeños empresarios.

Estas actividades empresariales se refieren a bienes "privados", definidos como aquellos que benefician exclusivamente a los individuos consumidores y, por tanto, su realización debería dejarse a los particulares. Más aún, algunos de ellos serían menos requeridos si el gobierno se enfocara a sus funciones básicas; por ejemplo, la garantía de la seguridad física de los viajeros promovería el turismo con mayor vigor que las campañas publicitarias, las cuales deberían estar a cargo de los particulares.

Un comentario final sobre las transferencias. Usualmente se piensa en éstas como medidas para abatir la pobreza. Si bien el gobierno no debe ser indiferente a la marginación social, su mejor herramienta no son los subsidios para "sacar a flote" actividades no rentables y propiciar la dependencia del gobierno. En ningún país del mundo los pobres dejan de ser pobres con el paternalismo y la manutención. La superación de la pobreza requiere una economía dinámica y la movilidad de las personas hacia las mejores oportunidades de empleo.

Debe reducirse el gasto público

El presupuesto federal suele negociarse en el Congreso con la premisa de que gran parte del gasto público está "comprometido". Esta posición tiene un escaso sustento económico y oscurece las funciones propias del gobierno.

La supuesta inflexibilidad del gasto público conduce, prematuramente, a la discusión sobre las formas de su financiamiento: impuestos presentes (y, por ende, mayor "costo político") o una deuda pública adicional. Se ha sesgado tanto el debate presupuestal que se postula la necesidad de una reforma fiscal cuyos recursos adicionales se dedicarían casi exclusivamente para aumentar los egresos, manteniendo el déficit fiscal. Atrás quedó el propósito de frenar la expansión de la deuda pública.

Pero si una familia no se endeuda indefinidamente y tarde o temprano ajusta su gasto a sus ingresos, ¿por qué el sector público actúa de otra forma? La respuesta es que, en política, es posible "vender" los beneficios del gasto público, suponiendo que "otros" lo financiarán. Si bien tal fantasía es posible para algunos, no lo es para la economía: el Estado extrae recursos de los contribuyentes inhibiendo el gasto de éstos. El efecto final sobre la demanda agregada y la producción es, con frecuencia, negativo.

Por ello, para justificar las erogaciones gubernamentales es necesario demostrar que su beneficio supera el costo pagado por la sociedad. El gasto verdaderamente comprometido es el servicio de la deuda y los adeudos de ejercicios anteriores, que representan menos de la quinta parte del presupuesto. El resto debería revisarse para asegurar que el beneficio social neto sea positivo. Esta evaluación debe preceder a cualquier debate sobre las formas de aumentar los ingresos.

La mayor parte del gasto "programable" se refiere a actividades empresariales que incluyen la producción de petróleo, electricidad, gas y petroquímicos; la administración de escuelas, hospitales, instituciones financieras y medios de comunicación; y el fomento de actividades "prioritarias", como la agricultura, el turismo, la pequeña y mediana empresas, las artesanías, etcétera. El sector público se encuentra concentrado en la producción de bienes privados, descuidando los bienes "públicos".

La limitación más importante del presupuesto suele ser la elevada proporción del gasto corriente. Detrás de la inadecuada estructura del gasto se encuentran tres millones de empleados, cuyos sindicatos han logrado aumentar sustancialmente sus remuneraciones.

Las consecuencias de las burocracias son bien conocidas. Por cada peso gastado, una fracción decreciente llega a su objetivo final, ya que el resto se diluye entre los administradores. Los programas y actividades proliferan por iniciativa de los empleados, y la multiplicación de funciones se asocia a un mayor poder de decisión, propiciando corrupción y, a su vez, burocracia para combatirla.

Además de los salarios, las transferencias y subsidios para proveer servicios por abajo del costo son un componente esencial del gasto corriente. Desafortunadamente la calidad de los mismos ha sido muy pobre, como se ilustra en la reprobación de la educación pública por parte de organismos internacionales, el deficiente suministro de la electricidad y los crecientes índices delictivos.

El gasto público no debe aumentar sólo porque hay "necesidades". Paradójicamente, entre más elevado ha sido el gasto público y más variadas sus áreas, menor ha sido su efectividad y las necesidades no han disminuido. Por ello los países con mayor crecimiento económico tienen gobiernos concentrados en el desempeño adecuado de pocas funciones. El crecimiento espectacular del ingreso por habitante en Hong Kong desde los años sesenta fue posible, entre otras razones, porque el gasto público se mantuvo, en promedio, por abajo de 10% del PIB.

México debe reducir el gasto público y aumentar su calidad logrando, aun sin más ingresos, un equilibrio en las finanzas públicas. La medida inmediata sería el abandono de las actividades empresariales y la sustitución de la administración de las escuelas y los hospitales públicos por subsidios a la demanda, dirigidos a los más pobres. La fusión de departamentos y la disminución drástica del personal impulsarían la calidad del gobierno y, con ello, el desarrollo económico.

La inconveniencia del gasto público

La tradicional insistencia de los políticos por aumentar el gasto gubernamental ignora que las mayores erogaciones públicas no necesariamente benefician a la sociedad. Las solicitudes de gasto gubernamental son amplias y diversas, incluyendo los apoyos al campo, la protección de los indígenas, el empuje a las microempresas y los subsidios a la cultura. Se habla también de aumentar la inversión y transferir más recursos a los estados y municipios dejándoles libertad para su asignación.

La lista de demandas se topa con los recursos disponibles. Ante esta restricción, el debate se reorienta a la búsqueda de más ingresos. Es cierto que la ineficiencia de la estructura tributaria ocasiona, aparte de inequidad, una gran pérdida de recursos potenciales para el fisco. Sin embargo, esta realidad no elimina la pregunta sobre la conveniencia de más erogaciones.

En su artículo "Política fiscal, utilidades e inversión", los profesores Alberto Alesina, Silvia Ardagna, Roberto Perotti y Fabio Schiantarelli responden de forma negativa a esta interrogante, al concluir que un mayor gasto público restringe notablemente el crecimiento económico.

A partir de una muestra de 18 países de la OCDE durante 1960-1996, estos autores encuentran que por cada punto porcentual de incremento en el gasto público "primario" —es decir, excluyendo el costo financiero de la deuda— respecto del PIB, la razón inversión a producto de la economía disminuye 0.8 puntos porcentuales; pero tratándose de gasto en salarios, la reducción es de 2.6 puntos porcentuales. Además, los aumentos de impuestos, especialmente los relacionados con el trabajo, desalientan la inversión. Los efectos adversos ocurren, principalmente, porque la mano de obra se encarece y las utilidades caen. Según el mismo estudio, el mayor crecimiento económico ocurre en periodos de recortes del gasto público, especialmente tratándose de sueldos y transferencias; y las desaceleraciones coinciden con los aumentos de impuestos. Por ejemplo, durante 1986-1989, Irlanda recortó las erogaciones en más de siete puntos porcentuales del PIB, y durante la siguiente década el crecimiento económico superó 7% en promedio anual; por contra, desde 1991 Japón ha aumentado notablemente la presencia estatal y el dinamismo económico medio anual ha sido inferior a 1 por ciento.

Los resultados anteriores son congruentes con otros estudios que han documentado, para muestras más grandes de países, una relación inversa entre el gasto público, especialmente el corriente, y el crecimiento económico. Tal asociación no implica que el gobierno carezca de un papel esencial en la economía. Algunas funciones le son exclusivas, pues es difícil que las desarrollen los mercados: la protección de los derechos de propiedad, la vigilancia del respeto a los contratos, un sistema judicial eficiente, un régimen monetario estable y algunos bienes públicos como la infraestructura carretera y la defensa nacional.

Sin embargo, más allá de estas actividades, el gasto adicional se convierte en un obstáculo para el desarrollo al carecer el gobierno de ventajas comparativas. Además, la disputa por las erogaciones se enfoca a la redistribución del ingreso, induciendo a los individuos a buscar favores gubernamentales más que a producir.

LUGARES COMUNES Y LAS FINANZAS PÚBLICAS

Entre los argumentos a favor de una "reforma fiscal integral", lugar común de proposiciones contradictorias provenientes de diferentes sectores, es frecuente escuchar la necesidad de aumentar la "carga tributaria" de México, definida ésta como la proporción de impuestos a PIB.

Se razona que este porcentaje es inferior al de otros países y son ascendentes los compromisos futuros del gobierno. Sin embargo, esta solicitud debe tomarse con cautela, ya que omite el análisis de sus consecuencias sobre la economía y el bienestar de la población. Son oportunos los siguientes tres apuntes sobre las finanzas públicas.

1. La carga tributaria no es tan baja como parece. La confusión en las apreciaciones tiene tanto un origen contable como económico. Es común que se contraste a México con países que consideran como impuesto cualquier recaudación obligatoria, incluyendo conceptos registrados en nuestro país como no tributarios, y consolidan al gobierno federal, incorporando empresas, y a los gobiernos de estados y municipios.

Así, las comparaciones destacan que la proporción de impuestos a PIB en México es "sólo" 10%, en Chile 18% y en Estados Unidos 28%. Sin embargo, si en nuestro país añadiéramos, a los impuestos reconocidos, las contribuciones a la seguridad social, vivienda y pensiones, los impuestos de los estados y municipios y los derechos cobrados por el gobierno total, como lo hacen muchas naciones, la carga tributaria alcanzaría aproximadamente 18%, de acuerdo con datos de 1997. Además, en los países en vías de desarrollo la renta monopólica de las empresas paraestatales (fuente primordial de los ingresos públicos), la mayor inflación, la ineficiencia jurídica y la excesiva regulación representan impuestos sobre empresas e individuos, cuyo reconocimiento, difícil de cuantificar, reduciría aún más las diferencias internacionales.

2. El tamaño del gasto gubernamental respecto del PIB no es tan bajo como indican ciertas estadísticas. En los países industrializados este concepto se refiere al gasto completo del gobierno total, incluyendo estados y municipios. En nuestro país el dato más utilizado es el llamado "programable", referido al gobierno federal excluyendo intereses, participaciones y otros, que asciende a "sólo" 15% del PIB. Para hacer comparables los datos entre países, deberían añadirse a los gastos totales del gobierno federal, que suman aproximadamente 22%, los gastos de estados y municipios no financiados por el gobierno federal, además de la banca de desarrollo. Un cálculo para 1997 eleva las erogaciones del sector público total a cerca de 28% del PIB.

Se arguye que algunos países avanzados han exhibido proporciones superiores a este porcentaje, por ejemplo Estados Unidos con 32%. Sin embargo, es necesaria la cautela con esta observación, ya que el punto de referencia no representa una situación ideal. El desarrollo espectacular de ese país desde 1800 hasta la Gran Depresión se dio con un tamaño de gobierno inferior a 10% del PIB. De forma semejante, el liderazgo industrial de Gran Bretaña construido desde la apertura comercial de 1846 hasta la primera Guerra Mundial ocurrió mientras la participación del gobierno descendió de 20 a 8% respecto del producto. Las proporciones que actualmente muestran los países industrializados son elevadas como consecuencia del crecimiento del "Estado benefactor" durante 1930-1980, periodo en que, eliminando el efecto de las guerras, se registró un menor dinamismo económico.

3. Una mayor carga impositiva difícilmente beneficia el crecimiento económico. Aunque es cierto que el gobierno enfrentará compromisos crecientes en los próximos años, esta situación puede enfrentarse sólo de dos maneras: o se bajan otros gastos, enfocándose a las tareas propias del gobierno y aumentando la eficiencia, o se recurre a las recaudaciones obligatorias, la emisión de deuda o la creación de dinero. Desde un punto de vista económico, las tres fuentes de financiamiento son gravámenes: un aumento de deuda implica impuestos en el futuro, equivalentes en valor presente a los impuestos requeridos hoy; y la creación monetaria produce el impuesto inflacionario.

   La experiencia de muchos países demuestra que una mayor carga tributaria tiende a afectar negativamente el crecimiento económico. Ello refleja las distorsiones de las estructuras de impuestos que desalientan el trabajo y la inversión, así como el desplazamiento del gasto privado por el público. Debe mejorarse la equidad y la eficiencia económica de los impuestos. Pero a los actuales niveles, resulta socialmente preferible reducir el gasto a aumentar la carga de su financiamiento.

México haría bien escogiendo a Hong Kong como modelo, en donde el gobierno se dedica sólo a las tareas de seguridad, administración de justicia, infraestructura de comunicación y atención a los más pobres, y el tamaño de su gasto es inferior a 12% del PIB. Estas funciones reflejan la especialización del trabajo que caracteriza a esta economía, en un contexto de mercados sin fronteras, y contribuyen a explicar por qué desde 1960 el crecimiento promedio anual del ingreso por habitante en ese país ha superado seis por ciento.

Reforma fiscal no implica mayores tasas impositivas

Una de las proposiciones centrales en el debate sobre la reforma fiscal en México es la necesidad de convertir los déficits públicos en superávits, lo que se justifica, por lo menos, por dos razones.

En primer lugar, el déficit público es un ahorro negativo y un aumento de la deuda gubernamental que deberá servirse y eventualmente pagarse en el futuro. En un contexto de acceso limitado a los mercados internacionales e incertidumbre sobre la forma como se servirá la deuda, el ahorro público negativo no necesariamente genera, en el presente, un mayor ahorro privado para compensarlo, lo que se traduce en una presión al alza en las tasas de interés reales y, por ende, un menor dinamismo de la inversión y la actividad económica.

En segundo lugar, la mayor deuda es una carga para las generaciones futuras que difícilmente puede justificarse en términos de equidad. En el caso extremo, la deuda pública puede alcanzar niveles percibidos por los ahorradores como insostenibles, lo que haría más probable el recurso, como en el pasado, al financiamiento inflacionario, un impuesto no legislado que distorsiona las decisiones económicas y cuya incidencia se concentra en los más pobres.

La validez del argumento intergeneracional aumenta al advertir que la deuda pública oficial subestima las verdaderas obligaciones del gobierno. La SHCP ha calculado que si se incorporan los pagarés del IPAB, los bonos carreteros, y los "pidiregas", no reconocidos como deuda pública a pesar de serlo, la deuda pública total se acerca a la mitad del PIB.

Si añadiéramos los pasivos para cubrir a los derechohabientes en los sistemas públicos de previsión social, como el IMSS, el ISSSTE, el de los gobiernos estatales, el INFONAVIT y otros fondos y fideicomisos, esta proporción más que se duplicaría. Por lo tanto, planear la amortización de una parte de la deuda pública no sólo es una medida de prudencia, sino de responsabilidad con las generaciones venideras.

No obstante, la meta de un superávit fiscal no implica forzosamente incrementar los ingresos públicos, ya que puede obtenerse mediante una reducción del gasto. Los mayores desequilibrios fiscales de la historia moderna de México han obedecido principalmente a crecimientos desmesurados en las erogaciones, no a pérdidas de ingreso. Por ello las mejorías en el balance fiscal se sustentaron en recortes del gasto programable y, notablemente, la baja en las tasas de interés al reducirse la inflación. Por ejemplo, entre 1987 y 1992, como proporción del PIB, el balance económico pasó de un déficit de 15.6% a un superávit de 0.4%, principalmente porque el gasto neto total se redujo de 41.5 a 23.6 por ciento.

Buscar un menor gasto se justifica por los desperdicios en las erogaciones y los programas burocráticos que obstaculizan la actividad económica. El supuesto de que cualquier gasto público impulsa el crecimiento económico no se fundamenta empíricamente. Diversos estudios internacionales concluyen que si bien la inversión pública tiene un rendimiento positivo, el gasto público corriente (salarios, prestaciones, papelería, renta de edificios, etc.) tiende a contribuir negativamente al crecimiento económico. Por mucho tiempo gran parte del gasto programable gubernamental de México ha sido corriente. Aun si se demostrara que el gasto no puede reducirse ante la inmejorable eficiencia social del mismo y, por lo tanto, el superávit sólo pudiera alcanzarse con mayores ingresos, ello no implicaría necesariamente mayores tasas de impuestos. La mejor estrategia de recaudación es la que impulsa el crecimiento económico, pudiendo implicar ello la baja en tasas impositivas.

Atención a los incentivos

Una de las predicciones más claras en economía es que los individuos modifican su conducta cuando cambian las reglas del juego, como son los impuestos. Por ello en las reformas fiscales los economistas generalmente abogan por una estructura tributaria que no genere incentivos adversos al trabajo, al ahorro y la inversión, es decir, no "distorsione" las decisiones de los individuos y de las empresas en el mercado.

Para este propósito, una regla de oro es utilizar más los impuestos al consumo y menos los que gravan el ingreso, en cada caso, de ser posible, con tasas únicas. (Los economistas proponen, además, impuestos específicos para corregir "fallas del mercado", como es el caso del gravamen a la gasolina para reflejar el costo social de la contaminación.)

La homologación del IVA a todos los bienes y servicios es una buena iniciativa, ya que grava el consumo y elimina las distorsiones generadas por el trato diferencial. Sin embargo, la recaudación potencial puede aumentar si, además, se reducen las tasas marginales del ISR, para personas físicas y morales, con el fin de castigar menos el esfuerzo laboral y el éxito de los negocios. Las reducciones de las tasas marginales elevadas sobre la renta han propiciado aumentos en la recaudación en muchos países, porque impulsan el crecimiento económico y reducen el premio a la evasión y la elusión fiscales.

Por ello las tendencias en el mundo apuntan hacia la reducción de las tasas impositivas. Este ha sido el caso de Europa, Canadá, Asia y algunos países de América Latina en los años recientes. No unirse a esta corriente pone en desventaja a México en la tarea de atraer inversiones. De hecho, la desventaja existe y podría ampliarse si no se hace nada; por ejemplo, Chile tiene una tasa máxima de 15% para el ISR de empresas.

México tiene la oportunidad de realizar una reforma fiscal que no sólo mejore la situación financiera del gobierno, eliminando sobresaltos en el futuro (aportación no trivial dado el récord histórico), sino que además transforme al sector público en un facilitador del desarrollo económico. El mayor peligro es condicionar las iniciativas a un mayor gasto, lo que convertiría la reforma en un ejercicio inútil porque no mejoraría las finanzas públicas ni las perspectivas de crecimiento económico del país.

Los efectos de los impuestos

Ha regresado al debate público la necesidad de una reforma fiscal que aumente la recaudación tributaria. Sin embargo, es indispensable recordar que los impuestos siempre generan un significativo costo social.

La conveniencia de mayores tributos suele justificarse como medida para solventar, mediante el gobierno, las "crecientes demandas de la sociedad". Si bien es positiva la preocupación por asegurar el equilibrio entre ingresos y gastos gubernamentales, deberían considerarse otros caminos para este objetivo. Como todo en economía, los impuestos no son gratuitos; su costo supera fácilmente los beneficios esperados.

Sin remedio, casi siempre los impuestos son dañinos. Esta conclusión se sustenta en diversas razones que con mucha frecuencia son ignoradas. La primera y más clara es que los impuestos implican distorsiones en las decisiones de la gente, lo que causa pérdidas a la sociedad, sin ganancias para alguien.

El siguiente ejemplo ilustra este costo. Por lo común, en nuestras compras adquirimos artículos a precios por abajo de los máximos que estaríamos dispuestos a pagar. Si en una tienda un individuo encuentra una lámpara de escritorio a 300 pesos que le gusta, tiene el dinero y pagaría por ella hasta 330 pesos, la compra. Su decisión lo ha hecho 30 pesos más rico. Esta ganancia, conocida por los economistas como el "excedente del consumidor", la obtiene a costa de nadie.

Ahora bien, si el gobierno decide poner un impuesto y el precio de la lámpara aumenta a 320 pesos, también la compra, aunque el fisco se lleva 20 pesos a cambio de su menor excedente. Pero si el impuesto lleva el precio a 350 pesos, entonces no la compra, desapareciendo totalmente su excedente. Su decisión lo ha hecho 30 pesos más pobre, sin beneficio para alguien. Desde luego, algunos comprarán la lámpara a 350 pesos, pero la pérdida de éste y otros individuos que deciden lo mismo no favorece a nadie, lo que representa un desperdicio social. Un cálculo adicional debe hacerse con el vendedor, quien con esta decisión pierde la oportunidad de vender a un precio mayor al costo marginal ("excedente del productor"). Ambas pérdidas integran el costo neto para la sociedad.

El daño de los impuestos es amplio, ya que su aplicación desalienta a muchos de comprar una lámpara, construir una casa, trabajar más horas, etcétera. La pérdida para la sociedad puede ser muy cuantiosa ya que puede demostrarse que crece de forma geométrica con la magnitud del impuesto.

Un segundo problema es que, con frecuencia, los gravámenes producen efectos contrarios a los originalmente propuestos. Un ejemplo son las tasas marginales crecientes del impuesto sobre la renta de las personas físicas para mejorar, supuestamente, la distribución del ingreso. Aunque este sistema recaiga en primer lugar sobre los más ricos, no significa que beneficie a los pobres ni que necesariamente con él se atenúe la desigualdad social.

Las distorsiones resultantes incluyen un menor esfuerzo productivo de las personas más capacitadas, que suelen recibir los mayores salarios, así como la reducción del ahorro y de la inversión en la economía. Estos efectos son desafortunados, ya que la mejor forma de acrecentar los salarios de la gente con menores ingresos es aumentando su productividad, mediante la interacción con el capital físico y humano más desarrollado.

Otro ejemplo tiene que ver con la "incidencia" de los impuestos, es decir, quién carga efectivamente con su pago. En ocasiones, se plantea la necesidad de gravar a las empresas cuyo producto es "socialmente indeseable", por ejemplo las tabacaleras (ignorando que sólo los individuos —accionistas, trabajadores, compradores, etcétera— y no las empresas, cubren en última instancia los impuestos).

No obstante, los productores y vendedores pueden transferir el impuesto al consumidor, lo que dependerá de aspectos técnicos como la sensibilidad de la demanda a los aumentos de precios. Como el consumo de cigarrillos es poco sensible a estas variaciones, la mayor parte del gravamen es cubierto por los fumadores a quienes se buscaba proteger.

Finalmente, un tercer problema es que los tributos implican un costo social adicional, al financiar un gasto típicamente realizado de forma ineficiente. Esta propensión no es exclusiva de México, como lo confirma la relación inversa entre la razón de gasto público corriente a PIB y el crecimiento económico encontrada en muestras grandes de países.

Este costo ofrece una alerta respecto de las pretensiones de promover el empleo y la riqueza mediante el gasto público. Cualquier empleo o proyecto financiado con impuestos significa empleos y proyectos cancelados en otra parte de la economía. La baja productividad del gasto público significa que la sola transferencia de recursos conlleve, en muchos casos, una pérdida neta de bienestar.

¿Qué es una buena reforma fiscal?

La respuesta a la pregunta inicial requiere un juicio de valor que puede ser debatible. Ante los posibles dilemas, propongo un solo criterio: la que impulse más el crecimiento económico.

En la discusión pública han proliferado los beneficios que deben perseguirse con una reforma tributaria. La lista de bondades parece crecer con el interés del tema. Así, se menciona aumentar la recaudación de impuestos, acrecentar el gasto público, equilibrar las cuentas fiscales, generar empleos, reactivar la economía, eliminar los privilegios fiscales, mejorar la distribución del ingreso, etcétera.

No se necesita ser un experto para imaginar que con tantas metas cualquier iniciativa puede fracasar en más de una de ellas. Muchos objetivos reflejan necesidades dignas de ser satisfechas; sin embargo, su abultamiento parece ignorar que en la economía, como en la vida, para conseguir algo hay que sacrificar algo más.

De hecho, algunos de los criterios se obstaculizan entre sí; y, en particular, no todos son congruentes con la expansión económica. La identificación de estos dilemas es crucial para diseñar una reforma con expectativas realistas.

Ahora bien, el objetivo último de la política económica es contribuir al mayor bienestar de la sociedad y la forma permanente de lograrlo es el crecimiento de la producción. Sin éste es imposible satisfacer, de fondo, las aspiraciones de menor pobreza, mejores oportunidades de empleo, etcétera. Por ello es indispensable subordinar otros juicios a este fin.

La prioridad anterior redimensiona algunos objetivos frecuentemente citados, entre los que destaco dos. El primero es la preocupación de muchos por aumentar la recaudación tributaria, argumentando que ésta es "muy baja" en relación con el producto. Aunque puede demostrarse que la correspondiente razón no es muy diferente del promedio de otras naciones con desarrollo semejante al de México, lo peculiar de la propuesta es que no toma en cuenta sus costos.

La mayor recaudación significa la extracción de recursos de los particulares mediante impuestos que irremediablemente distorsionan sus decisiones, limitando el empleo, el consumo, la inversión, etcétera. En este sentido no hay tributos buenos, sólo unos con mayor o menor daño sobre la actividad económica.

Por ello, tomando en cuenta otros factores explicativos, una mayor carga fiscal frena el crecimiento; por ejemplo, para sus países miembros, la OCDE estimó que por cada 10 puntos porcentuales de aumento en la razón de impuestos a PIB, disminuye el dinamismo económico casi un punto por año, lo que implica considerables pérdidas acumuladas en el tiempo.

A pesar de lo anterior, con frecuencia se insiste en la necesidad de una mayor recaudación utilizando dos vías (excluyentes). Una es el beneficio del gasto público adicional que compensaría el menor gasto privado derivado de los impuestos. Este supuesto es difícil de defender, ya que los recursos gubernamentales suelen destinarse a actividades de baja productividad, como transferencias, subsidios y gasto administrativo; y, de acuerdo con estudios internacionales, la inversión pública casi nunca supera el rendimiento de la privada.

La otra vía es el requerimiento de ingresos para alcanzar el equilibrio fiscal. Aunque deseable por sí misma, esta meta debería perseguirse reduciendo las erogaciones gubernamentales, y eliminando los obstáculos a la inversión privada en las áreas reservadas al Estado. Los costos de los impuestos obligan a aprovechar la restricción presupuestal como lo hacen las familias: para aumentar el uso eficiente de los recursos.

Un segundo dilema se deriva de objetivos basados en alguna noción de "equidad". El más común se refiere a la disminución de la desigualdad social mediante gravámenes progresivos sobre la renta. No obstante, los impuestos al ingreso inhiben la producción, el empleo y la inversión, y su perjuicio aumenta con las tarifas progresivas, lo que claramente obstaculiza al crecimiento económico.

Otro objetivo es eliminar los privilegios fiscales y combatir la evasión, argumentando (equivocadamente) que la menor recaudación por estos conceptos "le cuesta al país". Sin embargo, si esta última fuera la razón, estas iniciativas serían inconvenientes ya que la mayor carga tributaria siempre tiene los efectos adversos sobre la actividad económica mencionados arriba. Afortunadamente el fortalecimiento del estado de derecho alcanzado con estas medidas apoya el dinamismo económico, lo que podría permitir superar el dilema.

La creciente aceptación de las propuestas que buscan disminuir y unificar las tasas impositivas así como simplificar las reglas fiscales es alentadora, ya que su aprobación reduciría las distorsiones del sistema tributario y el costo de su cumplimiento. Como consecuencia, la reforma fiscal contribuiría al bienestar económico al atenuar el daño ocasionado por los impuestos.

Finalmente debe recordarse que ninguna reforma fiscal es una panacea. La prosperidad depende principalmente de la libertad económica de los particulares y la provisión de ciertos bienes públicos, como la estabilidad de los precios, la defensa de los derechos de propiedad, la infraestructura básica, la seguridad pública y el acceso a una educación de calidad. En varios frentes hay mucho trabajo pendiente.

Una interpretación fiscal equivocada

Con frecuencia se afirma que México debería buscar mayores niveles de bienestar mediante aumentos en la carga tributaria. Esta recomendación carece de sustento y su aplicación puede ser muy peligrosa.

Un punto de partida común de esta postura ha sido la relación estadística positiva que, en muestras grandes de países, suele encontrarse entre el ingreso por habitante y la razón de impuestos a PIB, denominada en la jerga técnica como la carga tributaria. Algunos comentaristas se han basado en esta asociación para derivar una conclusión de causa-efecto muy sencilla: México está subdesarrollado porque recauda poco fiscalmente.

Este diagnóstico se antojaría lógico a partir de los datos, además de prometedor. Así, para algunos el problema del desarrollo del país se reduce enormemente: fijar un objetivo de recaudación "suficientemente alto", de preferencia para varios años, con el fin de que el gobierno gaste más.

No obstante, el progreso económico es más complicado que lo pretendido por estos planificadores. Una de las razones es que la relación empírica aludida es sólo una correlación y, como tal, nada dice sobre la causalidad. En particular, no explica cómo los países llegan al desarrollo.

De hecho, cuando, para las mismas naciones, el ingreso por habitante se sustituye por el crecimiento anual promedio de esta variable durante quinquenios o durante décadas, la relación con la carga tributaria se convierte en negativa. La asociación invertida se confirma si se "ajusta" por diferencias internacionales en variables frecuentemente asociadas con el desarrollo, como el respeto a los derechos de propiedad y la escolaridad. La conclusión de los análisis es contundente: más altas cargas tributarias tienden a coincidir con un menor dinamismo económico y viceversa.

La relación negativa entre el crecimiento y las cargas fiscales puede entenderse porque los impuestos son un mal, cuando menos por dos razones. La primera es que, generalmente, distorsionan las decisiones económicas, en la forma de menores niveles de consumo, ahorro, inversión, trabajo, etcétera, sin un beneficio para alguien: después de su aplicación, la economía produce menos bienes y servicios, lo que representa un desperdicio neto para la sociedad.

La segunda razón es que los gravámenes extraen recursos productivos de los particulares para destinarlos frecuentemente a tareas de baja productividad, como subsidios, transferencias a grupos de interés, etcétera. Aun las funciones imprescindibles del Estado, es decir, aquellas que difícilmente serían organizadas por el mercado, como la seguridad pública o la construcción de infraestructura, no se efectúan sin ineficiencias y suelen representar una fracción pequeña del gasto público en muchos países.

El problema de las erogaciones gubernamentales es bien conocido. Los proyectos públicos no se clasifican de mayor a menor rentabilidad social para atender primero a los más elevados en este ordenamiento, como lo haría una empresa con sus planes de inversión según la rentabilidad privada. Las decisiones de gasto gubernamental obedecen a criterios políticos, buscando favorecer a ciertos grupos de electores. Por ello parten de obligaciones rígidas de gasto y difícilmente se abocan a las tareas esenciales, y que incluso, a menudo, se sacrifican.

Ahora bien, si los impuestos son tan malos, ¿cómo se explica la relación positiva entre el ingreso por habitante y la carga tributaria observada entre las naciones? Los economistas Gary S. Becker y Casey B. Mulligan han respondido a esta pregunta: los gobiernos eventualmente reconocen que los gravámenes eficientes para la economía, es decir, los que producen menos distorsiones, son, a la vez, los más efectivos en términos de recaudación.

Los gobiernos prefieren tasas impositivas bajas y parejas, definidas sobre bases tributarias amplias, como sería un impuesto general al consumo (en lugar, por ejemplo, de múltiples gravámenes a productos específicos), no sólo porque perjudican menos a la economía sino porque recaudan más y, de esta manera, financian un mayor gasto público.

Sin embargo, la efectividad de estos impuestos depende del ingreso del país. Entre más avanzada es una nación, menor es su economía informal, más moderna es su industria, más eficiente es la administración del gobierno, etcétera, lo que facilita la aplicación de un mismo impuesto sobre bases más amplias.

Los autores demuestran, además, que mientras los impuestos eficientes generan eventualmente una mayor carga tributaria, lo contrario no sucede. Los gobiernos que se proponen acrecentar la recaudación sin un suficiente ingreso por habitante, terminan por recurrir a impuestos ineficientes. Tal es el caso de Brasil, cuya carga fiscal de 37% del PIB ha requerido más de 60 diferentes tributos que han limitado el progreso de esa nación.

En conclusión, el mayor crecimiento económico es incompatible con cargas tributarias altas. La mejor contribución del gobierno al desarrollo es la provisión de los bienes públicos esenciales y la adopción de una estructura fiscal que dañe lo menos posible las decisiones de los particulares. México está subdesarrollado no porque recaude poco. La carga tributaria actual refleja, en buena medida, el nivel de ingreso de nuestro país.

El presupuesto sin reforma fiscal

La falta de acuerdos para una reforma fiscal ha dejado una sensación de fracaso que parece haber empañado las perspectivas económicas de México.

El desencanto tiene su origen en la impresión generalizada de que una reforma tributaria puede resolver muchos de los problemas del país, como la baja productividad, el rezago de la inversión, la carencia de mejores empleos, la desigualdad del ingreso y la vulnerabilidad de las finazas públicas. Ante esta esperanza, es lógica la desilusión, que posiblemente se tradujo en la percepción de menores posibilidades para otros cambios estructurales.

Independientemente del probable deterioro de las expectativas, vale la pena acotar el pesimismo. Ninguna reforma fiscal puede lograr al mismo tiempo una lista tan larga de bondades. La razón es familiar a la vida cotidiana y, por supuesto, a la economía: las decisiones siempre tienen costos, es decir, sacrifican algo y las medidas tributarias no son la excepción.

En particular, varios de los objetivos fiscales mencionados pueden ser contradictorios, por lo menos en el corto plazo, generando dilemas. Por ejemplo, si la preocupación es impulsar la economía lo recomendable es reducir el número de tributos y bajar las tasas impositivas (especialmente el ISR), ya que cualquier impuesto es una distorsión que desalienta la actividad económica. Sin embargo, esta medida, aplicada "suficientemente", reduce la recaudación cuando el objetivo que suele estar en el trasfondo de cualquier iniciativa en la materia es precisamente recaudar más.

Algo semejante sucede con otras metas, como la redistribución del ingreso en favor de los más pobres. Los gravámenes orientados de esta segunda manera frenan el dinamismo económico, restricción que, por cierto, es menor aunque no desaparece si el instrumento de redistribución es el gasto gubernamental.

Éstas y otras disyuntivas seguramente estuvieron detrás de la gran variedad de propuestas fiscales discutidas por los legisladores. De ahí que sea ocioso hablar de "la reforma fiscal" en abstracto, como si fuera una sola. Los proyectos examinados eran muy diferentes en diseño y resultados esperables: algunos procuraban la eficiencia económica, como el del Ejecutivo, y otros… francamente sólo eran enredos.

Lo que al final predominó fue el rechazo legislativo, presumiblemente con el apoyo popular, de cualquier aumento de impuestos en sus diversas modalidades (homologación, nuevos tributos, etcétera), lo cual difícilmente sorprende, a la luz de los intereses creados y, posiblemente, de las dudas compartidas por muchos sobre el beneficio de la utilización de los recursos extraídos de la sociedad.

A pesar de ello, el desenlace del Congreso debe considerarse positivo, si bien inferior a la aprobación de una buena reforma fiscal que impulsara el crecimiento económico con las medidas descritas anteriormente. La razón de fondo es que el presupuesto sin grandes cambios fiscales fue un ejercicio responsable que beneficia a México.

En primer lugar, no se recurrió a ninguna de las salidas fáciles que muchos pronosticaron: aumentar el déficit fiscal, revisar al alza el precio futuro del petróleo o reducir las tasas de interés previstas. El presupuesto mantiene los criterios macroeconómicos, así como las metas de mínimo déficit fiscal y reducción de deuda externa planteados por el Ejecutivo, lo cual refleja un compromiso con la disciplina fiscal, condición esencial para el buen desempeño económico.

En segundo lugar, los legisladores encontraron una forma razonable de aumentar los recursos disponibles para proyectos considerados esenciales, sin introducir nuevos gravámenes. Aproximadamente un tercio provendrá de la efectividad en la recaudación y de ventas de activos improductivos. Los dos tercios restantes procederán de recortes de gasto público corriente.

Considerando los excesos propios de cualquier estructura administrativa grande, el programa de austeridad extendido a casi todos los ramos del gasto gubernamental, incluyendo a los tres Poderes de la Unión, es una excelente noticia porque busca reducir el desperdicio y la ineficiencia en el uso de los recursos. Aunque tuvo elementos arbitrarios, probablemente éstos eran inevitables, ya que un mayor análisis, además de no estar exento de cierta subjetividad, hubiera dado pie a posponer o evitar cualquier ajuste.

Los recursos liberados se canalizarán a las áreas que se buscaba apoyar con una reforma fiscal: infraestructura, educación, desarrollo social y, en especial, el gasto federalizado. Aunque puede cuestionarse también esta asignación, por ejemplo, por la omisión de rubros esenciales y altamente rezagados, como la seguridad pública, el monto liberado supera los ingresos estimados de algunas propuestas fiscales discutidas.

La insuficiencia del equilibrio fiscal

Existe un creciente interés de que el déficit público se reduzca en los próximos años y se convierta de manera permanente en un balance equilibrado o, mejor, en un superávit. En nuestro país esta posición se explica, entre otras razones, por la relación entre elevados desequilibrios fiscales e inflación en el pasado. No obstante, un buen balance fiscal es deseable pero no suficiente para promover la estabilidad económica.

El déficit público es el exceso de gasto sobre ingreso del sector público, incluyendo impuestos y otros gravámenes (por ejemplo, aportaciones obligatorias a la seguridad social y derechos por extracción de petróleo), en un periodo determinado, que puede financiarse con impresión de dinero o con deuda.

En cualquiera de los dos casos, el déficit se traduce en impuestos ocultos y, por tanto, en recursos que el gobierno toma de los particulares reduciendo la capacidad de gasto de éstos: si es por emisión monetaria resulta en inflación, que es un impuesto sobre los saldos de dinero, afectando principalmente a los más pobres; y si es por deuda, implica impuestos futuros para pagarla eventualmente. Por ello la verdadera carga tributaria es el tamaño del gasto público.

Con su autonomía, el Banco de México no está obligado a prestar al gobierno, por lo que, a diferencia del pasado, es de esperar que el déficit se financie exclusivamente con deuda (si bien el banco central, al apropiarse del impuesto inflacionario, puede "transferirlo" al gobierno y, de esta manera, financiarlo).

Ahora bien, si un déficit fiscal se traduce en otros impuestos y la "baja capacidad recaudatoria" del gobierno se señala comúnmente como una debilidad, ¿por qué se rechaza el déficit? Tal vez porque el público considera los gravámenes implícitos en el déficit como un engaño, ya que el Congreso puede autorizar un mayor gasto sin necesidad de entrar al espinoso debate de los impuestos y tener la responsabilidad de legislarlos explícitamente. Por otra parte, el público ha experimentado los efectos adversos de la forma de financiamiento alterno más socorrida: el impuesto inflacionario.

Por lo anterior es positiva la insistencia en un buen balance fiscal como requisito de transparencia y rendición de cuentas. Sin embargo, este logro no es suficiente para asegurar un buen desempeño del gobierno en la economía. Es necesario vigilar otros aspectos independientes del déficit, como la estructura temporal de la deuda, el impacto de los impuestos sobre los incentivos a trabajar, ahorrar o invertir, y el efecto del gasto público sobre el bienestar de la población.

La insuficiencia de un buen balance fiscal fue evidente en la crisis de 1995, precedida por superávits fiscales durante 1991-1993 y congruente con balances en equilibrio durante 1994-1995. La relativa estabilidad del balance fiscal durante la década anterior, con un promedio prácticamente de equilibrio, contrasta con los requerimientos crecientes de refinanciamiento de la deuda asociada al dólar en la forma de Tesobonos. Este episodio puso de manifiesto que el balance fiscal no es suficiente para asegurar la estabilidad (ni la "solidez" de las finanzas públicas).

Un aspecto análogo de insuficiencia del balance fiscal respecto de la estabilidad económica se refiere a la evolución del gasto público. Al analizar por trimestres las tasas de crecimiento anual del gasto público y del PIB durante 1990-1999 según el Sistema de Cuentas Nacionales, dos características llaman la atención.

En primer lugar, el gasto gubernamental ha tendido a moverse en la misma dirección que el PIB. En segundo lugar, este gasto ha sido significativamente más volátil, exhibiendo el doble de la variabilidad del producto. Estas observaciones sugieren que el gasto público ha sido fuente de inestabilidad en la actividad económica y sus vaivenes han inducido expansiones artificiales y contracciones severas en la producción.

Por ejemplo, durante 1994 un impulso "entusiasta" de 12.4% del gasto público facilitó un crecimiento de 4.4% en el PIB, y el año siguiente una disminución de 11.4% en el primero precipitó la caída de 6.2% del producto, la más pronunciada desde la Gran Depresión. De forma semejante, en 1997 el PIB creció en promedio 6.8% "ayudado" por la expansión del gasto público, y se desaceleró en los dos años siguientes, entre otras razones, por los recortes sucesivos de gasto ante los menores precios del petróleo.

Al no enfrentar una restricción intertemporal sobre sus erogaciones, el gobierno gasta en cada periodo lo máximo permitido por los correspondientes ingresos, por supuesto, satisfaciendo siempre el "requisito" de un bajo déficit. El resultado es una gran inestabilidad en la actividad económica y en el empleo.

Para promover la estabilidad económica y el bienestar de la población, el gobierno debería garantizar no sólo un balance fiscal favorable, sino un crecimiento estable de su gasto, por ejemplo, a una tasa equivalente al dinamismo de largo plazo de la economía.

Esta regla de responsabilidad requeriría que en los periodos de auge, el gobierno ahorrara parte de sus ingresos en un "fondo de estabilización", del que retiraría recursos en los periodos desfavorables. La mayor certidumbre en el comportamiento del gobierno se traduciría en tasas de crecimiento económico y creación de empleos más estables.

EL FORTALECIMIENTO FINANCIERO DEL GOBIERNO

Desde la crisis de 1995 el sector público ha reducido considerablemente la deuda externa, la cual alcanzó 12% del PIB en 2002, proporción semejante a la observada a finales de la época del "desarrollo estabilizador" de México. Sería conveniente que este avance se complementara con un mejor balance fiscal.

Esta estrategia ha sido acertada porque las mayores inestabilidades financieras del país, como las ocurridas en 1982, 1987 y 1995, estuvieron precedidas y acompañadas de acrecentamientos abruptos en la deuda pública en moneda extranjera, cuyo servicio se tornó inmanejable. El endeudamiento externo acelerado durante los setenta, apoyado en los descubrimientos petrolíferos, fue insostenible ante el alza de las tasas de interés internacionales y las repetidas caídas de los precios del petróleo en los ochenta. Las dificultades de pago desembocaron en crisis cambiarias, una moratoria y varias renegociaciones de débitos que, de hecho, generaron más endeudamiento.

Fue necesario un acuerdo en 1990, con quitas de intereses y principal, para poner fin al problema de la deuda externa. Desafortunadamente en 1994 el gobierno decidió enfrentar la crisis de confianza derivada de los disturbios políticos refinanciando su deuda interna con Tesobonos, pagaderos en pesos pero indexados al tipo de cambio, cuyo saldo a finales del mismo año rebasó las reservas internacionales del Banco de México. Se requirió entonces un cuantioso apoyo financiero del exterior para hacer frente a estas obligaciones, que se liquidaron en dólares.

En cada episodio el costo fue una contracción severa del producto, que no debería sorprender. La evidencia sobre los países en desarrollo revela que, a partir de cierta proporción, la mayor deuda externa a PIB frena el crecimiento económico. Aunque la determinación de este valor de referencia es debatible, los estudios concluyen que es bajo, posiblemente inferior a 15%. Una explicación de ello es que el endeudamiento público externo tiende a canalizarse a inversiones de escasa rentabilidad y su pago implica impuestos futuros elevados, frecuentemente con distorsiones sobre la actividad económica.

El menor endeudamiento aprovecha las lecciones sobre los riesgos de la deuda externa. Por ello las autoridades han buscado amortizar las obligaciones más onerosas y extender los plazos de vencimiento. La consecuencia ha sido un ahorro considerable para el sector público, al descender la carga del servicio de su deuda externa —amortizaciones más intereses respecto del producto— de aproximadamente 13% en 1996 a 4% en 2002.

Además, con un régimen de tipo de cambio flexible, el Banco de México ha pasado de ser deudor frente al exterior en 1995 a acreedor en los años posteriores. De ahí que, consolidada con las reservas internacionales del Banco Central, la deuda externa neta del sector público bajó a 4% del PIB en 2002.

Sin embargo, el menor endeudamiento externo ha implicado que el gobierno federal dependa de forma creciente de los mercados domésticos para financiar su déficit, por lo que, como proporción del producto, su deuda interna promedio, sin incluir otros pasivos garantizados, subió de 6.6% en 1996 a casi 14% en 2002. Para atenuar las posibles presiones sobre la economía, las autoridades han buscado reducir los riesgos de refinanciamiento, entre otras medidas, alargando también los plazos de vencimiento, y abandonando los títulos indexados al dólar y, gradualmente, los de la inflación y de tasas de interés variable, a favor de valores con tasas nominales fijas.

En esta política ha sido crucial la baja de la inflación anual a un solo dígito desde 2000 porque, al reducirse la incertidumbre, ha aumentado el atractivo de las inversiones de mayor plazo. La menor inflación y el manejo de la deuda pública han contribuido a la percepción de "riesgo país" moderado y al otorgamiento de grado de inversión de la deuda soberana mexicana en moneda extranjera por parte de las principales agencias calificadoras. Con ello el sector privado ha podido emitir bonos de largo plazo en pesos con rendimiento nominal fijo y ha enfrentado un menor costo de acceso a los mercados internacionales de capital.

La consolidación de estos logros requiere, además del control permanente de la inflación, la disminución de los requerimientos financieros gubernamentales. Entre 1997 y 2002 la fracción del ahorro financiero captado por el sector público se duplicó, alcanzando en el último año casi 60%, lo que ha limitado la disponibilidad de recursos internos para las inversiones privadas.

La deseable desaceleración del endeudamiento público interno implica mejorar el balance fiscal, buscando un equilibrio de largo plazo de las finanzas públicas, mediante una estructura tributaria más eficiente y un gasto enfocado a las funciones esenciales del gobierno. Ello apoyaría la estabilidad de los precios e impulsaría el crecimiento económico.

LECCIONES DE ARGENTINA

La renuncia de dos ministros de economía en Argentina durante marzo de 2001 ofrece lecciones a México; la más importante es el recordatorio de que los problemas económicos generalmente no vienen de afuera sino de adentro. La vicisitudes argentinas son el producto de los problemas fiscales y regulatorios de antaño. Durante la mayor parte del siglo XX, el gobierno impuso barreras al comercio exterior e intervino en la economía mediante los subsidios, la excesiva regulación y la expansión del gasto público. Como en otros países, el Estado acumuló un gran número de empresas, cuyos requerimientos llegaron a representar más de la mitad de su gasto no financiero. El déficit fiscal resultó en una persistente indisciplina monetaria y el descontrol de la inflación.

Para estabilizar los precios, Argentina aplicó, sin frutos, sucesivos planes "heterodoxos" basados en la congelación de precios y la promesa incumplida de disciplina fiscal y monetaria. La inflación depreció de tal manera la moneda que fue necesario cambiar varias veces su denominación y unidad de medida. En 1989 el crecimiento anual de los precios alcanzó la tasa récord de 4 929%. En 70 años, el ingreso por habitante de Argentina pasó de ser uno de los diez más altos del mundo a uno mediocre.

Ante los graves problemas económicos, a principios de los noventa, el presidente Menem dio un giro promisorio a la política económica, optando por la liberación de los mercados y las privatizaciones. Para recuperar la fortaleza monetaria, el Congreso aprobó la Ley de Convertibilidad por la que se fijó el valor del nuevo peso en paridad con el dólar, y se obligó, mediante una caja de conversión, a que todo peso en circulación se respaldara con reservas internacionales. La estabilización de los precios y las medidas estructurales generaron un auge de inversiones e impulsaron el crecimiento económico.

No obstante la nueva orientación, se conservaron algunos defectos del pasado. El gasto público continuó creciendo, duplicándose en una década el gasto corriente. El énfasis en el déficit fiscal escondió esta tendencia al contar el gobierno con ingresos extraordinarios por las privatizaciones. Los cuatro paquetes fiscales de 1995 a 1999 se basaron en incrementos de impuestos con promesas incumplidas de reducciones de gasto.

Además se protegieron los monopolios en ciertos mercados, se enfocó la apertura comercial a un pequeño número de países vecinos con problemas semejantes, en el seno del Mercosur, y se mantuvo la excesiva carga impositiva contra la mano de obra y la discrecionalidad e ineficiencia del gasto público (transferencias generosas a las provincias, sistema de educación pública dominado por los sindicatos, etcétera).

Las decisiones anteriores han colocado a Argentina en desventaja para atraer inversiones, una vez pasada la ola de las privatizaciones, y han constituido una fragilidad frente a los choques externos, como ocurrió con las crisis asiática, rusa y brasileña entre 1998 y 1999. La prolongada recesión y la oposición a reducir el gasto público y liberar más los mercados, agravó sus problemas fiscales. La elevada deuda externa de corto plazo y la consiguiente preocupación sobre una moratoria no fueron suficientes para impulsar el cambio, en gran medida, porque el rescate del FMI por 40 mil millones de dólares, contratado a finales de 2000, le brindó un "respiro" a sus problemas. La posposición de las reformas pendientes ha generado un elevado costo al no haberse disipado las dudas de los inversionistas respecto de las perspectivas de la economía y la solvencia fiscal. Argentina nos recuerda que el gobierno puede convertirse fácilmente en un obstáculo al crecimiento económico, cuando se atribuye un papel dominante al gasto público y a la regulación de los mercados.

Frecuentemente se arguye que el problema de Argentina es la caja de conversión. Esto es absurdo ya que este régimen logró la estabilidad monetaria perdida por casi un siglo. El "problema" de la convertibilidad es que pone en evidencia la fragilidad de las finanzas públicas, toda vez que la deuda pública no puede financiarse con emisión de dinero sino en los mercados.

Las renuncias ministeriales reflejan la victoria de la política sobre la economía. México enfrenta algunos retos análogos a los de Argentina, por lo que debe aprender de esa experiencia. La reforma hacendaria planteada por el gobierno mexicano parte de una verdad cruda: el verdadero déficit fiscal es superior en más de cuatro veces al de las mediciones tradicionales. Sin embargo, hay malas y buenas formas de atacar el problema. La crisis de Argentina nos recuerda que una reforma fiscal debe empezar por reducir el gasto público y las regulaciones a la economía.

El problema de Argentina es fiscal

La profundidad de la crisis de Argentina ha dado lugar a múltiples explicaciones sobre su origen que frecuentemente carecen de validez. Sin embargo, el principal responsable de este deterioro ha sido la indisciplina fiscal. Después de más de tres años de recesión y escepticismo de los agentes económicos sobre los programas gubernamentales, Argentina declaró la moratoria sobre la deuda pública externa y aplicó controles a los movimientos de capital y de retiro de los depósitos bancarios, que propiciaron una devaluación, el incumplimiento generalizado de los contratos y el resquebrajamiento del sistema de pagos. La situación es lamentable no sólo por la caída sustancial del bienestar sino por las bajas probabilidades de mejora: el fantasma de la inflación ha resurgido y la violación de los derechos de propiedad dificultará el regreso del ahorro.

Algunos elementos de esta crisis no son completamente nuevos en Argentina. Durante gran parte del siglo XX ese país registró tasas elevadas y variables de inflación con un bajo crecimiento del ingreso. La economía fue empeorando hasta la década de los ochenta cuando, en promedio anual, el PIB por habitante cayó 2.1% y la inflación fue 493%. Este insatisfactorio desempeño resultó de un modelo de desarrollo "hacia adentro", basado en la amplia intervención del Estado en la economía, déficits fiscales crecientes y un continuo desorden monetario. De hecho, Argentina es uno de los países donde el dinero ha perdido más significativa y frecuentemente su valor, como lo demuestra el hecho de que sólo en 20 años se añadieron 13 ceros a su moneda.

Con el fin de controlar la hiperinflación —generada por el gobierno un año antes para "licuar" su propia deuda—, en 1991 se adoptó el Plan de Convertibilidad que fijó la paridad del peso argentino 1 a 1 con el dólar y requirió al Banco Central respaldar sus pasivos con reservas internacionales, con lo que se aseguraba que el dinero en circulación sería igual al demandado por el público. Esta condición era indispensable, ya que su violación para financiar el desequilibrio fiscal había sido la causa de las recurrentes devaluaciones del pasado. El nuevo sistema, conocido como "caja de conversión", fue una medida extrema para recuperar la credibilidad en la moneda y su respeto por parte del gobierno.

Esta ley se complementó, durante la primera parte de los noventa, con un amplio programa de desregulación y privatización que permitió impulsar la eficiencia económica. Se eliminaron las barreras a la inversión privada y se privatizaron actividades tan diversas como el petróleo, la electricidad, los puertos y aeropuertos, las aerolíneas, los ferrocarriles, los subterráneos, las carreteras, las telecomunicaciones, el servicio postal y los fondos de pensión. Se liberó el sistema financiero y se modernizó su regulación, generando un sistema bancario sólido y bien capitalizado.

En ocasiones se argumenta que la crisis argentina fue resultado de la caja de conversión y las medidas de mercado descalificándolas como "neoliberales". Sin embargo, el sistema de paridad fija logró la estabilidad monetaria de la que no habían gozado los argentinos por varias generaciones y permitió el funcionamiento normal de la economía. Además, la privatización y la desregulación impulsaron la inversión privada y el crecimiento del ingreso. Así, la inflación anual pasó de 1 344% en 1991 a un promedio anual de 2.8% entre 1992 y 2001 y, aun con la recesión de tres años, el aumento promedio anual del PIB por habitante en este lapso alcanzó 1.8%, el segundo mayor de América Latina después de Chile.

El origen de la crisis se encuentra, más bien, en la permanencia de algunas limitaciones del pasado, entre las que destaca la irresponsabilidad fiscal. Los ingresos por privatizaciones escondieron transitoriamente las presiones fiscales y se destinaron a aumentar el gasto corriente, que se mantuvo alto cuando los recursos por esa fuente decrecieron. La persistencia de las erogaciones públicas respondió a propósitos políticos, como las elecciones federales y las concesiones a las provincias, a las que se les permitió endeudarse sin control. El déficit fiscal fue en aumento y, al no poder financiarse con impresión monetaria, implicó un creciente endeudamiento en dólares. De 1992 a 2001 los intereses sobre la deuda pública aumentaron 251%, situación que descubría con claridad la insolvencia del gobierno.

Si acaso de algo puede culparse a la caja de conversión es de su rigidez, la cual era necesaria para remontar las dudas del pasado. Sin embargo, el gobierno falló en proveer a la economía de flexibilidad por otros medios, para enfrentar "choques" externos negativos, como los ocurridos desde la crisis brasileña de 1999. La flexibilidad debió basarse en superávits fiscales en los primeros años de los noventa para poderlos gastar en los años adversos. Además, debió eliminar los obstáculos al libre funcionamiento del mercado laboral que explican el crónico desempleo de ese país, así como abrir las fronteras al comercio internacional, ya que Argentina es una de las economías más cerradas del mundo.

El peligro de la autocomplacencia

Los problemas de Argentina para solventar su deuda pública han servido de base a muchos analistas para concluir que los mercados internacionales diferencian favorablemente a la economía mexicana. Si bien esta aseveración es parcialmente correcta, es peligrosa si se interpreta como una situación de fortaleza, ignorando los obstáculos al desarrollo económico.

Aunque, a diferencia de Argentina y de sí mismo en el pasado, México no enfrenta dificultades para servir su deuda pública, ello no es motivo suficiente de satisfacción. Por su desempeño y las grandes tareas pendientes, nuestro país sigue siendo clasificado como un "mercado emergente", categoría de connotación mixta, asociada, en términos gruesos, a las economías en desarrollo que en diferente grado han aplicado reformas para impulsar su crecimiento. En estos países las oportunidades de inversión son muy rentables, pero, al estar sujetas a trastornos económicos y políticos inesperados, implican un gran riesgo.

En el pasado estas dificultades tuvieron su origen en políticas monetarias y fiscales irresponsables, que condujeron eventualmente a la incapacidad para hacer frente a las obligaciones en moneda extranjera. Típicamente estas naciones, que son receptoras de créditos "blandos" de los organismos multilaterales, han incurrido en moratorias y reestructuraciones de su deuda externa y, por largo tiempo, han operado bajo la tutela del Fondo Monetario Internacional. La mayoría ofrece sólo una seguridad limitada a la estabilidad financiera y al respeto de los contratos, por lo que frecuentemente las inversiones se consideran "especulativas".

México está incluido en este grupo sin una clara superioridad, como lo reflejan dos indicadores de riesgo utilizados para las economías emergentes. El primero se refiere a las diferencias *(spreads)* de los rendimientos de los bonos de estos países, negociados en los mercados internacionales, respecto de los rendimientos de los bonos del Tesoro de Estados Unidos, considerados "libres de riesgo". Entre mayor es la diferencia, más profunda es la percepción de que el emisor caerá en incumplimiento. La nomenclatura de muchos títulos (Aztecas, Bonos de descuento A, B, C y D, etc.) es un recordatorio de las múltiples reestructuraciones de las deudas. Además, como la mayoría ha sido emitida por los gobiernos, las diferencias de los rendimientos se interpretan como medida del "riesgo país". De acuerdo con el índice de bonos de mercados emergentes EMBI Global elaborado por J. P. Morgan, en promedio México representa un mayor riesgo que 10 de los 28 países incorporados.

Un segundo indicador es la evaluación de las agencias calificadoras sobre la capacidad y la disposición de los gobiernos de cumplir con sus obligaciones de acuerdo con los términos originalmente pactados. Aunque las calificaciones de deuda soberana no representan una evaluación del país, indirectamente la reflejan al basarse en múltiples indicadores sobre la economía y el sistema político, por ello sirven comúnmente de "techo" para las calificaciones de las deudas de las empresas. Definiendo los "mercados emergentes" como aquellos que han alcanzado como máximo el peldaño mínimo de "grado de inversión", Standard & Poor's califica la deuda pública de largo plazo en moneda extranjera de siete países por encima de la de México.

Más aún, no es claro que la situación en 2001 haya diferenciado sólo a nuestro país. En contraste con la crisis asiática y rusa de 1997-1998, las posibles repercusiones de Argentina sobre el conjunto de mercados emergentes se perciben como moderadas. Así lo refleja el incremento modesto y semejante registrado por el índice de diferencia de rendimientos EMBI, excluyendo a Argentina, y el de México. Por otra parte, tampoco han proliferado las revisiones a la baja de la calificación de deuda de otros mercados emergentes a partir de esta crisis.

Por ello la comparación de México con Argentina es de utilidad limitada y puede ser contraproducente si conduce a un diagnóstico equivocado sobre los impedimentos al desarrollo económico. Una evaluación más provechosa tomaría como referencia las economías prósperas, que han registrado las tasas más elevadas de crecimiento por largos periodos y, por ende, han reducido sustancialmente los problemas de la pobreza. La fórmula del éxito ha sido sencilla, basada en resultados y no en especulación ideológica: un funcionamiento libre de los mercados, la ausencia de obstáculos a la inversión privada y un gobierno dedicado a la provisión de bienes públicos, es decir, aquellos que difícilmente pueden ser generados por los particulares, como son la infraestructura pública y el estado de derecho.

En la situación actual el principal peligro es la autocomplacencia fomentada por las comparaciones mediocres. Nuestro país no debe conformarse con una inflación media, una estructura de impuestos basada en privilegios, el gasto público creciente por frenar el proceso de privatización, los obstáculos a la inversión privada para satisfacer a ciertos grupos de interés y el débil estado de derecho. Para dejar de ser "economía emergente", México debe imitar a las naciones exitosas planteándose estándares exigentes.

VIII. RÉGIMEN CAMBIARIO Y PARIDAD

La evolución del tipo de cambio es un tema que despierta un gran interés de expertos y legos en gran medida porque en el pasado las devaluaciones del peso fueron detonantes de las grandes crisis económicas. La convivencia de un régimen de tipo de cambio predeterminado y una política monetaria y fiscal incongruente condujeron a varias debacles financieras de fin de sexenio.

La recurrente caída del valor de la moneda y sus secuelas negativas sobre el salario, el empleo y la producción marcaron la memoria de los mexicanos. A pesar de que las condiciones han cambiado y, en particular, la paridad se determina libremente, el público sigue temiendo los descalabros monetarios que ocurrían por la incoherencia de los arreglos anteriores.

Con una confusión semejante, muchos analistas siguen evaluando los niveles de la paridad como "adecuados" o "sin fundamento", solicitando la intervención del Banco Central para su "corrección", ignorando que, en el régimen libre, estas modificaciones son un asunto del mercado.

En el fondo cualquier sistema de tipo de cambio puede evitar las crisis financieras si respeta las reglas básicas de su funcionamiento. Con un régimen libre la paridad no puede ser manipulada y la política monetaria debe buscar la estabilidad de los precios con sus propios instrumentos.

Paradójicamente, el creciente respeto de estas condiciones en México ha generado una mayor estabilidad cambiaria que la observada en los años de los tipos de cambio predeterminados. La sensatez en la política económica genera frutos, aunque la adaptación a las nuevas circunstancias sigue enfrentando el escepticismo de muchos interesados.

Por qué no debe ocurrir una crisis sexenal

Como reflejo condicionado del pasado, en 1999 ha empezado a preocupar la posible ocurrencia de una crisis de fin de sexenio. El desenlace temido hace referencia a las cuatro transiciones presidenciales caracterizadas, entre otros factores, por una abrupta devaluación del peso frente al dólar, un agravamiento de la inflación y una posterior desaceleración o contracción económica. En promedio, durante las cuatro crisis de fin de sexenio, los activos denominados en pesos sufrieron una caída de 45% en términos reales y el crecimiento económico se redujo a −1.3%. El efecto negativo de estas crisis sobre el bienestar de la población hace indispensable excluir tal eventualidad.

Afortunadamente existen razones para esperar en esta ocasión una transición sexenal estable. Aunque la historia constituye en sí misma una razón de temor, la asimilación de las lecciones del pasado debe ser la mejor garantía para evitar otra crisis. Existen por lo menos dos motivos: la inestabilidad generalmente ha tenido su origen en errores o limitaciones en el manejo de la política económica, y la lista de las deficiencias pasadas es suficientemente conocida como para que, superándolas, se reduzca la probabilidad de ese evento.

Si bien en algunos casos la crisis ha estado precedida de "choques" externos como la caída del precio del petróleo y el alza de las tasas de interés en Estados Unidos, o un desorden político por asesinatos de figuras públicas, éstos no han sido suficientes para explicar la inestabilidad macroeconómica de fin de sexenio.

En términos resumidos, las crisis sexenales ocurridas pueden caracterizarse en tres clases. La primera es de origen fiscal: con un tipo de cambio fijo, el exceso de gasto público se tradujo en un déficit en la cuenta corriente de la balanza de pagos y en una emisión monetaria que presionó la inflación e hizo insostenible el valor del peso en términos de dólares, recurriéndose al endeudamiento externo de corto plazo para defender infructuosamente la paridad. Este fue el caso en 1976 y 1982.

La segunda tiene su origen en la política de corrección de la cuenta corriente: con un tipo de cambio predeterminado, la devaluación sistemática del peso frente al dólar, como herramienta de política económica para generar un superávit en la cuenta corriente, resultó en una inflación ascendente que hizo necesaria la implantación de un programa de estabilización severo. Esto sucedió en 1987.

La tercera tiene su origen en la expansión crediticia. Con una banda de flotación cambiaria, el crecimiento del crédito bancario y del crédito interno del Banco de México resultaron en un déficit en cuenta corriente y presiones inflacionarias que hicieron insostenible el mantenimiento de la paridad dentro del intervalo preestablecido, utilizando el endeudamiento de corto plazo en dólares para defender infructuosamente el régimen cambiario en un ambiente en que la demanda por pesos había caído drásticamente. Esto ocurrió en 1994.

Aunque con orígenes diferentes, las crisis descritas tienen en común errores de política económica o un margen de maniobra limitado ante eventos externos adversos. En particular, el problema no fue en sí mismo el déficit en la cuenta corriente ni el crecimiento económico con el que aquél guarda una relación positiva. En el pasado, entre más alto fue el crecimiento económico, más amplio tendió a ser el déficit en cuenta corriente, al implicar éste una transferencia de recursos del exterior al país. Por otra parte, contar con un superávit en cuenta corriente como en los ochenta no ha prevenido la crisis. Lo trascendente parece ser el manejo de la política económica.

La caracterización anterior sugiere una lista de acciones que deben evitarse para alcanzar una transición sexenal estable, entre otras:

1. Impulsar la actividad económica a través del exceso del gasto público y el incremento del déficit fiscal, ya que tarde o temprano implica la necesidad de impresión de dinero.
2. Aumentar la deuda pública de corto plazo en dólares, directa o contingente a través del sector privado, para sostener el tipo de cambio.
3. Esterilizar la pérdida de reservas para mantener un nivel o intervalo de tipo de cambio en un contexto de desconfianza, porque sitúa al Banco Central en una situación vulnerable y termina rompiendo la estabilidad.
4. Promover el crecimiento económico mediante la expansión del crédito bancario sin regulación y supervisión adecuadas, ya que genera la adopción de riesgos excesivos y costos fiscales de rescate bancario.
5. Limitar la información económica y financiera oportuna a los inversionistas, porque induce a errores en la apreciación de las condiciones del país, reacciones de optimismo excesivo así como de "desbandada".

Los elementos anteriores son ejemplos de lo aprendido hasta ahora y los resultados negativos de este tipo de acciones hacen suponer que se evitarán en el futuro. Una implicación de lo anterior es que la estabilidad sexenal no dependerá de la buena suerte o de la ausencia de choques políticos y fluctuaciones del exterior, que podrían ocurrir y de hecho ocurren en otras naciones. Lo que hará sólida a la economía es el manejo congruente de la política económica y la firmeza con que se separe de estos eventos.

Hay indicios alentadores de que la presente administración está aprovechando las lecciones del pasado, como son: *1)* la política de libre flotación cambiaria, que elimina la vulnerabilidad del Banco Central ante la especulación, aunque no excluye movimientos abruptos en la paridad; *2)* la reducción de la deuda externa de corto plazo; y *3)* la ausencia de deuda pública interna denominada en dólares.

Para mantener la confianza en la evolución del país y prevenir un desorden económico convendrá no sólo evitar los errores del pasado, sino implantar reformas que faciliten el crecimiento económico de mediano plazo sobre bases firmes.

México debe evitar una crisis de fin de sexenio porque cuenta con la experiencia del pasado y la posibilidad de desvincular la política económica de los cambios de administración presidencial. La historia enseña que la mayor parte de la inestabilidad sexenal ha sido autoimpuesta. Es el momento de cambiar la rutina de la historia.

Dolarización y estabilidad

La elevada inflación a finales de los noventa ha propiciado el interés en la propuesta de adoptar el dólar como moneda de curso legal en México para alcanzar la estabilidad de los precios. El debate se ha centrado en las ventajas y desventajas de esta modalidad, así como su viabilidad política, más que en el objetivo de la estabilidad misma. Sin embargo, existen varias alternativas para lograr esta meta y ninguna de ellas es claramente superior si en realidad se tiene el compromiso con la estabilidad.

El abatimiento permanente de la inflación es una condición indispensable para aprovechar la capacidad de crecimiento económico. La inflación es nociva porque distrae recursos que debieran destinarse a la producción y genera incertidumbre reflejada en tasas de interés reales elevadas. En este ambiente es escaso el ahorro de largo plazo, se dificulta la actividad de crédito y tiende a deteriorarse la distribución del ingreso. Por ello son cada vez más los países que ubican la inflación máxima aceptable entre 0 y 2% anual y están logrando este objetivo. La estabilidad no es la panacea, pero sí contribuye al bienestar económico.

Porque la estabilidad es benéfica, es importante que exista un claro compromiso por alcanzarla. Los dos caminos para este objetivo son el régimen de tipo de cambio flexible y el de tipo de cambio fijo en alguna de sus variantes: tradicional (basado en la promesa del Banco Central), caja de conversión al estilo argentino, unión monetaria a la europea y dolarización como en Panamá. En cada alternativa, el compromiso por la estabilidad se traduce en reglas del juego que imponen disciplina a la política monetaria.

Con un tipo de cambio flexible el Banco Central puede determinar la cantidad de dinero, y la estabilidad de los precios se alcanza haciendo que la expansión monetaria sea aproximadamente igual al crecimiento de mediano plazo de la economía. Un ejemplo de éxito notable de estabilidad bajo este régimen, en una economía pequeña y abierta, es Nueva Zelanda desde 1992, cuya inflación anual promedio ha sido 1.7%, en 1999 es 0.7%, y el crecimiento económico ha promediado 3 por ciento.

En este régimen las reglas del juego impiden utilizar la política monetaria para otros objetivos como contrarrestar los "choques externos" o garantizar un cierto nivel de "subvaluación" cambiaria, porque invariablemente se generaría inflación. La estabilidad de precios es la única (grande) aportación de la política monetaria al crecimiento y la productividad, y no puede sustituir a otros factores esenciales como la seguridad jurídica y la calidad del capital físico y humano. Con el tipo de cambio fijo se "importa" la inflación del país cuya moneda sirve de referencia. El público determina la cantidad de dinero en circulación, por lo que el Banco Central no puede ejercer una política monetaria independiente y cuando lo hace pone en peligro la permanencia del régimen cambiario. Esta regla se aplica automática y transparentemente en una caja de conversión. La renuncia a la política monetaria es extrema en una unión monetaria y una dolarización, ya que en ambos casos se abandona el uso de la moneda nacional para adoptar la de otro Banco Central que garantiza la estabilidad.

Un caso exitoso de estabilidad bajo un régimen tradicional de tipo de cambio fijo fue México entre 1958 y 1972, lapso en que la inflación anual promedio fue 4.1% y el crecimiento económico 6.2%, y que terminó a causa de la indisciplina monetaria para financiar el déficit fiscal.

Como existen buenas experiencias de ambos lados, no es clara la superioridad de alguna de las alternativas en función de su capacidad de conducir al objetivo de baja inflación y tasas de interés cercanas a las de los países desarrollados. Con cualquier sistema, lo que importa es el compromiso por aplicar las reglas del juego, por lo que en el fondo no son tan diferentes.

Este compromiso es el mejor antídoto contra los famosos "choques externos" y la debilidad del sistema bancario, argumentos frecuentemente esgrimidos para abogar a favor del régimen cambiario flexible sobre el fijo. Sin embargo, no son los "márgenes de maniobra" del flexible sino el compromiso a las reglas del juego lo que puede hacerlo exitoso para la estabilidad.

Ante la falta de superioridad absoluta entre las alternativas, los países típicamente eligen el régimen cambiario sobre bases prácticas en función de su historia. Por ejemplo, los países que han experimentado hiperinflaciones y han destruido toda confianza en su moneda, como Argentina, se han visto obligados a adoptar el tipo de cambio fijo, porque es crucial la referencia a una moneda confiable.

En México tenemos un tipo de cambio flexible y no se requiere dolarizar para alcanzar una inflación de 2%. No es necesario esperar que las condiciones políticas permitan una dolarización para contar con una moneda estable. Lo importante es el compromiso de abolir la inflación y la coherencia monetaria en éste o cualquier régimen.

¿Y LA DOLARIZACIÓN?

En 1999 Chile y Colombia abandonaron sus bandas de fluctuación cambiaria para liberar completamente el movimiento de sus monedas. Estas decisiones se suman a otras semejantes ocurridas en América Latina, incluyendo México, Brasil y Ecuador. La tendencia hacia regímenes cambiarios flexibles contrasta con las recomendaciones de múltiples economistas a favor de estabilizar las economías emergentes basándose en una moneda fuerte extranjera, mediante una "caja de conversión" o una "dolarización". ¿Se ha concluido el debate? Difícilmente.

La experiencia con los tipos de cambio flexibles en economías pequeñas es corta, por lo que sería prematura su evaluación. Los regímenes de tipo de cambio fijo han predominado, en ocasiones con considerable éxito como en México entre 1954 y 1976. Después de violar la disciplina monetaria, condición indispensable para mantener el tipo de cambio fijo, y generar tasas elevadas de inflación, varios países de América Latina optaron por una alternativa no muy alejada de la anterior: bandas cambiarias para acotar la variabilidad en el valor de sus monedas respecto del dólar (o de una canasta de monedas, como en el caso chileno).

Con el sistema de bandas México pudo reducir la inflación de 159.2% en 1987 a un promedio anual de 7.6% en 1993-1994, y Brasil, de forma espectacular, de 2 491% en 1993 a un promedio de sólo 1.2% en 1997-1998. La disminución de la inflación en éstas y otras economías permitió menores tasas de interés nominales y un entorno más favorable para el crecimiento económico. Si los resultados eran satisfactorios, ¿por qué se "optó" por la liberación cambiaria?

La respuesta es semejante a la que aplica en el caso de un tipo de cambio fijo insostenible. Ambos sistemas, fijo y bandas, eventualmente enfrentan problemas de credibilidad ya que su mantenimiento requiere una política monetaria estrictamente determinada por la demanda de dinero. En un contexto de dificultad política o social, resulta prácticamente imposible al banco central resistir la tentación de expandir de forma unilateral la oferta monetaria para estimular la economía, lo que pone en peligro la estabilidad cambiaria.

En 1994 la política monetaria en México buscó compensar los "choques políticos" a través de la expansión del crédito interno, lo que, junto con el cuantioso endeudamiento externo de corto plazo, hizo insostenible la banda cambiaria. En 1999 Brasil, Ecuador, Chile y Colombia abandonaron sus bandas por presiones de diversa intensidad, como los requerimientos de deuda externa, desequilibrio fiscal y crecimiento económico. Destacan por su gravedad Brasil y Ecuador, y Chile por su relativa salud. En todos los casos la liberación cambiaria no parece reflejar una posición de holgura, sino el abandono de una promesa difícil de cumplir.

La liberación cambiaria no significa que la tarea de la estabilidad de precios se haga más sencilla. Por desgracia, el debate sobre los regímenes cambiarios frecuentemente se confunde con uno sobre la conveniencia de menor o mayor inflación, lo que de entrada vicia la discusión. Por ejemplo, se descarta con excesiva facilidad el tipo de cambio fijo por su supuesta rigidez y se aboga por uno flexible por los "márgenes de maniobra" de la política monetaria ante "choques externos" negativos. El inconveniente de este tipo de justificación es que subraya una de las desventajas fundamentales de la existencia de un Banco Central: la posibilidad, realizada recurrentemente en muchos países de América Latina incluyendo el nuestro, de reducir el valor de la moneda a través de una política monetaria expansiva.

La estabilidad de los precios puede lograrse con un tipo de cambio flexible, como es posible hacerlo con uno fijo, pero implica conducirse con reglas que nada tienen que ver con atenuar "choques externos". Significa, entre otras cosas, no validar monetariamente una depreciación cambiaria que podría ocurrir en eventos negativos como los referidos. La flexibilidad del tipo de cambio puede ser una forma conveniente para que se ajusten los mercados, pero no una ventaja para la política monetaria si la estabilidad de los precios es un objetivo irrenunciable.

Como la conducción monetaria enfrenta grandes tentaciones en cualquier régimen administrado por un Banco Central, algunos países han optado por dos caminos extremos pero más seguros. Una alternativa es la "caja de conversión", mediante la cual toda moneda local en circulación está respaldada por una moneda fuerte y se elimina prácticamente la política monetaria. Tal es el caso de Hong Kong respecto del dólar de Estados Unidos desde 1973; aunque ha habido algunas excepciones a esta regla operativa, el desempeño económico de este país ha sido satisfactorio en términos de una baja inflación y un crecimiento admirable en el ingreso por habitante.

En el segundo camino se encuentra Panamá, que desde principios del siglo XX adoptó el dólar como moneda de curso legal, con los beneficios de una prolongada estabilidad de precios, aunque menores avances en desarrollo económico que obedecen a otros factores.

La tendencia hacia el tipo de cambio flexible no concluye el debate sobre los regímenes cambiarios en economías pequeñas. Más bien destacan las limitaciones de un régimen sin un claro compromiso de la política monetaria con la estabilidad. La dolarización subsiste como una alternativa a las estrategias nacionales para cumplir esta meta, basada en la reputación de la Reserva Federal de Estados Unidos. Sus posibilidades de aplicación amplia no deben descartarse a mediano plazo, sobre todo si el mundo se dirige hacia una mayor integración económica.

Convergencia nominal del peso con el dólar

Una de las objeciones planteadas contra la dolarización en México es la falta de convergencia de las variables nominales con las de Estados Unidos y Canadá. Sin embargo, ésta y otras medidas, comúnmente identificadas como requisitos previos a una unión monetaria o a la adopción del dólar, son deseables por sí mismas, por lo que deberían perseguirse de inmediato.

La idea de convergencia, puesta en práctica por la Unión Monetaria Europea, se refiere a la conveniencia de que, antes de adoptar una moneda común, los países logren una estabilidad permanente en el nivel general de los precios. Esta trayectoria buscó apoyar la política monetaria única, impidiendo que los problemas de unos países obstaculizaran la credibilidad de la nueva moneda. La forma de lograrlo fue establecer, como requisito de entrada, que las naciones con menor estabilidad alcanzaran los estándares de las más estables, de acuerdo con indicadores de inflación, finanzas públicas, tasas de interés y tipos de cambio.

La justificación de la estabilidad no requiere comprobar la superioridad de régimen monetario alguno, ya que la inflación es un mal que limita el crecimiento económico y, por tanto, su eliminación beneficia a la sociedad en cualquier sistema. Sin embargo, una unión monetaria o un acuerdo de dolarización pueden generar las bondades de la estabilidad, aún antes de ser implantados, como se comprobó con los esfuerzos de los países menos estables antes del lanzamiento del euro. En este arreglo el compromiso y la disciplina externa aseguraron los beneficios.

Con el Tratado de Maastricht, firmado en la ciudad holandesa del mismo nombre en 1991, se establecieron los criterios de convergencia para el euro. Las metas fueron sencillas pero ambiciosas, basadas en los países de mejor desempeño y en periodos largos, con lo que se generaron los incentivos adecuados para el logro permanente y estricto de la estabilidad de los precios. Una de las reglas era alcanzar una tasa promedio de inflación que no superara en más de 1.5 puntos porcentuales la de los tres estados miembros con mayor estabilidad. Estos países fueron diferentes a lo largo del tiempo; por ejemplo, en 1998 Austria, Francia e Irlanda sirvieron de base para la referencia de inflación máxima aceptable de 2.7 por ciento.

Para las finanzas públicas se estipularon dos criterios como proporción del PIB: un déficit fiscal no superior a 3% y una deuda pública total sin rebasar 60%. Estas razones expresaban condiciones mínimas para que el gobierno no se constituyera en un peligro contra la estabilidad monetaria, por su imposibilidad de hacer frente a las obligaciones futuras derivadas de las presiones demográficas y de la deuda adquirida, en algunos casos muy alta; por ejemplo, Grecia, Italia y Bélgica tenían razones de deuda pública a PIB superiores a 100 por ciento.

Un tercer compromiso fue que las tasas de interés de los bonos gubernamentales a diez años no excedieran en más de dos puntos porcentuales la de los tres países con mayor estabilidad; en 1998 la referencia fue 7.8%. Este criterio buscó comprobar las expectativas sobre el buen funcionamiento del euro. Finalmente, con vistas a la unificación de los tipos de cambio, se estableció que las paridades se movieran dentro de bandas predeterminadas; si alguna moneda registraba por largo tiempo "tensiones graves", se revisaba el intervalo para hacerlo más realista. El objetivo era partir de una conversión entre monedas determinada por el mercado.

Mucho antes de la adopción del euro, los beneficios de estos acuerdos se hicieron evidentes. En términos generales ocurrió la convergencia prevista y las mayores ventajas fueron para España, Italia y Portugal que, a partir de 1995, redujeron significativamente las tasas de inflación y de interés hasta situarse por debajo de los valores de referencia. Grecia enfrentó las dificultades más serias, por sus niveles de inflación por encima de 5% aún en 1998 y otros indicadores insatisfactorios; sin embargo, sus esfuerzos posteriores le permitieron ser admitido a la unión monetaria en junio de 2000.

¿Cuál es la lección para México? La más importante es apreciar que un acuerdo de eventual dolarización, posiblemente como desarrollo a partir del TLCAN, brindaría entre sus ventajas una disciplina externa a favor de la estabilidad permanente de los precios. Esta meta no debe minimizarse, sobre todo si se tiene en cuenta la ausencia de este logro durante el siglo XX. Por otra parte, independientemente de la probabilidad de este acuerdo, México debería actuar con urgencia como si lo tuviera, satisfaciendo criterios de convergencia semejantes a los implantados en Europa.

Aplicando esta lógica a las tres naciones de Norteamérica, en 2001 nuestro país claramente rebasa el criterio de inflación, el de déficit fiscal medido de acuerdo con los requerimientos financieros del sector público publicados por la SHCP y el de las tasas de interés. Como en el caso de los países menos estables de Europa, México sería el principal beneficiado de la convergencia al aumentar significativamente su capacidad de crecimiento económico.

El inútil concepto de la sobrevaluación cambiaria

Se han multiplicado las advertencias sobre los riesgos de una supuesta "sobrevaluación" del peso frente al dólar. Desafortunadamente, a pesar de su uso difundido, este concepto es ambiguo y no sirve para predecir el comportamiento del tipo de cambio.

Las mediciones de sobrevaluación y las preocupaciones derivadas en términos de una eventual crisis cambiaria contienen serias confusiones. En primer lugar, se identifica comúnmente la sobrevaluación con la apreciación real del peso. Se dice que el tipo de cambio real (TCR), que mide el precio del dólar en términos reales, es "demasiado bajo" para estándares históricos, y que ello es peligroso.

La fortaleza del peso ha reflejado buenas noticias, como la mejoría en la calificación de la deuda soberana en moneda extranjera, el elevado precio del petróleo y el crecimiento de la economía estadounidense. Por ello el bajo TCR es un síntoma del vigor de la economía, como lo refleja, por ejemplo, el crecimiento en las exportaciones no petroleras muy superior a las predicciones basadas en el TCR.

Por otra parte, a diferencia de 1994, el tipo de cambio se determina por la oferta y la demanda de las monedas y, por definición, no existen paridades "inadecuadas", simplemente altas o bajas. Por supuesto los eventos pueden tornarse desfavorables, en cuyo caso la suerte sería a la inversa: hacia una depreciación. El ajuste podría ser abrupto, pero ello no sería sinónimo de crisis.

Las variaciones del tipo de cambio en ambas direcciones ocurren en todo régimen cambiario flexible. Por ejemplo, en términos nominales, de febrero a abril de 1995 el dólar frente al yen se apreció más de 17%, y en los cinco meses siguientes se depreció más de 26%. Durante ese año la economía de Estados Unidos no interrumpió su crecimiento y la inflación se mantuvo alrededor de 3%. Los movimientos cambiarios implican riesgos privados, que pueden atenuarse mediante operaciones de futuros y derivados, pero no tienen que ser causas de una catástrofe generalizada.

En segundo lugar, la sobrevaluación es una construcción teórica, cuyas implicaciones empíricas no son claras. Sus proponentes la definen como un TCR menor al de "equilibrio" basado en alguna variante de la "paridad de poder de compra" (PPC), que establece una asociación positiva entre los movimientos cambiarios y la diferencia entre la inflación interna y la del otro país. Este principio tiene sentido teórico al excluir ganancias no aprovechadas: si un mismo bien sale más barato en un país que en otro, es racional comprarlo en el primero hasta que la apreciación resultante de la moneda de ese país, por la mayor demanda, conduzca a la igualdad de los precios.

Por supuesto, el problema del concepto es la medición del mismo. El nivel de "equilibrio" no es observable ni necesariamente estable; por ejemplo, tendería a variar inversamente con los términos de intercambio. Además existen factores que podrían generar desviaciones prolongadas de la PPC, como diferencias de productividad y grado de apertura. Por ello no existe consenso sobre el tiempo que toma su aplicación, pero, en todo caso, se considera una relación de "largo plazo".

Ante estas limitaciones, ¿por qué la sobrevaluación recibe tanta atención en la práctica? Una primera explicación podría ser el interés por "pronosticar" el tipo de cambio, utilizando, entre otros factores, el PPC a partir de un año base. La simplicidad del cálculo no implica necesariamente su utilidad. Otra respuesta, más relevante, es la idea de "corregir" el régimen de flotación, como si ello no tuviera consecuencias desfavorables.

Destacan dos recetas: la intervención del Banco de México para comprar dólares, haciendo menos abundantes las divisas en el mercado, y la "esterilización" del aumento de la oferta de pesos, resultante de la operación anterior, mediante la colocación de valores en el mercado de dinero. Estas medidas, orientadas a afectar el tipo de cambio, pueden vulnerar la credibilidad del sistema cambiario libre y del compromiso de combatir la inflación.

La paradoja es que muchos de los que plantean estas recetas, de manera simultánea afirman que el Banco de México mantiene artificialmente fuerte al peso. Esta aseveración carece de fundamento y, en todo caso, debería plantearse al revés: el Banco de México está obligado por ley a comprar los dólares captados por el gobierno federal, sin afectar el tipo de cambio, y el programa monetario de 2000 incluye opciones de compra de dólares en el mercado de divisas. Ambas intervenciones, lejos de haber causado, han impedido un mayor fortalecimiento del peso frente al dólar.

Afortunadamente el Banco de México no tiene por qué pronunciarse sobre la supuesta sobrevaluación del peso ni actuar de acuerdo con mediciones ambiguas e irrelevantes para el sistema de flotación. Su mejor contribución para erradicar las crisis no es una mayor injerencia en el mercado cambiario, sino una política monetaria independiente para controlar la inflación.

El inagotable tema del tipo de cambio

Difícilmente existe otra variable económica de mayor interés popular que el tipo de cambio. Esta atención obedece, en gran medida, a la asociación entre grandes aumentos de este precio clave y las crisis macroeconómicas en el pasado. Sin embargo, a diferencia de entonces, actualmente la autoridad monetaria no se compromete a garantizar un valor o intervalo para la paridad lo que, junto con una política monetaria adecuada, puede romper la relación entre depreciación cambiaria y crisis.

La estrategia de paridad predeterminada seguida por México hasta 1994 no impidió la ocurrencia de severas devaluaciones, con efectos nocivos sobre el empleo y los salarios reales en pesos, al violarse repetidamente la condición para su funcionamiento, es decir que la política monetaria se determine exclusivamente por la demanda de pesos, y no por un objetivo arbitrario: financiar el déficit fiscal, promover las exportaciones, sostener la expansión económica, etcétera.

Por ello la recomendación de los "expertos" para el caso de un régimen cambiario fijo es a favor de dos opciones que automáticamente aseguran tal condición: una caja de conversión o una "dolarización". Estas alternativas, si se aplican adecuadamente, garantizan la estabilidad de los precios.

Con un régimen flexible el tipo de cambio se determina por la oferta y la demanda de pesos respecto de otras monedas y, por tanto, sus movimientos resultan de cualquier factor que afecte esa interacción, circunstancia tan compleja que explica el escaso poder de predicción de los modelos estadísticos del tipo de cambio a corto plazo. El comportamiento de la paridad es semejante al de cualquier precio en otro mercado: sube (el peso se deprecia frente al dólar) si la cantidad relativa de pesos en circulación supera la demandada, y baja (se aprecia) con lo contrario.

Dado que el Banco Central tiene cierto control sobre la oferta de pesos en la economía, los movimientos cambiarios pueden reflejar con frecuencia variaciones en la demanda, es decir en la preferencia del público por mantener activos financieros en esa moneda.

En el fondo, el obstáculo más importante para mantener activos financieros en pesos consiste en el temor de una pérdida en el poder adquisitivo de la moneda, medido en términos de la capacidad de compra interna (por ejemplo, según el Índice Nacional de Precios al Consumidor, INPC), o externa (respecto del dólar). Como no se puede garantizar la segunda con el actual régimen (si ese fuera el objetivo, tendríamos que adoptar alguno de los sistemas fijos automáticos mencionados), la mejor contribución para reducir la inestabilidad cambiaria es garantizar la estabilidad de los precios. De hecho, el principal (aunque imperfecto) determinante de la tendencia de largo plazo de la paridad es la diferencia de inflación respecto del resto del mundo.

A diferencia del régimen fijo, para buscar la estabilidad de precios el sistema flexible requiere una política monetaria independiente que debe ser efectiva en el combate de la inflación aun en presencia de grandes depreciaciones cambiarias, como ocurre en muchos países exitosos bajo un régimen semejante. Ahora bien, en caso de ocurrir, los aumentos abruptos del tipo de cambio no deben traducirse en crisis generalizadas, por lo menos por dos razones: *1)* al no estar garantizado el tipo de cambio, los individuos y las empresas tienen menos incentivos para mantener posiciones deudoras netas en moneda extranjera, lo que reduce la probabilidad de quiebras masivas si se eleva inesperadamente este precio; y *2)* el éxito de la baja en la inflación mantendría inalterados los salarios reales en pesos, lo que para la mayoría de la gente significa la posibilidad de mantener su consumo interno sin contracción.

El hecho de que el Banco de México no asegure el valor del tipo de cambio no significa que sea indiferente ante sus movimientos, entre otras razones, porque su tarea de estabilizar los precios se dificulta, aunque no se imposibilita, con las depreciaciones cambiarias. Como otros Bancos Centrales se reserva la facultad de intervenir directamente en el mercado con montos moderados y reglas explícitas, así como de restringir su política monetaria. No obstante, ambos mecanismos son de escasa efectividad en el caso de presiones significativas contra la moneda: por ejemplo, un estudio para Canadá, Nueva Zelanda y Australia, ha calculado que para contrarrestar una depreciación cambiaria de 10% se requeriría aumentar cinco puntos porcentuales las tasas de interés.

En conclusión, los movimientos cambiarios en cualquier rumbo y grado son naturales en un régimen flexible, pero no tienen por qué traducirse en crisis generalizadas. La mejor contribución del Banco de México para romper esta relación es el logro inmediato y permanente de la estabilidad de los precios.

Las bondades del peso fuerte

Mucho se ha hablado sobre los supuestos daños que provoca la fortaleza del peso frente al dólar. No obstante, casi nada se ha escrito sobre sus bondades, las cuales abarcan a toda la población y compensan con creces los peligros planteados.

La tendencia a la baja registrada por el tipo de cambio desde 1999 ha sido favorable, por lo menos, por tres razones. En primer lugar, la apreciación del peso ha beneficiado a todos los consumidores mexicanos. Al bajar el precio del dólar ha sido cada vez más barato para las familias adquirir mercancías importadas y nacionales que compiten con las extranjeras, disfrutando de una oferta más amplia y de mejor calidad, a la vez que se han hecho más accesibles algunos servicios como viajar al extranjero.

Por otra parte, la fortaleza del peso ha incrementado el poder adquisitivo de los salarios en dólares y en pesos, porque al mismo tiempo se ha reducido la inflación. Adicionalmente, la menor inflación ha disminuido el deterioro del valor real del efectivo, forma típica de ahorro de una gran parte de la población. Estas ganancias son fundamentales porque satisfacen las necesidades y aspiraciones de la población, lo cual es el fin último de cualquier sistema económico. La estabilidad monetaria y de los precios son condiciones para que florezca el ahorro y crezca vigorosamente el consumo, síntoma de prosperidad.

En segundo lugar, el tipo de cambio no es "artificial" o arbitrario ya que, en el régimen de flotación, es determinado por el mercado. Su menor valor no significa un subsidio para los consumidores porque no es impuesto por el gobierno, sino refleja la preferencia del público hacia activos financieros denominados en pesos y, por tanto, las ventajas percibidas de la economía mexicana respecto de otros mercados. Las entradas de capital extranjero al país, concurrentes a la fortaleza del peso, son buenas noticias porque, en algún grado, financian la acumulación de capital, determinante último del crecimiento económico.

De hecho, el dinamismo vigoroso de muchas economías ha coincidido con periodos de estabilidad o apreciación monetarias, y la falta de desarrollo de otras, con monedas crónicamente débiles. La experiencia de México no es la excepción: la mayor debilidad del peso ha estado asociada con inflación, reducciones de los salarios reales y menor crecimiento económico. Por ello una política de "devaluación" significa, en términos llanos, perjudicar a la población, especialmente a los más pobres, así sea para subsidiar las utilidades de ciertos sectores insuficientemente productivos.

En tercer lugar, la fortaleza del peso no es peligrosa porque, por sí misma, no significa el preludio de una "crisis". Es natural que los consumidores se muestren escépticos sobre el tipo de cambio si recuerdan que en el pasado un dólar barato condujo a graves problemas: reducciones de los salarios reales, pérdida de empleo, altas tasas de interés, etcétera. Sin embargo, entonces un dólar barato era mal presagio porque su precio lo determinaba el Banco Central, no el mercado, y lo hacía en condiciones en que era insostenible ante dos políticas, monetaria y fiscal, que agotaban las reservas internacionales.

Las condiciones actuales son diferentes. El Banco de México no fija la paridad ni busca un valor bajo vendiendo sus activos internacionales. La información disponible permite a los participantes en el mercado detectar cualquier desviación de esta política y reaccionar de forma inmediata. Si muchos consideran que la paridad se encuentra "anormalmente" baja, comprarán dólares propiciando una depreciación del peso frente a esa moneda. Ello no tiene por qué ser causa de una crisis macroeconómica: la ausencia de garantías sobre el valor futuro del dólar invita a los particulares (y al gobierno) a un manejo prudente de sus riesgos cambiarios.

Es cierto que no podemos descartar en el futuro una depreciación gradual o abrupta del peso, pero tampoco una mayor apreciación o estabilidad, ya que tales posibilidades son las reglas del juego de un sistema de flotación. La falta de seguridad sobre el precio futuro del dólar no descalifica el tipo de cambio, como el simple desconocimiento de su eventual trayectoria no invalida el precio de cualquier bien determinado libremente en el mercado. A propósito, la "preocupación" sobre la fortaleza del peso ha estado presente por varios años, y una buena conducción macroeconómica ha hecho fallar los pronósticos de catástrofe. En suma, la crisis resultaría de un grave error de política económica y no del valor del peso.

El reto central de México es controlar la inflación para no vulnerar los ingresos de la población aun en presencia de fluctuaciones cambiarias. De hecho, a medida que la inflación de México converja con la de Estados Unidos, y aumente la integración con esa economía, es probable que las variaciones del peso frente al dólar se reduzcan considerablemente.

El Banco de México no determina la paridad

Una vez más ha resurgido el debate sobre el nivel que debería tener el tipo de cambio. Sin embargo, las solicitudes difícilmente pueden prosperar porque se dirigen a un ente impersonal, que es el mercado, y es imposible una intervención gubernamental que satisfaga a todos.

Desde 1999 el tipo de cambio del peso frente al dólar ha mostrado una notable estabilidad con una tendencia a la baja. Considerando la inflación de México y Estados Unidos, la reducción real de este precio ha sido significativa, lo que ha generado reacciones encontradas.

Por una parte, algunos observadores han señalado que la fortaleza del peso es nociva para la economía, refiriéndose con ello al sector exportador. Se argumenta, con razón, que las exportaciones son un importante motor de la actividad económica, y su rentabilidad y dinamismo se han mermado por el menor tipo de cambio. Sin embargo, las estimaciones estadísticas revelan que el crecimiento de las exportaciones mexicanas se ha explicado principalmente por el aumento de la producción industrial de Estados Unidos y el efecto de la apreciación del peso ha sido poco significativo.

Por otra parte, la mayoría "silenciosa" de la población parece opinar bien de la estabilidad monetaria y, lejos de identificar daños, encuentra bondades. Se ha beneficiado el consumidor por el mayor poder adquisitivo de un ingreso que le ha permitido mantener sus compras con cierto vigor; se ha favorecido el ahorrador al no haber sido afectado con las sustanciales devaluaciones del pasado; se han beneficiado los proveedores de bienes y servicios en el mercado interno que, gracias a la estabilidad de la moneda, pudieron continuar su actividad con cierto dinamismo en medio de la recesión originada en el exterior.

No es que no haya problemas con la recesión de 2001, pero las dos ópticas anteriores son irreconciliables, como lo son las correspondientes aspiraciones. Mientras que los primeros anhelan la depreciación del peso, los segundos buscarían que tal evento no ocurriera. El problema de tal incompatibilidad es triple. El primero es que cualquier solicitud sobre el tipo de cambio carece de sentido porque, con las actuales reglas, el mercado determina la paridad mediante la oferta y la demanda de dólares y pesos y, por ende, no atiende requerimientos. El tipo de cambio puede moverse en cualquier dirección y magnitud. La baja de este precio significa que ha aumentado la preferencia por la moneda nacional respecto de la extranjera, lo que podría estar reflejando, en parte, los avances en materia de política económica, como la reducción de la inflación y la disciplina fiscal. Si acaso el gobierno tiene alguna responsabilidad sobre el tipo de cambio, es de forma indirecta al hacer bien su trabajo.

El segundo problema es que si la autoridad decidiera intervenir en el mercado cambiario para propiciar cierto nivel de la paridad, debería resolver el dilema sobre cuál sector favorecer. Al abogar los primeros por la debilidad del peso y el resto por lo contrario, no es posible satisfacer a todos. Tal incompatibilidad es natural en cualquier área económica y no se resuelve mediante el diálogo entre las partes, ya que es difícil su representación, sino por el intercambio voluntario de dinero por los bienes y servicios de que se trate, en este caso una moneda por otra moneda, es decir, en los mercados, como se hace actualmente.

El tercer problema es que, aun si se decidiera favorecer a unos, digamos a los exportadores, en perjuicio del resto, no es claro cómo lo podría lograr el Banco de México sin poner en peligro su objetivo de procurar la estabilidad en el nivel general de los precios. Hay que recordar que el sistema de flotación se adoptó en 1995 porque no existía alternativa, al carecerse de reservas internacionales para fijar el tipo de cambio, y su posterior mantenimiento ha obedecido a los resultados satisfactorios obtenidos. Pedir otra paridad equivale a solicitar la modificación de la política monetaria, lo cual podría tener consecuencias desfavorables. En el pasado se buscó promover las exportaciones mediante el desliz del tipo de cambio y el resultado fue la más elevada inflación de la historia moderna de México.

En conclusión, si el principal determinante de la caída de las exportaciones es, con mucho, la recesión de Estados Unidos, deberían tomarse con cautela las recetas monetarias de promoción de las exportaciones. Sería preferible impulsar la productividad con los cambios estructurales pendientes, como la eliminación de las barreras a la inversión privada, la construcción de la infraestructura pública y la seguridad jurídica.

El tipo de cambio libre debe ser libre

El repentino aumento del tipo de cambio en 2003 ha conducido a muchos analistas a solicitar la intervención del Banco de México para estabilizar este precio. A pesar de su aparente bondad, esta recomendación está equivocada.

Estos observadores han criticado la debilidad del peso por considerarla injustificada a la luz de los "fundamentos" de la economía. Se argumenta, por ejemplo, que la baja del peso frente al dólar contradice la elevada acumulación de reservas internacionales del Banco de México.

A pesar de referirse a estadísticas objetivas, ésta y otras consideraciones no demuestran que los movimientos cambiarios sean infundados. Con un régimen de libre flotación, el tipo de cambio se determina por la oferta y la demanda de pesos y dólares. Por ello no existen tipos de cambio justificados o injustificados, sino simplemente altos o bajos para equilibrar el mercado cambiario. La depreciación del peso es el ajuste necesario para cancelar una demanda excedente de dólares. En términos sencillos, cuando el público decide aumentar su tenencia de dólares y la oferta no aumenta, el tipo de cambio sube. Esto es lo que ha ocurrido.

Un asunto más complicado es identificar las razones de la mayor demanda de dólares. Podrían ser desconocidas para el analista y ser debatibles; sin embargo, su desconocimiento no implica su inexistencia. La importancia de los determinantes puede modificarse como resultado, por ejemplo, de nueva información disponible, lo que conduce a variaciones de la paridad en cualquier grado y dirección. Sin embargo, estos ajustes no son un síntoma de irracionalidad sino de la eficiencia con la que los mercados reflejan las decisiones del público.

En una situación tan cambiante, el analista debe proponer historias lógicas para explicar el fenómeno, más que rechazarlo. Para aumentar la larga lista de explicaciones, propongo la siguiente hipótesis comprobable con datos: la disminución de la demanda de pesos refleja los temores de menor crecimiento económico y mayor inflación en México respecto de Estados Unidos, dos determinantes claves en los estudios empíricos sobre la demanda de dinero.

Por otra parte, el argumento sobre la cuantiosa acumulación de las reservas internacionales está fuera de lugar. En 2001 el Banco de México suspendió las opciones de compra de dólares, por lo que el reciente aumento de divisas proviene exclusivamente de las compras a Pemex y al gobierno federal, las cuales, por disposición oficial, no pasan por el mercado cambiario. Es decir, el tipo de cambio libre se determina con independencia de las reservas internacionales.

La solicitud de que el Banco de México controle el precio del dólar, expresada en ocasiones con eufemismos como "proveer liquidez", refleja una añoranza por la estabilidad cambiaria, que puede ser legítima, pero su obtención requiere un cambio de régimen, no modificaciones a medias. La esencia del tipo de cambio libre es que sea libre, lo cual significa la posibilidad de alzas y bajas. Restringir su operación sólo genera costos.

Si el Banco de México decidiera intervenir en el mercado cambiario, tendría que rematar sus reservas internacionales. Esto ya se hizo en México por largo tiempo, experimentando con diversos regímenes de tipo de cambio predeterminado, incluyendo bandas de flotación, que invariablemente terminaron en crisis. La interferencia para "corregir" las decisiones del público es muy peligrosa porque se trata de un juego con un perdedor sistemático: el Banco Central.

La esencia de la intervención es comprar pesos caros y vender dólares baratos. En el mejor de los casos, la estabilización es efímera y, en situaciones adversas, sólo genera más especulación: el especulador tiene el incentivo de tomar el subsidio en dólares para apostar a que el Banco Central, eventualmente, suspenda su defensa del tipo de cambio y obtener, así, una ganancia en dólares.

Sin embargo, el efecto más pernicioso podría ser el descontrol de la inflación. La búsqueda de la estabilidad cambiaria podría dañar la credibilidad de la política monetaria, orientada a los objetivos de inflación y no a la paridad. La intervención podría confirmar los temores de que el Banco de México pretende sustentar la desinflación en la apreciación real del peso, lo que ha sido insostenible.

La pérdida de credibilidad sería lamentable, sobre todo por la casi ausencia de contagio del tipo de cambio a precios observada desde 2000, que se ha logrado, en gran medida, por el escaso uso y posterior abandono de los medios de intervención. Conviene al Banco de México confirmar que su único objetivo es bajar la inflación, dejando al mercado cambiario desempañar su papel.

Eliminemos el control de cambios

Las nuevas subastas de dólares provenientes de las transacciones gubernamentales con el exterior favorecen a la economía. Los beneficios serían mayores si se eliminaran las restricciones cambiarias.

En 2003 el Banco de México inició las subastas diarias de divisas para reducir la acumulación neta de reservas internacionales. De acuerdo con las reglas basadas en un calendario fijo, el monto ofrecido es igual a la mitad de la variación positiva de divisas de tres meses antes (siempre y cuando supere 250 millones de dólares), dividida entre los días hábiles de periodo trimestral en curso. Sólo las instituciones de crédito del país participan.

Sin duda, el principal provecho de la medida es la disminución de los costos del control de cambios al cual está sujeto el gobierno federal. Según la Ley del Banco de México, las dependencias y las entidades de la Administración Pública Federal, excepto las que fungen como intermediarios financieros, están obligadas a enajenar sus divisas al Banco Central y realizar sus operaciones con esas monedas, de acuerdo con las condiciones establecidas por éste. Al sustituir la operación del mercado por disposiciones que convierten al Banco Central en único comprador y vendedor de las divisas del gobierno, este sistema constituye un control de cambios.

A lo largo de la historia muchos países han recurrido a diversas restricciones cambiarias con la característica común de que los costos han superado eventualmente a los beneficios. Las autoridades han buscado objetivos por lo general alcanzados sólo parcialmente; por ejemplo, la conservación de divisas para financiar ciertas importaciones "vitales" en épocas de guerra. De 1982 a 1991 México tuvo un sistema de tipo de cambio dual, para frenar (sin éxito) la salida de capitales y enfrentar el elevado servicio de la deuda externa. En esta experiencia los costos fueron significativos en la forma de distorsiones generalizadas de precios, desperdicio de recursos para el cumplimiento normativo, evasión, corrupción y pérdidas fiscales, entre otros.

El control de cambios para las transacciones gubernamentales ha resultado en una acumulación sin precedente de reservas internacionales. Sus componentes principales han sido los ingresos por las ventas externas de Pemex, menos los requerimientos de servicio de la deuda pública externa. El objetivo de las autoridades ha sido constituir un "seguro" para las situaciones adversas del exterior. Las mayores reservas internacionales han contribuido, en alguna medida, a la percepción de menor "riesgo país", que se ha traducido en condiciones más favorables de crédito externo para el sector público y el privado.

Sin embargo, la acumulación de reservas se ha logrado a un elevado precio. Por su característica de "seguro", los flujos netos de divisas se invierten en activos líquidos libres de riesgo —por ejemplo, bonos gubernamentales de Estados Unidos— que necesariamente generan un bajo rendimiento. Al endeudarse a tasas de interés más altas, por ejemplo, con Brems y depósitos bancarios, el Banco de México incurre en un costo de fondeo muy superior al rendimiento de su inversión, lo que le genera un déficit.

Las subastas benefician a la economía porque reducen este desequilibrio, fortaleciendo la posición financiera del sector público. Sin embargo, no desaparece la pérdida de acumular reservas adicionales al monto liberado para las ventas, cuyos beneficios marginales sobre el "riesgo país" probablemente son bajos. Además, subsisten los perjuicios propios del control de cambios, como son la incongruencia con el sistema de libre flotación, restándole credibilidad a la determinación de la paridad; la distorsión de precios en las operaciones gubernamentales —por ejemplo, al otorgar a Pemex un precio de las divisas mayor al que hubiera obtenido en el mercado—; el desperdicio de recursos públicos para administrar los controles, etcétera.

Algunos analistas han postulado que las subastas generan, como beneficio colateral, una trayectoria "más justificada" del peso. Estos elogios, además de ser ambiguos, contradicen la naturaleza de cualquier régimen cambiario libre cuya única virtud es la ausencia de reglas para la paridad. Sin lugar a dudas, la medida es asimétrica, pues se basa exclusivamente en ventas de dólares y, por ende, si acaso, favorece un peso más fuerte. Sin embargo, como la determinación de la paridad depende a la vez de muchos otros factores, no es posible garantizar trayectoria cambiaria alguna, incluyendo, por supuesto, la preferida por dichos comentaristas.

Finalmente, una estrategia superior a la actual sería la liberación plena de las operaciones del gobierno federal en el mercado cambiario. Con un régimen de tipo de cambio libre es preferible que todos los participantes, públicos y privados, acudan a los mercados para sus operaciones con divisas y el Banco Central se exima de participar. Ello eliminaría las pérdidas financieras por la acumulación de reservas, propiciaría el reconocimiento del costo de oportunidad de los recursos públicos y reforzaría la operación del régimen cambiario libre.

IX. INFLACIÓN Y POLÍTICA MONETARIA

UNA DE las características de la historia moderna de México ha sido la persistencia de inflaciones elevadas y variables. Este fenómeno, que en el pasado se combinó con abruptas devaluaciones de la moneda, ha tenido un efecto muy nocivo sobre el crecimiento económico y el combate de la pobreza.

El objetivo de la estabilidad de los precios cuenta con un amplio apoyo en cualquier parte del mundo. No obstante este consenso, algunos "expertos" en nuestro país han desdeñado los avances del Banco de México, solicitando que suavice e incluso abandone su lucha contra la inflación. Los alegatos ofrecidos carecen de sentido económico y, con frecuencia, esconden intereses particulares.

La inflación siempre es un mal. Al ser una enfermedad del sistema económico, en ningún caso genera beneficios, así se trate de inflaciones moderadas. O ¿acaso algún ser humano preferiría mantenerse "medio enfermo" a estar completamente sano? Como lo demuestra la experiencia internacional, es posible incluso evitar los supuestos costos de la cura de esta enfermedad.

Desde 1999 México ha reducido significativamente el crecimiento de los precios. Este progreso es meritorio considerando el récord histórico, pero no debe servir de base para cantar victoria. La inflación es un virus que en cualquier momento puede reaparecer, por lo que su erradicación es una tarea interminable.

EL LOGRO PENDIENTE DE LA ESTABILIDAD DE PRECIOS

Tal vez no exista una característica más sorprendente en la historia económica de México que la persistente inestabilidad del nivel general de los precios. La baja de la inflación alcanzada en 2001 es un logro innegable pero insuficiente, al no corresponder a la estabilidad requerida para el bienestar económico.

La inestabilidad es la constante de nuestro país en cualquier periodo largo para el que se tienen datos de precios. Por ejemplo, considerando sólo el lapso de 1951 a 2000, la inflación anual promedio se ubicó en 23% y su desviación estándar en 30%. Destacan algunos contrastes entre los diversos intervalos: durante los años sesenta se obtuvo la menor inflación media (4%) y durante los ochenta la más alta (69%); pero aun durante el decenio más favorable, la inflación promedio rebasó la noción de estabilidad de los precios, definida como una inflación anual de aproximadamente 2 por ciento.

Para nuestra mala fortuna, aun ampliando el intervalo a 0-3% de inflación, dentro del lapso considerado, solamente en seis años México alcanzó la estabilidad de los precios (1953, 1962-1963, 1965 y 1967-1968). El carácter pasajero de estos episodios pone de manifiesto que el control de la inflación ha sido una rara excepción a la regla de la inestabilidad. Invariablemente la terquedad y la irregularidad del crecimiento de los precios han resultado de desórdenes monetarios y fiscales y han coincidido con pérdidas significativas del valor del peso frente al dólar.

La inflación genera costos severos en cualquier economía y México no se ha salvado de ello. Las razones son varias. Si la inflación es prevista, el público busca sustitutos del dinero y las empresas cambian frecuentemente los precios, lo que representa un desperdicio de recursos y de tiempo. Si la inflación no es prevista, la incertidumbre impone costos adicionales, como la dificultad de realizar contratos de arrendamiento, crédito, etcétera; y los errores de cálculo conducen a la inestabilidad y el menor crecimiento del producto, a la pérdida de poder adquisitivo de los salarios y al deterioro de la distribución del ingreso.

En un estudio sobre los determinantes del desarrollo, a partir de una muestra de más de 100 países para el periodo de 1960 a 1990, el economista Robert J. Barro estimó que, una vez tomados en cuenta otros factores como la educación, la salud y el estado de derecho, por cada diez puntos porcentuales de aumento de inflación la tasa de crecimiento sostenido del ingreso por habitante se reduce en 0.4 puntos. Aunque a primera vista este daño podría parecer insignificante, su implicación acumulada en muchos años de inflación es espectacular. Por ejemplo, si durante los 50 años recientes la inflación promedio en México hubiera sido 3% en lugar de 23%, el ingreso por habitante en 2000 habría sido 49% superior, es decir 8 532 dólares y no 5 728.

El reconocimiento de estos costos explica, en gran medida, por qué durante las dos décadas recientes la mayoría de las economías se ha movido hacia la estabilidad de los precios. Así, de 1976-1980 a 1996-2000, la inflación anual promedio de las 23 economías más avanzadas se redujo de 9.4

a 1.9%, y la de 121 países en vías de desarrollo disminuyó de 20.6 a 10.7%. El control sostenido de la inflación en muchas de estas naciones pone de manifiesto que se conoce la cura de este mal y están disponibles las "tecnologías" para lograrlo. Sin embargo, el avance parece depender fuertemente del grado de tolerancia de las sociedades a mantenerse en el subdesarrollo.

Entre los dos quinquenios referidos, México avanzó poco, al pasar su inflación anual de 21.2 a 19.1% superando en ambos lapsos la media de referencia. Más aún, la inflación de 2001 es elevada si se compara con la registrada en el país en buena parte del último medio siglo, los logros de otras naciones y la definición misma de la estabilidad. Afortunadamente el Banco de México ha manifestado su compromiso de alcanzar una inflación máxima de 3% a más tardar en 2003. Esta meta representa un verdadero reto no porque, como en el pasado, pueda alcanzarse de forma transitoria, sino porque se interpreta como algo permanente.

El logro de este objetivo traería grandes beneficios. La relación inversa entre crecimiento económico e inflación, documentada por el profesor Barro a nivel internacional, ha sido una dolorosa realidad en México. No ha sido casual que el mayor dinamismo promedio anual del ingreso por habitante se haya alcanzado durante la década de los sesenta (2.9%) y el menor durante los ochenta (–0.1%). Más aún, no es claro que los intentos de estabilización hayan implicado costos de corto plazo, como comúnmente se arguye. El descenso de la inflación desde 1996 no ha traído perjuicio claro sobre el PIB y el empleo, entre otras razones, porque la estrategia de combate a la inflación ha sido gradual, lo que ha permitido a la población adaptarse sin problemas.

Dado que no existe beneficio alguno de la inflación, aunque ésta sea moderada, es importante que el Banco de México redoble sus esfuerzos para asegurar la meta de la estabilidad permanente de los precios. En tales circunstancias, una estrategia firme sería adelantar la meta de 3% para 2002.

¿SE REQUIERE MÁS TIEMPO?

Uno de los argumentos comúnmente escuchados para no eliminar la inflación en México es que este objetivo necesariamente implicaría costos sociales elevados en términos de alzas en tasas de interés y desempleo. Se suele añadir que las estabilizaciones exitosas han ocurrido únicamente en ambientes de hiperinflación y basándose en el tipo de cambio fijo.

Sin embargo, esta percepción es inadecuada, ya que existen experiencias de estabilización duradera a partir de inflaciones medias, no muy diferentes de las registradas por México, cuyos costos sociales no han sido evidentes y su éxito no ha dependido del régimen cambiario. Dos ejemplos destacados son Francia a mediados de los años veinte y Nueva Zelanda en los ochenta, que tienen en común la implantación de un programa creíble de estabilización permanente.

Durante la década de 1920, Francia entró en un proceso de inestabilidad como resultado de la emisión de deuda pública para financiar sus gastos en la primera Guerra Mundial. Existía la expectativa de que la vencida Alemania pagaría la deuda, sin embargo, al condonarse los pagos de reparación en 1924, quedó claro que el gobierno francés acudiría al financiamiento monetario. Ante este riesgo se depreció significativamente el franco y la inflación anual promedio rebasó 18% durante 1924 y 1925.

La estabilización de precios se dio a partir del liderazgo del primer ministro Raymond Poincaré, que en 1926 llegó al gobierno y se encargó además del ministerio de finanzas. El método utilizado fue generar un superávit fiscal, además de crear un fondo especial para pagar la deuda. La inflación se abatió en el mismo año en que Poincaré anunció el programa. En 1926 la inflación fue menor que cero, se apreció el franco y el Banco de Francia acumuló reservas internacionales, de manera que pudo estabilizar la paridad regresando al patrón oro a finales de ese mismo año. No obstante, el regreso al patrón oro, que implicó el establecimiento de un régimen de tipo de cambio fijo, no fue condición sino resultado del programa de estabilización, basado en un superávit fiscal que impuso restricciones para la expansión de los agregados monetarios.

La estabilización fue inmediata y generó prosperidad en términos de un prolongado periodo de crecimiento económico. La ausencia de costos sociales se debe a que el programa fue ampliamente creíble y entendido por la sociedad. Poincaré aprovechó el consenso existente de que el país estaba en problemas a causa de los déficits públicos persistentes y era necesario un cambio en las reglas del juego que impidiera el recurso del financiamiento monetario y redujera la inflación esperada.

Seis décadas después, la estabilización en Nueva Zelanda arroja una lección parecida. Desde los años setenta ese país padecía una inflación volátil que llegó a superar 15%, como resultado del comportamiento inestable del gasto público marcado por los periodos electorales, déficits fiscales recurrentes y una política monetaria acomodaticia. Las medidas de estabilización eran transitorias o basadas en controles de precios y la inestabilidad redujo el crecimiento económico. En 1984 los malos resultados propiciaron la derrota del gobierno nacional, la victoria del partido laborista y una crisis de balanza de pagos que terminó con el abandono del tipo de cambio fijo en marzo de 1985.

A pesar de su orientación socialista, el nuevo gobierno reconoció la necesidad de realizar un cambio en las reglas del juego para garantizar la estabilidad. Durante cuatro años impulsó reformas de mercado como la desregulación, la liberalización de controles y las privatizaciones. La reducción del gasto permitió que el déficit público pasara de 7.3% en 1986 a 2.8% en 1987.

No obstante, fue hasta 1988 cuando el Banco Central aplicó un programa de desaceleración significativa de los agregados monetarios. De 1987 a 1988 la inflación se redujo de 16 a 6% porque el crecimiento de la oferta monetaria se contrajo a una cuarta parte. Como resultado, la moneda se apreció ligeramente y las tasas de interés en lugar de subir bajaron de 16.4 a 13.5%. El costo del crecimiento económico no fue evidente, ya que el PIB se recuperó moderadamente en 1988.

La ausencia de claros costos sociales derivados de la estabilización refleja la credibilidad del programa en su conjunto. En 1989 se promulgó una nueva ley del Banco Central que estableció como objetivo único la estabilidad de los precios y se tradujo en un límite a la inflación aceptada, concedió independencia a la política monetaria e impuso mecanismos de responsabilidad sobre la junta de gobierno en caso de no cumplir con las metas. A partir de entonces la inflación se redujo aún más y desde 1991 no ha rebasado 3%. Simultáneamente el déficit público fue disminuyendo y desde 1994 se convirtió en superávit. El récord de expansión económica prolongada durante los noventa es el beneficio de la estabilidad.

Ya es tiempo de que México aprenda las lecciones de las buenas estabilizaciones. Con una inflación promedio anual de casi 40% ciento durante 1973-1998, nuestro país se ha quedado rezagado en el avance del bienestar económico por causa de la inflación. ¿Se requiere más tiempo para lograr resultados?

¿Por qué el Banco de México puede (y debe) bajar la inflación?

En 2000 ha proliferado el escepticismo sobre si el Banco de México podrá continuar reduciendo la inflación. Las razones de las dudas van desde el aparente estancamiento en la lucha contra este mal hasta los costos sociales que la tarea de desinflación podría conllevar. No obstante, la inflación puede y debe descender si se desea alcanzar mayores niveles de bienestar.

La inflación debe reducirse porque daña la economía y a la población en la forma de distorsiones de precios, desperdicio de recursos y pérdida del poder adquisitivo del dinero, que afecta principalmente a los más pobres. Desde 1973 México ha convivido con tasas variables y elevadas de inflación a un ritmo anual promedio superior a 37%, lo que contribuye a explicar el insatisfactorio nivel del ingreso por habitante y los índices de pobreza.

Muchos estudios han comprobado que el aumento de la inflación reduce el crecimiento económico. Esta evidencia contradice la opinión de que los Bancos Centrales pueden promover un mayor dinamismo económico "sólo aceptando una inflación superior" y viceversa. Los beneficios de una política monetaria expansiva son, en todo caso, transitorios, mientras que los costos de la mayor inflación resultante son duraderos y devastadores.

Es alentador que en 2000 la inflación anual en México haya descendido por abajo de 9%. Sin embargo, este avance no es suficiente si se tienen en cuenta los efectos nocivos descritos, las tasas inferiores observadas en México antes de 1973 y durante 1993-1994, y la práctica estabilidad de precios en muchas economías emergentes.

El escepticismo parece relacionarse con los fracasos del pasado para controlar la inflación, la evolución futura de algunos precios clave como los salarios y el tipo de cambio, y la percepción de una cooperación insuficiente de la política fiscal. Por ello algunos analistas han llegado a concluir, equivocadamente, que el Banco de México "ya no tiene herramientas" para lograr una menor inflación.

No obstante la importancia de los elementos descritos, el Banco de México puede bajar la inflación. La principal razón de esta convicción es que esta institución ha empezado a aplicar una estrategia conocida como "objetivos de inflación", que ha sido utilizada exitosamente para estabilizar los precios en muchos y variados países, incluyendo Nueva Zelanda, Canadá, Reino Unido y Chile. Como señal clara de este enfoque, por primera vez en la historia el gobernador del Banco de México se ha comprometido, de forma independiente del gobierno, a metas explícitas de inflación tope de 6.5%, 4.5% y 3% sucesivamente para 2001, 2002 y 2003.

La estrategia de "objetivos de inflación" busca guiar el comportamiento de los precios, y de manera indirecta los salarios, mediante los compromisos de inflación máxima anunciados por el Banco Central, destacando como objetivo de largo plazo la estabilidad de precios, entendida como una inflación anual entre 0 y 3%. Tales referencias sirven de restricción para la política monetaria de forma alternativa a otros objetivos, como el tipo de cambio fijo o el crecimiento monetario dentro de ciertos límites.

La principal ventaja de los objetivos de inflación es la generación de incentivos correctos para el Banco Central: al enfocarse en resultados, la evaluación del desempeño es transparente, coloca en segundo plano las discusiones técnicas y obliga a bajar la inflación. Como lo importante es el logro de los resultados, debe ser prerrogativa del Banco Central la selección de los instrumentos. Dos requisitos adicionales son el claro mandato de la estabilidad de los precios y la ausencia de interferencias políticas que lo desvíen de sus objetivos.

El logro de las metas se facilita con una buena reputación respecto a la seriedad con que el Banco Central toma sus compromisos. Por ello el Banco de Nueva Zelanda, pionero en esta estrategia, ha llegado al extremo de incluir las metas de inflación en el contrato de trabajo del gobernador del Banco Central, admitiendo la posibilidad de despido en caso de incumplimiento que no caiga en las excepciones establecidas de antemano.

Una fuente de "costo" frecuentemente aducida por algunos críticos de la desinflación es el carácter restrictivo que la política monetaria debe adoptar cuando las expectativas de inflación superan los objetivos. En cualquier país, ello implica alzas en las tasas de interés y eventualmente la reducción del crecimiento de la oferta monetaria.

El principal mecanismo de restricción en México ha sido el "corto", que propicia de manera indirecta y transitoria el aumento de las tasas de interés. Para asegurar un impacto duradero, convendría sustituir el "corto" por una tasa de interés de referencia, que podría asociarse al papel de deuda del Banco Central con el que opera en el mercado de dinero, como se opera en otras partes del mundo.

De cualquier forma, el alza de las tasas de interés busca eliminar la expansión de la demanda agregada que podría tener como origen un exceso de liquidez incompatible con la baja de la inflación. Si bien en el corto plazo esto atenuaría el gasto y el crédito, la falta de control de la inflación generaría un mayor y más prolongado obstáculo sobre el financiamiento y el crecimiento económico.

El costo de la desinflación, afortunadamente, puede reducirse de manera significativa si se acompaña de otras medidas que impulsen la efectividad de la política monetaria y la productividad. Medidas semejantes, incluyendo un superávit fiscal desde mediados de los años ochenta, explican, en parte, por qué durante la década pasada Chile redujo la inflación de más de 25% a aproximadamente 3%, con un crecimiento económico espectacular.

La estrategia de "objetivos de inflación" puede conducir en México a la estabilidad de los precios si se aplican las lecciones de otros países. Es indispensable la rendición clara de cuentas y un elevado poder de convencimiento, para lo que ayudaría el respaldo, cuanto antes, de un superávit fiscal que elimine posibles presiones del gobierno a la inflación.

La inflación siempre es un mal

México experimenta una inflación moderada que debiera reducir hasta alcanzar la estabilidad permanente en el nivel general de los precios. Este logro contribuiría a un mayor bienestar económico.

Durante los nueve primeros meses de 2002, la inflación anual registró una notable inflexibilidad a la baja, con un promedio de aproximadamente 5%. Ante esto han surgido voces demandando el abandono de cualquier esfuerzo adicional de desinflación, al considerar el dinamismo moderado de los precios como aceptable. A pesar de su aparente atractivo, esta posición es peligrosa: la inflación es una enfermedad del sistema económico y, por tanto, siempre perjudica. Una inflación leve genera daños leves, pero nunca beneficios. Por contra, su aceptación implica serios riesgos.

Los efectos adversos de la inflación son ampliamente conocidos. La inflación opera como un impuesto sobre los saldos monetarios al mermar el poder adquisitivo del dinero. El resultado es una pérdida neta para la sociedad porque el público busca evadir este gravamen dedicando tiempo y otros recursos productivos para mantener al mínimo sus saldos de efectivo. Este impuesto es extremadamente regresivo, ya que incide con gravedad sobre los más pobres, quienes suelen mantener la mayor parte de sus ahorros en efectivo. Además, la inflación, cuando es inesperada, conduce a errores en las decisiones de producción y de trabajo, al confundirse las señales del mercado con las oportunidades de negocio. Una mayor incertidumbre genera más altas tasas de interés reales que desalientan la inversión.

Por lo anterior, es encomiable que el Banco de México se haya propuesto, como objetivo permanente a partir de 2003, una inflación anual de 3%, con un intervalo de tolerancia de más y menos un punto porcentual. Los Bancos Centrales exitosos en el mundo han comprendido que su misión primordial es garantizar la estabilidad del nivel general de los precios. Este compromiso se ha interpretado, por lo general, como una inflación ligeramente superior a cero, entre otras razones, porque los índices de precios tienden a sobrestimar la verdadera inflación: por ejemplo, no reflejan las mejoras de calidad y la introducción de nuevos bienes y servicios en la economía.

Aun cuando es mayor a la de los países industrializados, la inflación propuesta significa un reto considerable al interpretarse como una meta permanente y contarse con un pasado de severa inestabilidad: desde 1950 sólo en seis años la inflación no ha rebasado 3%. Afortunadamente la "tecnología" para alcanzar este objetivo es conocida y la experiencia exitosa de muchos Bancos Centrales debiera dar confianza.

En particular, la estrategia que desde 1999 ha seguido el Banco de México, basada en compromisos de inflación, ha probado ser efectiva en éste y otros países. Una ventaja de este método es su orientación a los resultados, lo que promueve la rendición de cuentas. Su sustento es la credibilidad de las metas anunciadas, que funcionan como una "ancla" para moderar el crecimiento de los precios.

Si la inflación es un mal evitable, ¿por qué proliferan las opiniones a favor de aceptar su presencia, así sea en un grado moderado? Tres hipótesis podrían contribuir a explicar esta postura. La primera es que los comentaristas podrían estar refiriéndose a los posibles costos durante la transición de una inflación alta a una baja, si ésta ocurre de forma repentina. Las dificultades surgen especialmente por la existencia de contratos fijos, como los salariales y de renta, que al realizarse con una inflación superior a la observada generan severas pérdidas para las empresas. No obstante, estas dificultades pierden validez si se tiene en cuenta que en México la estrategia ha sido muy gradual y, por tanto, ha existido suficiente tiempo para ajustar las expectativas de inflación a la baja.

En segundo lugar, las opiniones podrían estar reflejando la confusión común entre la inflación y un relajamiento transitorio de la política monetaria. A pesar de ser incierto su impacto sobre la actividad económica, algunos países con una historia larga de estabilidad de precios, como Estados Unidos, han intentado utilizar la política monetaria para contrarrestar los ciclos económicos; por ejemplo, reduciendo las tasas de interés para alentar la producción. Aunque en el mejor de los casos el impulso es modesto y pasajero, la medida se condiciona a que no surjan brotes inflacionarios, o sea, aun en tales circunstancias la inflación no se admite y siempre se busca mantenerla baja.

Una tercera explicación parece ser más convincente: la aceptación de que no merece la pena el esfuerzo y son suficientes los menores logros en el combate a la inflación. Esta autocomplacencia es una actitud de los países subdesarrollados que se extiende no sólo en esta materia sino en el manejo sensato de la política económica en general y a la puesta en marcha de las reformas que eleven el crecimiento económico potencial. Por supuesto esta postura tiene costos y en inflación presenta graves riesgos: el conformismo puede mermar la credibilidad de la política monetaria a tal grado que se pierdan los logros obtenidos y se agudice, una vez más, el proceso inflacionario. La historia ofrece razones de sobra para la cautela.

El desafío de la estabilidad de precios

Las dificultades para bajar la inflación han llevado a algunos observadores a concluir que México no debería aspirar a lograr la estabilidad de los precios. Dicho pesimismo parece fincarse en ciertas tendencias pasadas. Durante la mayor parte de su historia moderna nuestro país experimentó una inflación elevada, con una tasa anual superior a 50% en 1995.

El valor mínimo de este indicador en más de tres décadas ha sido 4%, observado en el cuarto trimestre de 2003; sin embargo, en 2004 el crecimiento anual de los precios aumentó. Además, desde principios de 2003 la inflación subyacente, que excluye los componentes más volátiles del INPC, ha mostrado una notable rigidez a la baja, en torno a 3.6% anual.

Ante estas restricciones, se afirma que la estabilidad de los precios, definida, por lo común, como una inflación entre 2 y 3%, sólo se obtendría a un costo muy elevado en términos de un menor crecimiento económico, por lo que su búsqueda debería abandonarse.

Una recomendación así es perjudicial. En primer lugar, la inflación es un mal que daña a la sociedad, al distorsionar la actividad económica, inducir al desperdicio de recursos y complicar las decisiones de largo plazo, inhibiendo, por éstos y otros canales, el dinamismo económico.

Tales efectos explican por qué la mayoría de los Bancos Centrales en el mundo se ha propuesto, como prioridad, la estabilidad de los precios. La exigencia de esta meta es mayor que la mera postulación de una inflación "moderada", lo cual refleja dos hechos: la inflación nunca es un bien y su aceptación, aunque sea parcial, pone en peligro su control.

De ahí que cada vez hayan sido más los países que han logrado la estabilidad de los precios. Por ejemplo, de 1980 a 2002 el número de naciones con inflación anual no mayor a 3% pasó de 2 a 78, correspondiendo dos terceras partes de esta última cifra a las economías en desarrollo. Lo anterior pone de manifiesto que los medios técnicos para abatir la inflación son ampliamente conocidos y pueden aplicarse en cualquier lado.

En segundo lugar, México está cerca de controlar de forma definitiva la inflación, por lo que sería lamentable conformarse con un objetivo menos ambicioso. De hecho, después de varios años de descenso en el dinamismo de los precios, el Banco de México ha establecido como objetivo, a partir de diciembre de 2003, una inflación máxima de 3%, más menos un punto porcentual, aplicable de forma continua y no sólo a fin de año. Por cierto, dicho intervalo no constituye una meta sino una referencia para incorporar los efectos extraordinarios de perturbaciones en los precios relativos, cuyo origen es independiente de la política monetaria y, por ende, difícilmente puede contrarrestarse. La inflación por encima del límite superior referido y el alza de las expectativas de la misma por parte de los analistas justifican, entre otras razones, los aumentos de 2004 en el monto del "corto". Fueron medidas indispensables para refrendar el compromiso de la autoridad monetaria con su objetivo.

En tercer lugar, los posibles costos transitorios por la baja de la inflación no son inevitables. Dos componentes parecen jugar un papel esencial en cualquier desinflación. El primero es la seguridad de que el Banco Central aplicará las medidas necesarias si la inflación se desvía de la meta. Este elemento es esencialmente persuasivo y depende de la credibilidad de la política monetaria. En un extremo positivo, bastaría el anuncio del objetivo de inflación para que éste se cumpliera. Generalmente se requiere, además, un segundo elemento: la aplicación, en algún grado, de una política monetaria restrictiva que, por lo general, toma la forma de un alza en las tasas de interés. Ésta necesita ser menos severa en la medida que el primer elemento, la persuasión, actúa con mayor eficacia.

México ha evitado algunos de los posibles costos de la desinflación mediante una política monetaria gradualista, que ha permitido a los agentes económicos ajustarse, por lo menos sin dificultad aparente, a las metas de crecimiento de los precios. Esto se refleja en el principal descenso reciente de la inflación, de casi 10 puntos porcentuales, que ocurrió en 1999-2000, periodo de elevado dinamismo económico; por contra, durante 2002-2003, con un escaso avance de la economía, la inflación casi no cedió.

Además, la principal herramienta de restricción monetaria, el "corto", ha servido como una señal para orientar las expectativas hacia los objetivos de inflación, más que como un impulso duradero de las variables financieras, como la tasa de interés y el tipo de cambio. Si a lo anterior se añade el efecto insignificante de las modificaciones temporales de estas variables sobre la actividad económica, se confirma que los costos, si han ocurrido, han sido mínimos. En cualquier caso, éstos son siempre menores que el beneficio de la estabilidad.

Para el futuro, un desafío fundamental del Banco de México será convencer al público de que el objetivo de 3% de inflación es alcanzable de forma permanente. Para ello es esencial perseverar en el combate a la inflación mientras se ponga en duda el logro de esta meta y, probablemente, fortalecer la estrategia monetaria aprovechando aún más la experiencia exitosa de otros países. Vale la pena el esfuerzo.

Sólo el Banco de México puede abolir la inflación

El incremento de la inflación en 1998 representa un retroceso en el rumbo de fortalecimiento de la economía mexicana. La inflación cercana a 19% coloca en desventaja al país no sólo respecto de las economías industrializadas, que en promedio registran una inflación de 2%, sino también respecto de las naciones en desarrollo, cuya inflación media es 11%. Dentro de América Latina solamente Ecuador y Venezuela registran crecimientos de precios superiores al de México.

Afortunadamente el Banco de México ha calificado como insatisfactorio este desempeño, y con claridad ha apuntado tres ideas claves que, de traducirse en acciones firmes, permiten esperar una reducción significativa de la inflación: *1)* la inflación es un mal; *2)* la inflación es un fenómeno monetario; y *3)* la desinflación depende de la credibilidad del Banco Central.

En primer lugar, la inflación es un mal porque reduce el potencial de crecimiento económico y deteriora la distribución del ingreso. Muchos análisis revelan que entre mayor es la inflación menor es el crecimiento económico. La economía crece menos porque los individuos y las empresas desperdician tiempo y esfuerzo interpretando y prediciendo la evolución de los diversos precios y buscando formas de evitar el deterioro de su poder adquisitivo. Además, la inflación merma el salario real de los trabajadores y afecta especialmente a los más pobres porque éstos mantienen una mayor proporción de sus ahorros en efectivo.

Si la inflación es un mal, debe aniquilarse. Esta conclusión perfectamente lógica, goza además de aceptación general en México, toda vez que han proliferado las propuestas y exigencias de contar con una moneda "firme", a través de un consejo monetario, una unión monetaria, o la adopción del dólar como moneda de curso legal. En el fondo, estos clamores son versiones de la exigencia de estabilidad de precios y no de un mecanismo en sí mismo.

Hay muchas formas de alcanzar la estabilidad y el actual tipo de cambio flotante es una de ellas. Para abatir la inflación lo importante no es la selección del régimen cambiario sino su adecuada aplicación. Es aquí donde radica tal vez el escepticismo de la sociedad: no en la necesidad de la estabilidad sino en las formas infructuosas de combate a la inflación. La historia de los múltiples programas fallidos para alcanzar la estabilidad permanente de los precios en México y sus costos asociados, como alzas en las tasas de interés y contracción económica, justifica este temor. México tiene un récord malo en estabilización por un mal diagnóstico de lo que causa la inflación y por la aplicación de una política monetaria inadecuada.

De aquí, el segundo punto del Banco de México: la inflación es un fenómeno monetario porque resulta de un excesivo crecimiento de la oferta monetaria respecto de lo que requeriría la economía con estabilidad de los precios. Como se ha expresado coloquialmente, la inflación existe porque "hay mucho dinero persiguiendo pocos bienes y servicios en la economía".

No es válido argumentar que la inflación tiene su causa en aumentos de precios específicos, ya que éstos son parte de la definición misma de inflación y, por ende, no su causa. En este concepto caen los incrementos de precios relativos tan importantes como los de frutas y legumbres, tortilla y masa, gasolina e incluso, en el actual régimen de flotación, el mismo precio del dólar.

Con el régimen de tipo de cambio flexible el Banco de México determina la cantidad de dinero en circulación y, por tanto, es responsable de cualquier exceso de oferta monetaria y de la inflación. El exceso de circulante ha ocurrido porque el Banco de México ha seguido una política de proveer liquidez según va aumentando la demanda de la misma por el crecimiento de los precios. Por ejemplo, los incrementos salariales implican mayores requerimientos de liquidez para que las empresas paguen a sus empleados. Estos aumentos surgen, a su vez, ante la expectativa de que el Banco de México continuará validando monetariamente cualquier incremento en la demanda de liquidez.

La situación anterior describe un círculo vicioso en el que se encuentra inmerso el Banco de México y que sólo éste puede romper. Este desafío tiene que ver con el tercer punto del diagnóstico del Banco de México, esto es, la credibilidad. La única forma de abolir la inflación es interrumpir la validación monetaria de los aumentos de los precios. La evidencia de los Bancos Centrales exitosos apunta hacia una política que propicie la desaceleración del crecimiento del dinero.

Finalmente, la estabilidad no depende de la coordinación de estrategias de precios entre diversas entidades así sean públicas o privadas. La experiencia de Estados Unidos es elocuente: durante los años setenta la coordinación de políticas salariales y comerciales y el establecimiento de "guías de precios" condujeron a una mayor inflación, ya que no estuvieron acompañados de una restricción monetaria.

En contraste, la estabilidad de los precios registrada durante las décadas posteriores en ese mismo país tiene su base en un dinamismo monetario moderado. En 1998 la inflación en Estados Unidos fue 1.5% no por la coordinación de políticas de precios sino porque la base monetaria creció en promedio 6%. Por contra, la inflación en México se acercó a 19% porque la base monetaria creció casi 24 por ciento.

Sólo el Banco de México puede abolir la inflación. Para que lo logre de manera sostenible, se imponen por lo menos cuatro condiciones: *1)* convencimiento propio de que cuenta con las herramientas para reducir la inflación; *2)* el anuncio de un compromiso ambicioso de baja inflación, por ejemplo a 2% anual; *3)* el anuncio de que asegurará este compromiso con un bajo crecimiento de la base monetaria, digamos 6 o 7% anual; y *4)* un mecanismo de control en caso de no lograr la meta de inflación.

El método descrito de asegurar la estabilidad promete ser exitoso porque tiene por lo menos tres ventajas: primero, es sencillo de comprobar, por lo que facilita la credibilidad de inmediato; segundo, es suficiente porque ataca la causa monetaria de la inflación; y tercero, su estricto cumplimiento cambia de inmediato las expectativas inflacionarias, reduciendo (no subiendo) las tasas de interés y evitando una contracción económica.

La inflación no es inevitable

La inflación es un fenómeno monetario porque resulta invariablemente de un crecimiento excesivo del dinero, por lo que su control es prerrequisito para reducir permanentemente la inflación en México. Este diagnóstico recoge la experiencia de muchos países y la conclusión central de la teoría monetaria moderna. No hay episodio de inflación duradera sin un crecimiento elevado del dinero.

En nuestro país el control del crecimiento monetario está en manos del Banco de México y sólo éste puede, en última instancia, asegurar la estabilidad. Es interesante apuntar que el Banco Central Europeo ha establecido, como instrumento para asegurar la estabilidad de los precios, un crecimiento de 4% anual en la oferta de dinero (M3) de la Unión Monetaria Europea (UME). El presidente de ese banco sabe que con esta regla y un crecimiento económico promedio de 3%, la inflación de la UME será cercana a 1 por ciento.

No obstante que el mundo desarrollado acepta la explicación monetaria, en México aún seguimos pregonando que la inflación es resultado de "choques" de precios específicos. Se argumenta que la inflación existe porque se depreció el peso frente al dólar, cayó el precio del petróleo (y aumentó el de la gasolina) y se liberó el precio de la tortilla. Sin embargo, los referidos "choques" no deberían traducirse en inflación si se contara con un crecimiento monetario acorde con el crecimiento económico. En México cualquier agregado monetario creció en 1998 por encima de 18 por ciento.

La depreciación del tipo de cambio ha sido un fenómeno de largo plazo como resultado de inflaciones por encima de las del resto del mundo. La diferencia anual promedio respecto de Estados Unidos ha sido 24% durante 1995-1998 y más de 14% en este último año, por lo que el peso ha registrado una tendencia de depreciación. En contraste, el dólar se depreció 22% respecto al yen durante el segundo semestre de 1998 y ello no afectó la inflación de Estados Unidos. De hecho, como el crecimiento de los precios es bajo y semejante al de Japón, la paridad final de 1998 no fue muy diferente de la de 1996.

Por otra parte, el choque petrolero no tendría por qué ser inflacionario y, en todo caso, podría tener un impacto de una sola vez a la baja en el nivel general de los precios. El choque petrolero inverso, el alza significativa de 1973, apunta a una lección semejante. Durante esa década, Estados Unidos aumentó la tasa de inflación a pesar de depender sólo 50% del petróleo importado, mientras que Japón y Alemania redujeron su inflación a pesar de que su dependencia alcanzaba 100%. La diferencia en el comportamiento de la inflación entre los dos países es que Estados Unidos aumentó el crecimiento monetario mientras que Japón y Alemania hicieron lo contrario.

Es momento de que México vaya a fondo en el asunto de la inflación, adoptando un programa firme que garantice una estabilidad comparable a la del mundo desarrollado. Para que se alcance de manera permanente deben satisfacerse los siguientes requisitos: *1)* no sustentarse en la ilusión de los controles; por más buena intención que se tenga, el anunciado "minipacto" de descuentos de precios en comercios no resuelve el problema y puede ser contraproducente si crea una ilusión sobre la posibilidad de una estabilización permanente; *2)* no basarse en la esperanza de que no ocurran "choques" externos, ya que éstos no son la causa de la inflación; y *3)* debe existir un compromiso de mantener bajo el dinamismo del dinero; la viabilidad del compromiso es esencial para reducir la incertidumbre que, en buena medida, explica los costos comúnmente asociados con una desinflación: mayores tasas de interés y menor crecimiento de la producción y el empleo.

El aspecto más importante de incertidumbre tiene que ver con las finanzas públicas, que no han cooperado con el objetivo de una menor inflación. Las finanzas públicas muestran un déficit elevado si se excluyen los aumentos de precios de los combustibles. En esta situación el gobierno enfrentaba dos opciones: abstenerse de estos incrementos y financiar el mayor déficit con deuda, asegurando que en el futuro generará superávit para liquidar esta deuda; o recurrir a estos incrementos de precios. En ambos casos es importante asegurar que no habrá un financiamiento inflacionario en la forma de emisión monetaria.

Desafortunadamente no hay bases para confiar que esta última condición se cumplirá. En el primer caso, el superávit futuro podría sustituirse por crédito de Banco de México al gobierno, análogo a lo que ocurrió en 1994 con el financiamiento a la banca de desarrollo. En el segundo, el Banco Central podría validar monetariamente los incrementos en el precio de los energéticos. Estas posibilidades restan credibilidad a cualquier intento de estabilización. Es absolutamente indispensable un cambio en las reglas del juego, por las de un programa monetario respaldado con un superávit fiscal que será creíble al reducir sustancialmente la fuente de incertidumbre.

La estabilidad de los precios no debe depender de la paridad

Uno de los desafíos centrales de la política monetaria de México en 2001 es romper la asociación que ha existido entre los movimientos del tipo de cambio y la inflación. Tal vínculo es indeseable porque, teóricamente, con un tipo de cambio flexible la paridad no está bajo el control del Banco Central.

Desde que se adoptó el régimen de libre flotación en 1995, el descenso de la inflación ha ido de la mano de la menor depreciación del peso frente al dólar. Este "apoyo" fue interrumpido transitoriamente, por ejemplo, por los fuertes incrementos de la paridad ocurridos en 1998 como consecuencia de las crisis financieras de Asia, Rusia y Brasil. Durante ese año el crecimiento de los precios en México se incrementó más de 300 puntos base, alcanzando 19% anual en enero de 1999. Desde entonces, sin embargo, la fortaleza nominal del peso ha permitido una caída considerable de la inflación.

Con un régimen de tipo de cambio flexible existen muchas razones por las que la paridad puede variar, relacionadas con la percepción del público sobre las ventajas relativas de las monedas como medios de pago y almacén de valor. A la mayor preferencia por el peso podría contribuir una política económica sana, que promueva la estabilidad de los precios y un adecuado ambiente para los negocios; sin embargo, la paridad no puede garantizarse, y sus movimientos, aunque sean abruptos, no deben interpretarse como una falla sino, en todo caso, como reflejo de la velocidad con la que viaja la información en los mercados.

En tal sistema, es la política monetaria, y no el tipo de cambio, la encargada de controlar el crecimiento de los precios. Así lo muestran los países que durante décadas han mantenido una inflación baja, a pesar de las amplias fluctuaciones de sus tipos de cambio. Un excelente ejemplo es el índice de paridad compuesto de las 18 monedas más importantes frente al dólar, construido por J. P. Morgan, que da cuenta de una depreciación acumulada de esa canasta de 33% desde 1995; a pesar de ello, la inflación en esos países se ha mantenido baja.

En ocasiones se señala que, a diferencia de las grandes naciones, México es una economía "emergente" cuyo elevado grado de apertura al exterior convierte su moneda en un candidato idóneo de ataques especulativos. Esta explicación no puede ignorarse totalmente, ya que la posición de las monedas no es ajena a los aspectos internos, como desórdenes de política económica, que han sido frecuentes en las economías emergentes, y México no es la excepción.

Sin embargo, la gran variabilidad de los tipos de cambio no ha sido exclusiva de las economías emergentes o pequeñas. Durante los años recientes la volatilidad del peso ha sido similar e incluso menor a la experimentada por países de muy diferente tamaño y grado de desarrollo; por ejemplo, durante 1998 las monedas de Nueva Zelanda, Australia, Sudáfrica, Suecia y Japón fueron más severamente afectadas por la crisis financiera que la de México. A pesar de ello, la inflación en esas economías permaneció controlada. Lo anterior pone de manifiesto dos realidades: primero, no sólo las monedas de las economías "pequeñas" y abiertas son vulnerables a las decisiones del público y, segundo, varios países pudieron sortear mejor las (mayores) presiones del tipo de cambio contra la inflación.

Causas del contagio

Por ello es esencial identificar las causas del contagio cambiario a los precios en nuestro país. La explicación más razonable parece encontrarse en la conducción de la política monetaria. Una observación fundamental, basada en la gran cantidad de evidencia empírica internacional, es que las inflaciones elevadas y persistentes son sólo posibles con un crecimiento monetario "excesivo"; es decir, a mediano plazo el dinamismo de los precios es prácticamente igual al del dinero por unidad de producto.

Una depreciación cambiaria puede convertirse rápidamente en inflación si la gente espera que ésta sea "validada" monetariamente. De hecho, esto podría estar ocurriendo en nuestro país. Por una parte, el Banco de México sigue la regla de "no crear excedentes ni faltantes de liquidez", lo que se traduce en el acomodamiento de cualquier demanda nominal de base monetaria; por otra, las variaciones del tipo de cambio, al traducirse en precios, elevan la demanda nominal de dinero. Lo anterior explica por qué los movimientos del tipo de cambio tienden a preceder a los de la inflación y éstos a los del dinero.

Sin embargo, esta forma de operar no es la única disponible. Una opción superior sería reconocer que el dinamismo monetario, con independencia de lo que ocurra con el tipo de cambio, debe acercarse al crecimiento de mediano plazo de la economía. Esta referencia puede alcanzarse de forma gradual mediante un programa específico de ventas de bonos de regulación monetaria. Complementariamente, para hacer frente a los cambios de la demanda de dinero en el corto plazo y enfrentar presiones temporales de inflación, se podría utilizar una tasa de interés propia según una regla de operación clara. Este instrumento sustituiría al "corto" y fortalecería la credibilidad del Banco de México en su compromiso por la estabilidad permanente de los precios.

Opiniones contradictorias sobre la política monetaria

El debate sobre la política monetaria en los años recientes ha estado dominado por interpretaciones contradictorias, algunas veces del mismo grupo de "expertos".

El caso más espectacular se refiere a la discusión sobre la efectividad del instrumento conocido como el "corto". La sabiduría convencional en el año 2000 establecía que esta herramienta era sólo simbólica y tenía escasa trascendencia sobre las variables a influir. Sin embargo, la opinión reinante en 2001 es que el "corto" ha sido excesivamente efectivo porque ha producido daños severos en la economía. Esta contradicción descubre el uso de verdades a medias y predicciones fallidas, como lo ilustran las siguientes versiones.

Por una parte, se criticaba que el efecto del "corto" sobre las tasas de interés era transitorio y, por ende, insuficiente para atemperar el gasto interno, medida considerada necesaria para combatir el "peligroso" déficit de la cuenta corriente de la balanza de pagos, lo que depreciaría el peso frente al dólar y dificultaría el combate a la inflación. Sin embargo, actualmente se objeta lo contrario, esto es, que el "corto" ha mantenido elevadas las tasas de interés reales por tanto tiempo que ha atraído capitales, apreciado el peso, promovido la expansión del gasto interno (importaciones incluidas) y apoyado ("artificialmente") la baja de la inflación.

Por otra parte, se afirmaba que el "corto" debía aplicarse con mayor severidad porque no lograba reducir el crecimiento económico, condición supuestamente indispensable para abatir el incremento de los precios. Basados en la hipótesis de una relación inversa entre el desempleo y la inflación, conocida como "curva de Phillips" y refutada repetidamente por la realidad particular de México, muchos analistas señalaban la debilidad del "corto" porque era incapaz de detener el ritmo "excesivo" de la economía. No obstante, el lamento actual es al revés, es decir, que el "corto", al fortalecer el peso, está destruyendo a los exportadores, haciendo morir a las pequeñas y medianas empresas, deteniendo las inversiones, etcétera, es decir, es responsable de frenar el crecimiento económico.

Además se objetaba que el "corto" permitía una política monetaria "laxa" poniendo en peligro el combate a la inflación. Era común la advertencia de que la desviación de la base monetaria por encima de la proyección del Banco Central representaba un "foco amarillo" de la economía. Para sorpresa, la opinión más sonada actualmente es que el Banco de México está "obsesionado" con el abatimiento de la inflación, al ir "demasiado rápido" en su afán de convergir a la inflación internacional, por lo que convendría una política monetaria sustentada en menores tasas de interés.

Las contradicciones sobre el "corto" se han traducido en desvaríos semejantes sobre el tipo de cambio. La opinión más popular señala que el Banco de México está "sobrevaluando" al peso, por lo que debería aumentar las opciones de compra de los dólares de los bancos y, en caso extremo, "inducir" (sin decir cómo) una depreciación del peso. Sin embargo, los mismos observadores han censurado al Banco Central por haber acumulado reservas internacionales récord e incurrir por ello en un costo fiscal (su rendimiento es inferior al costo de la deuda pública en pesos), lo cual es cierto pero implica aceptar que el peso está "subvaluado", ya que el tipo de cambio totalmente libre, sin esta acumulación, estaría más abajo que su nivel actual.

Las querellas anteriores reflejan lo poco que se sabe sobre la política monetaria, lo cual no es privativo de nuestro país. Sin embargo, frente a tantas aseveraciones tajantes, un prudente escepticismo es recomendable: el "corto" no puede ser a la vez inefectivo y efectivo, como tampoco el peso puede simultáneamente estar "sobrevaluado" y "subvaluado".

En el fondo, las posiciones encontradas parecen compartir el convencimiento de que el Banco de México está haciendo mal su labor. No obstante, ambos lados pasan por alto que el Banco Central debe evaluarse en función de su único objetivo, la estabilidad del nivel general de los precios y, en esos términos, los resultados desde 1999 han sido alentadores. La autoridad monetaria no puede juzgarse por el tipo de cambio, el déficit comercial, el crecimiento económico o el dinamismo de la inversión, sencillamente porque no son sus objetivos, no es clara su relación con la inflación y, en última instancia, están fuera de su control.

En cambio, un elemento crucial ignorado, que es el ciclo económico de Estados Unidos, puede contribuir significativamente a explicar muchos de los efectos atribuidos al "corto" y al tipo de cambio. Por ejemplo, en el año 2000 México creció extraordinariamente (6.9%) porque su principal socio comercial lo hizo también (5%), y en 2001 la economía mexicana se desaceleró porque lo mismo ocurrió con su vecino del norte. Conocemos poco sobre los efectos de la política monetaria, pero ignorar el impacto de Estados Unidos sobre México puede conducir fácilmente a afirmaciones gratuitas y contradicciones lamentables.

¿TIEMPO PARA RELAJAR LA POLÍTICA MONETARIA?

En 2001 el Banco de México anunció una reducción del monto al que se aplica el mecanismo de restricción monetaria conocido como el "corto". Algunos han demandado una mayor disminución e incluso el abandono de ese instrumento. ¿Es tiempo de hacerlo?

El "corto" es la herramienta del Banco de México para conducir las expectativas de inflación a la baja, de acuerdo con su objetivo de procurar una inflación máxima de 3% a más tardar en 2003. Su operación consiste en inducir un alza de las tasas de interés nominales para, entre otros efectos, frenar el dinamismo de los agregados monetarios, condición indispensable, a mediano plazo, para la estabilidad en el nivel general de los precios.

Uno de los efectos del "corto" es fungir como "señal" del compromiso del Banco Central de combatir la inflación y, de esta manera, influir en las expectativas del público. De enero de 1999 a abril de 2001 la inflación anual bajó doce puntos porcentuales y la inflación esperada por los analistas del sector privado se contrajo de manera similar. Es posible comprobar que el "corto" y la perseverancia en el mismo han contribuido a esta favorable evolución.

El anuncio de la menor restricción representa el primer cambio de dirección, después de los 14 incrementos consecutivos en el monto del "corto" desde su implantación en marzo de 1998. Si a esta disminución no siguen otras en el futuro inmediato es probable que las expectativas de menor inflación se mantengan. Si, por el contrario, se añaden (y anticipan) otras reducciones, la estabilización podría complicarse, lo que sería lamentable porque la inestabilidad de los precios ha sido la norma por lo menos desde 1973 y sus efectos sobre el crecimiento económico y la distribución del ingreso han sido dramáticamente nocivos.

Si bien durante 2001 la inflación ha continuado a la baja, algunos indicadores sugieren cautela: *a)* en abril del mismo año el pronóstico de inflación del sector privado se ubicó 0.37 y 1.44 puntos porcentuales por encima de las metas del Banco de México para 2001 y 2002, respectivamente (sin incluir reforma fiscal); *b)* en el mismo mes el crecimiento anual de los precios de los bienes no comerciables alcanzó 9.2%; *c)* la caída de los precios agrícolas y la apreciación del peso fueron factores determinantes en la menor inflación general, pero pueden revertirse; y *d)* la aprobación de la reforma fiscal podría implicar un incremento transitorio de la inflación y dificultar las metas de la estabilización.

El principal riesgo es que la medida anunciada se interprete como el inicio de un compromiso decreciente del Banco Central por erradicar la inflación. El peligro es evidente si se consideran las demandas de relajamiento monetario de poderosos grupos de interés que calificaron la disminución del "corto" como "insuficiente" y "tardía".

Dos son los argumentos más socorridos por los quejosos. El primero establece que la restricción monetaria es responsable de la fortaleza del peso y que ésta, al reducir los márgenes de utilidad de los exportadores, conduce a un menor crecimiento económico; el segundo señala que la restricción explica las elevadas tasas de interés, y éstas desalientan la inversión. A pesar de su amplia difusión, estas afirmaciones, en el mejor de los casos, contienen verdades parciales que contrastan con la evidencia empírica y la lógica económica.

En la fortaleza del peso concurren varios elementos que explican la preferencia por las inversiones en México, entre los que destacan la baja de la inflación (en ese sentido contribuye Banxico) y la percepción favorable sobre el futuro de las reformas estructurales, en comparación con otras economías emergentes. Por contra, la forma más segura de debilitar el peso es generando malas noticias, pudiendo ser una de ellas el relajamiento del combate a la inflación. Estas acciones no sólo resultarían una mala idea, por absurdas, sino porque en México el objetivo de debilitar al peso, para satisfacer a los exportadores, rigió la política monetaria en la década de los ochenta y el resultado fue un crecimiento económico nulo.

Por otra parte, las tasas de interés relevantes para la inversión son las reales, y éstas no las determina el Banco Central sino el mercado; de paso, tales rendimientos se relacionan estrechamente con la percepción de "riesgo país" que aumentó en la última parte de 2000 y principios de 2001. La desaceleración económica, que obviamente se advierte en la inversión, obedece principalmente al menor crecimiento económico de Estados Unidos; buscar compensar este efecto requeriría un relajamiento monetario tan significativo que tendría un elevado costo inflacionario, sin un beneficio en términos de crecimiento económico, como lo demuestra la experiencia de México.

La misión de la autoridad monetaria no es complacer a los exportadores, a costa del resto de la población, ni emprender un rescate de la economía en contra del ciclo económico mundial, sino procurar la estabilidad de los precios. El Banco de México no puede emular las acciones de "sintonía" del Fed de Estados Unidos, en ocasiones, por cierto, muy criticadas, porque presuponen esa estabilidad, meta que nuestro país aún no ha alcanzado.

La estabilización aún no concluye

Durante los primeros ocho meses de 2003 México avanzó en el abatimiento de la inflación. El progreso fue muy claro de junio a agosto, cuando el crecimiento anual de los precios, medido con el INPC, alcanzó nuevos mínimos históricos. En agosto la inflación anual cayó a 4%, lo cual coincide con la cota superior del intervalo admitido por el Banco de México para finales de 2003 y en adelante.

Ante esta mejoría se ha sugerido flexibilizar la postura monetaria porque supuestamente ello reduciría las expectativas de inflación. Aunque el efecto referido es indispensable, no se logra con esta medida. Existen, por lo menos, tres razones para privilegiar la prudencia monetaria.

La primera es que el objetivo de inflación anual es 3% y aún no se ha logrado. El intervalo de más y menos un punto porcentual alrededor de esta tasa busca incorporar desviaciones ante "perturbaciones" que afecten el proceso de formación de los precios; por ejemplo, los incrementos extraordinarios de ciertos precios claves, considerados volátiles, justificarían, como excepción, el límite superior.

No obstante, el 4% ha sido posible, en gran medida, por la repetición de "perturbaciones" favorables. En seis de los ocho meses de referencia se redujeron los precios de los productos agropecuarios, y en cuatro de ellos la variación de los administrados y concertados fue negativa o nula. Además, la inflación subyacente anual, sobre la cual actúa más claramente la política monetaria, desde febrero ha mostrado una considerable resistencia a la baja, estancándose en aproximadamente 3.5 por ciento.

Siendo estrictos, con un entorno de precios tan benigno la referencia apropiada de la inflación general para 2003 debería ser la cota inferior, 2%.

El corolario es que los logros alcanzados pueden ser efímeros. Existe el riesgo de que la inflación subyacente, en particular la de servicios, aumente con la reactivación económica, y los componentes no subyacentes se tornen adversos, como sería el caso de fuertes aumentos de los precios administrados para "compensar" un descenso de las cotizaciones del petróleo, o de los agropecuarios por factores climatológicos.

La segunda razón es que un ablandamiento de la política monetaria podría poner en peligro la credibilidad de la misma. Durante los años recientes, México ha adoptado una estrategia monetaria "anclada" en los objetivos de inflación. Para confirmar su compromiso, el Banco de México ha aplicado varias herramientas, entre las que destaca el "corto". Si bien el entendimiento de su operación es complicado para la mayoría de la gente, las variaciones del monto del "corto" se han convertido en un reflejo de la seriedad de la lucha contra la inflación.

Una atenuación de este mecanismo podría interpretarse como una señal de complacencia, considerando los riesgos arriba mencionados. Más aún, a partir de 2004 el objetivo de 3% se aplicará para cada mes, por lo que es insuficiente argumentar el posible cumplimiento del objetivo en 2003. Una menor restricción basada en la factibilidad de la meta del año en curso puede deteriorar las expectativas de inflación (expresadas en los pronósticos de los analistas) para los siguientes años, como parece haber sido el caso de las tres disminuciones del "corto" en 2001 y 2002.

La tercera razón es que los beneficios esperados de la estabilización ya están ocurriendo en México. El menor crecimiento de los precios desde 1999 ha facilitado la recuperación de los salarios reales, aunque a una tasa decreciente por la desaceleración de la economía. Así, la variación anual real promedio de los salarios de cotización del IMSS fue 3.3% durante 1999-2003, versus –6.7% en los cuatro años previos; en iguales lapsos, la inflación anual media fue 8.7 y 26.7%, respectivamente.

Además, durante 2003 las tasas de interés nominales alcanzaron consecutivos mínimos históricos. La permanencia de los rendimientos moderados en todos los plazos y el florecimiento de las operaciones crediticias de largo plazo a tasas de interés nominales fijas obedecen a la expectativa de que la inflación se mantendrá baja.

Finalmente, desde diciembre de 2002 se ha recuperado en términos reales el financiamiento directo de la banca comercial al sector privado. Más aún, por primera vez desde la crisis de 1995, a mediados de 2003 la cartera vigente aumentó respecto del año anterior en cada uno de sus tres principales componentes: empresas, consumo y vivienda, si bien este último lo hizo a un ritmo mínimo. Este avance ha sido posible gracias al saneamiento y la capitalización del sistema bancario, la mejora en el marco legal que afecta el crédito e, indudablemente, la mayor certidumbre por la menor inflación.

En suma, no es tiempo de cantar victoria sobre la inflación sino de perseverar en su combate. Por ello es muy conveniente que el Banco de México mantenga su postura restrictiva y asegure la consolidación de la estabilidad de precios antes de considerar un cambio. Afortunadamente la estrategia aplicada ha generado sólo beneficios. Por otra parte, un relajamiento monetario dificultaría el control de la inflación y la permanencia de sus bondades.

La experiencia de la estabilización

El notable recorte de la inflación durante los años recientes pone de manifiesto la superioridad del actual programa de estabilización respecto de los anteriores. Desde 1999 el crecimiento anual de los precios ha experimentado una tendencia a la baja. Considerando que, a pesar de los repetidos planes de estabilización, la inflación media en las tres décadas previas alcanzó casi 32% con marcada inestabilidad, los resultados a la fecha son un indiscutible éxito.

Lecciones del pasado

¿Qué se ha aprendido del combate a la inflación en México? Pueden anotarse, por lo menos, cuatro lecciones, difícilmente exclusivas de nuestro país.

En primer lugar, la estabilización requiere el apoyo de una sólida política fiscal. Sin excepción, las crisis financieras del pasado reflejaron un desorden de las finanzas públicas en la forma de graves desequilibrios, financiamiento monetario y creciente endeudamiento gubernamental en moneda extranjera, que desencadenaron la explosión de la inflación.

La recurrente manifestación de estos desarreglos fue la devaluación de la moneda con un contagio inmediato sobre el crecimiento de los precios. En contraste, en los últimos años la reducción del déficit fiscal y el prudente manejo de la deuda pública han contribuido a fortalecer la credibilidad de la política monetaria en su objetivo de controlar la inflación.

En segundo lugar, las políticas monetaria y cambiaria deben ser congruentes entre sí. Por mucho tiempo México optó por regímenes de tipo de cambio predeterminado, cuyo sostenimiento implicaba el abandono de una política monetaria independiente, con reglas semejantes a las de una "caja de conversión".

Esta disciplina, difícil de aplicar, se torna imposible si no se cuenta con instituciones operativas y económicas adecuadas, incluyendo, entre las últimas, suficiente holgura en las finanzas públicas y flexibilidad en el mercado laboral, para sortear la volatilidad de los flujos de capital. La ausencia en México de estas condiciones provocó que los choques de carácter político propiciaran a finales de 1994 el abrupto abandono del sistema de paridad administrada.

Ante los reiterados fracasos en el manejo del tipo de cambio, desde 1995 nuestro país ha permitido la flotación del peso, lo que, por cierto, no ha resultado en una mayor inestabilidad de su valor. De ahí que sea preferible renunciar de antemano a una política cambiara si, de entrada, es eventualmente insostenible, a cambio de una estrategia monetaria dedicada a su objetivo primordial que es la erradicación de la inflación.

En tercer lugar, aun con un régimen de flotación, la debilidad de la moneda puede influir de forma significativa en la inflación, como ocurrió en 1998 ante el retiro masivo de los inversionistas de los mercados emergentes. Ningún Banco Central responsable es indiferente a los movimientos cambiarios si éstos ponen en peligro sus metas de crecimiento de los precios.

Afortunadamente, a medida que la política monetaria en México se ha anclado en los compromisos de inflación y ha demostrado no perseguir algún objetivo para el tipo de cambio, se ha reducido considerablemente el contagio de esta variable, lo que ha facilitado la labor de la política monetaria.

En cuarto lugar, la inestabilidad de los precios tiene como resultado recesión y desempleo; en cambio, el enfoque gradualista de disminución de la inflación adoptado en años recientes se ha compaginado con la recuperación económica. De ahí que en nuestro país la inflación haya representado sólo costos y no exista, hasta la fecha, evidencia clara de un sacrificio asociado con la estabilización.

Desafíos

Los logros anteriormente descritos no significan que el Banco de México carezca de desafíos. A pesar de que el objetivo permanente de inflación es 3% anual, con un intervalo de variabilidad de un punto porcentual en torno a esta cifra, la inflación ha rebasado continuamente el límite superior establecido. Además, la inflación subyacente, que excluye los componentes más volátiles del INPC, se ha estancado en aproximadamente 3.5% desde principios de 2003.

Por tanto, el reto de la política monetaria es lograr que la inflación general coincida con la meta de forma definitiva, admitiendo sólo desviaciones transitorias dentro del intervalo mencionado. En el corto plazo este avance podría enfrentar un ambiente menos propicio que en el pasado. El crecimiento de los precios de Estados Unidos en 2003 fue el menor de los últimos 40 años; el aumento en marcha de este indicador y las perspectivas de alzas adicionales en los precios internacionales de algunas materias primas esenciales podrían resultar en una mayor inflación importada.

Además es posible que con la recuperación económica más vigorosa de nuestro país la depreciación del peso y el mayor dinamismo de la demanda agregada tiendan a incrementar la inflación. Sin embargo, la experiencia sugiere que estos desafíos pueden afrontarse fortaleciendo las políticas fiscal y monetaria. Es indispensable que continúe aumentando el balance fiscal para evitar que los crecientes requerimientos financieros del sector público, incluyendo los provenientes de las obligaciones en materia de pensiones, pongan en entredicho la credibilidad de la política monetaria.

Por su parte, la estrategia monetaria puede ser más efectiva si se mejora el entendimiento de su operación por parte del público. A pesar de que desde 1995 el Banco de México ha recurrido al "corto" como herramienta principal de restricción, subsisten muchas confusiones sobre lo que hace, incluyendo su impacto en la liquidez y las tasas de interés.

Las confusiones aumentan cuando se busca interpretar la postura monetaria, ya que, en relación con estándares históricos, montos máximos del "corto", que en principio reflejan una mayor restricción, han coincidido con rendimientos mínimos de corto plazo, que también pueden concebirse como condiciones de aflojamiento.

Una alternativa más clara sería sustituir esta herramienta por una tasa de interés de referencia, siguiendo el ejemplo de los Bancos Centrales exitosos en el mundo. Al ser directamente observable y más fácil de interpretar, esta nueva guía contribuiría a la transparencia de la política monetaria y, presumiblemente, a su eficacia.

La persistencia de la inflación

Una característica central de la inflación en años recientes ha sido su lenta convergencia hacia la estabilidad de los precios. En un sentido amplio, el programa de estabilización en México ha sido satisfactorio al experimentar la inflación un descenso casi continuo desde mediados de los noventa. El progreso ha sido más claro a partir de 1999, cuando se inició la transición hacia una estrategia anclada en objetivos explícitos de inflación.

El programa monetario de ese año fijó como meta un crecimiento anual de precios que no superara 13% y planteó, como compromiso para el siguiente quinquenio, una aproximación gradual a la inflación de los principales socios comerciales del país. Con el tiempo se definieron las referencias anuales que concluyeron con una tasa máxima de 3% a partir de diciembre de 2003.

El nuevo enfoque ha permitido que la inflación promedio de cada año respecto de la del año previo haya ido a la baja, lo que es compatible con el propósito de convergencia. Sin embargo, en un sentido estricto, esta trayectoria muestra limitaciones que pueden obstaculizar avances adicionales. En particular, la consecución del objetivo de inflación de largo plazo está requiriendo más tiempo que el anunciado. Aun con la adición del intervalo de variabilidad, de más y menos un punto porcentual en torno a esta meta, la inflación anual durante 2004 se ubicó sistemáticamente por arriba del límite superior.

Aritméticamente la desviación refleja la continuación de variaciones anuales elevadas en el subíndice de precios no subyacente. Aunque por su carácter volátil estos aumentos deberían ser transitorios, su persistencia y la participación en ésta de los precios administrados y concertados por el gobierno vulneran la credibilidad de la meta.

Más aún, durante 2002-2004 la inflación subyacente mostró una marcada resistencia a la baja, sin tocar 3%. En 2004 el crecimiento anual del INPC superó 5%, lo que implicó el incumplimiento del objetivo puntual de inflación por tercer año consecutivo

Estas deficiencias contribuyen a explicar las expectativas de los analistas del sector privado sobre la inflación de corto y mediano plazos superiores a 3%. Por desgracia, la continuación del incumplimiento de esta meta puede deteriorar aún más las expectativas, haciendo más costosos los avances en el futuro.

De ahí que el desafío central del Banco de México sea acelerar la convergencia a este objetivo, convenciendo, mediante nuevas medidas, que la estabilidad de los precios es alcanzable. Sin duda se trata de una gran tarea, considerando la larga historia de inestabilidad de nuestro país.

Buenos ejemplos

Afortunadamente existen experiencias exitosas que México debería aprovechar, entre las que destacan las rápidas estabilizaciones de Canadá, Nueva Zelanda y Australia a partir de inflaciones moderadas. En concreto, iniciando en 1989 con inflaciones cercanas a 5, 7, y 8%, respectivamente, estas tres economías redujeron la inflación anual a menos de 2% en 1992.

Aunque cada programa tuvo sus particularidades, llaman la atención varios elementos comunes. Los tres países aplicaron estrategias monetarias basadas en objetivos explícitos de inflación, convenciendo a la población de su factibilidad.

Esto implicó una nueva ley del Banco Central estableciendo como objetivo prioritario la estabilidad de los precios en Nueva Zelanda, la adopción de metas inesperadamente ambiciosas por parte del gobernador del Instituto Emisor en Australia y la firmeza en los discursos sobre el compromiso con los objetivos de inflación por parte del gobernador del Banco Central en Canadá. Las intenciones se tradujeron en acciones mediante una política monetaria restrictiva sin temor a los posibles costos del ajuste.

Complementariamente, las tres economías implantaron otras reformas, algunas de ellas previas a la estabilización con el fin de elevar la eficiencia de la economía y reducir la deuda pública.

Así, se aprobaron reformas fiscales para mejorar el balance público, sustentadas principalmente en recortes del gasto. El caso más destacado fue Australia, que entre 1985 y 1989 redujo las erogaciones gubernamentales en más de cinco puntos porcentuales del PIB.

Además, las tres naciones flexibilizaron el mercado laboral, emprendieron programas de privatización y mejoría de las empresas estatales y liberaron el comercio exterior. Estos cambios contribuyeron a la confianza sobre la viabilidad del programa.

Como resultado, la disminución de la inflación superó sistemáticamente los objetivos planteados, con lo que se redujeron drásticamente las expectativas de inflación. El costo social fue bajo, ya que si bien incluyó una contracción productiva, ésta casi coincidió con la recesión de Estados Unidos, por lo que no puede atribuirse plenamente a la estabilización. De hecho parece que estas naciones aprovecharon el ambiente recesivo para alcanzar su objetivo.

Los logros han sido permanentes, ya que, a pesar de algunas desviaciones respecto de las metas, entre 1993 y 2003 la inflación promedio anual de Canadá y Nueva Zelanda fue inferior a 2% y la de Australia a 3 por ciento.

Oportunidades para México

A la luz de estas experiencias, pueden identificarse varias áreas de oportunidad para México. Sobresale el fortalecimiento de la comunicación para convencer a la población de que el objetivo de 3% es alcanzable. Para ello es indispensable que la visión de largo plazo prevalezca sobre la de corto plazo, estableciendo un plazo máximo admisible de desviación por arriba del límite superior del intervalo de variabilidad y anunciando medidas estrictas para lograrlo.

Estas acciones podrían apoyarse en un mejor entendimiento público de la operación de la política monetaria, sobre todo en relación con su efectividad. Una forma de hacerlo sería la sustitución del "corto" por una tasa de interés de referencia, como lo hace la mayoría de los Bancos Centrales.

La nueva guía operativa podría ser la tasa de fondeo bancaria, a la cual en 2004 el Banco de México se ha referido como indicador de las "condiciones monetarias". La mayor claridad en la interpretación de este instrumento y su uso preventivo e independiente apoyarían la credibilidad de la meta.

Finalmente, deben considerarse reformas complementarias, en especial la fiscal, que permita abatir los requerimientos financieros del Estado y, de esta manera, asegurar un manejo de los precios públicos congruente con la inflación objetivo.

X. CRECIMIENTO Y CICLOS ECONÓMICOS

El crecimiento económico es la condición fundamental para el mayor bienestar de la sociedad y la menor marginación. Su ocurrencia nunca debería ser motivo de preocupación, incluyendo el temor de posibles brotes inflacionarios, siempre y cuando no esté impulsada artificialmente por el gobierno.

La trayectoria del producto puede analizarse desde dos puntos de vista: la tendencia de varios años de crecimiento que ofrece las posibilidades de progreso, siendo por ello la más importante, y las fluctuaciones en torno a la misma, conocidas como "ciclos económicos", que ocurren en cualquier país, muchas veces por las acciones de política económica.

Desde los años ochenta el dinamismo económico promedio de México ha sido bajo, como reflejo de un ambiente insuficientemente favorable para los negocios. Esta evolución ha estado caracterizada por una severa inestabilidad en el ritmo de la producción, causada principalmente por políticas monetaria y fiscal inadecuada.

De ahí que sea esencial eliminar los obstáculos que impiden la expansión prolongada de la productividad y la adaptación a un mundo de más competencia y, por tanto, un mayor crecimiento económico de largo plazo. Asimismo, el gobierno debe evitar la tentación de modular los ciclos económicos, ya que el resultado de estas intervenciones es incierto y en el pasado fue contraproducente.

Crecimiento económico ¿peligroso?

Diversos líderes de opinión han externado su inquietud sobre los posibles efectos nocivos del elevado crecimiento económico de 2000, por lo que solicitan al Banco de México una política monetaria restrictiva. Aunque podría ser oportuna tal petición, las razones aducidas son equivocadas. El crecimiento económico es un bien y, en todo caso, hay que combatir los males.

Cuatro argumentos destacan. En primer lugar, se dice que el crecimiento económico es "demasiado elevado". Por desgracia esta observación ignora la historia reciente y las comparaciones internacionales. Difícilmente puede preocupar el crecimiento económico desde 1996, que ha sido insuficiente para la recuperación de los salarios reales a niveles de 1994. Además, el crecimiento promedio anual del ingreso por habitante durante los últimos nueve años ha sido sólo 1.2% y el de Estados Unidos 2.2%. Siendo México un país en vías de desarrollo, debería registrar un avance por habitante superior al de esa economía.

En segundo lugar, se señala que el crecimiento "podría no ser sostenible" ya que faltan reformas estructurales para aprovechar plenamente el potencial del país. Es correcto que un ambiente propicio a la inversión y al cambio tecnológico, construido con apertura, liberación de mercados y respeto a los derechos de propiedad, incrementa el potencial de desarrollo. Sin embargo, en ninguna economía se asegura la permanencia de las tasas de crecimiento, y las reformas pendientes no restan méritos a lo alcanzado hasta ahora, como la integración de México a la economía mundial que explica, en parte, el positivo desempeño reciente.

En tercer lugar, se advierten los posibles excesos de demanda, que se reflejarían en un mayor déficit en cuenta corriente "poniendo en peligro la estabilidad económica". Si bien las crisis económicas pasadas coincidieron con déficits significativos en cuenta corriente, éstos no fueron la causa de los problemas. Por ejemplo, en 1994 la incongruencia entre la expansión de crédito interno, la baja demanda por pesos y el sostenimiento del tipo de cambio con deuda de corto plazo en moneda extranjera condujeron a la más grave recesión de los últimos 65 años.

En cuarto lugar, se teme que el elevado crecimiento económico genere presiones inflacionarias. Estrictamente esta aseveración no debería tener sentido, ya que el crecimiento económico, lejos de causar inflación, la "amortigua". Con un tipo de cambio flexible, la inflación se determina como en una economía cerrada: resulta de "demasiado dinero persiguiendo pocos bienes". Por una identidad contable, la cantidad de dinero utilizada en la economía debe ser igual al total gastado. Suponiendo que la oferta monetaria crece 15% y la "velocidad del dinero" permanece constante, entonces si el crecimiento económico es 2%, la inflación tenderá a ser 13%, pero si es 7%, la inflación bajará a 8 por ciento.

Existe, sin embargo, un sentido en el que esta preocupación podría tener fundamento más allá de la identidad contable: la posibilidad de que el crecimiento económico esté impulsado, en parte, por una política monetaria expansiva, cuyos efectos inflacionarios típicamente aparecen con rezago. Los agregados monetarios han estado aumentando en México a ritmos incompatibles con una inflación que busca convergir a niveles internacionales.

Por ejemplo, aun después del incremento transitorio de la demanda de dinero relacionado con los ajustes de sistemas por el cambio de milenio, el crecimiento anual de la base monetaria se ha mantenido elevado, en promedios no muy diferentes al del segundo semestre de 1999. Mas aún, comparando periodos iguales se observa un dinamismo superior. Por ejemplo, durante febrero-abril de 2000 la tasa de incremento promedio fue 27.7%, cuatro puntos porcentuales por arriba del de igual lapso de 1999.

Para asegurar que la inflación se reduzca de forma permanente a 2 o 3%, es esencial que el Banco de México induzca un crecimiento de los agregados monetarios, semejante a los observados en países con estabilidad de precios. Esta posición no debe ser coyuntural sino permanente. El descenso de la inflación permitirá que continúe el proceso de "remonetización", es decir, el incremento de la demanda real del dinero, observado desde 1996.

Finalmente, uno de los factores que explican la expansión prácticamente ininterrumpida (con excepción de tres trimestres) de la economía estadounidense desde noviembre de 1982 es el ejemplar manejo de su política monetaria. Una menor inflación propiciaría en México tasas de crecimiento económico más elevadas que en el pasado. Para ello es indispensable cambiar de foco: preocuparse por las causas de la inflación y no por "modular" el crecimiento económico.

El angustioso debate del "sobrecalentamiento"

En 2000 se ha propagado la preocupación de un posible "sobrecalentamiento" de la economía mexicana. Este concepto, referido generalmente a una situación cuyas consecuencias incluyen el eventual incremento de la inflación, admite tantos significados entre sus usuarios que ha propiciado un debate plagado de confusiones.

Lo positivo ha sido el temor respecto a un agravamiento de la inflación, enfermedad que ha inhibido el desarrollo económico del país durante muchos años. No obstante, el carácter ambiguo del concepto ha dificultado el diagnóstico sobre la existencia de riesgos de un mayor crecimiento de los precios. Con la pretensión de disipar parte de los enredos, quisiera aportar cuatro aclaraciones.

1. Si sobrecalentamiento significa un elevado dinamismo de la economía, entonces tal situación no debería preocupar, ya que en ningún país el crecimiento económico genera, por sí mismo, inflación. Si ese fuera el caso, Hong Kong y Singapur, cuyo ingreso por habitante ha crecido a una tasa anual promedio mayor a 6% desde los años sesenta, serían campeones de inflación, lo que contradice la realidad: la inflación promedio anual se ha mantenido baja en ambos países. La prosperidad económica es indispensable para aumentar el bienestar social y la política económica sólo tiene sentido en función de ese objetivo.
2. Si por sobrecalentamiento se entiende un crecimiento económico por encima de su "potencial", y suponiendo que conocemos tal referencia, tampoco debe generar preocupaciones si ocurre como resultado del mercado y no por un empuje de la política monetaria. La muestra de ello es el crecimiento con baja inflación de la economía de Estados Unidos desde 1992, en promedio anual casi un punto porcentual por encima de la tasa histórica de largo plazo de ese país (3%).
3. Si sobrecalentamiento significa que los salarios aumentan por encima de la inflación "esperada", no debe provocar temores, siempre y cuando la tasa esperada por el mercado sea aproximadamente igual a la del Banco de México. Los salarios pueden comportarse en la forma descrita, entre otras razones, porque en términos reales aún se encuentran por abajo de los niveles previos a la crisis y podrían estar reflejando un proceso de recuperación del terreno perdido. De cualquier manera los salarios siempre han estado rezagados respecto de la inflación, por lo que difícilmente puede adjudicárseles la paternidad de la misma.
4. Si por sobrecalentamiento se entienden "excesos" de demanda respecto de la oferta interna, tampoco debe causar preocupación, una vez más, con tal de que no estén impulsados por la política monetaria. En una economía abierta con un tipo de cambio flexible como el actual, tales diferencias se reflejan en un déficit en la cuenta corriente de la balanza de pagos y deben ocurrir únicamente como resultado del financiamiento del exterior. La disponibilidad de estos recursos es positiva, ya que se relaciona con las reformas estructurales y las oportunidades de inversión del país, y se suspende cuando desaparecen tales condiciones.

Si un déficit en la cuenta corriente fuera garantía de inflación, Estados Unidos padecería elevadas y crónicas inflaciones, ya que ha mantenido un saldo negativo por más de 200 años. Por el contrario, durante los años ochenta México debió tener una inflación muy baja, ya que registró superávits significativos en la cuenta corriente (y además una economía "enfriada" en su producción).

Se suele afirmar que un déficit en la cuenta corriente debe generar inflación porque necesariamente desemboca en una depreciación cambiaria. Sin embargo, un déficit en la cuenta corriente no produce automáticamente un tipo de cambio mayor: por ejemplo, desde los años setenta, Australia y Nueva Zelanda registraron sistemáticos déficits en su cuenta corriente con relativa estabilidad cambiaria, como resultado de los flujos de capital del exterior. Pero, aun si ocurre una depreciación en un régimen de flotación, ésta no se traduce en inflación excepto cuando la política monetaria "acomoda" el movimiento cambiario ofreciendo al mercado mayor liquidez. Una política monetaria independiente del tipo de cambio permitió que la pronunciada depreciación del dólar frente al yen durante 1995-1998 no generara inflación en Estados Unidos.

Las aclaraciones anteriores se resumen en una sola observación: el mejor elemento para predecir la inflación es la política monetaria: si ésta es expansiva, eventualmente los precios responden. Por ello, más que angustiarse con las múltiples caras del "sobrecalentamiento", conviene analizar los indicadores directos de la inflación, como la tendencia ascendente en el crecimiento anual del Índice Nacional de Precios al Productor (INPP), excluyendo petróleo y servicios, y las expectativas de inflación que superan las metas oficiales.

Para combatir los riesgos relevantes, es indispensable que el Banco de México anuncie una estrategia monetaria con una meta de inflación máxima, suficientemente baja para disipar dudas respecto de su compromiso de alcanzar la estabilidad de los precios. La credibilidad ganada por el Banco Central es una palanca que debe aprovechar para seguir cosechando ganancias en el combate de ese mal.

Balance económico de 2000

En el año 2000 hubo grandes logros, pero también deficiencias que conviene corregir para propiciar mejores resultados en el futuro. Por su importancia central, me referiré exclusivamente a dos indicadores básicos del bienestar social, aunque no exhaustivos: el crecimiento económico y la inflación.

Durante el año 2000 el crecimiento económico fue extraordinariamente positivo. El PIB aumentó casi 7% y el ingreso por habitante 5.5%. Para ilustrar los efectos favorables de este avance conviene destacar que si la economía continuara expandiéndose con este ritmo, en dos sexenios México duplicaría su ingreso promedio, alcanzando niveles similares a los de un país moderno como Corea del Sur. Por el crecimiento económico, la tasa de desempleo se ubicó en promedio en 2.2% y los salarios medios de cotización del IMSS se recuperaron más de 4% en términos reales.

En buena medida, los resultados de 2000 estuvieron asociados a la expansión de la economía norteamericana, cuyo ritmo fue de casi 4%. Por otro lado, la preocupación sobre si parte del dinamismo económico de México fue artificialmente impulsado por una política gubernamental expansiva se relaciona con el siguiente aspecto: el control de la inflación.

La evaluación sobre el combate a la inflación es mixta. En un sentido, lo logrado es significativo si se considera que, en términos del INPC, la variación anual de los precios a diciembre fue 9%, una baja de más de tres puntos porcentuales respecto de 1999, y un punto porcentual inferior al compromiso establecido por el Banco de México para el mismo año.

No obstante, desde otro ángulo, el combate a la inflación fue insuficiente si se tienen en cuenta las favorables condiciones, tanto externas como internas, no registradas en muchos años. Contrastando lo ocurrido con lo previsto en el programa gubernamental para 2000, el crecimiento económico de Estados Unidos y el precio del petróleo fueron muy superiores, el peso frente al dólar, lejos de depreciarse, se apreció, y las tasas de interés fueron menores. Sin embargo, el combate a la inflación superó el plan en sólo un punto porcentual. ¿Por qué, en circunstancias tan favorables, la inflación no descendió aún más?

La pregunta no es ociosa ya que la inflación se ubicó 1.5 puntos porcentuales por encima de la tasa promedio de 1993-1994, con un entorno considerablemente más favorable, y fue de las más altas de las economías "emergentes", superando a la de la mayoría de los países de América Latina. Un elemento esencial en la explicación es el comportamiento de la política fiscal.

A pesar de los extraordinarios ingresos petroleros y no petroleros, la autoridad fiscal apenas cumplió con su compromiso de un déficit público equivalente a 1% del PIB, e incluso, según cálculos extraoficiales de la SHCP, posiblemente fue mayor. En cualquiera de los casos, en términos reales, el gasto público aumentó casi siete puntos porcentuales por encima del crecimiento planeado gracias a que los ingresos presupuestarios hicieron lo mismo en casi seis puntos. El gasto público mostró su acostumbrado comportamiento "procíclico", empujando excesivamente la demanda agregada en la expansión productiva y, de esta manera, generó posibles presiones sobre los precios.

Por otra parte, los ingresos extraordinarios no petroleros se basaron, en buena medida, en un incremento de los precios públicos persistentemente por encima del registrado por el nivel general de los precios. Tanto el dinamismo del gasto como la indización acentuada de los precios públicos sugieren que la autoridad fiscal no fue un aliado del Banco de México en el abatimiento más rápido de la inflación.

Las tareas pendientes son claras: *1)* reducir la inflación, por lo menos a 6.5% conforme al compromiso del Banco de México, para lo que será necesaria la colaboración permanente de la política fiscal; y *2)* lograr los cambios estructurales postergados, incluyendo las reformas fiscal, eléctrica, petroquímica y de estado de derecho, que permitan un mayor dinamismo de la inversión privada y hagan sostenible el crecimiento económico alcanzado.

APRENDIENDO EN TIEMPOS DIFÍCILES

Se ha convertido casi en un deporte nacional discutir sobre el término que mejor describe el dinamismo económico del país. No obstante la confusión generada, un aspecto resulta indudable: la actividad económica no está creciendo y, en tales circunstancias, abundan las propuestas de solución instantánea.

Las tasas de crecimiento del PIB respecto de igual periodo del año anterior han disminuido desde el primer trimestre de 2000, reduciéndose a cero en el segundo trimestre del año siguiente; y las variaciones trimestrales, corregidas por factores estacionales, han sido negativas en los tres trimestres consecutivos que concluyeron en junio de 2001.

Sin embargo, reconocer los efectos adversos de la menor producción no equivale a admitir que se han reducido las posibilidades de desarrollo económico futuro. En éste como en otros asuntos, una perspectiva de mayor plazo es conveniente. Las economías prósperas son aquellas que en promedio y en un periodo largo muestran elevadas tasas de crecimiento del ingreso por habitante. Sin embargo, aun estas naciones registran variaciones respecto de su tendencia, alternando expansiones y contracciones alrededor de la misma.

Estos "ciclos económicos", que son irregulares en duración, amplitud y periodicidad, han representado, por largo tiempo, un tema central del estudio económico. A pesar de los avances realizados no existe un consenso sobre cuál es la mejor explicación de las fluctuaciones. Sin embargo, la mayoría de las teorías recurre a dos causas posibles: "choques monetarios" (por ejemplo, la severa contracción en la cantidad del dinero asociada a la Gran Depresión, de 1929 a 1933) y "choques reales" (por ejemplo, el embargo petrolero de la OPEP, que propició la recesión de 1974 a 1975 en Estados Unidos).

La realidad de México en 2001 parece corresponder a una contracción cíclica, precedida de una expansión casi ininterrumpida durante 20 trimestres y, por tanto, debe ser transitoria. La persistencia de la fase negativa depende de su origen. En nuestro caso parece responder principalmente a un "choque real", es decir, al menor producto manufacturero de Estados Unidos, motor fundamental de nuestras exportaciones. Por ello es adecuado concluir que el fortalecimiento económico de México ocurrirá con el de ese país.

En contraste, no es tan clara la explicación del ciclo económico de Estados Unidos. Sin embargo, algunos hechos apuntan hacia una causa monetaria, reflejada en los drásticos cambios de la política del Banco Central de ese país. Así, la expansión económica de 2000 estuvo precedida de un notable relajamiento monetario desde septiembre de 1998, y la desaceleración evidente desde finales de 2000 pudo originarse en la restricción durante ese año. Si esta interpretación es correcta, el FED, en su afán de "enfriar" y "calentar" la economía cuando consideraba que el crecimiento era superior o inferior a la tasa de su preferencia, generó inestabilidad económica.

El análisis anterior es sugerente porque han proliferado voces pidiendo que la política monetaria en México se relaje para reactivar la economía. La experiencia de Estados Unidos ofrece una lección de cautela: la "acrobacia" monetaria para sintonizar la actividad económica, de acuerdo con cierto ritmo escogido por la autoridad, fácilmente se torna dañina. La razón de fondo es que para influir sobre el producto, la política monetaria debe recurrir a sorpresas para no traducirse de inmediato en inflación; sin embargo, su efecto ocurre con largos y variables rezagos.

Una advertencia adicional es oportuna. Afirmar que México está bien porque sigue una política monetaria semejante a la de Estados Unidos y Canadá equivale a suponer que ésta se encuentra en igualdad de circunstancias en cuanto al objetivo final: la estabilidad en el nivel general de los precios. Nuestro país aún no ha logrado controlar la inflación, por lo que un esfuerzo "sintonizador" sería aún más complicado y peligroso.

En conclusión, dada la naturaleza pasajera de cualquier contracción económica, la mejor estrategia para propiciar un despegue firme de la economía es introducir las reformas que aseguren la prosperidad de largo plazo. La experiencia de las economías exitosas revela pocos pero importantes factores de éxito: la aplicación uniforme de la ley, un elevado nivel educativo, un gobierno pequeño y un funcionamiento libre de los mercados.

El temor a la deflación en Estados Unidos

En 2001 ha resurgido el temor entre algunos analistas sobre una posible deflación como preludio de un estancamiento económico prolongado en Estados Unidos. Dada su estrecha relación con ese país, la economía mexicana enfrentaría severas restricciones. Afortunadamente estas predicciones carecen de fundamento.

Parte de la alarma proviene de la ambigüedad con la que, en ocasiones, se ha utilizado el término "deflación". Aunque, en su sentido original, este fenómeno se refiere a la caída continua del nivel general de los precios, algunos observadores lo han aplicado también al descenso de los precios de los activos, componentes de la riqueza de las personas, como los bienes raíces, las acciones de las empresas, etcétera.

Sin embargo, lo segundo no implica lo primero, ni viceversa. Más aún, existe poca correlación entre los menores precios de los activos y las recesiones, como lo ilustró el colapso bursátil de 1987 en Estados Unidos, el mayor de los últimos 71 años, que no impidió un incremento promedio anual del PIB de 3.9% durante 1987 y 1988. Por tanto, una "deflación" financiera, por sí sola, no conduce al estancamiento económico.

Tampoco la deflación, en su sentido original, es sinónimo de recesión. Si bien las deflaciones no han presagiado un crecimiento económico sostenido, temporalmente han convivido con expansiones del producto. En Estados Unidos, con breves excepciones, hubo caídas prolongadas del nivel general de los precios durante 1870-1898 y durante 1920-1930; sin embargo, el crecimiento económico promedio anual fue 3.8% durante el primer lapso y 2.3% durante el segundo, es decir, la deflación y la recesión no tuvieron que coincidir.

En buena medida, la conexión automática entre deflación y recesión prolongada tiene su origen en las teorías del economista John Maynard Keynes y sus seguidores en la primera mitad del siglo XX, basadas en la premisa de que las personas padecen de "ilusión monetaria", es decir, buscan salarios y utilidades nominales, independientemente de su poder de compra; además, sistemáticamente se equivocan y no aprovechan las oportunidades de negocio. Estos autores argumentaron, sin comprobación empírica, que la respuesta de la inversión a las bajas tasas de interés era nula y la de la demanda de dinero infinita, fenómeno este último conocido como la "trampa de la liquidez". Con cada una de las dos hipótesis se "concluyó" que la demanda agregada de la economía podría ser crónicamente insuficiente (para la oferta), lo que generaría una caída prolongada de los precios.

Afortunadamente estas teorías fueron refutadas por la evidencia empírica. Gracias al cuidadoso examen sobre los ciclos económicos de Estados Unidos entre 1867 y 1960, realizado por Milton Friedman y Anna J. Schwartz y publicado hace casi 40 años, ahora es claro que tanto la deflación como la inflación son resultado de la política monetaria y, por tanto, son evitables. Más aún, según Friedman y Schwartz, la mala conducción monetaria generó las seis recesiones más grandes entre 1870 y 1948, además de la deflación en tales episodios.

Esta coincidencia resultó de la contracción de la oferta monetaria cuando el público demandaba una mayor cantidad de dinero. Las particularidades variaron pero el error se repitió. El caso más notable fue la Gran Depresión, entre 1929 y 1933, cuando el dinero se redujo 35.2%, el pánico bancario se generalizó, se desplomó la bolsa de valores y la producción industrial se contrajo 47 por ciento.

Durante los 50 años recientes, en lugar de deflación la constante en Estados Unidos ha sido la inflación y, sin embargo, las recesiones han continuado. El crecimiento de los precios alcanzó su máximo durante los años setenta, década en que se registraron dos recesiones. Una experiencia semejante se vivió en otros países industrializados, con lo que se abandonó la idea de que para tener mayor crecimiento económico había que "soportar" una mayor inflación.

Pese a todo, recientemente algunos economistas han tratado de revivir la hipótesis de la "trampa de la liquidez" para explicar la recesión con deflación en Japón durante los años noventa. Es difícil aceptar este razonamiento, ya que el Banco de Japón ha mantenido una política monetaria indebidamente restrictiva, en términos de la cantidad de dinero, lo que, junto con la ausencia de soluciones de fondo a la falta de capital del sistema bancario, explica la "década perdida" de esa nación. Una vez más, la recesión y la deflación prolongadas no han sido una falla de la economía, sino de la política económica.

Sin embargo, utilizando los argumentos keynesianos se ha llegado al extremo de advertir que la experiencia japonesa podría reproducirse en Estados Unidos. Esto parece poco probable si se tienen en cuenta la solidez de su sistema bancario y la laxitud de la actual política monetaria.

Aunque en 2001 ese país se encuentra en recesión, ello no significa que sus perspectivas de crecimiento económico de mediano plazo se hayan alterado. Existen bases para ser optimistas. La historia nos recuerda que las recesiones son fenómenos transitorios y las deflaciones evitables, siempre y cuando se descarten graves errores de política económica.

El reiterado pesimismo sobre Estados Unidos

A lo largo de 2002 han aumentado los diagnósticos negativos sobre la economía de Estados Unidos, incluyendo pronósticos de una recaída en la actividad. Los análisis se han fundamentado en algunas "señales de alerta" cuya interpretación de riesgo se ha exagerado.

De entrada debe reconocerse la dificultad de predecir la actividad económica en el corto plazo. La complejidad se deriva, en parte, de las continuas revisiones oficiales de los datos históricos del PIB, que suelen ser dos para cada trimestre, además de otro anual que afecta varios trimestres consecutivos.

Un problema más de fondo es que no existe una explicación única sobre el origen de los ciclos económicos. Los economistas han postulado múltiples interpretaciones teóricas, especialmente basadas en "choques" monetarios y reales, pero las características de cada episodio parecen ser singulares.

Las dificultades anteriores contribuyen a explicar el bajo grado de acierto de las previsiones sobre la actividad económica y los errores en cualquier dirección y magnitud. Por ejemplo, según la *Encuesta de Pronosticadores Profesionales* del Banco de la Reserva Federal de Filadelfia, las estimaciones a principios de 1998 y 2001 —años caracterizados por el pesimismo— fueron 2.8 y 2.2%, respectivamente, lo que equivale a una subestimación y una sobrestimación de 1.5 y 1.9 puntos porcentuales de los correspondientes datos observados.

De ahí que cualquier pronóstico debe tomarse con cautela. Pero la precaución aumenta si se tiene en cuenta que el pesimismo actual se basa en razones insuficientes para el resultado aludido. Entre éstas se incluyen la debilidad de la recuperación económica en marcha, el déficit comercial externo, el resurgimiento del déficit fiscal y los escándalos financieros de grandes corporaciones.

Es cierto que el prolongado estancamiento de la inversión, componente de la demanda agregada más correlacionado con el PIB cíclico, plantea dudas sobre la salida de la recesión que comenzó en 2001. Sin embargo, las cifras más recientes revelan que éste y la mayoría de los otros indicadores no se han deteriorado respecto de ese año y algunos muestran señales de recuperación. Por ejemplo, durante el segundo trimestre de 2002 la inversión fija registró un incipiente incremento, el consumo personal siguió creciendo y fue mayor el dinamismo del comercio exterior. Además, la producción industrial, una de las más afectadas durante la contracción, aumentó en cada uno de los primeros seis meses de 2002.

Una nueva contracción requeriría algo más que el reconocimiento de que la recuperación no ha sido suficientemente vigorosa. Sin embargo, el factor adicional difícilmente podría ser la ampliación del déficit comercial externo, si bien éste ha superado 4% del PIB desde 2000. Aunque las proporciones recientes son elevadas para estándares históricos, el mayor déficit comercial refleja más entradas de capitales foráneos, lo que obedece a perspectivas no tan malas de la economía.

Afirmar que se requiere una reducción del déficit porque es "insostenible", equivale a decir que el atractivo económico de Estados Unidos respecto de otras naciones se ha reducido notablemente, veredicto que está en manos de los ahorradores extranjeros. Si bien no pueden excluirse algunos ajustes en el déficit comercial, éstos no necesariamente tendrían que ser abruptos ni se traducirían en una menor actividad económica. La evidencia de las dos décadas pasadas avala esta conclusión.

Por otra parte, después de cuatro años de superávit, el balance gubernamental se ha tornado negativo, como resultado de la menor recaudación por ganancias de capital y el comienzo del programa de reducción de impuestos, así como el aumento de gasto en defensa derivado de la guerra contra el terrorismo. Aunque tiene sus riesgos, el carácter contracíclico de la política fiscal podría impulsar en un corto plazo la actividad económica. Adicionalmente, no existen señales de mayor inflación que permitan prever un cambio próximo hacia la restricción monetaria y, por ende, un freno por este conducto a la recuperación. Tal vez el principal factor de preocupación es el impacto adverso que las caídas de la bolsa de valores podrían tener sobre el consumo, sobre todo si éstas continúan ante más irregularidades contables, quiebras y malos resultados financieros de grandes empresas. De acuerdo con estudios estadísticos, el impacto de cada dólar de disminución permanente en la riqueza bursátil sobre el consumo podría ser entre tres y cinco centavos en un periodo de aproximadamente dos años.

Sin embargo, los mismos análisis establecen que el impacto del ingreso disponible podría ser nueve veces más importante que el de la riqueza en acciones. Una modesta recuperación del mercado laboral más que compensaría la baja bursátil. Lo anterior es congruente con las estimaciones de que el capital humano representa por lo menos 70% de la riqueza total de los individuos, lo que hace poco probable una significativa baja de la actividad económica por las caídas de la bolsa.

Lo anterior no quiere decir que esté asegurada la recuperación sostenida de la actividad económica en Estados Unidos. Los factores que explican la confianza del consumidor y la inversión son complejos y pueden ser afectados por factores impredecibles. Sin embargo, los argumentos más esgrimidos para advertir la inminencia de una nueva contracción parecen insuficientes.

Balance económico de 2002

Considerando exclusivamente dos indicadores comunes del bienestar, el crecimiento económico y la inflación, el desempeño de México en 2002 debe calificarse como pobre. El dinamismo económico fue inferior al de la población, lo que implica que, por segundo año consecutivo, el ingreso por habitante diminuyó. De acuerdo con la relación histórica entre el PIB y los indicadores de pobreza, es razonable suponer que la proporción de pobres, en el mejor de los casos, no se redujo.

Además, la inflación anual, aunque moderada para estándares históricos, registró una trayectoria ascendente y, por primera vez en cuatro años, el Banco de México no cumplirá con su meta, rebasándola en más de un punto porcentual.

Sin duda, en la evolución deficiente de la producción influyeron factores externos, como el efecto rezagado de la recesión económica de Estados Unidos en 2001 y el tardío repunte de la producción manufacturera en ese país, que limitó el dinamismo de las exportaciones mexicanas. Sin embargo, los factores externos parecen insuficientes para explicar la debilidad del crecimiento económico de México.

El más importante contraste lo ofreció la misma economía de Estados Unidos, cuya recuperación fue vigorosa a partir del cuarto trimestre de 2001. Su reanimación se fincó en el más elevado crecimiento de la productividad desde 1966, lo que a pesar del aumento de las remuneraciones permitió una drástica caída de los costos unitarios de la mano de obra.

Por el contrario, la reanimación económica en México inició tres trimestres después, impulsada principalmente por las exportaciones, posteriormente el consumo se desaceleró y la inversión se contrajo. Detrás de esta débil reactivación se encuentra un reducido avance de la productividad laboral media.

Las observaciones anteriores matizan el diagnóstico de que el bajo dinamismo económico de México se debió a su vecino del norte. Muchos obstáculos internos impidieron reducir suficientemente los costos de operación en la fase recesiva del ciclo económico y aprovechar más el potencial de desarrollo en la etapa expansiva. Este hallazgo difícilmente sorprende, ya que las trabas a la productividad del país son muchas.

Un obstáculo claro son las regulaciones laborales que encarecen notablemente la contratación y el despido del personal y, por ende, los ajustes en el tamaño de las empresas. Además, muchos otros factores restringen la productividad, como los excesivos trámites gubernamentales para la autorización y supervisión de la actividad económica, las prohibiciones y limitaciones a la inversión privada en ciertos sectores, la protección de los monopolios, la estructura tributaria ineficiente y desigual, la baja calidad de los servicios públicos, la corrupción y la discrecionalidad en la aplicación de la ley. Desafortunadamente durante 2002 se hizo poco para reducir estas trabas. Si bien se lograron algunos avances legislativos, sobre todo relacionados con el sistema financiero y la transparencia de la información gubernamental, se mantuvo el estancamiento respecto de las iniciativas de mayor trascendencia económica, como las reformas laboral, energética y de telecomunicaciones; no se impulsó una desregulación amplia y a fondo de la economía, y varios sucesos notables confirmaron la violación pública del estado de derecho.

Por otra parte, la mayor inflación anual reflejó, en términos aritméticos, los incrementos significativos de algunos componentes del INPC, especialmente los precios públicos. Sin embargo, esta "explicación" mecánica no justifica el resultado, ya que la función de la política monetaria es contrarrestar cualquier presión de precios para asegurar el objetivo propuesto, el cual debió servir de "ancla" para su conducción. La discrepancia con la meta de inflación tiene el riesgo de disminuir la credibilidad de la política monetaria, por lo que es urgente revisar la estrategia para recuperar cuanto antes el terreno perdido.

Además de los refinamientos técnicos de la política monetaria, es impostergable mejorar la situación financiera del gobierno, ya que las debilidades crónicas de las finanzas públicas han puesto en entredicho el margen de maniobra del Banco Central, y el riesgo de deterioro es considerable. Si bien hubo avances en este frente, como la continuación de la reducción de la deuda pública externa, también hubo retrocesos al resultar el déficit gubernamental, como proporción del PIB, en aproximadamente el doble del originalmente comprometido. Aunque esta desviación se interpreta como un "evento de una sola vez", puede sentar un precedente desfavorable para el control del gasto.

Para que el futuro sea mejor se hace necesario aprovechar las lecciones de 2002, reconociendo que las principales tareas pendientes son de carácter interno. El mayor impulso a la productividad se logra mediante un programa profundo de liberación económica, y el control permanente de la inflación requiere a la vez de una más efectiva política monetaria apoyada en la garantía de la disciplina fiscal.

¿Qué pasa con el PIB?

El pobre desempeño de la economía mexicana ha reflejado, aunque no exclusivamente, la debilidad manufacturera de Estados Unidos. Durante el tercer trimestre de 2003 el PIB creció 0.4% respecto del año anterior, lo que implicó una caída de igual magnitud en relación con los tres meses previos. El escaso avance de la producción prolonga la desaceleración económica registrada desde el cuarto trimestre de 2002, con lo que decrecerá, por tercer año consecutivo, el ingreso por habitante.

Para evaluar las posibilidades de mejoría es indispensable entender las causas del deterioro. El dinamismo del PIB en el tercer trimestre fue bajo principalmente porque se redujo la producción manufacturera. Una relación semejante se aplica al segundo trimestre inmediato anterior, con un menor incremento anual del PIB y una mayor reducción de esta industria. Más aún, durante los tres años recientes las variaciones anuales de las manufacturas y las del PIB han tendido a coincidir en dirección; al experimentar caídas en 2001 y 2003, la evolución manufacturera ha frenado la actividad económica total.

Además del efecto adverso anterior, importante porque el sector manufacturero representa casi la quinta parte del PIB, la debilidad industrial ha contagiado otras actividades. Este parece haber sido el caso en 2003, cuando la desaceleración manufacturera ha coincidido con un menor dinamismo del comercio al mayoreo (por el estancamiento exportador), los servicios personales (ante la disminución de los afiliados al IMSS) y la electricidad. Estas repercusiones y el posible efecto negativo sobre las expectativas de los agentes económicos hacen que esta industria sea clave para la reanimación productiva.

Ahora bien, ¿cómo se explica la flaqueza de las manufacturas? La respuesta más directa se encuentra en la debilidad del mismo sector en Estados Unidos. Gran parte de los productos mexicanos están integrados con los de aquella nación, lo que explica la elevada correlación entre ambos procesos.

Igual que en México, en Estados Unidos existe la preocupación por la pérdida de empleos industriales y el desplazamiento de las mercancías internas por las importaciones. El gran entusiasmo de la última parte de los años noventa condujo a un excesivo gasto de inversión, al que se está ajustando ese país mediante un profundo redimensionamiento.

No obstante, la baja utilización de la capacidad instalada hace prever que la reanimación manufacturera estadounidense será gradual, posiblemente con una escasa generación de empleos, ya que los aumentos recientes de productividad han hecho posible producir lo mismo con menos trabajadores. Algo semejante podría ocurrir con la industria de nuestro país, la cual también se ha adelgazado, como lo sugieren el aumento de productividad y la disminución del costo unitario de la mano de obra desde 2002, si bien el ajuste no ha concluido.

Una tendencia que suele preocupar es el rezago de las exportaciones mexicanas respecto de otras compras externas de Estados Unidos. Aunque no como único factor, la estrecha integración manufacturera de México con el país vecino y las dificultades por las que ahí atraviesa el sector manufacturero, incluyendo los problemas financieros de grandes empresas transnacionales, contribuyen a explicar la desventaja de las mercancías mexicanas.

En contraste, han ganado terreno en ese mercado las exportaciones de productos integrados en otras áreas económicas, como es el caso de los vehículos provenientes de Alemania y los textiles de China. El desplazamiento de las ventas externas mexicanas no es general ni tampoco refleja, en todos los casos, una desventaja en el costo de la mano de obra, como lo evidencia la referencia automotriz. En esta lógica, la sustitución contra productos mexicanos podría atenuarse al resurgir la producción manufacturera de Estados Unidos.

En suma, la reactivación industrial de Estados Unidos proporcionará un impulso probablemente gradual a la producción de México. En cualquier caso, México debería apoyar la recuperación económica general mediante reformas que faciliten la adecuación del aparato productivo a las nuevas oportunidades de la globalización y aumenten la productividad.

La lista de iniciativas es larga, pero destacan la flexibilización del mercado laboral, la competencia en el sistema educativo y la eliminación de los obstáculos a la inversión privada en cualquier actividad. Independientemente de la eventual reanimación cíclica, los beneficios de estas medidas sobre el crecimiento económico de largo plazo serían considerables.

¿Por qué aumenta el desempleo?

La elevada tasa de desempleo de 2004 puede ser un fenómeno transitorio si se mantiene el vigor de la recuperación económica. La tasa de desempleo abierta (TDA) es la estadística más utilizada para medir el grado de desocupación de una economía. En México se calcula a partir de encuestas semanales en 32 de los principales centros urbanos que, por contener cerca de la mitad de la población nacional, se consideran representativos del país.

La TDA es el número de personas con 12 años y más que, en la semana de la encuesta, estaban disponibles, no trabajaban y habían buscado empleo en los dos meses previos, como proporción de la población económicamente activa (PEA), es decir, personas con esa edad ocupadas y desempleadas abiertas.

Esta noción de desempleo es estrecha porque define como ocupadas a las personas que, en la semana del sondeo, laboraron por lo menos una hora, o se ausentaron temporalmente del trabajo o tenían la seguridad de iniciar un empleo a más tardar en un mes. En parte porque no existe un seguro de desempleo, la TDA de México ha tendido a ser moderada respecto de estándares internacionales, con un promedio de 3.4% de 1987 (año en que inició la encuesta) a 2003.

La tasa de desempleo de agosto de 2004 fue 4.3%, por encima de esta media y de los datos mensuales durante más de siete años. Ajustando por estacionalidad, la tasa fue menor, 4%. Sin embargo, ambas series mantienen una tendencia semejante al alza desde 2001. Por ello, más que discutir la cifra reciente, conviene examinar la trayectoria ascendente del desempleo que implica mermas acumuladas de bienestar.

Desempleo y producción

¿Por qué ha aumentado por tanto tiempo el desempleo? Un análisis simple de los datos permite comprobar que la causa última de este fenómeno se encuentra en la lentitud de la recuperación económica. Como en otros países, en México la TDA es contracíclica, es decir, tiende a disminuir con la expansión productiva y a aumentar con la desaceleración.

El comportamiento histórico de la TDA ha seguido una forma de W, que puede interpretarse como imagen "espejo" de los ciclos del PIB. Así, el descenso de la tasa de desempleo durante 1987-1990 coincidió con una recuperación económica en esos años, mientras que el moderado aumento de la TDA de 1991 a 1994 estuvo asociado con una desaceleración del producto, interrumpida al final. Claramente el punto máximo del desempleo ocurrió en 1995, con una tasa de 7.6% en agosto, porque en ese año se registró la mayor caída del producto mexicano desde la Gran Depresión. En contraste, la fuerte expansión económica durante 1996-2000 trajo consigo un descenso casi continuo de la desocupación, con un estancamiento transitorio en 1998 por el menor crecimiento de ese año, derivado, entre otros factores, de las perturbaciones en los mercados emergentes.

El aumento de la TDA a partir de 2001 coincide con la contracción y recuperación posterior de la producción. A pesar de que, a primera vista, podría sorprender que la reanimación no haya reducido el desempleo, el comportamiento de este indicador es congruente con el pasado. Entre 2002 y 2003 el crecimiento promedio anual del PIB fue 1%, el menor ritmo para un bienio (excluyendo 1995), desde que se mide la TDA y por abajo del aumento de la población.

Este inusitado aletargamiento económico empezó a abandonarse, de forma clara, a partir del cuarto trimestre de 2003. Sin embargo, aparentemente las dudas sobre la permanencia de esta reactivación impidieron frenar el incremento del desempleo en 2004.

No se trata, como suele señalarse, de una "recuperación sin empleos", sino de una insuficiente generación de los mismos. De hecho, durante 2004 el incremento en el número de afiliados al IMSS, indicador del empleo formal en el sector privado, sugiere que la ocupación general en el país se acrecentó. Sin embargo, el mayor número de plazas no compensó el aumento anual de la PEA, que fue superior al doble del de la población. La continua entrada de gente en edad de trabajar requiere una mayor creación de empleos para reducir la TDA.

La renuencia de las empresas para reactivar más decididamente las contrataciones refleja una preocupación por ganar eficiencia en un entorno de creciente competencia internacional. Sin embargo, esta cautela podría superarse si se mantiene el ascendente dinamismo del PIB.

La dinámica sectorial

La recomposición de la estructura productiva de México confirma las tendencias de modernización económica. En los ocho años y medio posteriores a la crisis de 1995, los segmentos productivos experimentaron crecimientos desiguales. Mientras que el primario (agropecuario, silvicultura y pesca) aumentó a un ritmo anual promedio menor al de la economía, el secundario (industria) y el terciario (servicios) lo hicieron a tasas superiores.

Así, del cuarto trimestre de 1995 al segundo trimestre de 2004, la participación del agro en el valor agregado del producto se redujo 1.6 puntos porcentuales, cediendo 0.7 y 0.9 puntos a la aportación de la industria y los servicios (que alcanzaron 27 y 67%), respectivamente.

Este reacomodo es congruente con la evolución de largo plazo de México y otras naciones derivada del progreso económico. De forma específica, los cambios tecnológicos de los tres siglos pasados indujeron al principio una mayor productividad agrícola en los países actualmente desarrollados que liberó mano de obra para otras actividades.

Posteriormente la Revolución industrial facilitó la producción en gran escala, lo que aumentó la contribución productiva de las manufacturas. Asimismo, el menor costo para adquirir los bienes de supervivencia y la mayor esperanza de vida, entre otros, impulsaron la importancia de los servicios, incluyendo la educación, la salud, los servicios financieros y el esparcimiento.

Aunque iniciando más tarde y tomando menos tiempo que en las economías líderes, estas etapas se han presentado también en los países en desarrollo. Con la segunda Guerra Mundial se acentuó en México el proceso de industrialización que dio paso, pero en especial a partir de los años sesenta, al florecimiento de los servicios.

El efecto del ciclo económico

Como en otras latitudes, la aportación ascendente del sector secundario y terciario en México no ha sido uniforme al estar afectada por los ciclos económicos. Típicamente, la industria tiende a ampliar las fluctuaciones (con un mayor crecimiento en las expansiones y con contracciones más severas en las desaceleraciones) mientras que los servicios mantienen un crecimiento más estable.

Además, en el lapso reciente, caracterizado por una expansión hasta 2000, una recesión el año siguiente y una gradual reactivación posterior, el patrón sectorial ha sido atípico. En concreto, la recuperación en marcha ha sido empujada mayormente por los servicios y menos por la industria.

Esta evolución descubre un entorno cambiante. Antes de 2001, el vigoroso crecimiento económico de Estados Unidos y el acceso preferente por el TLCAN propiciaron un desempeño industrial espectacular de México. Sin embargo, estos estímulos perdieron vigor al sufrir las manufactureras estadounidenses un doble descalabro e incorporarse China a la OMC, cuyos productos compiten con los de México en el vecino mercado del norte.

Por otra parte, la menor inflación y el aumento del crédito han facilitado el desarrollo de los servicios. En la medida en que las condiciones anteriores se mantengan, el dinamismo del sector terciario podría continuar superando al secundario.

El detalle de los sectores

La desagregación de los sectores pone de manifiesto otros reacomodos impulsados por la apertura comercial de México. El examen de las doce divisiones industriales y las cuatro de servicios permite identificar las actividades promisorias y aquellas con perspectivas desfavorables.

Es posible evaluar estas divisiones durante los ocho y medio años recientes tomando en cuenta tres atributos: el efecto cíclico (en particular, en la recesión), el dinamismo anual promedio y la tendencia de crecimiento en la fase de recuperación, lo que da como resultado cuatro grupos de actividades.

El primero asocia cuatro segmentos productivos, relativamente inmunes al ciclo, con un crecimiento superior o moderadamente inferior al promedio y una tendencia favorable, listados en orden descendente de acuerdo con su dinamismo: transporte, almacenaje y comunicaciones; servicios financieros, seguros, actividades inmobiliarias y de alquiler; productos alimenticios, bebidas y tabaco; y electricidad, gas y agua.

Los dos primeros segmentos basan su crecimiento en el cambio tecnológico (telecomunicaciones) y la ampliación de redes de distribución, mientras que los otros dos se benefician del aumento poblacional y el desarrollo económico al proveer bienes de consumo básico o insumos indispensables.

El segundo grupo reúne ocho divisiones con contracción en 2001, crecimiento variado y tendencia favorable, enunciadas de mayor a menor dinamismo: comercio, restaurantes y hoteles; construcción; productos de minerales no metálicos; industrias metálicas básicas; sustancias químicas, derivados del petróleo, productos de caucho y plástico; papel, productos de papel, imprenta y editoriales; minería; servicios comunales, sociales y personales.

El primer segmento en este grupo ha estado favorecido por el turismo y el crédito al consumo. Los siguientes tres se relacionan, al menos en parte como insumos, con la construcción, que ha registrado una considerable expansión, en especial la de vivienda, a partir del impulso gubernamental. El valor del quinto y séptimo depende, en gran medida, de las fluctuaciones de los precios del petróleo. La sexta división se encuentra muy afectada por la falta de actualización tecnológica y la octava refleja la moderación de los servicios educativos y de administración pública.

El tercer grupo incorpora dos divisiones con reducciones en 2001, crecimiento alto o medio y una tendencia de caída: productos metálicos, maquinaria y equipo; y otras industrias manufactureras. La primera división muestra un incremento promedio muy elevado pero en la fase actual de expansión se ha limitado por la debilidad de la producción automotriz en Estados Unidos con la cual se integra. La otra división suma diversas manufacturas de menor importancia presionadas por la competencia externa.

Finalmente, al cuarto grupo pertenecen dos divisiones con severas contracciones en 2001, mínimo crecimiento promedio y tendencia de descenso: industria de la madera y productos de la madera; y textiles, prendas de vestir y cuero. La primera está limitada por la indefinición de los derechos de propiedad de la tierra y la baja productividad, y la segunda por la obsolescencia técnica.

En suma, el dinamismo sectorial refleja los cambios en el entorno de los segmentos por el ciclo, la competencia externa y la innovación tecnológica, así como la capacidad de respuesta de los negocios que los conforman.

XI. BANCA Y MERCADOS FINANCIEROS

UNO DE los resultados de las deficiencias en la política económica del país durante la primera parte de los noventa fue la catástrofe del sistema bancario, la cual se agudizó con la crisis de 1995. Los incentivos gubernamentales para la adopción excesiva de riesgos por parte de las instituciones bancarias, la explosión de las tasas de interés y las dificultades legales para la recuperación de las garantías crediticias contribuyen a explicar este lamentable desenlace.

El colapso de la banca implicó costos significativos para el país en términos fiscales y la posterior escasez del financiamiento. En la transición, los recursos no pagados y la propagación de fuentes alternativas de crédito remplazaron, aunque de forma limitada e ineficiente, la actividad propia de la banca.

La eliminación de las causas de la crisis, con una regulación moderna, la baja de la inflación y la mejora del marco legal, ha permitido la consolidación y capitalización de las instituciones bancarias y, con ello, el resurgimiento firme del crédito. Al mismo tiempo, la banca ha entrado en un proceso de competencia que ha propiciado la ampliación y mejoramiento de sus servicios.

Este fortalecimiento puede continuar si se profundiza en las reformas financieras, destacando la aplicación expedita de las leyes que protegen los derechos de los acreedores, la competencia bancaria y la consolidación de la estabilidad de los precios.

CRÉDITO Y CRECIMIENTO ECONÓMICO

¿Cómo fue posible que en la segunda parte de los noventa creciera la economía mexicana sin crédito? Esta pregunta es relevante porque en cualquier país existe una relación directa entre el crédito y el crecimiento económico sostenido.

La canalización de los recursos de los ahorradores hacia los usuarios de crédito, conocida como "intermediación financiera", es esencial para incrementar la eficiencia de la economía, impulsar la cantidad y calidad de la inversión y aumentar la producción del país. Los intermediarios financieros, entre los que destacan los bancos, cumplen su función al canalizar los ahorros a los proyectos de más alta productividad y a los consumidores solventes.

Los intermediarios contribuyen a la eficiencia porque hacen coincidir los intereses de los depositantes con los de los acreditados, sin que se pongan de acuerdo entre sí, lo que facilita las transacciones. Además de proporcionar la conveniencia en el manejo de los depósitos, los bancos liberan a los ahorradores de la tarea de evaluar la capacidad de pago de los demandantes de crédito, de cobrar a los acreditados, de diversificar riesgos entre los sujetos de crédito y de hacer coincidir los plazos entre cada depósito y cada crédito.

Estos beneficios se contrarrestan con los costos que enfrentan los bancos para ejercer su labor, entre los que sobresalen los gastos de generación y cobranza de los créditos, los requerimientos de reservas, y las pérdidas por los créditos incobrables. Un aumento en estos costos tiene como resultado un incremento en el "margen de intermediación" (la diferencia entre las tasas de interés sobre el crédito y las correspondientes a los depósitos), así como una disminución en el monto de la intermediación.

Las comparaciones internacionales revelan que se requieren mercados financieros eficientes, amplios, competitivos y con bajos márgenes para elevar el crecimiento económico. Los costos de intermediación en México han sido significativos, y ha disminuido esta función particularmente por la inestabilidad macroeconómica y el deficiente estado de derecho en la aplicación de las garantías crediticias. Estos factores han impedido el desarrollo de un mercado de crédito profundo y estable, reduciendo el potencial de bienestar del país.

Durante los noventa, México registró una recuperación económica significativa a pesar de la contracción del financiamiento bancario, en parte porque los productores y los consumidores utilizaron fuentes alternas de financiamiento. Sin embargo, éstas no permiten la plena eficiencia de la economía, y algunas de ellas son insostenibles. Se ha acudido al no pago como forma principal de financiamiento y, de manera complementaria, al crédito del extranjero y a la reinversión de utilidades.

La estructura de financiamiento es ineficiente porque se basa en el incumplimiento de los compromisos de los acreditados, lo cual es insostenible. Además, ocurre con elevados márgenes de intermediación que reflejan un subsidio de los deudores cumplidos hacia los deudores incumplidos, involucra un riesgo cambiario para las empresas que se endeudan en el extranjero que podría no estar cubierto, y obliga a los ahorradores a ser ellos mismos los inversionistas, lo que no asegura que el ahorro se destine a los proyectos de mayor productividad.

La falta de pago ha generado una situación de debilidad para el sistema bancario mexicano que dificulta el resurgimiento del crédito. Un sistema financiero sólido es crucial para el crecimiento duradero y la estabilidad macroeconómica, ya que la política económica puede aplicarse más fácilmente a abatir la inflación y se eliminan los costos de los rescates bancarios.

Se requiere estabilidad macroeconómica para la solidez del sistema bancario. La importancia de la estabilidad queda claramente ilustrada en la experiencia de la banca mexicana previa a la estatización. Durante la época del desarrollo estabilizador, de 1956 a 1970, la economía creció a una tasa promedio anual de 6.5% con una inflación inferior al 4%. En este contexto, a pesar de que el sistema bancario se encontraba sumamente regulado, incluyendo un encaje legal (reservas obligatorias sobre depósitos), "cajones selectivos de crédito" y tasas de interés fijadas por la autoridad, el financiamiento total creció a una tasa promedio anual de 13% real y el ahorro en instrumentos de renta fija al 22 por ciento.

Estudios de esa época calcularon que un cambio de 10% en el financiamiento bancario real a empresas y particulares contribuía en un cambio entre uno y dos puntos en la tasa de crecimiento económico. La estabilidad macroeconómica y el crecimiento sostenido resultaron en un bajo índice de cartera vencida y una razonable rentabilidad de la banca mexicana.

Por contra, en los años previos a las crisis cambiarias de 1976 y 1982, el aumento de la inflación derivó en tasas de interés reales negativas, disminución en el dinamismo del ahorro y salida de capitales. El menor crecimiento de los recursos y el aumento del encaje legal para financiar los déficits fiscales desembocaron en una reducción real del financiamiento bancario a empresas y particulares y, eventualmente, en una contracción económica. Durante estos años la mayor flexibilidad del sistema bancario no fue suficiente para contrarrestar el efecto negativo de la inflación.

En suma, México necesita contar con estabilidad macroeconómica y un marco legal que defienda los derechos de propiedad de los acreedores, además de una regulación prudencial adecuada, para que la actividad crediticia de los bancos resurja e impulse la eficiencia de la economía. El crédito crecerá en la medida que aumente el ahorro, que depende crucialmente de la estabilidad financiera y el crecimiento económico. Ni explosión insostenible de crédito ni financiamiento por incumplimiento de los deudores son la respuesta a las necesidades de crecimiento del país.

Crédito: ¿falta de voluntad?

A finales de los noventa han proliferado las críticas al sistema bancario por el bajo dinamismo del crédito. Estas opiniones tienen en común que describen generalmente los síntomas, confundiendo en ello las causas. Se dice que los bancos no prestan porque piden muchas garantías, muestran excesiva precaución y carecen de suficiente "voluntad" para hacerlo. Un diagnóstico de esta naturaleza es peligroso porque ignora los problemas de fondo que han impedido la expansión sostenida del crédito.

Indudablemente la misión de la banca es prestar y, de esta manera, contribuir al crecimiento económico del país. Sin embargo, existen obstáculos para que los bancos cumplan eficientemente esa labor, destacando entre ellos la inflación elevada y variable y la ausencia de un marco legal y de administración de justicia que proteja los derechos de propiedad de los acreedores. Estos derechos son, en última instancia, de los depositantes, cuyos recursos se prestan, y de los accionistas que aportaron el capital.

El problema de la legislación y los procedimientos judiciales es que no establecen mecanismos estrictos para el cumplimiento de las obligaciones de los acreditados. Un ejemplo es la Ley de Quiebras y Suspensión de Pagos, que permite a cualquier empresa interrumpir de forma unilateral y por tiempo indefinido sus obligaciones financieras con los acreedores, en cuyo caso éstos no pueden ejercer la garantía ni sustituir a los administradores y, si se llega a la liquidación, los acreedores con garantía tienen preferencia sólo sobre algunos acreedores.

Otro ejemplo es el proceso judicial sobre créditos vencidos de personas físicas o empresas, que puede prolongarse indefinidamente por diversos actos permitidos por la ley, opción particularmente atractiva cuando los deudores tienen en su poder los bienes dados en garantía. La falta de protección de los derechos de propiedad de los acreedores vulnera el funcionamiento del sistema bancario y de la economía, que se basan en la confianza del cumplimiento de los contratos.

Las deficiencias legales y de justicia generan incentivos perversos y promueven la "cultura del no pago". La incertidumbre respecto de la suerte del crédito implica gastos significativos para los bancos en términos de tiempo de los ejecutivos, número de abogados, procedimientos, provisiones para castigo de crédito y costo de oportunidad de los recursos en proceso de recuperación. La perspectiva de estos costos inhibe el crédito, se traduce en mayores requerimientos para los usuarios y tasas de interés elevadas, con las que los deudores cumplidos subsidian a los deudores morosos.

Un estudio del Banco Mundial revela que los países con mercados financieros más desarrollados son aquellos en que se respetan los derechos de propiedad de los acreedores, a través de restricciones a los procesos de reestructuración, prohibición de la suspensión automática de activos, pago prioritario a los acreedores garantizados, y remoción de la gerencia de las empresas en problemas. En ese estudio México aparece en la categoría más baja, lo que explica la reducida penetración del crédito en la economía.

El presidente de la República envió al Congreso en 1999 una iniciativa de Ley Federal de Garantías de Crédito, que busca resolver algunos de los problemas descritos para hacer más accesible este servicio a los diferentes sectores e individuos. La propuesta de ley recurre a formas existentes en el derecho: el fideicomiso de garantía y la prenda sin desplazamiento de posesión, para asegurar el acreedor la propiedad de la garantía, permitiendo al deudor utilizar, transformar y beneficiarse del uso del activo, y hasta venderlo si mantiene en garantía los bienes o derechos obtenidos a cambio.

El punto esencial de la ley es el procedimiento judicial para la ejecución forzosa de la garantía en caso de incumplimiento. En este proceso hay recursos que impiden el retraso del juicio y existen acciones de apremio para la posesión de garantía, tales como multas y arrestos. Por ejemplo, la realización de la garantía de un crédito hipotecario puede tardarse cuatro años sin incluir la venta. Con la nueva ley, si los tribunales funcionan bien y se apegan a las normas, el proceso se reducirá a un mes. El beneficio esperado es una mayor disponibilidad de crédito a un costo menor.

La nueva ley es un paso importante en la dirección correcta, pero deberá complementarse con otras medidas para lograr el máximo beneficio. Dos aspectos cruciales tienen que ver con la creación de tribunales especializados así como la confiabilidad del Registro Público de la Propiedad.

Respecto de los primeros, es indispensable superar los problemas de falta de personal en los juzgados, entrenamiento deficiente y divergencias de interpretación entre las diferentes instancias. Respecto de lo segundo, es necesario tener un registro electrónico que refleje certeramente las condiciones de la garantía (propiedad, gravámenes...) y proteja el valor de la misma contra acciones posteriores.

En conclusión, más que insistir en la aparente falta de voluntad de los bancos para otorgar créditos, México debería impulsar ésta y otras reformas para dotar al sistema bancario de certidumbre. La falta de protección a los derechos de los acreedores bancarios pone en riesgo los recursos de los ahorradores. Sin respeto a los contratos no pueden funcionar eficientemente el sistema bancario y la economía.

Fortaleciendo el sistema bancario

La necesidad de un mayor crecimiento del crédito bancario en México es una idea ampliamente compartida en la sociedad. Sin embargo, este justificado señalamiento ignora con frecuencia tres requisitos para que los bancos cumplan su misión y se eviten crisis en el futuro: incentivos adecuados para la administración bancaria eficiente, estabilidad monetaria y un marco legal que proteja los derechos de propiedad de acreedores e inversionistas.

Mientras que se ha avanzado en los dos primeros frentes, las deficiencias del tercero no se han combatido. La aprobación de la Ley de Concursos Mercantiles debe ser el inicio de los cambios requeridos.

La contribución de los bancos en la economía es intermediar eficientemente los ahorros del público, facilitando la acumulación de capital, la productividad laboral y el crecimiento económico. La crisis de 1995 y la persistencia de elementos que la originaron han reducido el crédito del sistema bancario a menos de 17% del PIB, una proporción de aproximadamente 90 puntos porcentuales por abajo del tamaño promedio del sistema financiero en los países industrializados.

El cambio de esta tendencia sobre bases firmes requiere, en primer lugar, que los administradores bancarios enfrenten los incentivos adecuados para canalizar eficientemente los ahorros y se eviten costos sociales posteriores. La competencia entre los intermediarios y la difusión de información clara sobre su situación financiera son dos formas fundamentales para lograrlo. El mercado regula a los bancos exigiendo mayores rendimientos sobre los depósitos de acuerdo con el riesgo percibido, ya que los ahorradores, además de los accionistas, deben absorber las pérdidas de los quebrantos.

Sin embargo, como los bancos participan en el proceso de creación de dinero en la forma de cuentas de cheques y otros instrumentos de alta liquidez, dejarlos quebrar libremente podría disminuir la confianza en el sistema de pagos, con graves consecuencias sobre la economía. Para evitar tales eventos, la mayoría de los países ha optado por la creación de un seguro limitado de depósitos y la intervención ocasional de los Bancos Centrales como "prestamistas de última instancia".

Estos mecanismos no están exentos de limitaciones, ya que pueden propiciar la adopción de riesgos excesivos por parte de los bancos y la concentración de potenciales malos deudores como solicitantes de crédito. Para contrarrestar estas distorsiones, los supervisores imponen estándares de capitalización respecto de los activos en riesgo, pero reconocen que son necesarias reformas adicionales para cancelar tales efectos.

El sistema bancario en México ha avanzado en la adopción de incentivos adecuados de acuerdo con las prácticas internacionales, sobresaliendo los estándares más estrictos de contabilidad en 1997, la eliminación de obstáculos a la competencia extranjera en 1999, y los mayores requisitos de capitalización a partir de 2000. Sin embargo, es necesario continuar progresando en esta materia.

En segundo lugar, la estabilidad de precios es indispensable para que el ahorro se confíe a largo plazo y pueda financiar proyectos de inversión. La crisis macroeconómica de 1995 implicó un alza de casi 70 puntos porcentuales en las tasas de interés en sólo cinco meses, lo que se tradujo en la insolvencia de muchas empresas y la falta de liquidez generalizada de los deudores. Los episodios de inestabilidad posterior han impedido la recuperación del crédito bancario, como se observó a mediados de 1998, al incrementarse en grado sustancial las tasas de interés.

Afortunadamente también en este frente se ha avanzado, ya que la inflación se ha reducido. Este empeño, apoyado por una clara rendición de cuentas de la autoridad monetaria, genera un ambiente favorable para el crédito.

En tercer lugar, el marco legal y de administración de justicia debe proteger los derechos de propiedad de los acreedores e inversionistas. Gran parte del costo social de la crisis anterior se debe a las dificultades legales para recuperar las garantías de crédito, situación que, por desgracia, poco ha cambiado.

La importancia del estado de derecho para el desarrollo del sistema bancario está ampliamente documentada, y el potencial de reformas en este campo es considerable. Por ejemplo, los economistas Ross Levine y Maria Carkovic estimaron que si México llevara la protección de los derechos de propiedad al nivel más alto de las comparaciones internacionales, el crecimiento anual del producto por habitante sería 1.3% mayor, ganancia significativa considerando que este dinamismo ha promediado 1.7% en los últimos 35 años.

La iniciativa de Ley de Concursos Mercantiles es un paso en esta dirección. Busca sustituir la Ley de Quiebras y Suspensión de Pagos, responsable, en gran medida, de las dificultades para recuperar las garantías. Se propone un mecanismo unitario en dos etapas, conciliación y quiebra, plazos perentorios para cada una, la introducción de la figura del conciliador, y el auxilio legal de la fuerza pública al juez para el cumplimiento de la sentencia, haciendo con ello más expedito y cierto el proceso, y reduciendo el costo del crédito.

El estancamiento de las reformas legales obedece a la desorientación propiciada por los grupos políticos que persiguen intereses particulares. Es necesario percatar que las elevadas tasas de interés no se evitan con cláusulas regulatorias ni con mayor incertidumbre en los contratos de crédito, como lo proponen algunos proyectos políticos para prohibir la capitalización de intereses, "defender" a los deudores e incorporar las "teorías de la imprevisión". Lejos de impulsar la actividad bancaria, estos ofrecimientos inhibirían y encarecerían aún más el crédito, sin beneficio para la economía.

El fortalecimiento bancario simultáneamente requiere incentivos a la eficiencia, estabilidad de precios y un marco legal que proteja los derechos de propiedad. El enorme retraso del tercer elemento dificulta el aprovechamiento de los avances en los otros dos frentes. La aprobación de la Ley de Concursos Mercantiles debe representar el inicio de otras reformas que aseguren la aplicación adecuada del derecho.

MEJORES LEYES: ¿MÁS CRÉDITO?

En 2000 el Congreso de la Unión aprobó una serie de disposiciones legales orientadas a brindar mayor certidumbre a las relaciones de crédito. El cumplimiento de estos preceptos, un entorno de estabilidad de precios y una regulación eficiente permitirán una mayor presencia del crédito en la economía.

Para las actividades empresariales, se aprobó la Ley de Concursos Mercantiles (LCM) en sustitución de la antigua Ley de Quiebras y Suspensión de

Pagos, cuyas posibilidades se traducían en un elevado costo para la actividad crediticia. Se permitía la suspensión unilateral de compromisos por parte del deudor, para que éste ofreciera un convenio a los acreedores, mientras conservaba la administración de su empresa y se congelaba la deuda en términos nominales.

El proceso podía prolongarse indefinidamente al no prescribirse un plazo para el reconocimiento de adeudos, lo que permitía la extracción ilimitada de recursos de la empresa por parte del deudor y el deterioro real del crédito. En caso de llegar al proceso de quiebra, tampoco se establecía plazo alguno para la sentencia final. En ambos procedimientos destacaba la disparidad de los criterios de los jueces.

La nueva ley reduce las deficiencias anteriores, planteando un proceso único en dos etapas, con plazos claramente definidos: conciliación, para llegar a un acuerdo entre acreedores y deudores, y quiebra, en caso de no llegar a un acuerdo. La declaración de concurso mercantil no es unilateral, sino resultado de una decisión judicial en una fase inicial de visita de un especialista.

Para reducir las divergencias de criterio sólo participan los jueces del fuero federal. En cada fase los jueces son auxiliados por expertos denominados, respectivamente, visitador, conciliador y síndico, aligerando en parte la excesiva carga y responsabilidad que antes recaían sobre los jueces.

Para evitar el deterioro de la empresa, el juez puede dictar medidas preventivas desde la visita, incluyendo el cierre de la empresa, y en la conciliación, por ejemplo, transfiriendo del deudor al conciliador la administración de la misma. Los plazos limitados permiten que, de llegarse a la quiebra, el síndico tome la administración en un plazo razonable. Para evitar el deterioro de la deuda, desde la conciliación, los créditos sin garantía real se convierten a UDIS y los créditos con garantías reales causan intereses ordinarios hasta por el valor de la garantía.

Tal vez lo más importante en materia de aplicación de la ley sean las medidas de apremio que el juez puede adoptar, como multas, auxilio de la fuerza pública y arresto. Además se establecen penas de prisión para deudores cuyo incumplimiento sea doloso o que no colaboren en la investigación del caso, así como para el que solicite un concurso mercantil con base en un crédito ficticio.

Especialmente para la pequeña y mediana empresa y las personas físicas, se aprobó la modificación de varias leyes, conocida como Miscelánea de Garantías de Crédito. En el pasado, la ejecución de garantías enfrentaba graves problemas, en parte por las lagunas legales que permitían las apelaciones interminables de los deudores, el ocultamiento de los bienes y la divergencia de criterios judiciales.

La Miscelánea de Garantías de Crédito regula dos opciones de garantías para que el deudor conserve la posesión del bien, mas no la propiedad: prenda sin desplazamiento de posesión, referida a bienes muebles, como una maquinaria, y el fideicomiso de garantía, que incluye además bienes inmuebles, como una vivienda. Establece la obligatoriedad de inscribir las garantías en el Registro Público de Comercio, que deberá operar de forma electrónica. La información confiable y única reducirá el costo de la investigación de crédito.

El procedimiento de aplicación de garantías es sencillo, en dos vías: extrajudicial, en caso de no existir controversia, y judicial, en caso contrario. Puede recurrirse directamente a la segunda, y el juez deberá dictar sentencia a más tardar en veinte días a partir de la demanda, pudiendo establecer medidas de apremio y penas de prisión semejantes a las previstas en la LCM.

Efecto sobre el crédito

Indudablemente un marco legal adecuado propicia una mayor presencia del crédito en la economía. Un estudio del Banco Mundial señala que, considerando el respeto al derecho de los acreedores en una muestra de 49 países, México califica en el extremo inferior y Gran Bretaña en el superior, lo que explica, en parte, por qué el financiamiento al sector privado como proporción del PIB es apenas 17% en el primero y 120% en el segundo.

Las nuevas leyes constituyen un paso importante hacia la seguridad jurídica del crédito. Disminuyen el costo de la información y el riesgo crediticio. Así, es posible contar con una mejor calidad de los préstamos y un menor costo de los activos improductivos, y reactivar el financiamiento con menores garantías y condiciones más favorables para los acreditados.

Sin embargo, las buenas leyes no son suficiente, se requiere, además, que se hagan cumplir. La automatización legislada de los Registros de Comercio constituye un avance, aunque tomará tiempo. Por otra parte, mucho del retraso de los juicios de quiebra se debía al escaso número de tribunales especializados en la materia. Con la restricción de fuero federal será indispensable contar con un mayor número de juzgados con recursos suficientes para cumplir sus funciones.

Igualmente dañino ha sido el desinterés de las autoridades estatales para ejecutar las sentencias judiciales, por lo que la seguridad jurídica requerirá la responsabilidad de los poderes ejecutivos y de disposiciones que obliguen a la rendición de cuentas en esta materia.

Por último, además de la seguridad jurídica, son indispensables dos elementos para la recuperación sostenida del crédito: la estabilidad de los precios —ya que la inflación, además de ser un atentado contra los derechos de propiedad, vulnera las posibilidades de repago de los deudores y dificulta la planeación del crédito—, y una regulación eficiente que genere los incentivos de mercado para los intermediarios y asegure un manejo prudente del riesgo.

PROPUESTA PARA OBSTACULIZAR EL CRÉDITO

En el año 2000 los medios de comunicación dieron a conocer que la fracción del PRD en la Asamblea Legislativa del Distrito Federal prepara una propuesta de modificación al Código Civil de esta entidad con el fin de prohibir la capitalización de intereses en los contratos de crédito de casas habitación y aumentar el patrimonio familiar inalienable, para proteger a los deudores contra la "usura" de los bancos. Este es otro de los casos en que una modificación, ataviada con buenas intenciones, conduciría a una grave confusión perjudicando a los más pobres.

El PRD busca que la prohibición de la capitalización de intereses sea un "derecho irrenunciable" y un principio legal para dirimir disputas. Se espera que el deudor en dificultades financieras se declare en mora "sin que ello cause mayores consecuencias", no se le financien los intereses vencidos ni se le despoje de su patrimonio. A primera vista, esto parecería una buena historia, pero por desgracia no funcionaría.

La capitalización de intereses es una práctica legítima en todos los sistemas bancarios, porque el no pago de réditos devengados equivale a la concesión de un crédito adicional por el monto de los mismos. Se aplica constantemente en las cuentas de depósito de los ahorradores, las cuales producen rendimientos sobre los intereses no retirados. Se aplica también a los créditos ofrecidos por las instituciones, incluyendo las no bancarias. Por ejemplo, en Estados Unidos los créditos hipotecarios de tasa "ajustable" estipulan topes a los pagos mensuales de los clientes, capitalizando las obligaciones no cubiertas derivadas de alzas en las tasas de interés.

Indudablemente la capitalización de intereses en los créditos ha sido más común en países como el nuestro, con una historia de inflación elevada y variable, debido a que el salario, fuente principal de pago de los clientes de las hipotecas, suele rezagarse respecto del crecimiento de los precios. La capitalización permite evitar el pago acelerado de la deuda en términos reales, resultante de la inflación y de proporciones constantes a amortizar.

Con la capitalización, la reducción de la deuda puede darse al ritmo en que se espera crezcan los salarios. Implica pagos ascendentes en términos nominales, pero resulta en un perfil de amortizaciones reales más uniforme, sobre todo, no cargadas en los primeros años. Siempre es una opción, no una obligación, ya que el cliente puede preferir la amortización rápida del crédito.

Resultados negativos

¿Qué resultados arrojaría la modificación propuesta al Código Civil? La consecuencia directa sería la confusión proveniente de una mayor incertidumbre en la aplicación de las leyes. Por una parte, la propuesta ignora la jurisprudencia de la Suprema Corte de Justicia en 1998, de que *1)* las operaciones de los bancos se rigen en primer lugar por la legislación bancaria y las disposiciones del Banco de México, y *2)* la apertura de crédito se encuentra suficientemente regulada en la Ley General de Títulos y Operaciones de Crédito, la cual deja a la voluntad de las partes la posibilidad de capitalizar intereses y, por tanto, no es aplicable supletoriamente la prohibición del Código Civil en esta materia.

Por otra parte, el aumento del patrimonio inalienable no puede referirse a la propiedad objeto de garantía en el crédito hipotecario, sino a los bienes con los que el acreditado debe responder en caso de incumplimiento de pago e insuficiencia en el valor de la garantía. Además de generar una ilusión para el deudor, la iniciativa aumentaría el riesgo para el banco de no recuperar el crédito de un mayor número de familias con patrimonio inferior al inalienable.

Estas restricciones incrementan el costo del crédito y lo inhiben. La consecuencia podría ser la canalización aún más "polarizada" del financiamiento hacia familias de ingresos altos y entidades federativas con mejores condiciones jurídicas, que suelen ser las más desarrolladas.

Esta clase de iniciativas se parece a las implantadas infructuosamente en otras partes del mundo con el propósito de controlar la "usura" de los bancos. Los límites a las tasas de interés sobre depósitos y crédito en los países industrializados durante los años setenta condujeron a la desintermediación bancaria y la creación de figuras sucedáneas con resultados inferiores. El caso extremo ha sido la banca islámica, que prohíbe el cobro de intereses sobre crédito por ser inmoral, pero lo disfraza como comisiones al comercio, "murabahah" en lugar de "riba", ya que es lícito tener utilidades en el comercio, pero no en la renta del dinero.

Independientemente de las creencias, los bancos, para funcionar, deben ser negocios rentables. Restringir los precios del crédito, so pretexto de la usura, es una vieja tentación que invariablemente ha tenido consecuencias negativas. México no necesita esto. La reactivación del crédito requiere superar la etapa de los exorcismos y reducir las fuentes principales del costo crediticio: la inflación y la incertidumbre jurídica y judicial en el cumplimiento de los contratos. La iniciativa del PRD no sólo ignora estas realidades, sino que va en el sentido opuesto.

La regulación de las comisiones bancarias

Varios legisladores han propuesto establecer topes a las comisiones bancarias. De prosperar, estas iniciativas limitarían el desarrollo financiero y la eficiencia de la economía. Los representantes políticos señalan la necesidad de regular los precios que cobra la banca, con el argumento de que son "excesivos", afirmando que las resultantes utilidades extraen "indebidamente" los recursos de la sociedad. La libertad de los bancos se considera un problema que debe enfrentarse con la intervención del Estado para proteger a los usuarios bancarios.

Para fundamentar lo anterior, se cita el elevado crecimiento que han registrado los ingresos no financieros de las instituciones crediticias durante los años recientes. Sin negar su buena intención, estas posturas incurren, por lo menos, en tres graves errores, que pueden conducir a decisiones dañinas para la economía.

El primero y más básico error es confundir el aumento de los ingresos no financieros con el incremento de las tarifas, ignorando que los ingresos son el producto de las transacciones multiplicadas por las tarifas. Si bien durante los años recientes han aumentado los precios de los servicios bancarios —especialmente de los que antes no se cobraban—, la expansión de las transacciones ha superado con mucho la de los precios.

Por ejemplo, durante 2002 los pagos interbancarios aumentaron 84%, mientras que las correspondientes comisiones por transacción lo hicieron 10%. Un comentario semejante se aplica a las remesas de dinero del exterior, para las que, incluso, ha habido disminuciones de precio. Al aumentar los canales de distribución, como los cajeros automáticos y las terminales en punto de venta, y modernizarse los sistemas y los medios de pago, los clientes se han beneficiado de una mayor facilidad y seguridad en sus transacciones, liberando tiempo para otras actividades.

Por ejemplo, en 2002 la formación de una cámara de compensación nacional permitió mayor libertad a los usuarios para seleccionar el banco para la domiciliación de nómina y de recibos. Estos avances difícilmente pueden ir en contra de la economía y de la sociedad. La elevada expansión de las transacciones sugiere que el público valora estos servicios, al estar dispuesto a pagar por los mismos.

El segundo error se refiere a la interpretación de las utilidades bancarias. La tendencia a depender más de los ingresos no financieros, lamentada por estos críticos, es característica de los sistemas bancarios modernos. Como en otros países, la menor inflación ha reducido los márgenes de intermediación de las instituciones de crédito, obligándolas a impulsar servicios de amplia demanda para fortalecer sus fuentes de ingreso.

Al revelar el costo de oportunidad de los recursos empleados, las comisiones son el medio apropiado de operar; su aplicación permitirá, por ejemplo, reducir eventualmente las filas en las sucursales bancarias, favoreciendo los medios electrónicos cuyo costo por transacción es muy inferior. Además, las comisiones eliminan los subsidios cruzados, ya que los clientes pagan en proporción a los servicios demandados. Lejos de ser una debilidad, la rentabilidad de la banca (y de cualquier negocio) es un síntoma saludable que refleja el valor de los servicios asignado por la sociedad.

En ocasiones se argumenta que los bancos cobran comisiones porque les es más cómodo que dar préstamos. Esta afirmación carece de lógica ya que, al igual que otras empresas, las instituciones crediticias buscan maximizar beneficios. Sin embargo, para ser sostenible, el financiamiento debe otorgarse de forma prudente, de acuerdo con una evaluación estricta de los riesgos. Los préstamos están fluyendo de forma gradual reflejando estos principios. Además, el crédito y las comisiones no son excluyentes, como es evidente en los ingresos no financieros por tarjeta de crédito.

El tercer error es la confusión entre las intenciones y los resultados de los controles de precios. Los topes a las comisiones vulnerarían la provisión de los servicios bancarios, inhibiendo su oferta y frenando la inversión y la innovación financiera. Estos resultados no deben sorprender, ya que se asemejan a los de otras industrias; por ejemplo, está comprobado de sobra que los controles de rentas de las viviendas desalientan la construcción y el mantenimiento de los inmuebles. Por eso los países avanzados han abandonado los controles de precios bancarios, que en el pasado implicaron el debilitamiento financiero de los intermediarios y hasta la quiebra de muchos. Han concluido que la mejor opción es la libertad para competir por los clientes con la mejor combinación de productos y precios. Como en cualquier otro mercado, los bancos no pueden sobrevivir imponiendo tarifas arbitrariamente mayores al valor de los servicios percibido por los clientes.

En conclusión, la banca enfrenta serios retos para ofrecer más y mejores servicios. Este avance se dificultaría si prosperaran las iniciativas de controlar los precios bancarios. El único regulador eficiente de los precios es el mercado, por lo que la modernización del sistema financiero no se logra acotándolos por ley sino impulsando aún más la competencia entre los intermediarios. La difusión y la transparencia de las tarifas bancarias son un medio para fortalecer este resultado.

El misterio del financiamiento

El financiamiento es un elemento indispensable para el desarrollo de las empresas. Estos recursos financieros en nuestro país han registrado una considerable transformación.

Es incuestionable que los negocios necesitan financiarse para llevar a cabo su operación, expandir su capacidad productiva y emprender nuevos proyectos. Sin embargo, la contracción del crédito bancario por varios años en México pareciera contradecir este supuesto, convirtiendo el financiamiento en un misterio. La solución de este acertijo estriba en que el financiamiento es un concepto amplio y las empresas se allegan recursos de muchas formas.

Entre las fuentes de recursos más comunes destacan el crédito bancario y los instrumentos de mercado, como la inversión directa, las acciones y los bonos, tanto interna como externamente. Según el Banco de México, hasta junio de 2002, el monto de financiamiento a las empresas y las personas físicas con actividad empresarial correspondió en 33% al crédito bancario interno, incluyendo la banca comercial y de desarrollo, y el resto a fuentes "no bancarias".

El componente más importante en esta última categoría fue el financiamiento del extranjero, seguido por los valores de deuda emitidos en el país y, finalmente, "otros" que incluyen a proveedores e instituciones financieras no bancarias en México, como arrendadoras, empresas de factoraje y uniones de crédito. A las formas anteriores deben añadirse las aportaciones de capital y las emisiones de acciones, no incorporadas en las estadísticas oficiales.

A primera vista pareciera que el papel de los bancos es reducido. A decir verdad, la contribución de la banca en México mediante el crédito empresarial ha disminuido desde la crisis de 1995, como consecuencia del proceso de saneamiento y capitalización de los bancos y la aplicación de estándares más estrictos de administración de riesgos, así como la reducción de la cartera vencida mediante el reconocimiento de pérdidas con cargo a resultados.

Sin embargo, más allá de esta realidad, las instituciones bancarias ejercen un papel preponderante en el financiamiento de las empresas, que rebasa la lectura superficial de las cifras anteriores. Por una parte, más de la mitad de los recursos del exterior corresponde a crédito directo de bancos comerciales y líneas bancarias para el comercio exterior. Tomando en cuenta esta aclaración, el crédito bancario total asciende a más de 60% del financiamiento de las empresas.

Adicionalmente los bancos actúan como agentes colocadores de los instrumentos de deuda y de capital emitidos por las corporaciones. Por ejemplo, de acuerdo con la misma información del Banco de México, 23% del acervo de financiamiento total de los negocios consistió en valores de deuda emitidos en el país o en el extranjero. En la colocación de estos instrumentos la banca funge como intermediario, por lo que su contribución es mayor.

Durante los años recientes la expansión del financiamiento "no bancario" ha sido notable, lo que en gran medida se explica por la creciente integración de México a la economía mundial y por la reducción de la inflación. El primer factor ha sido crucial para la ascendente contratación de deuda externa por parte del sector privado no bancario, especialmente a partir de la firma del TLCAN. El segundo, junto con el manejo prudente de la deuda pública externa, parece explicar el incremento en el plazo promedio de los bonos privados en el exterior.

Los beneficios de la menor inflación son aún más claros en las condiciones del financiamiento interno que incluyen, como en el caso anterior, plazos más amplios y, además, tasas de interés más bajas. Sin embargo, el avance más notable ha consistido en que, por primera vez en la historia económica moderna del país, el sector privado ha podido colocar valores de deuda de largo plazo en moneda nacional a tasas de interés fijas, lo que proporciona certidumbre y un mayor horizonte de planeación para los negocios.

Además, la disminución de la inflación a partir de 1999 ha permitido que el financiamiento vigente bancario y el "no bancario" evolucionen de forma semejante reflejando las condiciones de la economía, es decir, aumentando con el crecimiento económico, como ocurrió en la mayor parte de 2000 y desde el segundo trimestre de 2002, y disminuyendo con la recesión. El comportamiento similar a otras formas de financiamiento confirma que la recuperación del crédito bancario interno no depende sólo de la voluntad de los administradores bancarios, como algunos comentaristas han sostenido, sino de las condiciones para su rentabilidad.

Finalmente, a pesar de su variedad, debe reconocerse que el financiamiento empresarial total es aún muy bajo respecto del valor de la producción, en comparación con las economías desarrolladas. La insuficiente penetración financiera no es fortuita sino reflejo de la inestabilidad de los precios del pasado y la inseguridad y las dificultades para la recuperación de las garantías. México ha avanzado en el combate del primero de los males, pero escasamente ha progresado en la protección de los derechos de propiedad de los acreedores, lo cual debería constituirse en una reforma prioritaria.

La reanimación de la actividad bancaria

Desde 2003 el crédito y la captación de la banca comercial han registrado una notable recuperación. La permanencia de esta expansión implica consolidar sus fundamentos. En los primeros cinco meses de ese año el financiamiento directo de los bancos, que excluye la cartera reestructurada por la crisis, aumentó a un ritmo no observado desde 1994. En promedio anual, su principal componente, el dirigido al sector privado, se expandió casi 9% en términos reales, incluyendo por primera vez el aumento del crédito empresarial. En igual lapso, el dinamismo de los depósitos bancarios fue 4%, en contraste con la disminución de los tres años previos.

Sin duda, la reactivación crediticia es positiva para la banca, al referirse a uno de sus negocios fundamentales que puede acrecentar su rentabilidad. Sin embargo, el principal beneficiario es el resto de la economía. Diversos estudios comprueban que existe una relación positiva entre el crédito bancario al sector privado y el nivel de desarrollo económico en cualquier país, entre otras razones porque la banca canaliza el ahorro a los usos más productivos.

Los profesores Ross Levine y Sara Zervos han calculado que un aumento de 0.5 en la razón del crédito al sector privado respecto del PIB aumenta 0.7 puntos porcentuales el crecimiento de largo plazo del producto por habitante. Por cierto, una ganancia semejante es la que podría alcanzar México si la razón aludida alcanzara la media de los países de la OCDE.

La reanimación del crédito al sector privado se sustenta, por lo menos, en tres avances. El primero es el saneamiento financiero de la banca, que ha sido posible gracias a una regulación más adecuada, incluyendo la eliminación de los obstáculos a la inversión extranjera en 1999, y se refleja en la mejoría de la capitalización, la liquidez y la solvencia de las instituciones.

Por ejemplo, de 1994 a 2003 la proporción de capital a activos sujetos a riesgo crediticio pasó de 10 a 21%, con reglas más estrictas, por encima del 8% mínimo obligatorio. De manera semejante, con criterios de calificación más rigurosos, la cartera vencida descendió a menos de 5% de la cartera total, mientras que las reservas para castigos de crédito superan, en más de un tercio, al total de la cartera vencida.

Un segundo progreso ha sido la disminución de la inflación, que ha propiciado menores y más estables tasas de interés. Un tercer avance ha sido el fortalecimiento del marco legal que afecta el crédito, reduciendo el riesgo de incumplimiento de pago y facilitando la recuperación de los activos que lo respaldan. En el año 2000 se aprobó la Ley de Concursos Mercantiles en sustitución de la antigua Ley de Quiebras, que definió con claridad plazos máximos y procedimientos para la reestructuración y eventual quiebra de las empresas.

Además se han aprobado diversas modificaciones legales, conocidas como la Miscelánea de Garantías, con el fin de aprovechar figuras jurídicas que aseguran el valor y la recuperación de los colaterales, mejorando en especial las perspectivas del crédito hipotecario.

Por su parte, la reactivación de la captación tradicional parece obedecer al menor costo de oportunidad de mantener depósitos a la vista, relacionado con las menores tasas de interés. Además, la homologación en el tratamiento fiscal de la deuda pública y privada en 2003 ha reducido la ventaja de las sociedades de inversión, típicamente concentradas en pasivos gubernamentales, sobre los depósitos bancarios a plazo, impulsando a éstos.

Desafíos

El sostenimiento de la reanimación bancaria requiere consolidar los avances anteriores, que se traducen en dos desafíos. El primero pertenece a las políticas públicas, destacando el control permanente de la inflación para proteger el poder adquisitivo del ingreso y evitar los incrementos abruptos en las tasas de interés. Asimismo, es indispensable aplicar, con rigor, el nuevo marco legal, ya que en el pasado el cumplimiento irregular de las leyes representó el principal obstáculo jurídico del crédito.

El segundo desafío recae sobre la banca, y consiste en servir mejor a la sociedad. Ello implica continuar robusteciendo la situación financiera, mediante el crecimiento rentable de sus negocios, ajustando por riesgo, y el mejoramiento de la calidad de sus servicios.

La regulación actual conduce a la administración responsable de los riesgos y la creciente competencia a una mayor eficiencia. Seguramente esto último implicará un mayor uso de los canales de distribución más económicos, como la domiciliación de pagos, que facilita enormemente las transacciones bancarias, aumentando la satisfacción de los usuarios.

Finalmente, el crecimiento del crédito impulsará los depósitos bancarios al hacerse más atractiva la captación para este fin. Además, los avances mencionados mantendrán el auge de los negocios "no tradicionales", como el financiamiento empresarial en los mercados de deuda en pesos y la captación por fondos de inversión, pensiones y seguros. El dinamismo permanente de la banca redundará en un mayor desarrollo económico.

La expansión inmobiliaria

Se encuentra en marcha una notable expansión de viviendas en nuestro país que refleja una mayor salud de la economía. Esta impresión se recoge, de manera informal, al visitar los grandes centros urbanos de la República. Aunque no existen datos oficiales oportunos sobre el valor de la producción habitacional, algunas estadísticas indirectas confirman esta reanimación.

El número de casas construidas y vendidas por las principales promotoras ha crecido desde 2002. En particular, la variación anual de las ventas de viviendas en 2003 rebasó la observada en 2000 y se estima que el dinamismo en 2004 fue superior. La firmeza de la demanda se refleja en la recuperación de los precios por metro cuadrado de las casas para todos los segmentos de ingreso.

En general, las ventas de los promotores suelen ser un reflejo, aunque burdo, de la tendencia de la producción nacional de vivienda. Además, el dinamismo de la industria total de la construcción desde 2002 ha superado el del PIB, lo que, en parte, podría obedecer a la recuperación habitacional.

El aumento de las casas en condiciones adecuadas de salubridad es favorable porque mejora la calidad de vida de las familias y satisface una necesidad básica frente a la multiplicación del número de hogares, resultante de las elevadas tasas de crecimiento poblacional registradas hasta los años ochenta.

Por otra parte, la edificación de viviendas implica un mayor dinamismo en otras actividades como la producción de materiales para la construcción, la venta de muebles y enseres domésticos, el arrendamiento, los servicios públicos, y el gasto familiar cuando se acrecienta el valor de las propiedades. Además, al tratarse generalmente de la mayor inversión de cualquier familia e implicar beneficios duraderos, no es eficiente comprar la vivienda sólo con ahorro propio sino mediante un crédito.

Impulso gubernamental

Aunque la producción de casas en México ha seguido el patrón cíclico de la economía, el aumento se ha sustentado en la mayor disponibilidad de financiamiento, en especial por parte de los organismos públicos, los cuales han experimentado una notable modernización.

En el pasado, la participación gubernamental en el fomento de la vivienda involucraba de forma directa la construcción y el desarrollo, así como el otorgamiento de crédito, influido con frecuencia por criterios no económicos en detrimento de la calidad de la cartera. Recientemente los organismos oficiales se han transformado para especializarse en el financiamiento, utilizando cada vez más reglas basadas en el mercado.

El liderazgo en este cambio ha correspondido al INFONAVIT, que atiende a los asalariados del sector privado formal. La administración ha aplicado estrategias efectivas de cobranza y ha asignado el crédito de acuerdo con un sistema de puntaje, que busca reflejar la capacidad de pago del solicitante, en sustitución del anterior método de sorteo. Como resultado, se han abatido significativamente los índices de cartera vencida y los mayores recursos disponibles han permitido aumentar los préstamos a ritmos sin precedente, con un manejo estricto de los riesgos.

Además, en 2001 se creó la Sociedad Hipotecaria Federal, como banca de desarrollo que sustituyó al FOVI, para atender a grupos más amplios de población, incluyendo los individuos no asalariados. Opera como banco de segundo piso proporcionando fondeo para productos de crédito orientados a la población de ingresos medios y bajos.

Los préstamos pueden destinarse a casas nuevas o usadas, para uso propio o de renta, la compra de terreno y las mejoras a la vivienda, entre otros. La principales instituciones que se han apalancado con estos fondos son las sofoles (Sociedades Financieras de Objeto Limitado) inmobiliarias, las cuales han ganado una importante participación en el mercado.

Regreso de la banca comercial

El papel protagónico de los organismos oficiales y de las sofoles ha ocurrido, en especial, porque a partir de la crisis de 1995 la banca comercial estuvo inmersa en un proceso de saneamiento y capitalización.

Por la experiencia de la inestabilidad financiera, anteriormente los bancos ofrecían créditos hipotecarios indizados a la inflación y al salario mínimo. Sin embargo, con la devaluación del peso y la abrupta alza de las tasas de interés, el valor de los préstamos se agrandó en muchos casos por encima del correspondiente a la garantía.

Al aumentar el desempleo, reducirse los salarios reales y enfrentarse largos procesos de recuperación, la morosidad crediticia se agravó y el sistema bancario cayó en la insolvencia. Por ello las instituciones de banca múltiple se concentraron en reestructurar sus carteras y aumentar el capital, concluyendo esta etapa gracias a la eliminación de las barreras a la inversión extranjera. No obstante su impulso favorable, la participación de los organismos oficiales enfrenta algunas limitaciones. Los subsidios en el financiamiento desplazan, sin remedio, recursos de otras actividades gubernamentales y, al ser abiertos, no son la forma más eficiente de apoyar a las familias de menores ingresos.

Además, el monto de crédito directo está acotado por las asignaciones del presupuesto público. Por ello estos organismos han recurrido a la titularización de parte de su cartera, a programas de financiamiento conjunto con instituciones de crédito privadas y al desarrollo del mercado secundario de hipotecas ofreciendo garantías, en lugar de créditos directos.

Este enfoque propicia una mayor participación del capital y de las instituciones financieras privadas en el financiamiento de la vivienda. Tal tendencia se ha fortalecido, aunque con montos aún modestos, con el regreso de la banca comercial al mercado: desde julio de 2003 la cartera vigente hipotecaria ha experimentado aumentos anuales, alcanzando más de 15% en junio de 2004.

Además del saneamiento bancario, este retorno refleja las mejoras al marco legal para la recuperación de garantías aprobadas por el Congreso y la baja de la inflación y de las tasas nominales de interés. Sin embargo, para que esta trayectoria se mantenga es necesario que se consoliden las condiciones favorables que la propiciaron. En especial, es indispensable asegurar, de forma permanente, la estabilidad en el nivel general de los precios y continuar avanzando en los aspectos prácticos de la seguridad jurídica. Todo crédito, y en especial el de largo plazo, se basa en la confianza de que las condiciones futuras de la economía permitirán su pago.

Política monetaria y banca

La salud alcanzada por los bancos en México constituye una señal de confianza para la conducción de la política monetaria. En cualquier economía la actividad bancaria condiciona la actuación del Banco Central y viceversa. En particular, la fortaleza de los intermediarios facilita el logro de la estabilidad de los precios y ésta es indispensable para el adecuado funcionamiento de los mismos.

Al afectar la oferta de dinero, los bancos influyen en la política monetaria. Lo hacen mediante la conversión de depósitos en crédito, la captación de ese crédito en la forma de depósitos y así sucesivamente. Este proceso multiplica los depósitos (cuentas de cheques, cuentas corrientes, etcétera) que fungen como sustitutos cercanos de los billetes y monedas, por lo que son dinero en un sentido amplio.

Como la producción de dinero puede eventualmente impulsar la inflación, los Bancos Centrales no son ajenos a este fenómeno. En consecuencia, el mecanismo de transmisión de la política monetaria debe incluir los bancos. Así, por ejemplo, los institutos centrales ordinariamente combaten las presiones de inflación con alzas en las tasas de interés de corto plazo, para encarecer y frenar el financiamiento bancario y, de esta manera, reducir el dinamismo de la demanda agregada y de los precios. Además, la administración prudente de los bancos genera certidumbre en la economía facilitando la estabilidad.

Por su parte, los bancos requieren el manejo responsable de la autoridad monetaria. Una inflación elevada se traduce en aumentos de las tasas de interés que pueden poner en peligro la solvencia de los acreditados, la calidad de los activos bancarios y, por ende, la situación de los intermediarios. Asimismo, una política monetaria expansiva puede propiciar un auge de crédito insostenible si se basa en precios artificialmente altos de los activos que se financian (por ejemplo, inmuebles).

Los Bancos Centrales deben funcionar como prestamistas de "última instancia" en un contexto de nerviosismo de los ahorradores sobre la seguridad de sus depósitos, lo cual puede ocurrir independientemente de la robustez de los bancos, por el simple hecho de que éstos normalmente no mantienen reservas en efectivo por cada peso depositado sino que lo invierten, típicamente, en crédito.

La crisis macroeconómica

En pocos casos la relación entre el sistema bancario y la política monetaria en México ha sido más adversa que en la crisis macroeconómica de los noventa. En 1994 nuestro país experimentó varios choques de origen político que desencadenaron ataques especulativos contra la moneda. Con el régimen de tipo de cambio predeterminado, las autoridades buscaron defender el peso dentro de la banda de flotación establecida, desacumulando prácticamente la totalidad de las reservas internacionales.

Al mismo tiempo se permitió que las tasas de interés subieran moderadamente, lo que reflejó, en alguna medida, el temor de dañar al sistema bancario, el cual desde tiempo atrás mostraba signos de fragilidad.

El debilitamiento de los bancos tuvo su origen en la liberación financiera de finales de los ochenta, que permitió expandir drásticamente el crédito al sector no gubernamental desde antes de la privatización bancaria. Entre 1988 y 1994 el financiamiento de la banca comercial al sector privado aumentó en promedio anual más de 30% en términos reales, alcanzando este indicador, al final de este lapso, 43% del PIB.

La propagación crediticia ocurrió con una regulación y supervisión inadecuadas, incluyendo estándares de contabilidad, reconocimiento de cartera vencida y requerimientos de capital insuficientes.

Por ello, especialmente desde finales de 1992 se observó una tendencia ascendente de la cartera vencida —a pesar de la cuantificación deficiente de la misma—, la rentabilidad de la banca descendió y la cobertura de reservas permaneció muy baja. Un reflejo extremo de los problemas anteriores fue la intervención oficial de dos bancos comerciales en 1994.

Desafortunadamente la posposición de una estricta regulación bancaria y la incongruencia de la política monetaria y cambiaria precipitaron una crisis más grave que la que se deseaba evitar. El peso se devaluó abruptamente, la inflación se desbocó y las tasas de interés interbancarias pasaron de 17% en la tercera semana de agosto de 1994 a 110% en igual semana de marzo de 1995.

La caída del PIB y el desempleo fueron los mayores desde la Gran Depresión, lo que, junto con un marco jurídico pobre, propició la falta generalizada de pago por parte de los deudores y la descapitalización de la banca. Los errores de política económica tuvieron un costo significativo de bienestar, incluyendo un rescate bancario que fue necesario para preservar la integridad de los depósitos y el funcionamiento del sistema de pagos.

La fortaleza actual de la banca

La crisis macroeconómica arrojó lecciones muy útiles que se tradujeron en una mejoría de la regulación y la supervisión de los bancos y el marco jurídico de su operación. Los cambios han abarcado modificaciones en la contabilidad, requerimientos más rigurosos de calificación de cartera y de capital, la creación de sociedades de información crediticia, la eliminación plena de los límites a la inversión extranjera en bancos y la reducción gradual del seguro de depósitos, entre otros.

Además se ha mejorado el marco legal para proteger los derechos de propiedad de los acreedores y de los deudores mediante una Miscelánea de Garantías que permite reducir los tiempos de recuperación y facilita la adjudicación de garantías sin necesidad de juicio. Asimismo, se aprobó una Ley de Concursos Mercantiles, en sustitución de la antigua e inoperante Ley de Quiebras, con lo que los acreedores pueden iniciar la reestructuración o la quiebra de las empresas en problemas y el proceso concluye en un plazo máximo de un año.

Las transformaciones anteriores han fortalecido el sistema bancario con criterios más estrictos, mediante una capitalización elevada, un bajo índice de morosidad y provisiones para castigo de crédito muy superiores a la cartera vencida.

Sin duda, hay tareas pendientes para la banca y las autoridades, especialmente en relación con la aplicación de las leyes y la eficiencia de los intermediarios. No obstante, los cambios han sentado las bases para el desarrollo firme del crédito, el cual ha empezado a fluir de forma regular.

El aprovechamiento de las lecciones de la crisis y la actual solidez bancaria permiten prever una relación positiva entre la política monetaria y la actividad de los intermediarios.

Los desafíos de China

Durante las últimas dos décadas China ha experimentado un extraordinario dinamismo económico, con un promedio anual de aproximadamente 8%. Este avance ha sido posible gracias a las reformas de mercado que, desde finales de los setenta, han transformado gradualmente el sistema de planificación central por uno más eficiente.

Los cambios han sido amplios. Iniciando con la privatización de la producción agrícola, se liberaron los precios en los mercados urbanos, se rompió el monopolio bancario comercial en poder del instituto emisor y se abrieron algunas zonas al comercio y la inversión extranjera. Además se autorizaron los negocios no gubernamentales, se inició la reestructuración de las empresas estatales, se eliminó el control de cambios para las transacciones comerciales con el exterior y el país se incorporó a la Organización Mundial de Comercio (OMC), comprometiéndose a una mayor apertura, especialmente en agricultura y servicios.

No obstante, el progreso económico debe mantenerse, considerando que todavía es bajo el ingreso por persona y mucha gente vive en la pobreza. Para este fin China enfrenta serios desafíos, entre los que destaca el fortalecimiento bancario.

Las vicisitudes bancarias

En China los bancos realizan la mayor parte de la intermediación financiera, son predominantemente estatales y su expansión ha sido espectacular. Por ejemplo, en 2003 los préstamos de las instituciones financieras aumentaron el equivalente a 26% del PIB, lo que llevó la cartera de préstamos y los activos totales a 145% y 200% del PIB a finales de ese año, respectivamente.

Este acrecentamiento ha ocurrido a costa de la calidad de la cartera. Si bien la falta de transparencia y los criterios laxos de contabilidad dificultan las mediciones, algunas estimaciones conservadoras ubican la razón de cartera vencida a total entre 30 y 40 por ciento.

El origen de este deterioro es la canalización de gran parte de los préstamos a las empresas y proyectos públicos. Los problemas se han agravado por la consolidación e insolvencia de los negocios gubernamentales, la ausencia de garantías en muchos créditos y las deficiencias jurídicas para recuperarlos.

Si bien a partir de las reformas han proliferado las entidades financieras, el sistema se concentra en cuatro grandes bancos comerciales del Estado que detentan 60% de la cartera. Para detener la acumulación de daños, desde finales de los noventa las autoridades han tomado algunas medidas, incluyendo la capitalización de los cuatro grandes bancos y la creación de compañías de administración de activos, las cuales han comprado cartera a estas entidades a cambio de obligaciones con respaldo gubernamental. Además ha mejorado la regulación prudencial con un nuevo sistema de calificación de cartera asociado a requerimientos más estrictos de provisiones y, a más tardar en 2006, los bancos cumplirán con criterios de capitalización semejantes a los que hasta hace poco eran la norma internacional, conocidos como Basilea I. La adhesión a la OMC ha implicado el compromiso de eliminar eventualmente toda restricción geográfica a la entrada de bancos extranjeros.

Sin desconocer sus méritos, estos cambios son insuficientes, entre otras razones porque las nuevas regulaciones excluyen a los cuatro grandes bancos estatales; y se mantienen severos límites al capital foráneo por inversionista y total en cada institución, así como la intención de preservar el control gubernamental de los bancos dominantes.

Por ello se requiere una reforma que convierta a los intermediarios en negocios viables, lo que significa completar la capitalización de las entidades gubernamentales, imponerles una regulación estricta y abolir los límites a la inversión extranjera permitiendo cualquier adquisición, entre otras medidas.

De no superarse a tiempo estos problemas, la debilidad bancaria podría significar un exorbitante costo fiscal. Además, el predominio de los criterios no comerciales en la banca perpetuaría el desperdicio del elevado ahorro interno, ascendiendo este último a cerca de 40% del producto.

Los controles monetarios

El saneamiento de los bancos es prerrequisito de una política monetaria y cambiaria más adecuada. El manejo del Banco Central se ha basado en controles directos, como los techos al crédito, las bandas a las tasas de interés activas y los techos a las pasivas y las metas de tipo de cambio y de crecimiento monetario. Lejos de promover una política monetaria independiente, estas intervenciones propician la ineficiencia en las decisiones de los intermediarios financieros.

Los controles de capital han acostumbrado a la población china a la posibilidad de una política monetaria en permanente incongruencia con la cambiaria. El descenso del crecimiento de los precios observado desde 1995 ha ocurrido con una política monetaria laxa, en gran medida porque el tipo de cambio fijo ha funcionado como "ancla nominal".

Los controles de capital han permitido que las sustanciales entradas de inversión extranjera directa no se reflejen en crecientes déficits de la cuenta corriente de la balanza de pagos ni el exceso de liquidez se traduzca en salidas de capital o presiones sobre el valor de la moneda china.

Este sistema de controles tiene sus costos. Si bien durante la crisis asiática de 1997 y 1998 las restricciones de capital aislaron a China de los vaivenes financieros de los países vecinos, las restricciones son incompatibles con la mayor modernización económica, al limitar el desarrollo de los mercados financieros y, por tanto, la asignación eficiente de los recursos.

Las autoridades han favorecido la situación actual porque han podido impulsar el crecimiento del crédito y la economía sin incurrir en riesgos de inflación. En defensa de los controles, se aduce que los movimientos de capital y de tipo de cambio podrían empeorar la condición de las paraestatales y, por ende, del sistema bancario.

Sin embargo, en la práctica las restricciones de capital han servido para posponer la constitución de un Banco Central verdaderamente autónomo, subordinando así la política monetaria a los objetivos fiscales, como quedó claro en la utilización de reservas internacionales por un monto de 3% del PIB para la capitalización de dos bancos gubernamentales en 2003.

Además se ha retrasado la solución de la precaria situación financiera de las empresas públicas y de los bancos, cuyos posibles costos fiscales podrían poner en riesgo la estabilidad financiera y el crecimiento económico de largo plazo.

El aumento del "riesgo país"

Una de las repercusiones de la volatilidad financiera internacional ha sido el incremento de la percepción del riesgo de México. Este deterioro ha puesto de manifiesto las debilidades internas del país, especialmente en relación con las finanzas públicas.

En 2002 aumentaron los rendimientos netos o *spreads* de los bonos mexicanos en moneda extranjera negociados en el exterior, respecto de los títulos gubernamentales de Estados Unidos. Por ejemplo, según el indicador EMBI Global de J. P. Morgan, durante mayo-septiembre de ese año, los rendimientos netos subieron 180 puntos base, alcanzando un nivel máximo de 442, comparable al pico inmediato a los ataques terroristas de 2001.

Esta tendencia preocupa porque el aumento de los rendimientos refleja la percepción de un mayor peligro asociado, en última instancia, con la capacidad de los emisores de cumplir puntualmente sus compromisos de deuda. Al tratarse primordialmente de bonos soberanos, los rendimientos netos pueden interpretarse como medida del "riesgo país". Los mayores *spreads* afectan adversamente la economía al aumentar el costo de la deuda externa, presionar al alza las tasas de interés e inhibir la inversión.

El incremento del riesgo es desalentador, además, porque nulificó con creces el descenso registrado durante los primeros cuatro meses de 2002, impulsado, en parte, por la mejor evaluación, con "grado de inversión", de la deuda soberana en moneda extranjera por parte de las tres principales agencias calificadoras. El deterioro pone en entredicho la opinión convencional de que México ha superado su condición de emergente al ser el "refugio" preferido de los inversionistas.

A decir verdad, la reducción y el posterior aumento de los *spreads* de México durante ese año fue de la mano, aunque a ritmo propio, del EMBI Global promedio. El desempeño se diferenció entre naciones, con un agravamiento agudo en Argentina y Brasil y moderado en México y Chile. No obstante, durante el tercer trimestre el deterioro de nuestro país contrastó con la virtual estabilidad de Chile. En siete meses la distancia de riesgo entre estas dos naciones pasó de 93 a 231 puntos base.

Las observaciones anteriores sugieren la existencia de causas de la tendencia general y factores específicos de México. Respecto de los movimientos globales, dos elementos destacan. El primero se refiere a las dudas sobre la recuperación de la economía mundial y, en particular, de Estados Unidos. Aun cuando durante el primer trimestre de 2002 este país registró un dinamismo económico robusto, gradualmente predominaron las señales de debilitamiento. La sospecha se cimentó en la ausencia de una reactivación firme de la inversión, elemento clave de las expansiones duraderas. La confianza del consumidor no se restableció y en agosto la producción industrial cayó por primera vez en el año. El debilitamiento desconcierta al ocurrir en presencia de las tasas de interés más bajas desde 1961. Una desaceleración económica mundial transmitida a los países en desarrollo implica una menor capacidad de recaudación de sus gobiernos.

Un segundo factor externo más importante fue el deterioro económico y político de muchos países de América Latina. Argentina suspendió el cumplimiento de sus obligaciones financieras, y la situación de Brasil era delicada por las elevadas proporciones de deuda pública atada a tasas de interés flotantes y al tipo de cambio, así como por la victoria de "Lula" en las elecciones presidenciales, que en el pasado propugnó por medidas económicas irresponsables como la reestructuración unilateral de la deuda externa. Otros países con serios problemas son Uruguay, Venezuela, Ecuador, Colombia y Perú. Estas experiencias redujeron considerablemente el atractivo de los mercados emergentes.

Sin embargo, México presenta sus propias fragilidades. Desde 1996 el verdadero déficit fiscal, incluyendo ingresos no recurrentes, ha promediado 4.4% del PIB; el gasto público corriente, especialmente por servicios personales, ha exhibido una considerable inercia y los ingresos son volátiles, dependiendo en exceso de los precios del petróleo. La deuda consolidada es muy superior a la reconocida y los requerimientos futuros son espectaculares. No existe un consenso político para reducir la deuda pública y se está utilizando la venta de activos para financiar el gasto.

Chile ha salido mejor librado de las turbulencias externas porque ha contado con un manejo económico más sólido. Destacan las reformas de mercado, iniciadas mucho tiempo antes que el resto de la región, y su compromiso de largo plazo con la disciplina fiscal. Este último se ha traducido en superávits fiscales en la mayoría de los años desde 1976, que le han permitido reducir significativamente la deuda pública consolidada como proporción del producto.

México necesita tomar el ejemplo de Chile y fortalecer su estructura económica especialmente en materia de finanzas públicas. El aumento del "riesgo país" es, en última instancia, un reflejo de la situación financiera del gobierno.

La bonanza financiera es externa

La mejoría de los mercados financieros de México en el año 2003 ha sido interpretada por algunos analistas como un reflejo de la fortaleza económica interna. Sin embargo, esta prosperidad proviene principalmente del exterior.

Indudablemente ha habido avances internos, como la aprobación de nuevas leyes para favorecer el desarrollo del crédito. Sin embargo, el cambio financiero ha sido tan dramático que difícilmente podría explicarse sólo por los progresos internos, típicamente graduales. Una explicación de fondo supone recurrir, por lo menos, a dos factores externos.

El primero es el fortalecimiento de los mercados emergentes de renta fija iniciado en octubre de 2002. Según el índice EMBI de J. P. Morgan, de ese mes a junio de 2003, el rendimiento promedio neto de estos instrumentos se contrajo a la mitad, ubicándose en 520 puntos base.

La demanda por estos bonos parece reflejar la decisión del Fed de Estados Unidos de reducir medio punto porcentual la tasa de interés de referencia y el compromiso del entonces presidente electo de Brasil, Lula, de respetar puntualmente las obligaciones de la deuda pública de esa nación y adoptar un programa económico responsable.

La mayor liquidez internacional y la percepción de menores riesgos propiciaron la canalización de recursos de cartera a las economías emergentes. La mejoría se frenó durante del primer bimestre de 2003 como resultado de la incertidumbre asociada con la inminente guerra en Irak.

Sin embargo, a principios de marzo de 2003 los mercados internacionales anticiparon, correctamente, una conclusión rápida y exitosa de la intervención bélica, lo que profundizó la mejoría. Ello incluyó una recuperación bursátil y la percepción de menores riesgos corporativos en las economías desarrolladas, así como la continuación de la baja de los rendimientos netos y la apreciación de las monedas frente al dólar en las economías emergentes. Como parte de este último grupo, México se benefició de la reorientación de las inversiones.

El segundo factor fueron los elevados precios del petróleo que generaron ingresos extraordinarios por las ventas externas de Pemex. La comisión de cambios anunció un programa de reducción del ritmo de la acumulación de reservas internacionales, lo que contribuyó a la disminución del valor del dólar en términos de pesos.

Los elementos mencionados son independientes de la salud de la economía y difícilmente son duraderos. La recuperación de los mercados emergentes tiene como contrapartida el deterioro del crecimiento económico global, que ha conducido a la reducción de las tasas de interés internacionales. Sin embargo, este empeoramiento perjudica a las economías emergentes, ya que conduce a menores precios de las materias primas que producen, limita la demanda de sus exportaciones y frena la inversión extranjera directa.

Más aún, las economías emergentes no han mejorado de fondo. Por ejemplo, en Brasil continúa la fragilidad de la composición de la deuda pública y en Argentina no se ha reestructurado el sistema bancario, ni se han regularizado los pagos externos, ni se ha restablecido el respeto de los contratos. En ausencia de claros avances, el auge podría concluir cuando Estados Unidos muestre un mayor vigor económico o se reduzcan las perspectivas de crecimiento de las economías emergentes.

Además, los precios del petróleo se determinan en los mercados internacionales y no permanecen altos por largo tiempo. Su eventual descenso y el mayor déficit externo de México asociado con la recuperación económica reducirán el efecto favorable sobre el peso.

En tales circunstancias es esencial recordar el origen externo y la transitoriedad de la recuperación financiera para enfocarse a las tareas internas que permitan aumentar el crecimiento económico potencial. Ello requiere anclar la baja de la inflación en factores controlables por el Banco de México e impulsar las reformas que aumenten la eficiencia y la productividad de la economía.

XII. POBREZA, DESIGUALDAD Y ECONOMÍA REGIONAL

El combate a la pobreza y la desigualdad del ingreso son los temas favoritos de los políticos. En sus planteamientos suelen confundir los dos conceptos o atribuir la existencia del primero al segundo, llegando al extremo de afirmar que hay pobres porque los ricos son muy ricos.

La sociedad se beneficia asegurando un mínimo estándar de vida para cualquier familia, es decir: erradicando la pobreza, en lugar de pretender la igualación del ingreso, porque esto podría resultar en la distribución de la miseria.

Además, al otorgarse un desmedido énfasis a las mediciones de la pobreza, se suele descuidar el estudio de sus causas. Con diagnósticos equivocados los políticos prometen reducir la marginación con grandes programas de gasto público, aprobando incluso leyes que comprometen las erogaciones gubernamentales sin asegurar su financiamiento.

Así, los pobres se convierten en los rehenes de los gobernantes que les ofrecen soluciones paternalistas, para perpetuar su condición de dependencia respecto del Estado, desdeñando la responsabilidad individual y desplazando las acciones de solidaridad privada. No hay evidencia concluyente de que el gasto público contribuya a la reducción de la pobreza y, en todo caso, existen indicios de que su efecto puede ser adverso.

La pobreza es el resultado de un bajo crecimiento económico. De ahí que la forma definitiva de disminuirla sea eliminando los obstáculos a la expansión de la economía, como la inflación, la inseguridad jurídica y las trabas a la producción y a la competencia.

El reiterado combate contra la desigualdad

Difícilmente otro tema ocupa un lugar tan preeminente en la agenda de cualquier gobierno como la búsqueda de la igualdad para sus ciudadanos. Sin embargo, este concepto ha cambiado a lo largo del tiempo, rigiendo la acción pública, en ocasiones, de forma contraproducente.

En su libro *The Fourth Great Awakening and the Future of Egalitarianism*, el historiador económico Robert W. Fogel llega a esta conclusión. El profesor Fogel ganó el premio Nobel de economía en 1993 por su trabajo empírico revisionista sobre tópicos como la economía de la esclavitud y el desarrollo de los ferrocarriles. En esta obra examina la lucha por la igualdad desde una perspectiva histórica. Si bien la investigación se enfoca a los países desarrollados, especialmente Estados Unidos, sus observaciones ofrecen lecciones para México. A continuación resumo algunas.

1. Las crisis políticas detrás de los movimientos a favor de la igualdad han sido la reacción ante los cambios tecnológicos que han sacudido a la sociedad. Estos movimientos han ocurrido en ciclos denominados por los historiadores como "Grandes Despertares" (GD). En el caso de Estados Unidos, Fogel identifica cuatro, cada uno con duración aproximada de 100 años: el primero condujo a la independencia política, el segundo a las reformas que culminaron con la abolición de la esclavitud, el tercero creó el "Estado benefactor", y el cuarto, desde los años sesenta, se enfoca a los bienes inmateriales, como la realización personal y la jubilación temprana.
2. La desigualdad ha sido fenomenal por la profundidad y rapidez de los cambios: por ejemplo, la revolución agrícola, la disminución del costo del transporte y las nuevas formas de producción (segundo GD); las economías de escala en los ferrocarriles, la producción de acero, el procesamiento y la distribución de alimentos, etcétera (tercer GD).
3. Las reformas políticas han tenido una influencia religiosa. En los siglos XVIII y XIX el mal percibido era la corrupción de la autoridad, por lo que la respuesta fue la responsabilidad individual y la igualdad de oportunidades, floreciendo así el sistema de empresa. En cambio, a finales del siglo XIX y principios del XX la cara del mal se transformó en las grandes corporaciones que desplazaban a los pequeños negocios; el énfasis se movió a la responsabilidad social y la igualdad de las condiciones. Por ello uno de los baluartes de la "Era Progresista" fue la invención del impuesto sobre la renta para transferir ingreso de los ricos hacia los pobres.
4. La oposición a los cambios adquirió, en ocasiones, dimensiones absurdas. En el siglo XIX se llegó a sostener que los ferrocarriles no sólo eran engendros del demonio y una amenaza a la civilización, sino que ponían en peligro la salud y la vida misma. Después, contra los

aviones se escribió: "si Dios hubiera planeado que la gente volara la habría dotado de alas". Según Fogel los argumentos contra los ferrocarriles son similares a las objeciones presentes a la energía nuclear.

5. Las mediciones tradicionales de desigualdad son insatisfactorias ya que se basan en el ingreso monetario, que actualmente representa menos de la mitad del consumo y, en una generación más, podría disminuir a una cuarta parte. Muchos de los activos humanos se transfieren fuera del mercado o se desarrollan privadamente. Es necesario evaluar no sólo el ingreso, sino también aspectos como la salud y la esperanza de vida.
6. Los cambios tecnológicos han beneficiado a todos, pero especialmente a los pobres. Este grupo es rico para estándares del pasado: la línea de pobreza actual corresponde al ingreso alcanzado hace un siglo sólo por el decil más alto. La esperanza de vida para los pobres ha aumentado de 45 años, a finales del siglo XIX, a 75 en la actualidad.
7. La contribución del gobierno a la igualdad ha sido, en el mejor de los casos, mixta. Las hambrunas fueron causadas por los gobiernos que, en años de escasez, aumentaban la demanda de granos para asegurar el alimento de sus ejércitos y empleados, impulsando al alza los precios de los alimentos y dejando fuera a los pobres. El mejoramiento de la dieta ha sido posible por los avances tecnológicos en los cuales el gobierno ha tenido poco que ver. La mejora de la distribución del ingreso refleja la mayor importancia del capital humano en la producción, resultado del cambio tecnológico y no de la política gubernamental.
8. A pesar de los innegables avances, predomina el pesimismo propagado por los grupos que se ven en peligro: la amenaza son los competidores externos y el predominio de los servicios, como en el pasado fueron la inmigración y la industrialización. Sin desconocer las carencias de los pobres, la conclusión de Fogel es rotunda: "la persistencia del pesimismo… muestra que el mal es psicológico más que económico. Todo parece inadecuado comparado con la perfección".

La gran pregunta al final del libro es por qué ha aumentado la desigualdad del ingreso *entre* los países a niveles que sólo se registraban *dentro* de éstos hace un siglo. La respuesta implícita para los países menos desarrollados, como México, no es la falta de movimientos a favor de la igualdad de condiciones, sino la existencia de obstáculos a la actividad económica que limitan el aprovechamiento de los cambios tecnológicos disponibles en el mundo.

Convergencia, no polarización del ingreso

Es frecuente escuchar que en el actual mundo globalizado los ricos se están haciendo más ricos y los pobres más pobres. A pesar de su aparente obviedad, esta apreciación es irreal.

Se asegura que la sociedad se ha movido hacia la polarización mediante un aumento de la pobreza y de la desigualdad del ingreso. Casi en automático se añade que la causa ha sido la apertura y la liberación de los mercados. Este escenario sombrío es compartido por muchos; por ejemplo, las Naciones Unidas en su *Informe sobre el Desarrollo Humano* de 1999 apuntó: "La pobreza está en todos lados. La brecha entre los pobres y ricos ha continuado agrandándose [...] Algunos han predicho la convergencia, pero la última década ha mostrado una mayor concentración del ingreso".

Afortunadamente la repetición de las ideas no las convierte en verdades. Detrás de estas afirmaciones se encuentran mediciones cuestionables, como lo ha advertido el profesor Xavier Sala-i-Martin, de la Universidad de Columbia, en su trabajo *La distribución mundial del ingreso*. Su conclusión no deja lugar a dudas: de acuerdo con la evidencia de 125 países para 1970-1998, la pobreza y la desigualdad del ingreso en el mundo han disminuido.

Llegar a esta conclusión implicó, entre otros aspectos, corregir tres errores comunes de los análisis. Primero, reconocer las diferencias de precios entre los países, para reflejar, por ejemplo, que el costo de vida en Etiopía es menor que el de Suiza, lo que requirió usar tipos de cambio ajustados por poder de compra, en lugar de nominales. Segundo, incorporar el mayor número posible de países y observaciones, no una muestra dudosamente selectiva. Tercero, más importante, referir el análisis a los individuos y no a los países, para no suponer que todas las naciones tienen la misma población y, dentro de cada país, las personas perciben el mismo ingreso.

Los dos últimos supuestos son injustificados. Asignar el mismo peso a un país muy poblado y a uno casi sin poblar implica ignorar a los individuos. Los estudios suelen otorgar el mismo peso, por ejemplo, a China que a Grenada, aunque haya 12 mil chinos por cada habitante en Grenada. Además, imaginar que todos los individuos perciben el ingreso medio del país es una simplificación útil, pero esquiva parte del objetivo del análisis: la distribución del ingreso dentro de los países.

No hay que confundir la pobreza con la desigualdad del ingreso. La primera se refiere al porcentaje de la población (tasa de pobreza) o al número de personas cuyo ingreso es menor a un "mínimo satisfactorio", lo que constituye, sin duda, un problema a superar. Sala-i-Martin comenta que el indicador más relevante es el primero, al poder interpretarse como la probabilidad de nacer en condiciones de indigencia. Sin embargo, no minimiza el segundo y sugiere que en un mundo ideal ambos deberían reducirse. La buena noticia es que, durante las tres décadas recientes, eso precisamente ha ocurrido.

De acuerdo con los umbrales de pobreza más utilizados —un dólar y dos dólares diarios de ingreso por persona—, tanto la tasa de pobreza como el número de pobres han disminuido notablemente. De 1970 a 1998, con el primer criterio, la tasa pasó de 17 a 6.7% y los pobres disminuyeron de 550 a 350 millones; con el segundo, la proporción cayó de 41 a 18.6% y los pobres se redujeron de 1 300 a 970 millones. Esta tendencia se mantiene independientemente del umbral seleccionado.

Lo anterior refleja una mejoría significativa del ingreso de los más pobres en el mundo. No obstante, el avance no ha sido homogéneo. El mayor éxito corresponde a Asia, donde todos los países disminuyeron la pobreza, destacando China, India e Indonesia, o la mantuvieron en cero, como Hong Kong y Singapur. El caso intermedio es América Latina, cuyo progreso fue modesto. Con ambos umbrales, México redujo la tasa y el número de pobres en cada una de las tres décadas. El extremo opuesto fue África, donde aumentó drásticamente la pobreza, siendo el caso más preocupante Nigeria, el país más poblado de este continente. En cualquier región el factor de éxito fue el crecimiento económico.

Por otra parte, la desigualdad del ingreso es un concepto relativo a las percepciones de los otros, por lo que su carácter negativo es debatible. La desigualdad puede aumentar aun con mejoras sustanciales en las percepciones de los pobres, y puede o no involucrar un aumento en la pobreza. Sala-i-Martin adopta una posición neutral en este debate y se limita a medir la desigualdad.

Utilizando once indicadores estándares de desigualdad, el autor llega a una conclusión paralela a la de la pobreza: durante las tres décadas referidas, la desigualdad mundial del ingreso de las personas se ha reducido; el mundo no se ha movido hacia la polarización sino hacia la convergencia de los más pobres con los más ricos. Además, por países no existe una relación entre la globalización y la desigualdad del ingreso.

Lo anterior no significa que nuestra sociedad esté libre de problemas. Existen aún entre 350 y 970 millones de pobres en el mundo, lo que difícilmente permite imaginar un problema superior. La respuesta, sin embargo, no se encuentra en la imaginación sino en los factores reales del desarrollo económico, entre los que destaca, por cierto, la globalización.

ALIVIO DE LA POBREZA: ¿IGUALDAD O PROSPERIDAD?

Un objetivo común en los programas de los diversos precandidatos a la presidencia de la República en 1999 es el combate a la pobreza. El tema no puede ser de menor importancia dado que en México aproximadamente 40% de la población se encuentra por abajo de la "línea de pobreza", si se considera el umbral de dos dólares diarios por persona usado por el Banco Mundial.

Una primera aclaración es que la pobreza no es el resultado de una desigual distribución del ingreso, concepto con el que con frecuencia se le identifica. Los índices de concentración del ingreso no son informativos de los niveles absolutos, que son los relevantes en la pobreza, porque ésta significa una escasa capacidad de adquirir satisfactores. Por ejemplo, supuestamente en Cuba la distribución del ingreso es menos desigual que en México, pero la mayor parte de la población es más pobre.

La pobreza no es menor porque el crecimiento económico ha sido insuficiente. De ahí que su abatimiento sea facilitar los factores que impulsan este dinamismo, entre los que destacan la acumulación del capital humano, en la forma de educación y entrenamiento, y el aprovechamiento de los mercados, incluyendo los internacionales.

Esta observación se ejemplifica con el extraordinario desempeño de los "tigres asiáticos". Es interesante contrastar dos países inicialmente semejantes, con resultados posteriores muy discrepantes: Corea del Sur y Filipinas, que en 1960 exhibían un ingreso por habitante parecido, el tamaño de la población era de 25 y 28 millones respectivamente, poco más de la mitad se encontraba en edad de trabajar, el nivel educativo era similar y las exportaciones eran mayoritariamente agrícolas. De 1960 a 1995, el PIB por habitante creció, en promedio anual, 6.6% en Corea del Sur y 1.2% en Filipinas.

La diferencia de resultados se derivó de la estrategia adoptada. Corea del Sur se enfocó a la integración en el comercio internacional, transformando sus exportaciones hacia las manufacturas de alta complejidad, lo que implicó una elevada acumulación de capital humano, entrenamiento en el trabajo y generación de conocimientos, así como altos rendimientos de sus inversiones. En cambio, Filipinas optó por la sustitución de importaciones, el remplazo de la mano de obra por el capital y la baja inversión en salud y educación.

Como consecuencia, cada trabajador coreano produce más de seis veces lo que generaba en 1960 y el número de pobres se ha reducido drásticamente. Por el contrario, en Filipinas el número de pobres ha aumentado como reflejo de un crecimiento económico insuficiente.

Una segunda aclaración es que, si bien la pobreza no es generada por la desigualdad y sus indicadores no necesariamente coinciden, suelen ir juntos en los casos extremos: los países con periodos más prolongados de prosperidad exhiben una menor desigualdad, y lo contrario ocurre con los países más pobres. Esta observación es importante ya que sin crecimiento económico no es viable una mejor distribución del ingreso, a no ser que sólo se busque asignar más uniformemente la pobreza.

En México ha sido insuficiente el combate a la pobreza porque durante las décadas de los ochenta y los noventa el PIB por habitante creció a una tasa anual promedio de sólo 1.1%. Para obtener mejores resultados es necesario erradicar las causas de este débil dinamismo, entre las que destacan: *1)* la inflación que ha inhibido la inversión y ha significado un impuesto regresivo al ahorro monetario, además de conducir a recesiones afectando significativamente a los más pobres; *2)* una deficiente seguridad jurídica que no protege los derechos de propiedad; y *3)* obstáculos para el desarrollo de los negocios.

Las dos últimas causas son particularmente relevantes para explicar la pobreza registrada en las zonas rurales del país. El rezago de estas áreas se debe, en gran medida, a las deficiencias en infraestructura y acceso a una educación de calidad, así como la incertidumbre en la tenencia de la tierra, relacionada con el sistema ejidal. Si bien las reformas al artículo 27 de la Constitución en 1992 flexibilizaron las restricciones que enfrenta la tenencia de la tierra aún subsisten deficiencias básicas de infraestructura, así como en el otorgamiento de títulos de propiedad y en la resolución de controversias que se traducen en incertidumbre.

El combate a la pobreza en nuestro país implica superar estos impedimentos. En especial, el gobierno debe facilitar el acceso de los pobres a la educación, porque es el mejor medio de movilidad vertical y de mejora en la capacidad productiva de los individuos. El mecanismo más eficiente para este apoyo son las transferencias monetarias dirigidas exclusivamente a esta población, suficientes para asegurar una dieta con mínimos de calorías y compensar el costo de oportunidad de enviar a los hijos a la escuela en lugar de incorporarlos prematuramente al trabajo. Alternativas como la propuesta, enfocadas a los más pobres y no a ciertos grupos definidos por ocupación o geografía, complementarían una estrategia de impulso al crecimiento económico.

MERCADO: ¿CREADOR DE POBRES?

Es frecuente escuchar críticas sobre las reformas de mercado aplicadas durante las dos décadas recientes, como causantes de la pobreza en México. Así, en 2000 los candidatos a la presidencia de la República y los partidos políticos con facilidad proponen medidas "correctivas" con el fin de superar supuestas deficiencias que "han perjudicado a los más pobres", como la búsqueda de una inflación mínima y la desaparición de ciertos sectores productivos.

Debe reconocerse que desde 1983 el crecimiento promedio anual del ingreso por habitante ha sido bajo, lo que ha limitado el combate de la pobreza. Estos resultados son desafortunados, ya que coinciden con el periodo en que el gobierno ha introducido reformas para remover obstáculos al funcionamiento de los mercados, como la privatización de las empresas públicas, la apertura al exterior y la desregulación.

Sin embargo, antes de concluir a favor de un regreso al pasado, es indispensable identificar las causas del desempeño insatisfactorio. Éstas no se encuentran en los mercados, sino en los obstáculos que han impedido su más amplio funcionamiento.

Un primer problema ha sido la mayor inestabilidad de los precios registrada desde los años ochenta que, combinada con recurrentes devaluaciones de la moneda, ha deteriorado la confianza del público en la economía y ha afectado muy adversamente a la población, en especial a la más pobre.

Un segundo problema ha sido la ausencia de un marco legal y de justicia que proteja plenamente los derechos de propiedad, ejemplificada esta ausencia en los abusos del poder público, las expropiaciones y las dificultades de hacer valer el cumplimiento de los contratos, por ejemplo, para la adjudicación de las garantías crediticias. Un tercer problema han sido los múltiples impedimentos a la creación de negocios y las prohibiciones para invertir en muchas actividades.

La elevada inflación, el débil estado de derecho y los problemas para invertir y competir han inhibido la inversión y la generación de empleos, además de que han mermado el bienestar. Tales obstáculos contradicen los fundamentos de una economía de mercado consistentes en la salvaguarda de la propiedad privada y la nula intrusión gubernamental en las decisiones de los particulares.

La confusión sobre las causas de la pobreza aumenta con el desprestigio sobre las reformas derivado de algunos errores en su aplicación, como los privilegios otorgados y la percepción de corrupción en ciertas privatizaciones. Lo anterior implica que México, lejos de ser víctima de las "injusticias" del mercado, no ha aprovechado plenamente el potencial del mismo.

Comparación incomoda

La evidencia internacional confirma que las economías con el más alto crecimiento son aquellas que cuentan con elevados niveles de capital humano y un funcionamiento libre de los mercados. A su vez, el mayor ingreso por habitante implica menores índices de pobreza. Así lo ilustra la experiencia de Singapur, Hong Kong, Corea del Sur y Taiwán, que desde 1960 han registrado tasas de crecimiento, promedio anual, del PIB por habitante superiores a 6%, basados en su incorporación a la economía mundial y en el aprovechamiento de sus ventajas comparativas.

Por cierto, estos casos superan los resultados obtenidos por México durante el "desarrollo estabilizador" de los años cincuenta y sesenta. Aun cuando la estabilidad de los precios y una razonable aplicación de las leyes permitieron un crecimiento elevado del PIB por habitante, éste fue menos de la mitad del de los países asiáticos, a pesar de haber partido de niveles de desarrollo semejantes. Dentro de los factores de desventaja mexicana en esa época sobresale la política industrial proteccionista y las barreras al comercio internacional.

Otros ejemplos destacados de mejoría económica son las transformaciones de los países de Europa del Este, especialmente Polonia y Hungría, y, en Sudamérica, la de Chile, que ha controlado la inflación, ha disminuido las injerencias gubernamentales y ha abierto la economía con una mayor efectividad que México. Estas experiencias confirman la superioridad de los mercados respecto de las viejas recetas intervencionistas.

Por ello el combate a la pobreza no puede sustentarse en medidas que traten a los pobres como menores de edad mediante protecciones a ciertas actividades productivas, el aislamiento del comercio, los subsidios al consumo y el gasto inflacionario. El viejo enfoque sólo genera más pobres al perpetuar la dependencia de los individuos respecto de la ayuda del Estado.

La pobreza se reduce estableciendo las condiciones para la mayor generación de la riqueza. Las historias de éxito confirman que el mejoramiento económico se alcanza mediante la competencia y el acceso de todos a las oportunidades que brindan los mercados.

Combate efectivo a la pobreza

Un problema central de México es el elevado porcentaje de población pobre. Independientemente de lo apropiado de las diversas mediciones utilizadas, lo esencial es identificar con claridad las causas de la pobreza y proponer medidas efectivas para su superación.

El concepto de pobreza suele referirse al porcentaje de la población por abajo de cierto estándar mínimo de bienestar, definido en términos de ingreso, consumo o "calidad de vida", incluyendo salud, esperanza de vida y educación, entre otros. La diversidad de referencias permite múltiples mediciones y, en ocasiones, confusiones.

La vaguedad de esta noción es evidente si se tiene en cuenta que en México distintos expertos han llegado a mediciones de pobreza tan diferentes como 20 y 70%. A juzgar por la multiplicidad de ejercicios, pareciera que el fin del diagnóstico es hallar la medición "correcta" de pobreza, lo que pasa por alto la relatividad misma del concepto.

Para acrecentar la confusión, con frecuencia se identifica el problema de la pobreza con la desigualdad del ingreso, aunque son conceptos diferentes. Por ejemplo, en muchos países avanzados el porcentaje de pobreza es muy bajo pero la brecha entre los ingresos de los más ricos y los más pobres, es decir la desigualdad del ingreso, ha ido en aumento como resultado del rendimiento cada vez mayor del capital humano especializado, en la forma de educación, entrenamiento y experiencia laboral.

La igualdad del ingreso no puede ser un objetivo asegurable en una economía de mercado, ya que requeriría prohibir la creatividad y la diversidad de los participantes, elemento esencial de la misma. Sin embargo, el porcentaje de pobreza es un problema evitable, de ahí que la pregunta de fondo sea: ¿cuál es la causa de la pobreza? La respuesta, en México como en cualquier otro país, es principalmente un deficiente crecimiento económico.

La evidencia empírica revela que, en promedio, a medida en que las economías prosperan, el porcentaje de pobreza desciende. Esta relación puede ilustrarse, tomando como referencia la "línea de pobreza", definida por el Banco Mundial como dos dólares diarios de consumo: en esta medición, la pobreza en Corea del Sur, con un ingreso promedio dos veces el de México, es menor a 2%, en nuestro país es 42%, y en Nigeria, República Central Africana y Madagascar, con ínfimo desarrollo, rebasa 85%. El porcentaje de México se explica, principalmente, porque durante las dos décadas recientes el crecimiento promedio anual del ingreso por habitante ha sido bajo.

La relación anterior implica que la solución de fondo a la pobreza empieza por construir las condiciones para un crecimiento económico sostenido. La experiencia internacional descubre que el dinamismo económico es más elevado entre mayor es el nivel de capital humano y se mantienen políticas económicas de libre mercado, estabilidad monetaria, un tamaño moderado de gobierno y se protegen los derechos de propiedad. Estas características definen con claridad el papel del gobierno en la lucha contra la pobreza.

En un estudio acerca de 80 países durante cuatro décadas, los economistas David Dollar y Aart Kraay concluyen que el crecimiento económico beneficia en igual grado a los pobres que al resto de la población. Contrario a lo que suele decir la "sabiduría convencional", los autores encuentran que el beneficio del crecimiento para los pobres no ocurre mediante algún efecto "goteo", es decir, beneficiando primero a los ricos, sino de forma simultánea con el del resto de la economía.

Los mismos economistas contradicen la afirmación frecuente de que la globalización ha aumentado el porcentaje de pobres dentro de los países considerados. Esta observación pone en entredicho recomendaciones para combatir la pobreza, en términos de controles a los flujos de comercio e inversión del exterior o subsidios para hacer frente a la apertura.

¿Cuáles son las políticas económicas que más favorecen a los pobres? Según los mismos autores las mejores políticas son la reducción de la inflación y del gasto público, señalando que el llamado "gasto social", enfocado a los pobres, es meramente neutral respecto de la pobreza. Estas conclusiones invalidan el argumento de que el combate a la inflación perjudica a los pobres, siendo que, por el contrario, la ausencia de estabilidad monetaria ha dañado más severamente a los mismos. Por otra parte, estas conclusiones deberían ser motivo de reflexión antes de sustentar el ataque a la pobreza en un mayor gasto público.

En conclusión, el combate efectivo de la pobreza no se encuentra en recetas de paternalismo y distorsiones, frecuentemente invocadas, como incrementos de salarios por decreto, rentas congeladas y excepción de las leyes a los pobres. Estos métodos ignoran las causas de la pobreza y producen incentivos adversos al trabajo, el ahorro y la inversión.

La solución de fondo es positiva: crear riqueza mediante las condiciones que generan un crecimiento económico sostenido. En todo caso, el mejor apoyo directo a los pobres es financiar una educación competitiva para que participen activamente en el desarrollo económico de México.

Las cifras y las causas de la pobreza

Las estimaciones gubernamentales sobre el número de pobres en México han generado un sinnúmero de críticas por parte de los comentaristas. El debate parece ignorar que en materia de pobreza lo más importante es la identificación correcta de las causas.

Con el único objetivo de unificar criterios en sus programas, las autoridades adoptaron las recomendaciones de un comité de expertos proponiendo tres categorías de pobreza, según la capacidad del ingreso promedio de las personas para cubrir necesidades sucesivamente más amplias, que incluyen desde la alimentación hasta el transporte público. De acuerdo con las "líneas de pobreza" para cada categoría y la información de 2000, la proporción de pobres se calculó en 24.2, 31.9 y 53.7%, respectivamente.

Al ser el más alto, el último dato concentró la atención de muchos analistas, generando reacciones de escepticismo y sorpresa. Algunos aseguraron que las cifras oficiales subestimaban dolosamente la realidad de la pobreza; otros concluyeron sobre el supuesto éxito o fracaso del gasto social para ciertos periodos; otros más optaron por la condena de los ricos, calificando su abundancia como "obscena" y "moralmente inaceptable".

Es necesario tener cautela sobre los comentarios anteriores. La principal y más obvia razón es que se basan en cálculos cuyas ventajas pueden siempre debatirse. Lo anterior no es privativo de las cifras del gobierno, sino de cualquier medición de la pobreza, que irremediablemente supone juicios de valor. El concepto depende de las "necesidades básicas", las cuales pueden limitarse a satisfactores materiales, o incluir aspectos más amplios como la esperanza de vida, la seguridad física, la participación política y el goce del tiempo libre. Estos elementos, además de poder moverse en direcciones opuestas, difícilmente se resumen en un solo indicador.

En la práctica, la elección de las variables suele obedecer a la disponibilidad de datos periódicos comparables internacionalmente. Por ello es común utilizar mediciones basadas en el ingreso o el gasto de los hogares, a partir de encuestas realizadas de forma semejante en muchos países con gran riqueza de información. Aun así, se requiere definir el umbral debajo del cual la gente se considera pobre, por lo que la subjetividad continúa. Una vez más, las opciones abundan; por ejemplo, puede escogerse un ingreso absoluto o uno relativo al ingreso promedio del país, y puede ser fijo o variar con el desarrollo económico. ¿Cuál es la medición correcta? La respuesta de los expertos es "depende de lo que se quiera analizar", siendo preferible contar con más de una medición.

Lo anterior conduce a la conclusión de que no existe una definición "perfecta", lo que difícilmente es novedoso. Por ejemplo, en el simposio internacional "Pobreza: conceptos y metodologías" celebrado en la Ciudad de México en marzo de 2001, se identificaron 360 formas factibles de medir la pobreza en nuestro país, con las cuales el porcentaje de pobres puede ubicarse entre 4.3 y 76.6. Este reconocimiento impide descalificar las cifras oficiales por sorprendentes y, menos aún, incorrectas. Esto no quiere decir que deba minimizarse el problema de la pobreza; sólo implica que su solución no depende tanto de las mediciones sino de la identificación objetiva de las causas.

Como ya se ha señalado, las investigaciones de los economistas David Dollar y Aart Kraay han confirmado que el principal causante de la pobreza es el bajo crecimiento económico. Contrario a las creencias populares, los autores comprueban que el mayor dinamismo del ingreso tiende a favorecer proporcionalmente igual a los ricos y a los pobres. Al analizar los frenos al crecimiento económico, encuentran como similarmente dañinos para ambos grupos el analfabetismo, la debilidad del estado de derecho y la baja integración a la economía mundial, mientras que el perjuicio de la ampliación del gasto público y la inflación es mayor para los pobres. En contra de la sabiduría convencional, el gasto social tiene un efecto insignificante sobre la pobreza.

Las conclusiones anteriores son congruentes con la experiencia en México. Durante las últimas décadas nuestro país se caracterizó por una baja expansión anual del ingreso por habitante, resultado principalmente de las crisis económicas recurrentes y de la grave inestabilidad de los precios. A pesar de algunos avances, durante los noventa el país mantuvo un deficiente respeto de las leyes, abundantes interferencias gubernamentales y obstáculos a la inversión privada. No sorprende que los índices disponibles reflejen poco avance en el combate a la pobreza.

Lo anterior pone en entredicho algunos factores incorrectamente identificados como causas de la pobreza, como la existencia de los ricos y la insuficiencia de los programas públicos asistenciales. En una sociedad libre, el ingreso se gana y, excepto por los casos de corrupción, no se extrae de los demás. ¿Cómo podría ser la causa de la pobreza de un indígena de Chiapas el ingreso "exorbitante" de un exitoso futbolista? Por otra parte, el gasto público social ha ido en aumento en nuestro país, pero en ninguna parte del mundo puede contrarrestar los obstáculos de fondo al desarrollo económico.

VARIOS MÉXICOS

¿Por qué algunas regiones de México registran un crecimiento económico superior al de otras? Esta divergencia, evidente tanto entre entidades federativas como entre poblaciones, ha conducido a una desigualdad del ingreso por habitante, referida comúnmente como "varios Méxicos" y motivo de escepticismo popular sobre el progreso económico del país.

Tales disparidades se parecen a las observadas entre naciones y obedecen a las mismas causas. El principal factor de éxito es la acumulación de capital humano en la producción, que se relaciona positivamente con el comercio internacional. De 1970 a 1996 el crecimiento promedio anual del PIB en Quintana Roo, Querétaro y Aguascalientes alcanzó 11.6, 6.1 y 6%, respectivamente, mientras que el del país lo hizo 3.4%, y el de Zacatecas sólo 2.6 por ciento.

En un horizonte de tiempo más largo, el Distrito Federal y Nuevo León han registrado el crecimiento más persistente en el PIB, y lo contrario ha ocurrido en Chiapas, Oaxaca y Michoacán. Como consecuencia, el PIB en dólares por habitante en 1996 fue aproximadamente de 9 mil en el Distrito Federal y de 6 mil en Quintana Roo y Nuevo León, mientras que en Chiapas y Oaxaca fue únicamente de mil 600 dólares. Estos datos equivalen a afirmar que el ingreso por habitante del Distrito Federal es parecido al de Argentina, el de los dos siguientes estados al de Uruguay y el de los dos últimos al de Guatemala.

El discrepante nivel de bienestar entre entidades federativas no ha sido fruto del azar. El grado de acumulación de capital humano utilizado en los procesos de la producción explica la diferencia, porque incrementa la rentabilidad marginal del resto de los factores productivos e impulsa la innovación y el cambio tecnológico. El conocimiento se acumula mediante la enseñanza escolar y los centros de investigación, pero principalmente en el aprendizaje de diversas tareas en los puestos de trabajo. Este aprendizaje tiende a ocurrir a partir de la especialización, la cual es impulsada por el comercio internacional de bienes y servicios que amplía significativamente el mercado y las oportunidades de inversión.

La combinación del capital humano y el comercio internacional es responsable del desempeño superior de Singapur respecto de otros países asiáticos como Indonesia, entre los que se observa un nivel de escolaridad semejante, y no asiáticos, como Jamaica. Por ejemplo, Singapur y Jamaica son semejantes en cuanto a que son islas con poblaciones aproximadamente iguales, pero los investigadores tecnológicos por millón de habitantes del primero son 314 veces los del segundo y la diferencia en el valor de las exportaciones por habitante alcanza 55 veces. Por ello el PIB por persona de Singapur es 16 veces el de Jamaica.

Una lección parecida puede derivarse de las regiones de México. El Distrito Federal y Nuevo León registran la escolaridad media más elevada mientras que Chiapas, Oaxaca y Zacatecas la más baja. Adicionalmente, la economía del Distrito Federal y Nuevo León se basa en industrias orientadas a la exportación así como en la actividad financiera internacional. De manera análoga, Quintana Roo se ha especializado en la exportación de un servicio que es el turismo, y Querétaro y Aguascalientes se han desarrollado a partir de la especialización de la producción en la industria automotriz y de autopartes, renglón principal de exportación.

La especialización en estas actividades ha implicado un elevado grado de importación tecnológica y aprendizaje en los puestos de trabajo. Por contra, las entidades federativas en desventaja tienen en común su dedicación a procesos de bajo entrenamiento y escasa integración con el exterior. Se trata de estados basados en actividades primarias como la agricultura tradicional y la minería, frecuentemente generadoras de producción para el autoconsumo.

Una discrepancia semejante se encuentra entre ciudades. Aunque no se tienen cifras de producción en este nivel, se infiere que la actividad económica ha sido particularmente dinámica en ciudades como Tijuana y Ciudad Juárez al registrar persistentemente las tasas de desempleo más bajas del país. Esta bonanza se deriva de la industria maquiladora, que exhibe características semejantes a las descritas para estados con alta integración al exterior. El resultado del mayor crecimiento en entidades federativas y ciudades es la migración de población de otras regiones, al ofrecer oportunidades de trabajo e ingresos más atractivos.

Los mayores niveles regionales de ingreso y empleo se reflejan en un patrón más favorable de consumo, indicador del bienestar de la población. Un vistazo a la evolución del consumo, medido por las ventas al menudeo, para diversas ciudades a partir de 1995 permite dos comentarios: *1)* en 1995, la integración con el exterior posibilitó mantener el empleo y evitar la crisis en Ciudad Juárez y Tijuana y, en menor medida, en Cancún; y *2)* desde 1996 ha sido notable el mayor dinamismo de las ventas en ese destino turístico, así como en las dos ciudades maquiladoras y en las ciudades industriales como Monterrey. Morelia, en contraste, representa el extremo opuesto.

Otros factores que contribuyen de modo favorable al crecimiento económico son la infraestructura de comunicaciones y el respeto a los derechos de propiedad. Aparentemente la ausencia de este último ha sido una limitación adicional al desarrollo de Michoacán, estado que cuenta con una gran riqueza natural y cultural, pero registra continuas invasiones a la propiedad privada.

En suma, las diferencias económicas entre las regiones del país se parecen a las observadas entre naciones y obedecen en gran medida a la acumulación de capital humano. Estas desigualdades explican la frecuente insatisfacción popular y, aunque no invalidan el progreso obtenido hasta ahora, apuntan a la necesidad de cambios fundamentales, principalmente en algunas regiones, para asegurar un acceso equitativo a la educación y un estado de derecho que brinde certidumbre a las inversiones.

Las divergencias regionales

Una de las características sobresalientes de la economía mexicana es la marcada diferencia entre los niveles de desarrollo económico de las regiones, la cual no ha disminuido con el tiempo. Los contrastes en el producto por habitante de las áreas son notables. Las zonas más avanzadas se ubican en la capital, el norte y el occidente del país, con una participación elevada de las manufacturas, mientras las más rezagadas coinciden con la región sur, altamente poblada y con predominio de las actividades primarias.

El producto medio de la entidad federativa más próspera es casi siete veces el correspondiente a la de mayor atraso. Tomando como base 2001, el producto por habitante en dólares corrientes por estado abarcó desde niveles similares a los de España y Corea del Sur hasta niveles como los de Túnez y El Salvador.

Lejos de reducirse, esta divergencia se ha ampliado. Así ha sucedido por varias décadas, aunque de forma irregular. Por ejemplo, de 1970 a 2001 la desviación típica del producto por habitante de las entidades federativas casi se duplicó.

La desigualdad entre los niveles de desarrollo regional es digna de atención: la dispersión de ingresos incluye, en el extremo inferior, entidades con profunda marginación y pobreza extrema, problemas que deben superarse. Por otra parte, la asimetría interregional contradice la expectativa de que las economías de los estados más pobres, al haber aprovechado menos oportunidades de inversión, deberían experimentar el mayor dinamismo económico del país.

La explicación de estas aparentes sorpresas se encuentra en el carácter desigual de las condiciones regionales para la producción y para la adopción de riesgos empresariales. En el fondo es como si se tratara de diferentes países, en lugar de uno.

Así como ocurre con las naciones, el desarrollo regional es un proceso complejo que refleja la interacción de muchos elementos. Entre éstos, el más importante parece ser la integración regional con la economía mundial, es decir, su exposición a la globalización. Ésta se manifiesta preponderantemente en la mayor inversión extranjera directa que ingresa a la región, la cual permite la instalación de empresas multinacionales y la ampliación de sus gastos de inversión, ante condiciones propicias para la atención del mercado mundial.

En congruencia con los mayores flujos de capital externo, las regiones avanzadas registran un elevado dinamismo en el comercio con otros países, que se refleja en mayores índices de "apertura comercial", definidos como la proporción de importaciones más exportaciones respecto del producto regional.

Las entidades federativas con una mayor integración al mundo, medida de esta forma, han experimentado un dinamismo del ingreso por habitante superior a la media. Este avance ha sido posible gracias a un ambiente de negocios favorable, en el que destacan, por lo menos, tres factores.

El primero es una infraestructura de comunicaciones y transportes que facilita el comercio de bienes y servicios, en especial el que incluye las transacciones internacionales. Indudablemente la cercanía geográfica con Estados Unidos ha jugado un papel relevante en la reducción de los costos de transporte de muchas empresas orientadas a ese mercado, lo que explica, en buena media, la concentración de la industria maquiladora en el norte del país.

Las carreteras, los aeropuertos y las vías férreas han hecho florecer otras áreas geográficas. Tal es el caso de Jalisco, Querétaro y Aguascalientes, con especialización en la industria de maquinaria y equipo, incluyendo automóviles y autopartes, y componentes electrónicos, mayormente de exportación.

En el campo de los servicios destaca Quintana Roo como líder en la recepción de turismo extranjero. De forma complementaria los estados más avanzados cuentan con servicios públicos de mayor calidad que hacen atractiva la localización de las empresas transnacionales.

El segundo elemento es un marco legal y un respeto al estado de derecho que sirven de incentivo a la inversión y ofrecen seguridad para aprovechar su rentabilidad y sus beneficios. Por ejemplo, generalmente las entidades federativas más avanzadas son aquellas con menos trámites para abrir y operar un negocio y en las cuales la ejecución de los procesos judiciales es más expedita.

El tercer factor es la escolaridad y la capacitación de la población. Existe una relación directa entre el nivel educativo y el desarrollo del PIB por habitante de las entidades federativas, destacando, una vez más como los más beneficiados, el Distrito Federal y los estados fronterizos del norte.

Aunque, en principio, la movilidad de la mano de obra y el entrenamiento en los lugares de trabajo pueden contrarrestar, en parte, las limitaciones educativas estatales, el acervo de capital humano disponible parece contribuir significativamente al desarrollo económico de las localidades. Además, la mayor inversión extranjera y la globalización aumentan la demanda de mano de obra calificada, ofreciendo un premio a la educación media y superior y permitiendo ingresos laborales superiores al promedio nacional.

El rendimiento de la escolaridad y la capacitación pone de relieve el carácter complementario del capital físico y el humano que aumenta la productividad factorial total y hace posible el aprovechamiento adecuado de las nuevas tecnologías. El mayor nivel y dinamismo de los salarios redunda en más bienestar para la población de los estados con estas características.

Sin duda, puede existir una doble causalidad entre el desarrollo económico y los factores descritos; en particular, es probable que el mayor ingreso por habitante permita una expansión de la infraestructura y la mejoría del nivel y calidad educativos, y viceversa. Sin embargo, estos elementos también son objeto de las políticas públicas, con un potencial para promover no sólo la convergencia interregional sino también, lo que es más importante, el abatimiento de la pobreza.

Así, resulta alentador el énfasis otorgado en los presupuestos públicos a la construcción de carreteras en la zona sur y los subsidios a la educación dirigidos a la población marginada, que son un medio para aspirar a mayores niveles de bienestar en los estados pobres.

Finalmente, el camino al progreso no es el aislamiento ni la diferenciación mediante excepciones a las leyes que vulneran la seguridad de los inversionistas. Sin romper las diferencias culturales entre las regiones es necesario incorporar todas las entidades federativas a la senda del crecimiento económico sostenido.

Siguiendo la ruta de las remesas

Las remesas familiares provenientes del exterior han experimentado un elevado dinamismo, convirtiéndose en uno de los rubros de ingreso de divisas más significativos de México. Si bien la tendencia ha ido en continuo ascenso por mucho tiempo, los aumentos de remesas han sido más sustanciales a partir de 2000. Como resultado, estas entradas han superado los montos respectivos de ingresos externos por turismo y de inversión extranjera directa. Se trata de una fuente no cíclica de recursos del exterior.

Inercia migratoria

Varios factores contribuyen a explicar la creciente importancia de las remesas familiares. Desde luego, la persistente migración de trabajadores mexicanos a Estados Unidos, nación que concentra casi la totalidad de los flujos laborales de nuestro país, y las dificultades legales para llevar consigo a sus familias, principalmente por la residencia ilegal de muchos emigrantes, hacen que exista un número cada vez mayor de personas dispuestas a enviar dinero a México. Se estima que en 2002 había 9.5 millones de personas nacidas en México residiendo en Estados Unidos, mientras que en 1960 el número correspondiente fue 600 mil.

Además, ha disminuido considerablemente el costo de las transacciones monetarias electrónicas desde ese país, lo que ha propiciado el aumento de la frecuencia y del monto de los envíos de dinero. Según un estudio del BID, el costo promedio de operación por ese conducto se redujo más de 50% durante 1999-2003 y, considerando los avances tecnológicos y la competencia, pueden esperarse disminuciones adicionales.

A este resultado ha contribuido el gran número de empresas de transferencia de dinero con las cuales se han enlazado los bancos comerciales y otros receptores electrónicos de México. La utilización de medios más eficientes para remitir fondos, en sustitución del correo y el traslado personal, y la simultánea mejoría en los registros contables oficiales para las transacciones internacionales explican, en gran medida, la expansión más vigorosa de las remesas en el periodo reciente.

Estos envíos se dirigen en especial a los estados del occidente de México, tradicionalmente asociados con las mayores tasas de migración a Estados Unidos, entre los que destacan Michoacán, Jalisco, Guanajuato y Zacatecas.

Aunque cada vez más otras regiones se han incorporado a la corriente migratoria, especialmente la del centro y, en menor grado, las del sur y del norte, la persistencia de la concentración de remesas en la zona occidental pone de manifiesto factores históricos. El más importante son las cadenas migratorias formadas por familiares y amigos en las comunidades mexicanas de origen, que proveen financiamiento para el viaje y apoyo para la obtención de trabajo.

Estas cadenas se han construido gradualmente desde las primeras décadas del siglo XX, cuando los reclutadores laborales provenientes de Estados Unidos siguieron las vías del ferrocarril hacia México hasta encontrarse las comunidades más densamente pobladas en el occidente e iniciaron los contratos de jornaleros.

Desde entonces se alternaron épocas de impulso y freno migratorio; por ejemplo, durante la década de 1920 y a partir del Programa Bracero iniciado en 1942 se buscó a los trabajadores mexicanos para labores principalmente agrícolas, mientras que después de la Gran Depresión y en los años recientes se han combinado deportaciones con severas restricciones a la entrada.

A pesar de estas vicisitudes, nueve estados en el occidente de México, que constituyen el núcleo histórico proveedor de emigrantes, han mantenido su importancia relativa en este fenómeno, representando aproximadamente la mitad de los flujos migratorios así como de las remesas. Una mayor concentración se observa en los lugares de destino laboral, con casi 80% de los trabajadores mexicanos residiendo en California, Texas, Illinois y Arizona.

Beneficios de las remesas

¿Qué impacto ha tenido el creciente flujo de remesas a nuestro país? Con la migración ha mejorado el nivel de vida de los trabajadores y se han atenuado las necesidades de ingreso de sus familias en México. Lo anterior queda claro en la relación moderadamente negativa observada entre el producto y las remesas, ambos indicadores por habitante, de las entidades federativas del país. Es decir, las zonas con menor desarrollo económico tienden a depender más de las remesas y viceversa.

Las personas que deciden emigrar a Estados Unidos encuentran empleos mejor remunerados y más alternativas laborales que en México. En esta migración ha cambiado la estructura de empleo de los emigrantes, los cuales se dirigen menos a la agricultura, ocupación preponderante de antaño, y más a la industria y los servicios. Se estima que en 2002 8% de los emigrantes se dedicó a las actividades primarias mientras que 36 y 56% lo hicieron, respectivamente, en las actividades secundarias y terciarias, si bien siguieron predominando los trabajos de baja calificación.

Por su parte, la mayor capacidad económica de los mexicanos en el extranjero ha mejorado el bienestar de sus familiares mediante las remesas. El aumento del ingreso de estos hogares ha permitido un mayor gasto en las necesidades básicas, la compra de bienes de consumo duradero y la construcción y mejora de la vivienda, entre otros.

Además, con mayores recursos financieros los familiares de los emigrantes en México han podido invertir en mayor capital humano y físico. En particular, gracias a los envíos monetarios las familias pueden mantener por más tiempo a sus hijos en la escuela. Considerando muestras de hogares en poblados mexicanos rurales, se ha comprobado que la migración agrega casi un año de escolaridad de los hijos con familiares emigrantes.

A su vez, en las entidades federativas con mayor emigración externa, las remesas tienden a financiar una proporción elevada del capital invertido en las microempresas. De esta manera los hogares beneficiados han podido iniciar en México negocios de pequeña escala, posibilidad que no estaba a su alcance antes de la salida de sus familiares.

En suma, el creciente flujo de remesas del exterior genera beneficios para las familias receptoras de México, los cuales trascienden los requerimientos de subsistencia incluyendo las mayores posibilidades de bienestar para las siguientes generaciones.

MÁS INTERVENCIONISMO, MENOR DESARROLLO RURAL

En diciembre del 2000, el Senado de la República aprobó una Ley de Desarrollo Rural con tantas deficiencias que convendría su veto o, por lo menos, su transformación a fondo. La ley busca impulsar la producción y el ingreso de los campesinos mediante el regreso a los precios de garantía y otros subsidios, por ejemplo, el precio de los insumos y del crédito, y la intervención generalizada en la producción y la comercialización. La legislación se inserta en la vieja tradición mexicana, de la que no se sustrae la Constitución, de suponer que los problemas económicos se resuelven con decretos legislativos y una mayor interferencia del gobierno.

Como es costumbre en nuestro país, las normas comprometen recursos públicos sin verificar su disponibilidad ni comparar sus usos alternativos. Las obligaciones adquiridas son tan vagas que podrían requerir un presupuesto ilimitado, poniendo en entredicho la disciplina fiscal y la estabilidad macroeconómica. Por otra parte, la ignorancia de estos principios en el pasado afectó principalmente a los más pobres, a quienes se pretende favorecer.

La evidencia de los países industrializados muestra que una mayor interferencia gubernamental no es el motor del desarrollo: el auge de la producción agrícola en Estados Unidos durante los siglos XIX y XX se basó en la propiedad privada de la tierra y mercados razonablemente libres, y el principal papel del gobierno consistió en el apoyo de las universidades estatales que diseminaron los avances en el conocimiento y la tecnología agrícolas.

De manera semejante, el despegue de China a partir de los años setenta se basó en la privatización de la tierra y la liberación de los obstáculos al comercio. Las limitaciones de la planificación gubernamental son evidentes si se contrasta, antes de 1990, el estancamiento agrícola de Rusia con el avance de otros países ex comunistas, como Yugoslavia, que permitían la propiedad privada y los mercados libres.

Entre sus objetivos, la nueva legislación busca la "seguridad alimentaria" que, de llevarse a cabo, reduciría el bienestar de millones de consumidores. Establece la necesidad de restringir las importaciones, modificar los aranceles y revisar cada cinco años los tratados de libre comercio, entre otros. Esta posición es injusta, ya que restringiría el derecho de las personas de adquirir los bienes de su preferencia y violaría los tratados internacionales que han impulsado el desarrollo económico del país.

Erróneamente la ley supone que el avance de una actividad económica depende de garantizar un precio "justo" y "estable", y que los intermediarios usurpan la riqueza de los agricultores. Los precios de un bien son las señales que revelan el valor atribuido por los consumidores y el costo de oportunidad de producirlo. Distorsionar esta información equivale a engañarse, haciendo artificialmente más rentables algunos bienes en perjuicio de otros. Por ejemplo, la ley decreta como de "interés público" nueve grupos de productos, con especificaciones tan concretas como la trucha y la tilapia, y descarta las frutas y hortalizas.

La nueva legislación no aprovecha las lecciones del pasado, ya que retoma los precios de garantía de los años sesenta, herramienta propia de una economía cerrada, y los programas que probaron ser ineficaces. Son innumerables las similitudes con el Sistema Alimentario Mexicano (SAM) de 1980, que consideraba como obstáculo la participación del capital extranjero en el campo, postulaba la necesidad de corregir los precios relativos y creaba amplias redes de comercialización y distribución, idealizando al pequeño productor como el de "mayor potencial" y otorgando créditos "blandos" sin asegurar su cobro. Otro ejemplo es el Programa Nacional de Desarrollo Rural Integral 1985-1988, que establecía un sinnúmero de subsidios "selectivos, transparentes y temporales".

El problema de estos esfuerzos planificadores es que inducen al paternalismo y la permanencia en actividades para las que podría no haber ventaja comparativa. Además se genera un exceso de burocracia al crear múltiples instancias administrativas difíciles de coordinar y supervisar (consejos, comisiones, fondos, fideicomisos, etc.), causado invariablemente desperdicio y corrupción. La experiencia asegura que los experimentos planificadores terminan siempre en el fracaso.

Convendría que el Ejecutivo Federal vetara esta ley o la remplazara por una iniciativa que permitiera eliminar la raíz de los problemas. Es esencial distinguir la pobreza y la situación del campo. Para lo primero, el remedio de fondo es el acceso a la educación y a los servicios de salud, que puede complementarse con transferencias monetarias dirigidas a los más pobres, independientemente de su ocupación y domicilio. Para la agricultura, el progreso requiere la diseminación del conocimiento, la seguridad en la tenencia de la tierra y una infraestructura moderna de comunicaciones. Las viejas recetas del subsidio sólo perpetuarían la pobreza y el subdesarrollo.

Los subsidios agrícolas son una mala idea

Cuando se habla del campo lo común es hacer excepciones a la racionalidad económica. Así, se postula la necesidad de que el gobierno mexicano proteja la agricultura porque los países industrializados lo hacen. Desgraciadamente esta aseveración confunde las causas del desarrollo agrícola e ignora que los subsidios disminuyen el bienestar del país que los impone.

Sin duda, las naciones industrializadas han protegido significativamente sus sectores agrícolas desde la década de 1930. La protección gubernamental ha comprendido los precios de garantía, las barreras a las importaciones, los subsidios a las exportaciones, las tasas de interés "preferenciales", la provisión de infraestructura agrícola, el almacenamiento de los productos, las transferencias directas, etcétera. En cualquiera de sus variantes, el efecto común ha sido el beneficio para los agricultores, especialmente para los más grandes, realidad lógicamente ocultada por sus defensores.

El problema con el proteccionismo es que no es gratuito, ya que la población debe pagar por doble cuenta: como contribuyentes, con los impuestos para financiar los subsidios y, como consumidores, aceptando precios más altos y calidad y variedades menores que en ausencia de la intervención. A estos costos debe añadirse la ineficiencia en el uso de los recursos productivos por las distorsiones a las decisiones de trabajo e inversión. El resultado final es un menor nivel de ingreso y bienestar nacionales, aun considerado el beneficio para los agricultores.

A pesar de lo anterior, se conceden amplios subsidios a la agricultura porque los grandes agricultores han sido muy eficaces en atraer el apoyo de otros segmentos de la población, persuadiéndolos de que su interés es moral o ético: un precio "justo", la defensa de los pobres, etcétera. Aunque tales argumentos podrían aplicarse también a otras actividades, los agricultores han podido capitalizarlos a su favor. En el año 2000 la ayuda total recibida por los productores agrícolas en los países de la OCDE ascendió a 246 000 millones de dólares o 1% del PIB, mientras que la agricultura contribuyó con sólo 1.6% del PIB, es decir, los subsidios significaron aproximadamente dos terceras partes de la producción total del sector.

México no debe imitar lo malo sino lo bueno de los países desarrollados. El progreso agrícola de largo plazo no ha sido resultado de los subsidios sino de la innovación tecnológica y el aprovechamiento de las oportunidades de inversión y de comercio. No es casual que el auge más vigoroso de la agricultura en Gran Bretaña y Estados Unidos haya ocurrido en la segunda mitad del siglo XIX y antes de la primera Guerra Mundial, periodo en el que la interferencia gubernamental en la economía y los obstáculos al comercio eran mínimos.

Además, el argumento a favor de la protección basado en el ejemplo de otros países no resiste un análisis económico serio. En la medida en que propician una mayor oferta exportable de los países protectores hacia el resto del mundo, los subsidios externos tienden a deprimir el precio internacional de los productos agrícolas por abajo del declive de largo plazo explicado por la innovación tecnológica. Los cien millones de consumidores mexicanos pueden comprar alimentos a precios más bajos, lo que es un beneficio neto pagado por los contribuyentes extranjeros.

La ventaja anterior puede comprenderse mejor con un ejemplo. Imagine el lector, por un momento, que la naturaleza (o Dios, según se prefiera) decide enviarnos todas las mañanas, por tiempo indefinido, una ración de alimentos suficiente para cada persona. ¿Alguien en su sano juicio rechazaría este regalo? Seguramente no y, sin embargo, al dejar de ser escasos los alimentos, necesariamente su precio tendería rápidamente a cero, con lo cual los agricultores tendrían que abandonar su actividad para dedicarse a otra más rentable. La población en su conjunto sería más rica ya que, con los mismos recursos, podría consumir más bienes y disfrutar de un mayor bienestar.

La mayor competencia, independientemente de que sea "justa" o no, pone presión sobre cualquier productor, lo que no reduce el beneficio para los consumidores ni las oportunidades de empleo alternativo para los productores. Por otra parte, la competencia, lejos de conducir a precios más altos, como algunos creen al imaginar un poder monopólico extranjero tras la supuesta extinción de los productores nacionales, implica precios menores, ya que las oportunidades de ganancias extraordinarias se eliminan con la entrada de nuevos y más eficientes competidores. Esa ha sido la historia de la competencia en el sector de tecnologías de información frecuentemente calificada de "desleal".

Finalmente, los subsidios agrícolas no son bajos en México. En 2000, el apoyo a los productores agrícolas ascendió a 1.1% del PIB, por encima de la OCDE y más de medio punto por arriba de Estados Unidos. Este costo debilita el argumento a favor de mayor proteccionismo basado en otros países, además de que mantiene la pobreza en el campo, al posponer la migración de la población en la agricultura tradicional hacia las manufacturas, paso fundamental en el desarrollo económico.

XIII. POLÍTICA Y ECONOMÍA

EN CUALQUIER país la política y la economía se relacionan. Las reglas del juego, la interacción de los poderes y las medidas de los gobernantes condicionan las decisiones de los individuos porque facilitan o dificultan el desarrollo económico.

Una institución política que puede afectar a la economía es la democracia, entendida como la libertad de los ciudadanos de elegir y remover a sus gobernantes. Su efecto puede ser positivo en cuanto que limita el poder público, mediante un sistema de pesos y contrapesos y a través de la rendición de cuentas de las autoridades hacia los ciudadanos.

Sin embargo, después de cierto grado, la democracia puede frenar el desarrollo, porque conduce a la negociación de privilegios y a distorsiones de los mercados para proteger a algunos. A pesar de lo pregonado en contrario, los políticos son como el resto de la población. Buscan su propio beneficio y el de aquellos que los llevaron al poder, prestándose a medidas en contra de la sociedad.

Para que los objetivos de los políticos coincidan con los de la colectividad se requieren instituciones que generan incentivos para la toma de decisiones congruentes con la expansión de la economía. México ha avanzado en la democracia, con la alternancia de los partidos en el poder y la confiabilidad de las elecciones, pero necesita una reforma política, en especial en el Congreso, que conduzca a la responsabilidad económica.

MÁS DEMOCRACIA: ¿MAYOR PROSPERIDAD ECONÓMICA?

La competida contienda electoral y la posibilidad de la alternancia de partidos políticos en la presidencia de la República en 2000 han sido interpretadas por muchos como esperanza de un mayor bienestar económico. Sin embargo, aunque estos factores reflejan más democracia, ésta no implica automáticamente una mayor prosperidad.

Frecuentemente se piensa en la democracia en una forma extrema: existe o no existe. En realidad, la democracia, entendida como la participación de los ciudadanos en procesos políticos, por el ejercicio del voto, la competencia por puestos públicos y la influencia, a través de representantes, en las decisiones públicas, es muchas veces un asunto de grado. Así, es más adecuado hablar de más o menos democracia.

En nuestro país ha habido varios avances hacia una mayor democracia, aunque ésta podría ser perfeccionada. Por ejemplo, la reforma electoral de 1996 fortaleció la autonomía de los órganos electorales, estableció condiciones de mayor equidad en la competencia de los partidos políticos y determinó la elección, mediante el voto, del jefe de gobierno del Distrito Federal y, a partir de 2000, de los delegados.

Como resultado, las entidades federativas son gobernadas por diferentes partidos, desde 1997 el presidente no cuenta con mayoría en la Cámara de Diputados y más tarde ha dejado de contar con mayoría en ambas Cámaras del Congreso; asimismo las elecciones son más confiables. Estos elementos son indicativos de un mayor grado de democracia.

Con más democracia, ¿puede esperarse un mayor crecimiento económico? La respuesta no es afirmativa en general, aunque tiende a serlo para países con niveles de democracia incipiente. El efecto positivo ocurre porque la democracia pone límites al poder público, dificulta la desviación de recursos hacia el gobernante y obstaculiza medidas impopulares, algunas de las cuales pueden frenar el crecimiento económico.

La experiencia internacional revela que han sido escasos los regímenes no democráticos con buenos resultados económicos, siendo excepciones notables Hong Kong, Corea del Sur, Taiwán y Chile, los tres últimos con sistemas autoritarios hasta los años ochenta. En general, los países con regímenes autoritarios registran un desempeño económico inferior al registrado en los países democráticos, con ingreso y educación similares. Más aún, cuando los regímenes autoritarios promueven la competencia en los mercados, propician la oposición política al fomentar una mayor educación de la población y el contacto con otras culturas.

Sin embargo, esta tendencia positiva no es tan clara cuando se comparan países con grados de democracia medios y superiores. Se presentan así dos canales en los que el proceso de decisión democrática puede retardar, en lugar de promover, el crecimiento económico:

1. El voto de la mayoría que tiende a redistribuir recursos de las minorías hacia sí misma, a costa de reducir la eficiencia económica; esto es, aun si los costos de las minorías son superiores a los beneficios de la mayorías. Ejemplos de este canal son la estructura progresiva de los impuestos en contra de los ricos y el control de rentas de los inmuebles en contra de los propietarios.

2. La existencia de grupos de interés que votan por los gobernantes y posteriormente los presionan para obtener beneficios a costa del resto de la población. Por ejemplo, sectores considerados "esenciales" para el desarrollo económico suelen exigir subsidios en la forma de una "política industrial o agrícola".

El profesor Robert J. Barro ha encontrado que, una vez considerado el nivel de desarrollo económico y las decisiones individuales y de políticas públicas de los países, el efecto de la democracia sobre el crecimiento por habitante no es lineal: es positivo para bajos niveles de democracia y negativo una vez que se rebasa un nivel medio de libertad política. A propósito, según Barro, México se ubicó en 1994 en el punto de inflexión a partir del cual una mayor democracia tiende a retardar el crecimiento económico.

Independientemente del grado de acierto de este diagnóstico, la pregunta central para México es: ¿cómo evitar que los posibles efectos negativos de la democracia sobre la eficiencia económica superen a los positivos? La respuesta consiste en una política que permita el desarrollo simultáneo de los determinantes básicos de la prosperidad: la educación, el estado de derecho, la baja interferencia gubernamental en la economía y la estabilidad de los precios.

Éste ha sido el secreto de los países que han adoptado elecciones democráticas a partir de regímenes no democráticos. Por ejemplo, Corea del Sur, Chile y España, han asociado la democracia con el mantenimiento de políticas económicas adecuadas iniciadas previamente. Por otra parte, Argentina, Filipinas y Sudáfrica han sustituido gradualmente políticas estatistas y coercitivas por medidas de mercado, si bien las reformas aún no han alcanzado el estado del primer grupo.

México tiene ante sí la oportunidad de aprovechar la mayor madurez democrática para avanzar en las reformas de mercado y de mayor competencia económica. Sólo así podrá alcanzar tasas sostenidas de prosperidad económica y no decepcionarse de la mayor democracia.

ALIANZA PARA EL CAMBIO... ECONÓMICO

La limpieza del proceso electoral y la victoria de la oposición para el cargo de presidente de la República en 2000 son signos de una nueva época en la vida democrática. El respeto a la voluntad expresada en las urnas es motivo de optimismo, pero con el cambio político es oportuno asegurar un buen cambio económico.

El mayor grado de democracia puede interpretarse como resultado del nivel de desarrollo económico de México. Esta relación, conocida como la hipótesis de Lipset, por el experto en ciencia política que primero la estableció, señala que un aumento en el estándar de vida genera un incremento gradual de democracia en todos los países. A juzgar por su nivel de desarrollo, México se encontraba rezagado en democracia.

Una lección central de las elecciones ha sido la importancia de las instituciones públicas, incluyendo las electorales y las del gobierno federal, para que la entrega pacífica del poder. Se confirma la capacidad de los mexicanos para organizarse y avanzar en la democracia a pesar de una historia plagada de irregularidades. En esta invitación al optimismo, es importante no perder de vista la necesidad de asegurar las condiciones que permiten el aumento sostenido en el bienestar económico de todos. Ignorar este punto sería lamentable ya que la democracia genera expectativas, y en algunos países el desencanto por los resultados económicos ha conducido a retrocesos en los derechos políticos y en las libertades civiles, al extremo incluso de propiciar dictaduras. Si México desea disfrutar los beneficios de la democracia necesita instituciones que aseguren buenos resultados económicos.

La necesidad de un cambio es evidente si se compara el desempeño económico de México con el de las economías exitosas. Al respecto, es oportuno plantearse esta pregunta: si en los años cincuenta el ingreso por habitante de Hong Kong era similar al de México, ¿por qué actualmente el del primero representa cinco veces el del segundo?

La superioridad del desempeño de Hong Kong es aplastante y no debería admitir racionalizaciones; por ejemplo, decir que ese territorio es pequeño o no existen "tantas desigualdades" suena a una excusa o a una petición de principio: la densidad de población por kilómetro cuadrado es mayor a la de México y originalmente tenía una gran proporción de pobres. Por cierto, en la comparación se incluye el "desarrollo estabilizador" de México, generalmente pregonado como la época de oro del país.

La respuesta a la pregunta anterior es sencilla: el desarrollo de Hong Kong se ha basado en la libertad económica y el respeto irrestricto de los derechos de propiedad, mientras que México ha tropezado constantemente con la interferencia gubernamental y la incertidumbre sobre las reglas del juego. Lo que permite el éxito en materia de crecimiento económico no es un gobierno paternalista, sino instituciones que permiten la creatividad y la responsabilidad de los individuos.

Hong Kong requirió en los años sesenta establecer, como norma, el derecho común que asegura la libertad e igualdad de oportunidades para todos, y un gobierno dedicado a aplicar la ley, garantizar el cumplimiento de los contratos, servir de árbitro en las controversias y preservar la seguridad y el orden público. Con estas instituciones, ese país ha aprovechado las ventajas del mercado mundial y la especialización, y ha multiplicado por más de 10 el ingreso de sus habitantes.

¿Qué instituciones económicas requiere México para avanzar más rápidamente? Pueden identificarse, por lo menos, cinco áreas en las que México registra una desventaja considerable respecto de los países avanzados, a pesar de ser áreas esenciales para el desarrollo. Su impulso, expresado a continuación en la forma de propuestas, no implica un mayor gasto público sino una nueva orientación del gobierno en la economía:

1. Una reforma constitucional para establecer como objetivo del Banco de México no sólo "coadyuvar", sino garantizar la estabilidad permanente de los precios.
2. Dedicación gubernamental a la provisión de "bienes públicos", es decir, aquellos que son necesarios para el funcionamiento de la economía y no pueden ser producidos por los individuos, como la defensa, la seguridad jurídica y la infraestructura básica.
3. Privatización de las actividades empresariales del gobierno y reforma constitucional que obligue a la buena conducción financiera del gobierno: crecimiento estable del gasto público, tasas impositivas bajas y parejas, y equilibrio fiscal de mediano plazo.
4. Eliminación de los impedimentos a la actividad económica y a la competencia, desapareciendo los monopolios, las prohibiciones a la producción y la inversión, y las restricciones a los mercados.
5. Apoyo monetario del gobierno enfocado a las familias pobres y no a las instituciones fundadas supuestamente para servirlas, como son las escuelas y los hospitales públicos. Esto generaría competencia y,

por tanto, una mayor calidad de los proveedores de los servicios y propiciaría la incorporación de los individuos con menores recursos a las posibilidades del progreso.

Esta agenda básica permitiría al país crecer a tasas semejantes a las de Hong Kong y reproducir ese "milagro económico" en beneficio de los mexicanos. Se trata de fortalecer los derechos económicos de los particulares, que han sido restringidos por muchas décadas.

Instituciones para las decisiones políticas

Uno de los aspectos más claros en economía es el referente a las instituciones gubernamentales que favorecen el desarrollo económico sostenido. No obstante esta claridad, frecuentemente los gobiernos toman otros caminos que limitan el bienestar de la sociedad.

Entre las instituciones que apoyan el progreso económico se encuentran un gobierno pequeño, una burocracia honesta, un sistema legal que proteja los derechos de propiedad y una baja carga tributaria. Estos elementos son positivos porque propician la innovación tecnológica, el esfuerzo laboral, la inversión y la acumulación del capital humano. Su existencia contribuye a explicar la Revolución industrial y la expansión más destacada de las economías occidentales durante los últimos dos siglos, y su ausencia, el fracaso del socialismo y el retroceso de los países más pobres.

A pesar de la evidencia sobre "lo que debería hacerse", muchos gobiernos prefieren operar en el sentido opuesto, es decir, con obstáculos a la inversión privada, monopolios estatales y privados, distorsiones impositivas, debilidad legal y de justicia, y un gasto gubernamental elevado. Al generar desperdicio y corrupción estas medidas dificultan el desarrollo económico.

Su selección, sin embargo, se explica por la política y no por la economía. Como lo advierte el premio Nobel de economía, James M. Buchanan, los políticos no son diferentes al resto de la población y persiguen sus propios intereses: enriquecerse o beneficiar a aquellos que los llevaron al poder. Además, suelen ceder a las demandas de los grupos de interés mejor organizados, que buscan prebendas a expensas de los grupos más dispersos, a cambio de votos o apoyo para el gobierno en el futuro.

Una implicación de lo anterior es que la política y la democracia exhiben fallas. A pesar de las intenciones altruistas expresadas por los gobiernos las medidas adoptadas reducen frecuentemente el bienestar social. El Estado se convierte en una agencia para beneficiar a algunos en perjuicio de los otros, por ejemplo, mediante impuestos elevados contra las minorías "perdedoras", y transferencias hacia las mayorías "ganadoras", incluso a costa de frenar la actividad productiva eficiente y el crecimiento económico.

Entre los perdedores están generalmente las generaciones futuras, ya que los políticos, al prometer sólo beneficios, es decir, mayores gastos sin aumentar impuestos, son proclives a los déficits fiscales. La forma de contrarrestar estas imperfecciones es introducir reglas que limiten el poder del Estado y restrinjan las decisiones delegadas por los ciudadanos.

Es necesario cambiar las "reglas del juego", mediante reformas legales, con el propósito de generar los incentivos adecuados para la búsqueda del beneficio social. La protección de los individuos contra el abuso del poder requiere fortalecer el sistema de "pesos y contrapesos" de los tres poderes de la Unión, con funciones acotadas, "premios y castigos" (lo que implica, por ejemplo, revisar las reglas de elección) y rendición expedita de cuentas.

Para proteger a las minorías, Buchanan recomienda ampliar el principio de aplicación general de la ley a todas las decisiones gubernamentales, lo que conduciría, por ejemplo, a eliminar cualquier impuesto discriminatorio contra grupos o sectores económicos, una ley de presupuesto balanceado y atar los impuestos a los gastos que reflejan la función acotada del Estado.

México requiere aún muchas reformas en las áreas citadas para aprovechar su potencial de desarrollo. La inexistencia o la deficiencia de las instituciones necesarias explican, en gran medida, por qué, a pesar de arrancar en igual nivel en 1960, durante los últimos 40 años el ingreso por habitante de Hong Kong se multiplicó por 12, mientras que el de nuestro país sólo lo hizo por tres. Las áreas de oportunidad son grandes, y la creación de instituciones políticas favorables debe aprovechar los logros del pasado.

Algunos avances

Dos instituciones ejemplares que han generado beneficios notables a nuestro país han sido el TLCAN y la autonomía del Banco de México. Con la primera, el gobierno se obligó a renunciar a medidas proteccionistas, como aumentos de aranceles y otros obstáculos a las importaciones, impulsando la eficiencia productiva y la creación de los negocios. Con la segunda, la junta de gobierno del Banco de México enfrenta los incentivos correctos para combatir de manera efectiva la inflación. Ambas instituciones tienen la virtud de reducir la discrecionalidad de las autoridades para asegurar el bienestar social.

En particular, tres elementos de éxito de la reforma del Banco de México podrían aplicarse a otras instituciones, a saber: sólo un objetivo (bajar la inflación), premios y castigos (posibilidad de reelección de los miembros de junta de gobierno en función del desempeño respecto del objetivo), y un sistema de información continua. Para lograr las reformas pendientes se requiere la creación de alianzas políticas de apoyo. Esto no significa que el gobierno cambie su naturaleza, sino que responda a estas alianzas para beneficio propio y de la sociedad.

Se requiere una reforma del Congreso

Hace más de 200 años, el padre de la ciencia económica, Adam Smith, señaló que cualquier impuesto debería satisfacer cuatro atributos: ser "equitativo", cierto, conveniente de pago y económico de cobro. Muchas de las disposiciones fiscales recientes contradicen estos supuestos. ¿Por qué?

En la interpretación de Smith, las cualidades mencionadas son necesarias para que los impuestos no obstaculicen la creación de la riqueza nacional; y "equidad" significa que cada individuo pague impuestos en una proporción fija a sus ingresos, lo que garantiza la "neutralidad", es decir la ausencia de distorsiones en la actividad económica. Varios cambios aprobados en 2001 se acercan a estos preceptos, como son: la homologación y la disminución gradual de la tasa máxima del ISR para personas físicas y morales, la reducción gradual de los intervalos de la tarifa para las primeras y la simplificación operativa de varios regímenes tributarios, incluyendo el IVA.

No obstante, la reforma incorporó resoluciones contrarias a los principios de la buena tributación, contrarrestando las ganancias anteriores. Cabe destacar las siguientes. Se mantiene la mayoría de los privilegios y las exenciones tanto en el ISR —por ejemplo, en las prestaciones de los trabajadores del Estado y los regímenes especiales para la agricultura y el autotransporte— como en el IVA, y apareció un nuevo impuesto de 3% a la nómina de las empresas, el cual desalienta la utilización de la mano de obra, especialmente la menos calificada.

Se crearon gravámenes en la modalidad del IEPS: 10% para los servicios de telecomunicaciones, incluyendo la telefonía celular por contrato y 20% a refrescos con edulcorantes diferentes al azúcar. Estos impuestos violan el principio de equidad y neutralidad, al penalizar actividades muy dinámicas, como en el primer caso, y de mayor eficiencia, como en el segundo, para subsidiar a los ingenios azucareros. A la distorsión de un precio artificialmente alto del azúcar se añade un impuesto a la fructosa, conduciendo a una asignación ineficiente de los recursos productivos.

En lugar de homologar el IVA y eliminar las exenciones, se introdujo un impuesto de 5% sobre la venta de una lista arbitraria de artículos de "lujo", como los equipos de cómputo y los automóviles cuyo precio supere cierto valor. Una vez más, el Congreso decide castigar a las industrias más prósperas incrementando el costo, de por sí elevado, de los automóviles por la existencia del ISAN, con severo detrimento para los consumidores. A pesar de la probada falta de efectividad de los impuestos sobre el "lujo", por la evasión y el contrabando que generan, los legisladores prefirieron un discurso de "justicia social" aunque no se sustente en resultados.

Estas disposiciones convierten la reforma fiscal en un proyecto deficiente. La complejidad de su aplicación hace prever un bajo crecimiento del número de contribuyentes y el predominio de la economía informal, lo que seguramente conducirá a modificaciones posteriores, continuando con la tradición de cambios anuales en perjuicio de la certidumbre. La consecuencia será un menor dinamismo de la actividad económica sin la pretendida mejoría de la distribución del ingreso (entre otras razones, porque los impuestos son una mala herramienta para esto último).

¿Por qué si estas limitaciones son tan claras no lo fueron para nuestros legisladores? La explicación no puede atribuirse a la ignorancia de los congresistas, porque conocen estas explicaciones, ni a su supuesta irresponsabilidad individual. Se halla, más bien, en los incentivos que enfrentan para actuar en grupo de forma anónima e irresponsable. Los criterios de elección y la ausencia de rendición de cuentas los conducen a la búsqueda de ganancias políticas de corto plazo, favoreciendo la ideología personal, los intereses partidistas y las demandas de pequeños grupos de presión, en lugar de servir a la sociedad.

De los 500 diputados, 200 son elegidos según la proporción de votos del partido en el país, sin asociación a distrito electoral alguno. De los 128 senadores, 32 son también de "representación proporcional", por lo que, como en el caso anterior, deben su puesto a la persona del partido que los colocó, no a una entidad federativa. Otros 32 senadores son de "primera minoría", por lo que no reflejan las preferencias de las entidades ni se sienten obligados con alguna. Además, en ninguna de las cámaras se permite la reelección inmediata. Lo anterior suprime la rendición individual de cuentas y el interés por ser premiados de acuerdo con el desempeño personal. Una reforma del Congreso debería reducir el número de miembros a los elegidos de manera individual, directa y por mayoría, y permitir la reelección inmediata.

En suma, no es suficiente consolarse con que la reforma fiscal "podría haber sido peor". México requiere muchos cambios estructurales para aprovechar al máximo su potencial de desarrollo económico y abatir sustancialmente la pobreza. Ello no se logra con retórica ni conformismo. Para avanzar a fondo es necesario alinear los incentivos políticos con los económicos, y la reforma del Congreso es un paso indispensable en esa dirección.

Las tribulaciones de la democracia

Se ha propagado una ola de pesimismo sobre el funcionamiento de la democracia en México, especialmente ante la dificultad de lograr acuerdos legislativos respecto de las reformas económicas.

A partir de la alternancia del poder presidencial en 2000 y la terminación de la hegemonía de un partido político por más de 70 años, han aumentado las preocupaciones del público respecto de la efectividad del régimen democrático. Desalientan la interminable discusión sobre los cambios estructurales que urgen al país y la pobreza de lo logrado, por ejemplo, en la reforma fiscal de 2001. El panorama esbozado por los enterados es francamente desalentador, agravado con los conflictos entre los diputados del PRI, cuyo apoyo es indispensable para cualquier entendimiento de fondo.

El análisis común ha atribuido el origen de la inercia legislativa a las presuntas fallas de los políticos en turno, incluyendo incompetencia, irresponsabilidad, desinformación y egoísmo. Sin embargo, independientemente de la objetividad de estos juicios, exagerados en muchos casos, la calidad de las personas difícilmente es la causa última de los problemas. Si de ello se tratara, el cambio de individuos, que en la cámara baja ocurrió en 2003, hubiera alterado el panorama, lo cual no sucedió.

La explicación de los escollos en las decisiones colectivas radica en las instituciones que definen la política. En cualquier parte del mundo las democracias no son perfectas y, de hecho, tienen muchas fallas. Hace más de 50 años, Kenneth Arrow, premio Nobel de economía en 1972, demostró que las democracias pueden generar cualquier resultado posible. La elección entre alternativas, de acuerdo con la regla de mayoría característica de estos regímenes —por ejemplo, entre transferir recursos a los pobres, construir un puente y mejorar el sistema de salud—, suele conducir a resultados contradictorios dependientes del orden en que se voten las opciones.

Por otra parte, los actores políticos son individuos que, como toda la gente, buscan su propio beneficio, porque su supervivencia está condicionada a ganar las elecciones y, por ende, satisfacer a los votantes. Sin embargo, en este juego la información suele ser asimétrica. Puesto que el votante sabe que su sufragio altera escasamente el resultado electoral, se informa poco sobre los proyectos enarbolados por los políticos, ciertamente menos que si, por ejemplo, estuviera a punto de comprar una casa, en cuyo caso la decisión le afecta de forma manifiesta.

Lo anterior propicia la victoria de candidatos con programas dirigidos al votante mal informado y el surgimiento de grupos de interés que, al presionar por beneficios propios, atraen excesivamente la atención de los políticos. Esto no necesariamente beneficia a la sociedad, al concentrarse las ganancias en pocas personas, por ejemplo, un subsidio para ciertos productores, con un costo distribuido entre muchos, que hace difícil la oposición pero cuyo costo puede ser sustancial.

Además, con frecuencia los legisladores votan por leyes en contra de sus convicciones, a cambio de que otro representante apoye las iniciativas de su preferencia. Este comercio de votos que, por lo común, implica negociar y diluir acuerdos, afecta de forma diversa a distintos grupos, lo que puede perjudicar a la sociedad, al favorecer medidas ineficientes desde el punto de vista económico. Por cierto, el costo social incluye el desperdicio de tiempo y recursos productivos de muchas personas dedicadas al cabildeo, además de la distorsión de las decisiones políticas por estas interferencias.

Esto no significa que exista un sistema político superior a la democracia, sino que resulta ingenuo o temerario ser excesivamente entusiasta sobre sus consecuencias; en particular, su funcionamiento, así sea ágil, no garantiza las mejores decisiones económicas. La evidencia empírica confirma que la democracia tiene efectos ambiguos sobre el crecimiento económico y el mayor desarrollo de la democracia puede incluso retardar el avance económico al favorecer los objetivos distributivos sobre la eficiencia económica.

El ejercicio de la política en México ha enfrentado problemas adicionales porque los actores involucrados se están adaptando, mediante el reacomodo de poderes y funciones, a una vida democrática más competitiva. Tal vez más importante es que los incentivos de los políticos de nuestro país difieren de los característicos de una democracia, sobre todo al no existir la reelección y, por ende, la rendición de cuentas. Es indispensable corregir esta deficiencia, pudiéndose complementar con medidas simplificadoras, como la disminución del número de legisladores.

Para concluir: el estancamiento legislativo de México no obedece a los presuntos defectos individuales, sino a la combinación de las limitaciones inherentes a una democracia con la falta de experiencia y de incentivos adecuados. El tiempo y, sobre todo, la mejoría de las reglas del juego podrían facilitar los acuerdos en el futuro. Afortunadamente mucho del impulso al crecimiento económico no requiere de convenios, por lo que se puede avanzar en varios aspectos trascendentes, destacando el respeto a los derechos de propiedad, prerrequisito de cualquier economía vigorosa.

XIV. ECONOMÍA Y ECONOMISTAS

TARDE o temprano cualquier persona se involucra en los temas económicos. La familiaridad con las noticias de la economía impulsa a muchos a opinar independientemente de su preparación o conocimiento. La democracia de las ideas es peculiar en este campo y admite varias explicaciones, destacando el interés del público por influir en las acciones u omisiones del gobierno que le pueden afectar. Por desgracia, lo que parece "sentido común" no siempre respeta la lógica económica o conduce a diagnósticos correctos. En la confusión, los economistas cuentan con los medios para descubrir errores y ofrecer propuestas bien fundamentadas. Sin embargo, no siempre su posición tiene el peso para cambiar el rumbo de las decisiones públicas.

Surge así lo que el profesor Alan Blinder ha llamado la "Ley de Murphy de la Economía": los economistas influyen menos en las medidas que mejor conocen y sobre las que están más de acuerdo, pero son impopulares, como la eliminación de obstáculos a la inversión; e influyen más en las que conocen menos y sobre las que están más en desacuerdo, pero son populares, como las predicciones acerca del tipo de cambio. Tal vez esta adversidad sea inevitable pero no reduce el atractivo de la economía.

ECONOMÍA: LA CIENCIA DE TODOS

¿Por qué en asuntos económicos cualquier persona, independientemente de su preparación u oficio, se siente con bases suficientes para opinar, detectar problemas y proponer soluciones? Probablemente en ninguna otra disciplina se ejerce con mayor pasión la "democracia de las ideas".

Los temas cotidianos son diversos y notablemente complejos: la política monetaria, los impuestos, el combate a la pobreza, la regulación de industrias específicas, etcétera. La propensión del público a este debate no es nueva, como lo refleja el economista William Hutt en 1936: "pocos miembros inteligentes del público se atreverían a discutir con un profesor de matemáticas sobre su materia, pero no pocos cuestionarían la validez de las enseñanzas de los economistas".

Podemos descartar varias explicaciones de este fenómeno. En primer lugar, no obedece a la carencia de una ciencia desarrollada ya que la economía lo es porque utiliza, con el mismo rigor que lo hacen las ciencias físicas, el "método científico": cuenta con teorías sujetas a comprobación que permiten predecir los efectos de cambios en el entorno, incluyendo las acciones de política económica, y dispone de un lenguaje para expresar su raciocinio. Por otra parte, su estado evolutivo no la diferencia y, por tanto, no significa una desventaja respecto de otras ciencias.

El carácter científico de la economía es tan reconocido que otras especialidades se auxilian con sus métodos, y los economistas han ampliado su conocimiento y desplazado, en ocasiones, a otros expertos ofreciendo explicaciones coherentes sobre asuntos "no económicos", como la discriminación, el crimen, la educación y la elección de tener hijos.

En segundo lugar, el debate popular no responde sólo a las diferencias de opinión entre los economistas, si bien existen muchas bromas al respecto. Son significativamente mayores las coincidencias que las divergencias, pero es más interesante discutir las segundas que pasarse el día recitando las primeras. Tampoco se debe a que el lenguaje sea más complejo que el de otras ciencias, digamos la física, la química o la medicina. Pocos cuestionan la validez de la medicina porque varios médicos discrepen en el diagnóstico sobre un mismo síntoma o sus términos sean imposibles de descifrar.

En tercer lugar, su popularidad no responde sólo a que los temas tratados son "demasiado esenciales". Ciertamente al versar la economía sobre el comportamiento de las personas, es lógico que éstas la identifiquen con su propia experiencia. Pero el carácter íntimo de la economía no supera el de otras disciplinas con consecuencias potencialmente más drásticas. ¿Qué hay más esencial que el cuidado de la vida misma? Sin embargo, no hay debate público sobre las curas a enfermedades o el diseño de aparatos para el control de la calidad del aire. Correctamente se deja a los expertos su descubrimiento.

La hipótesis más promisoria para explicar su popularidad es que las personas ven en los temas económicos oportunidades de influir en las decisiones gubernamentales y, así, alcanzar un beneficio o evitarse un daño. El debate se convierte en interesado y subjetivo, del que es complicado sustraerse ya que su evolución puede afectar las finanzas propias o la situación del grupo que se representa. Si bien es totalmente legítimo, desde el punto de vista privado, buscar influir para estos efectos, ello no aumenta generalmente el bienestar de la sociedad.

Los siguientes dos ejemplos ilustran este punto. Se ha llegado a afirmar que la política monetaria no debiera combatir la inflación subiendo las tasas de interés, sino bajando éstas y depreciando el peso frente al dólar, evitando así afectar a los exportadores y a los productores nacionales que compiten con las importaciones. Ésta es una tontería económica porque no existe ningún modelo que permita "predecir" una reducción permanente de la inflación por tal método y existe amplia evidencia en contrario, si bien es lógico que ciertos productores busquen teorizar sobre los supuestos beneficios nacionales.

También es común escuchar que los subsidios agrícolas otorgados en otros países son malos para México porque ponen en desventaja a nuestros productores agropecuarios. Este razonamiento es lógico viniendo de representantes de los agricultores, pero es erróneo desde el punto de vista económico. Imagine el lector una situación donde los subsidios en el extranjero fueran tan cuantiosos que permitieran a México importar los productos a un precio cero. En tal caso, estaríamos frente a una dádiva patrocinada por los contribuyentes de los otros países, que beneficiaría a millones de consumidores mexicanos. Los productores agropecuarios podrían dedicarse a otras labores ya que sus productos dejarían de ser escasos. Con los mismos recursos los mexicanos podrían tener más bienestar.

Los economistas tenemos una gran responsabilidad en el debate público, contribuyendo con opiniones que no siempre son "políticamente correctas". Nuestra ciencia nos ayuda a aclarar que no toda intuición es válida en economía y que favorecer a ciertos grupos generalmente no equivale a beneficiar a la sociedad.

Las opiniones económicas y la realidad

Todos los días se escuchan muchas opiniones sobre asuntos económicos que son contradictorias y generan confusión. La participación de cualquier persona en el debate parece ignorar que la economía es una ciencia difícil.

La democracia de las ideas en este campo no conoce fronteras: con notable familiaridad, el lego opina sobre aspectos tan diversos como la globalización, los problemas del campo, la pobreza, el control de la inflación, la generación de los empleos, los subsidios y las industrias "esenciales" del país. Pareciera bastar una anécdota, la imaginación o las buenas intenciones para externar un punto de vista, con frecuencia categórico, sobre el funcionamiento actual o deseable de la economía.

Obviamente, ante una lista tan amplia de cuestiones sobre las que todos opinan, la desorientación potencial es ilimitada. Pero ¿a qué se debe esta proliferación de puntos de vista? Una primera respuesta podría ser que la importancia de los temas económicos amerita la discusión. Sin embargo, este argumento parece, por lo menos, insuficiente al existir otros asuntos de igual o mayor trascendencia, cuyo examen se deja exclusivamente a los especialistas. Por ejemplo, el lego no debate sobre los orígenes y las curas del cáncer, a pesar de que tal enfermedad constituye una de las principales causas de muerte y la vida es altamente valorada.

Una explicación más convincente es que la gente percibe el funcionamiento de la economía como demasiado elemental, entendible sin mucho conocimiento técnico. Desafortunadamente los temas económicos son más complejos de lo que parecen y su estudio ha dado lugar a una ciencia cuyas conclusiones no siempre son evidentes. No obstante, la ventaja del enfoque cuidadoso es clara: generar predicciones del comportamiento de los individuos y sus relaciones económicas en la forma de hipótesis comprobables con datos reales.

Sin duda, al tratar de explicar el comportamiento humano, el tema de la economía es complicado y sus predicciones son inexactas, como ocurre con cualquier ciencia social. Sin embargo, el reconocimiento de algunos principios básicos, como la escasez de los recursos y la búsqueda del bienestar por parte de los individuos, y las herramientas de análisis de la economía, como la oferta y la demanda, han probado ser extremadamente valiosos para interpretar, de forma coherente, una amplia gama de fenómenos, incluyendo algunos "no económicos".

El enfoque de la economía ha ayudado a entender los sistemas políticos, la decisión de tener hijos, la delincuencia y la contaminación. Complementariamente los economistas han incursionado en otras disciplinas para comprender mejor los aspectos económicos, como es el caso de la interacción entre las leyes y la economía. En este mutuo enriquecimiento, los principios económicos son fundamentales. Así, la escasez de los recursos hace evidente que no existe nada gratis, lo cual se aplica a aspectos monetarios —los subsidios a una industria implican la extracción de recursos del resto de la economía— y no monetarios —la dedicación al trabajo significa sacrificar tiempo asignado a la familia—.

Una implicación de lo anterior es que las predicciones de la ciencia económica frecuentemente contradicen el sentido común, poniendo de manifiesto errores populares. En algunas ocasiones, la discrepancia surge de ignorar simples identidades. En el área del comercio internacional es común escuchar que los países "exitosos" pueden simultáneamente atraer grandes flujos de capital y exportar por encima de sus importaciones. Sin embargo, la contabilidad de la balanza de pagos revela que esto es imposible: la cuenta corriente es igual a la de capitales (incluyendo la acumulación de reservas) con signo opuesto, por lo que el superávit de una significa el déficit de la otra. Esto no es teoría sino aritmética, pues la suma de las partes debe ser igual al total para que "cuadre".

En otras ocasiones se ignora que los individuos responden a incentivos y los mejores incentivos son los precios. Por ejemplo, con frecuencia se razona que la aplicación de la tecnología, incluyendo la automatización, destruye los empleos. Sin embargo, el efecto del cambio tecnológico es el contrario: reduce el costo de la producción y libera recursos hacia otras actividades haciendo posible la generación de más bienes y servicios. La disminución del costo de los bienes estimula la demanda por los mismos y el aumento general de la producción genera empleos.

A pesar de todo, estas explicaciones suelen recibirse con escepticismo, descartando su validez supuestamente por carecer de "realismo" o ser "demasiado académicas". Huelga decir que tales objeciones son infundadas ya que la economía busca interpretar la realidad de acuerdo con la comprobación empírica. En última instancia, estas posturas reflejan la ideología o la intención de promover cierta acción gubernamental en beneficio de algún grupo de interés.

En tales circunstancias, la ignorancia y la política se disputan la última palabra. Sin embargo, la labor de la ciencia económica no es por eso menos relevante: permite recordar a la sociedad lo que ordinariamente se deja a un lado y advertir sobre los costos de las medidas gubernamentales justificadas por su viabilidad política.

2001: DEL OPTIMISMO AL PESIMISMO

El inicio de 2001 ha estado marcado por múltiples advertencias sobre una posible recesión o, al menos, acerca de un bajo dinamismo económico de Estados Unidos. Los "expertos" han ubicado el crecimiento del PIB entre uno y 3%, lo que para los proponentes del límite inferior implica crecimientos negativos en dos trimestres consecutivos, es decir, la definición técnica de una recesión.

La revisión a la baja en los pronósticos de Estados Unidos ha generado un ambiente de pesimismo sobre ese país y, por su conexión, sobre México, lo que contrasta con el optimismo unos cuantos meses atrás. Por ejemplo, en octubre de 2000, la preocupación del presidente de la Reserva Federal de Estados Unidos era el elevado crecimiento de esa economía y su supuesta presión sobre los precios, y los analistas vaticinaban un dinamismo de 3.5% en promedio para 2001. México se veía en una situación de privilegio frente a otras economías emergentes.

Algunos indicadores de desaceleración durante el cuarto trimestre de 2000 condujeron a muchos a cambiar de visión para 2001, prefiriendo un escenario de "aterrizaje duro". En consecuencia, México empezó a ser percibido en desventaja respecto de otros países menos integrados con Estados Unidos. Como siempre, las malas noticias se propagaron con rapidez y generaron un ambiente de pesimismo. No obstante, independientemente de lo que ocurra, este cambio de percepción debe tomarse con cautela.

Las actuales opiniones parecen padecer lo que el economista Paul Krugman describió hace diez años como "economía de aeropuerto": aquel conjunto de interpretaciones contenidas en libros que uno puede obtener en los anaqueles de venta de esos lugares de viaje. En estos análisis la percepción tiende a los extremos (de otra manera uno no compraría el libro): o bien la economía está a punto de desintegrarse o se encuentra en franca bonanza. La limitación de esta óptica es que excluye trayectorias intermedias que caracterizan mejor a las economías.

Varias veces se han pronosticado recesiones que finalmente no ocurren. El caso más reciente es 1998, cuando una importante firma financiera internacional predijo para el siguiente año un crecimiento económico en Estados Unidos de sólo 0.1%, y otra advertía sobre una recesión mundial en 2000 a partir de un caos en los sistemas tecnológicos por el cambio de milenio. En contraste, Estados Unidos creció más de 4.5% en promedio anual durante ese lapso.

La razón de los múltiples errores de pronóstico es que, a pesar del gran esfuerzo teórico y del análisis estadístico realizado, los economistas no cuentan con una explicación única de lo que interrumpe las expansiones económicas. Los llamados "ciclos económicos" son un fenómeno terco de las economías de mercado, y no necesariamente reflejan una debilidad, sino respuestas racionales de los participantes ante el entorno cambiante.

De hecho, el término "ciclo" no es apropiado ya que no repite su forma; se trata, más bien, de fluctuaciones en el crecimiento económico, secuencias de expansiones y contracciones de longitud y amplitud variables. No sabemos si responden a un factor común o si cada fluctuación representa una respuesta única a choques externos, como el alza en el precio del petróleo en los años setenta o malas políticas económicas, como en la Gran Depresión de 1930.

Lo que sabemos es que eventualmente Estados Unidos tendrá una recesión y haberse equivocado en las predicciones pasadas no excluye su posible ocurrencia en 2001. Sin embargo, a veces pareciera que lo que preocupa a la gente es no saber qué pasará. Los temores son múltiples, dependiendo del interlocutor. Por ejemplo, si la persona está involucrada en los mercados financieros, probablemente temerá un desplome en el Nasdaq, con una secuela sobre la BMV, o un cierre de empresas tecnológicas; si, por el contrario, es una ama de casa le vendrán a la mente las crisis cambiarias del pasado.

La certidumbre difícilmente ha caracterizado a las economías de mercado. No podemos predecir cabalmente qué pasará, entre otras razones, porque los resultados dependen de las decisiones de seres humanos y de sus interacciones sociales, por ejemplo, de lo que piensan unos que los demás harán y viceversa, así como de lo que esperan que haga el gobierno.

Sabemos también que en una recesión no todas las variables se mueven al lado negativo ni son igualmente importantes. Las caídas de las bolsas de valores o el desempleo en algunos sectores, así sean de la "Nueva Economía", no generan una recesión por sí mismos.

Las recesiones son caídas generalizadas en la producción. Pero son fenómenos pasajeros y de corta duración si la política económica no impide que se aprovechen las oportunidades de negocios que se presentan. Esto explica la rápida recuperación de Rusia y de los países asiáticos después de la crisis de 1998.

Con un menor crecimiento económico en Estados Unidos, México podría verse afectado por una disminución en el dinamismo de sus exportaciones, lo que presionaría al alza el tipo de cambio y limitaría su expansión económica. Si tal escenario se concreta en 2001, la situación sería inferior a la del 2000, pero ello no equivaldría a un desastre.

Ojalá que nuestras dificultades fueran el ciclo económico de Estados Unidos. Durante las dos décadas recientes, nuestras severas crisis se han producido invariablemente por errores propios de política económica e irresponsabilidad fiscal y monetaria. El desastre en el 2001 sería buscar compensar el menor crecimiento de México con una política económica que pusiera en peligro las finanzas públicas o el compromiso de reducir la inflación.

La certidumbre no es termómetro de calidad de la política económica ni de la economía. En cambio, el lado bueno de las situaciones menos holgadas es que han llevado a México a tomar las decisiones correctas. Así se optó por la reducción del tamaño del Estado, la apertura al exterior y la desregulación.

Interpretaciones equivocadas sobre los pronósticos

Al inicio de 2003 han proliferado los pronósticos que caracterizan el futuro económico de México como incierto, lleno de riesgos y complicado. A pesar de su popularidad, estos calificativos carecen de utilidad.

En cualquier área del conocimiento la predicción es una tarea difícil, ordinariamente inexacta, porque la certeza es escasa. Aun en las disciplinas consideradas precisas, como la física, el ámbito de la incertidumbre es amplio. En contraste con la ley de la aceleración de Galileo y las de la inercia y el movimiento de Newton, la aleatoriedad es frecuente; por ejemplo, un experimento en un acelerador de partículas realizado cinco veces puede producir cinco diferentes resultados.

El avance del conocimiento ha consistido, en gran medida, en la evaluación de las probabilidades sobre la validez de ciertas hipótesis no confirmadas plenamente. Esto se aplica no sólo en ciencia sino también en decisiones cotidianas, como el discernimiento sobre la veracidad de un testimonio que condena o exculpa a un presunto criminal en un juicio. El ser humano formula conjeturas ante la continua falta de certeza.

El campo de la economía está sujeto a la incertidumbre porque estudia la interacción de millones de decisiones de seres humanos que, lejos de obedecer a reglas fijas, actúan con información limitada y responden a los cambios del ambiente. Si bien la teoría económica es muy potente para predecir algunos aspectos básicos, como el incremento de la cantidad demandada de un bien ante la reducción de su precio relativo, estas conclusiones derivan de su poder de simplificar la realidad.

El problema es que se pide a los economistas prever el mundo con una precisión superior a la de cualquier otra profesión. Por ejemplo, no basta predecir que la inflación bajará y será inferior a, digamos, 4%, sino que se espera un número exacto. Para responder a estas demandas los economistas traducen la teoría a ciertas relaciones matemáticas que estiman con datos del pasado. Al no ser la economía un sistema fijo, tales predicciones están sujetas a errores. El entendimiento de estas limitaciones es prerrequisito para el correcto uso de los pronósticos. Su comprensión aumenta si se evitan confusiones comunes, entre las que destaco cinco:

1. *El futuro será como el pasado.* Sin embargo, las economías han sufrido grandes transformaciones que rompieron con el pasado, como la Revolución industrial y la tecnología de la información. Las regularidades históricas son herramientas imperfectas de predicción, especialmente tratándose de eventos extremos como las recesiones y las expansiones. Algunas relaciones consideradas estables han sido posteriormente rechazadas, como la asociación inversa entre la inflación y el desempleo, invalidada con la estanflación (alta inflación con alto desempleo) de los años setenta.
2. *El futuro será como hoy.* Este error suele caracterizar las opiniones comunes sobre el tipo de cambio y las tasas de interés y explica la volatilidad de muchos pronósticos. En momentos de presión al alza de estas variables, se descartan como "improbables" las bajas posteriores como, de hecho, ocurrió en México después de la crisis brasileña a principios de 1999. El error aludido ignora que los mercados financieros incorporan, de forma instantánea, cualquier nueva información relevante, por ejemplo, una buena política monetaria.
3. *Es posible conocer la magnitud de lo que se desconoce.* Este contrasentido surge al presumir que el futuro es más o menos predecible que en otras ocasiones. Sin embargo, la incertidumbre siempre es ilimitada y las sorpresas, por definición, no se prevén. Algunos de los peligros actualmente mencionados, como la amenaza nuclear de Corea del Norte, estaban presentes con anterioridad aunque no se conocían. Por contra, otros riesgos referidos podrían ser de trascendencia económica menor, como las elecciones intermedias de julio de 2003, frente a otras posibilidades no imaginadas.
4. *Sólo existen riesgos negativos.* Esta confusión se presenta de forma repetida al suponer que la no previsión de buenas trayectorias económicas no tiene consecuencias. La práctica común de los "expertos" es identificar, año con año, los mismos peligros típicamente referidos al entorno internacional: por ejemplo, bajos precios del petróleo o alzas de las tasas de interés. Sin embargo, no prever lo

bueno, como la prolongada expansión económica de Estados Unidos durante los noventa y el bajo contagio de las crisis argentina y brasileña a México durante 2001 y 2002, podría ser igual o más costoso que el pesimismo sistemático.

5. *Si aumenta la percepción de incertidumbre, el futuro es malo.* No necesariamente, ya que aun los eventos inquietantes pueden generar buenos resultados económicos; por ejemplo, una guerra de Estados Unidos contra Irak podría impulsar en el corto plazo el crecimiento económico de aquel país bajo varios escenarios. La sensación de intranquilidad no es la mejor guía de lo que puede ocurrir.

En suma, los pronósticos son una tarea difícil no porque el pronosticador perciba más riesgos sino porque la evolución económica siempre es incierta. El reconocimiento de esta restricción hace más útiles las razones detrás de los números que los números mismos. Ignorar estas limitaciones sólo conduce al desprestigio de esta actividad o a la desilusión.

¿Para qué sirven los economistas?

¿Por qué la gente continúa consultando a los economistas si los pronósticos de éstos resultan casi siempre equivocados? En cualquier parte del mundo, los errores de los pronosticadores han sido más la regla que la excepción y, en ocasiones, su magnitud ha alcanzado niveles embarazosos.

Por otra parte, no existe empresa grande en el mundo que no cuente con un economista o consejo económico asesor, y las decisiones de negocios toman en cuenta las opiniones de estos profesionales. La explicación de esta aparente paradoja es que la gente valora más las ideas de los economistas que la exactitud de sus pronósticos.

El récord de los pronosticadores ha sido especialmente pobre en una economía tan inestable como la mexicana. Por ejemplo, considerando el *Consenso de Pronósticos Económicos de México,* publicado por la Universidad Estatal de Arizona, los economistas han tendido a acertar en el movimiento general de las variables (con notables excepciones), pero no en su magnitud.

De esta manera han subestimado la tasa de crecimiento económico desde 1996, y en 1998 subestimaron la inflación casi por los mismos puntos porcentuales que la sobrestimaron el siguiente año. (Haciendo justicia a los pronosticadores mexicanos, vale señalar que durante años más estables sus errores han sido comparables a los de sus colegas estadounidenses respecto de la economía de ese país.)

La dificultad de los pronósticos es obvia ya que la evolución de la economía depende de las variaciones en los factores externos a individuos y empresas, incluyendo la política económica, y de las reacciones de estos participantes a tales modificaciones. En consecuencia, pronosticar implica no sólo "modelar" la formación de expectativas de los agentes económicos, sino la selección "correcta" de los cambios externos que ocurrirán. De ahí que pocas veces los pronósticos coincidan con la realidad y los economistas prefieran ofrecer escenarios de diversa probabilidad en lugar de una sola estimación.

Por encima de los pronósticos está el conocimiento de los economistas. La gente sigue consultando a estos profesionales por sus ideas y por la lógica de su razonamiento, principalmente en las dos vertientes que menciono a continuación.

En primer lugar, los economistas están preparados para entender el funcionamiento de la economía, lo que sucede y por qué sucede. Así, explican cómo el sistema de precios, que refleja la escasez relativa de los factores de producción y de los bienes, en general conduce a la mejor utilización de recursos; por qué un aumento en el ingreso no necesariamente genera un mayor consumo; y por qué una economía dominada por monopolios siempre produce menos que una en competencia. Las predicciones anteriores pueden comprobarse con datos empíricos, de ahí el carácter científico de la economía, y sirven (o deben servir) de base para los pronósticos. Sin embargo, su principal contribución es la lógica que las sustenta, construida a partir de supuestos explícitos, y puede utilizarse para interpretar un sinnúmero de fenómenos, incluyendo aquellos considerados tradicionalmente fuera de la economía, como la delincuencia y el crecimiento de la población.

En segundo lugar, los economistas pueden advertir sobre los efectos de diversas políticas económicas y otros factores externos. Por ejemplo, pueden predecir con certeza que la implantación de un salario mínimo efectivo, en lugar de privilegiar a los trabajadores más necesitados, genera desempleo y castiga a los trabajadores menos capacitados. Puede argumentar, además, que concentrar las erogaciones gubernamentales en el denominado "gasto social", si bien puede satisfacer valores éticos, estanca el crecimiento económico si a cambio se dejan de hacer carreteras y las ganancias en capital humano no compensan este retroceso.

La idea económica más importante es simple: los recursos productivos son escasos y su utilización tiene siempre un "costo de oportunidad", principio olvidado (o ignorado) por muchos políticos que plantean misiones ilimitadas para el gobierno en múltiples áreas de la economía. El criterio de juicio es la eficiencia, porque genera el mayor número de medios para satisfacer las necesidades de la sociedad.

En este análisis, los economistas no cuentan con un sistema ético para clasificar los diferentes bienes en el mercado: no hay mercancías buenas o malas, y están convencidos que esta valoración la realizan los individuos y los gobiernos cuando captan los valores de la sociedad. Su función es advertir sobre el desperdicio social que puede ocasionar una política económica equivocada en sus resultados, así haya sido diseñada con la intención más altruista.

En ambas vertientes, la gente se beneficia del acceso a los economistas. Las aplicaciones son muy amplias, y ciertamente superiores a la mera provisión de números que pretenden con exactitud describir el futuro. No obstante, si después de leer este artículo el lector mantiene sus dudas sobre la utilidad de los economistas, el problema probablemente radica en la comunicación deficiente de algunos de estos profesionales (incluyéndome). Afortunadamente la intensa utilización de economistas en el mundo ofrece una pausa en esta preocupación.

¿Son los economistas gente buena?

Con esta pregunta inició el agudo e inolvidable economista George Stigler sus memorias publicadas en 1988. Su respuesta fue certera y clara: los economistas no tienen por qué ser más buenos o más malos que el resto de la gente, pero son indispensables; la razón es que su papel incluye alertar a la sociedad cuando desperdicia recursos o se involucra en actividades con efectos perniciosos.

De acuerdo con George Stigler, los economistas realizan su tarea detectando aspectos comúnmente ignorados, por lo que con frecuencia se muestran escépticos de múltiples propuestas para mejorar el bienestar, convirtiéndose en "lanzadores de baldes agua helada". Tal actitud les genera, en ocasiones, una amplia oposición y explica la (injusta aunque vieja) descripción de la economía como la ciencia "lúgubre" (traducción común del inglés "dismal").

El mismo autor ejemplifica la trascendencia de los economistas con el siguiente caso. En el siglo XIX era común que la gente buena comprara trigo en los periodos de escasez para revenderlo a los pobres a mitad de precio. En 1834 el economista M. Longfield demostró que esta acción de benevolencia era en realidad estúpida, ya que la única forma de ayudar a los pobres era consumiendo menos (Stigler advierte que los economistas toman en serio la aritmética): las transferencias monetarias no creaban trigo sino sólo enriquecían a los comerciantes. Concluye que la más bien intencionada de las acciones era en realidad la más inadecuada.

Esto viene a colación porque hace poco tuve una experiencia sobre la dificultad de ejercer el papel de economista en una presentación de un programa gubernamental sumamente bien intencionado. El programa, de hecho en ejecución, consiste en ofrecer a las pequeñas empresas capacitación, financiada 80% con fondos públicos y 20% por las mismas empresas.

Según su principal defensor que, a su vez, es el empleado gubernamental encargado de su ejecución, el programa se justifica porque asegura la supervivencia de las empresas apoyadas —sin el cual "todas sin excepción hubieran cerrado"— manteniendo y creando empleos. Mi respuesta como economista fue inmediata y objetante, lo que generó sorpresa e indignación en más de uno de los presentes.

Expresé que el programa, aun cuando era una herramienta política excelente, difícilmente beneficiaba a la sociedad porque adolecía de deficiencias económicas, entre las que mencioné tres: *1)* si las empresas se apropian totalmente de los beneficios de la capacitación y no pagan la totalidad del costo, enfrentan incentivos para desperdiciar recursos, por ejemplo, aferrándose a proyectos con baja o nula probabilidad de éxito; *2)* no es claro que, en ausencia del programa, se reduzcan los empleos (por ejemplo, un fabricante de zapatos sin este subsidio podría decidir cerrar y dedicarse él y sus empleados a otro giro, digamos comerciantes); y *3)* en la evaluación de cualquier programa no basta contar los beneficios, además se requiere restar los costos, es decir, lo que se dejó de proporcionar a la sociedad al dedicar recursos al fin seleccionado. Cuando el costo es mayor al beneficio, el proyecto no debe ejecutarse.

La indignación generada ilustra, una vez más, cómo nuestra función de economistas es frecuentemente de "aguafiestas". Utilizo este incidente no por los detalles del programa, sino porque éste manifiesta con claridad las deficiencias típicas en la "justificación" de un sinnúmero de propuestas, frecuentemente elaboradas con fines políticos.

¿Cuál es el problema? Cada sector y grupo solicita subsidios al gobierno, expresados convenientemente como "apoyos", "estímulos", "asistencia técnica", etcétera, para que su actividad, considerada por ellos o por otros como esencial, se desarrolle "adecuadamente". El problema de esta avalancha de demandas es que pasa por alto dos aspectos fundamentales, claramente entendidos por los individuos y las familias:

1. Los recursos son escasos. Para una familia y para el gobierno, esto significa un presupuesto de gasto determinado, y para la economía combinaciones máximas de bienes producibles.
2. La escasez implica que para obtener más de un bien es necesario sacrificar la obtención de otro, realidad elegantemente referida por los economistas como "costo de oportunidad". El individuo o la familia sabe que acudir a cenar a un restaurante supone sacrificar cierto número de idas al cine, la compra de un disco compacto o el ahorro para un automóvil. Esta convicción tan clara no se presenta en las decisiones de las colectividades, porque cada grupo supone que puede obtener algo gratis, lo que es posible para algunos (en perjuicio de otros), pero no para toda la sociedad.

Si los recursos de una sociedad fueran ilimitados, cualquier persona (hasta un economista) apoyaría la interminable lista de programas para beneficiar a todo género de grupos: los agricultores, el pequeño comercio, los textileros, los estudiantes de la UNAM, las madres abandonadas, los alpinistas, los artistas, etcétera. La realidad es que los recursos tienen un costo de oportunidad.

Entre las actividades comúnmente sacrificadas se encuentran aquellas que son exclusivas del Estado porque los particulares no cuentan con los incentivos adecuados o enfrentan elevados costos para realizarlas. Me refiero a los "bienes públicos", como la seguridad y la justicia, y a la solución de "externalidades", como la educación básica para todos y la lucha contra la contaminación. Si el gobierno dedica recursos a programas como el descrito, sin evaluar el costo de oportunidad, corre el riesgo de beneficiar a un grupo perjudicando a la sociedad, por ejemplo, manteniendo la práctica de pagar salarios ínfimos a los policías y, de esta manera, propiciar la inseguridad y la corrupción, lo que, entre otros efectos, inhibe la inversión y el empleo, objetivos mismos del programa. La aspiración de que el Estado puede dedicarse a todo, sin sacrificar nada, es una fantasía.

PREMIO NOBEL PARA JAMES HECKMAN

El otorgamiento del premio Nobel de economía en 2000 al profesor James Heckman de la Universidad de Chicago reconoce su contribución al diseño de métodos para estudiar el comportamiento de los individuos, las familias y las empresas. Con esta nominación, Chicago se mantiene como líder entre las universidades del mundo en "producir" premios Nobel, alcanzando, sólo para economía, 21 si se incluyen alumnos y maestros en diferentes épocas, y nueve si se limita a profesores al momento de ser galardonados.

Este reconocimiento me complace en especial por tratarse de una persona que influyó significativamente en mi formación académica durante mi estancia en esa universidad a principios de los años ochenta, al haber sido su alumno y, posteriormente, su asistente de enseñanza. Al igual que otros maestros como Gary Becker y Robert E. Lucas Jr., Heckman me persuadió de que la economía es una herramienta poderosa para interpretar la realidad, capaz de derivar un conjunto coherente de hipótesis comprobables empíricamente.

Las características de Heckman son su sentido del humor, la rapidez de pensamiento y su habilidad para aplicar estadísticamente la teoría económica. Recuerdo que solía ser un poco desordenado en clase, pero mostraba gran entusiasmo para orientar y enseñar a sus alumnos. Recuerdo también su insistencia en transmitir el significado de los métodos econométricos, poner éstos al servicio de la economía (no viceversa, como desgraciadamente ocurre con frecuencia) e investigar la efectividad de las políticas gubernamentales sin prejuicio.

Heckman se ha especializado en el estudio estadístico de la microeconomía, es decir la parte de la economía que describe el comportamiento de los individuos, las familias y las empresas ante diversos incentivos de mercado y de gobierno. A esta combinación se le ha denominado "microeconometría", pero en Chicago mis compañeros la llamaban "heckmanmetría" por la paternidad de este profesor en muchos de los métodos.

El análisis de Heckman ha estado enfocado a temas relacionados con la economía laboral, como la decisión de aceptar un empleo, los ingresos del trabajo, la duración del desempleo, los programas gubernamentales para desempleados y menos capacitados, la fecundidad y la discriminación.

Su principal contribución ha sido metodológica, al resolver problemas frecuentemente encontrados en la aplicación de la economía, conocidos en la jerga técnica como "sesgo de selección" y "autoselección". Tales fenómenos surgen cuando las muestras de datos a disposición de los investigadores no son "aleatorias", es decir no representan adecuadamente la población que se desea estudiar, lo que obedece a los criterios del mismo analista o la decisión de los agentes económicos.

Por ejemplo, para estudiar el impacto de la educación superior en los salarios, los economistas requerirían conocer los ingresos que la misma persona obtendría si realizara estudios profesionales y si no los realizara. Desafortunadamente para cada persona sólo se conoce una de las dos situaciones y no las dos de manera simultánea.

Sin embargo, basar el estudio sólo en los individuos que trabajan y además están educados, implica una muestra incompleta de la población ("autoseleccionada" de acuerdo con la decisión de las personas por educarse) que conduciría a conclusiones erróneas ("sesgadas") sobre el efecto de la educación. En este caso, al estar "sobrerrepresentada" la población educada en la muestra, se tiende a subestimar el efecto de la educación (una conclusión demostrable, aunque no obvia). Para corregir el "sesgo de selección", Heckman propuso diversos métodos que pueden interpretarse como la incorporación de "variables omitidas", y en el ejemplo descrito significan datos sobre los trabajadores sin educación profesional. Con ello demostró que la educación favorece a los salarios en un mayor grado que lo reflejado en estudios previos con muestras sesgadas.

Los métodos de Heckman se han aplicado extensamente en casi todos los campos de la economía y otras disciplinas, como la sociología, la psicología y (sorprendentemente) la medicina. Él mismo las ha utilizado para analizar múltiples problemas, y con frecuencia sus estudios han arrojado conclusiones que invalidan o, por lo menos, ponen en duda hallazgos considerados incontrovertibles. Sus análisis sobre la duración del desempleo y la evaluación de programas sociales ilustran esta aportación.

Heckman descubrió que la aparente relación negativa entre la duración del desempleo y las probabilidades de ser contratado era resultado de tomar muestras estadísticas de sólo desempleados, entre los que abundan los individuos con bajas posibilidades de ser contratados. Esta característica no observable era la fuente del sesgo de la muestra. Al corregirse por tal sesgo, demostró que la supuesta dependencia negativa del empleo respecto de la duración del desempleo desaparecía.

En el segundo ámbito, Heckman es el líder mundial en la evaluación de políticas microeconómicas. Al estudiar el impacto de los programas gubernamentales de entrenamiento y subsidio al empleo, ha objetado el enfoque que ignora el comportamiento de los individuos en ausencia de tales programas. Al incluir esta información, obtiene diversos resultados, por lo común no muy alentadores: muchos programas han tenido sólo pequeños efectos positivos, y algunas veces negativos, sobre el ingreso y el empleo de los participantes y no cumplen los criterios de eficiencia social.

No puedo resistir la tentación de concluir este artículo con una anécdota. En 1996, durante una visita a la Ciudad de México con motivo de la reunión de una asociación de economistas, Heckman y su esposa fueron robados y secuestrados en un taxi por varias horas. En 1999, en otro simposio organizado en Cancún, me encontré a Heckman y le pregunté si en esa ocasión lo trataban mejor los mexicanos. Me contestó que se sentía espléndidamente en México (no supe si se refería a Cancún), y que el episodio de tres años antes no había sido tan dramático. Ojalá pronto esta impresión de seguridad pública expresada por Heckman sea una realidad para todos en el país.

ÍNDICE ANALÍTICO

Economía mexicana para desencantados se terminó de imprimir y encuadernar en septiembre de 2006 en Impresora y Encuadernadora Progreso, S. A. de C. V. (IEPSA), Calz. de San Lorenzo, 244; 09830 México, D. F. La edición consta de 2 000 ejemplares.